마음의 상처를 치료하기 위한
17명의 상담사례와 30가지 심리치료

벼랑 끝, 상담

마음의 상처를 치료하기 위한
17명의 상담사례와 30가지 심리치료

벼랑 끝, 상담

최고야 · 송아론 지음

푸른향기
Prunbook Publishing Co.

여는 글

고통 속에 있는 내담자를
외면하지 않으려는 노력

최고야

    심리학을 전공하고 처음 심리상담소를 차렸을 때, 나는 1년도 되지 않아 한계에 봉착했다. [1]내담자에게 나타나는 증상이 카운슬링만으로는 해결될 수 없다는 걸 느꼈기 때문이었다. 내담자는 자기 방에 몰래카메라가 설치돼 자신을 찍고 있다고 했고, TV에서도 자기가 나오며, 길에서는 검은색 차가 따라온다고 했다. 심지어 상담소에 와서도 카메라가 숨겨져 있는지 확인했다. 그때 내가 할 수 있는 건 내담자가 왜 이런 상황을 경험하고 있는지 심리적인 이론으로 이해하도록 돕는 것이 전부였다. 내담자가 매주 자신이 경험한 것을 이야기하면, 나는 위로하고 공감하며 함께 바라봐 주는 일밖에 할 수 없었다. 그러다 보니 일에 대한 회의감, 미안함, 상담사로서의 신뢰가 무너지는 걸 발견했다. 이런 내담자는 한둘이 아니었다. 머리에 괴상한 도구를 쓰고 외계 행성과 수신을 하고 있다는 학생. 수시로 죽으라는 소리를 듣는다는 여자. 상담 중 이중인격자처럼 다른 사람으로 변하는 내담자 등등 이러한 경험은 나를 무능한 상담사로 만들었다. 도저히 내담자를 만날 수 없었고, 이대로 무너져야 하는지 갈등이 생겼다. 그럼에도 버틸 수 있었던 건 고통 속에 있는 내담자를 외면해서는 안 된다는 사명감이 있었기 때문이었다.

---

1) 來談者: 심리적인 문제나 어려움을 혼자 해결하기 힘들어 상담자의 도움을 필요로 하는 사람.

그로부터 3년간 나는 심리치료 프로그램을 개발하기 위해 혼신의 힘을 쏟았다. 눈만 뜨면 어떤 프로그램을 만들 것인지 고민했고, 꿈속에서도 프로그램을 개발했다. 마치 무언가에 홀린 듯 지내온 시간이었다. 그 결과 나는 인지치료, 미술치료, 연기치료, 명상최면치료, 명상치료 등 내담자의 증상에 맞는 수십 개의 심리치료 프로그램을 만들었다. 미숙한 부분도 있었으나, 지속 보완하며 심리치료 프로그램을 완성해 나갔다. 그 후로 나는 어떤 내담자도 두렵지 않았다. 조현병, 피해망상, 분노조절장애, 반사회성 장애 등등 정신과 약을 10년 이상 복용한 내담자도 심리치료를 받은 뒤 건강하게 생활하고 있다.

　심리치료를 하면서 언젠가는 사례집을 발간하고 싶었는데, 그동안 시간이 너무나 부족했다. 아들인 송아론 작가에게 많은 도움을 받았다. 송아론 또한 나에게 심리상담을 공부하고, 상담소에서 일한 시간이 있었다. 자기 일을 잠시 멈추고 상담 사례집을 쓸 거라고 말했을 때, 잘됐다고 생각했다. 송아론 작가가 빨리 사례집을 마치고자 했는데 상담이니, 강의니, 시간이 부족해 오히려 내가 따라가질 못했다. 그럼에도 끝까지 사례집을 쓴 아들에게 고맙다는 말을 전한다. 또한 사례집을 발간할 수 있도록 도움을 준 내담자분들에게도 감사를 드린다. 이들을 치료하면서 나 또한 성숙해지며 삶의 깨달음을 얻었다. 심리 질환으로 인해 힘든 분들이 이 책을 읽고 희망을 얻었으면 좋겠다. 상담을 공부하는 분들에게도 현장을 체험하는 시간이 되었으면 한다.

심리상담을 알면 이성 친구를 사귀는 데 도움이 될까?

송아론

사실 나는 심리상담을 배우기 전까지만 해도 영화에서나 보던 피해망상이나 공황장애, 환청, 환시, 등은 절대로 치료할 수 없는 증상으로 생각했다. 그래서 어머니가 심리치료를 한다고 했을 때도 반신반의했다. 그런 내가 상담을 배우기 시작한 연유는 오로지 '글' 때문이었다. 나는 글을 쓰는 사람이고, 심리에 관한 공부를 하면 창작을 하는 데 도움이 되겠다, 라고 어머니에게 말했지만….

고백하건대 실은 당시 여자 친구와 헤어져 도무지 글이 손에 잡히지 않아서였다. 정말로 죽을 만큼 글이 잡히지 않았고, 나는 하는 수 없이 그 돌파구를 심리상담 공부로 정했다. 공부를 열심히 해 다음에 여자 친구를 사귀면 이를 활용해 잘 헤쳐나가겠다고 굳게 다짐했건만, 난 그 후로 여자 친구와 두 번이나 헤어졌다. 그러면 누군가가 이렇게 물을 수도 있겠다.

심리상담이 이성 친구를 사귀는 데 전혀 도움이 되지 않나요?

두 번이나 헤어진 녀석이 하는 말이라 신뢰할까 싶지만, 그건 아니라고 말하고 싶다. 심리상담에 대해 알게 되면 인간관계에 대해 폭넓은 이해가 생긴다. 이 사람이 왜 이런 행동을 하고 저런 행동을 하는지 시야가 확 트인다. 그런데도 당신은 왜 헤어졌냐고 묻는다면 이렇게 답변하겠다.

이론과 실전은 다르거든요.

 한마디로 나는 이론을 실전에 적용시킬 만큼 깨우친 사람이 아니다. 그건 지금도 마찬가지다. 그래서 나는 상담사가 아니라 글 쓰는 사람일 뿐이다.

 어머니에게 심리상담을 배운 후 한동안 상담소에서 일했다. 온라인 상담도 많이 했는데, 그때 느꼈던 건 많은 사람이 심리상담에 관해 잘 모른다는 것이었다. 나도 어머니에게 배우기 전까지는 그랬으니 당연하다. 그래서 이번 사례집을 통해 많은 분이 상담소가 무엇을 하는 곳이고, 어떤 심리치료를 하는지 알게 되는 계기가 되었으면 좋겠다.

 사례집에는 30가지 이상의 심리치료 기법이 들어 있으며, 17명의 내담자를 증상별로 구분했다. 또 심리치료 과정 중 궁금한 게 있으면 어머니에게 묻고 답변받은 내용을 그대로 적었다. 비슷한 상황을 겪고 있는 분들이 계신다면 부디 이 사례집이 도움 되었으면 좋겠다. 심리치료를 받으면 과거의 상처에서 벗어나 누구나 자유로워질 수 있다.

CONTENTS

CONTENTS

멀리서 보면 희극,
가까이에서 보면 비극

송아론

심리상담을 배우기로 한 후, 나는 사람들과 함께 1년간 공부를 했다. 눈이 오나 비가 오나 추우나 더우나 수업은 늘 정해진 시간에 진행되었다. 처음에는 이론을 배웠고, 두 번째는 내담자를 치료하는 실습을 했다. 실습하면서 느꼈던 건 사람들은 저마다 상처나 아픔이 있다는 것이었다. 그러한 사람들이 더 심리상담에 관심 있어 보였다.

실습 시간 중 가장 흥미로웠던 건 밀턴 에릭슨의 명상최면이었다. 서로 짝을 지어 상대방의 트라우마를 없애주는 수업이었는데, 효과가 나타난다는 게 신기했다. 예를 들어 한 선생님은 성추행을 당할 뻔한 적이 있어, 엘리베이터에 남자랑 타지 못했다. 남자랑 단둘이 있으면 긴장되고 식은땀이 났다. 그런데 명상최면 실습을 하고 나서 처음으로 엘리베이터에서 이웃집 남자랑 인사를 했다고 말했다. 또 다른 선생님은 남편이 감성적이라 대화가 통하지 않는다고 했다. 그런데 검사를 하고 보니 자기가 이성적인 사람이었다. 감성과 이성이 만나 결혼을 했으니 서로 하고 싶은 말만 하고 듣고 싶은 것만 듣고 있었다.

그렇다면 나는?

솔직히 트라우마라고 할 게 전무했다. 가장 힘든 게 무엇이냐고 물었을 때, 여자 친구랑 헤어져서 힘들어요, 라고 말하는 건 요즘 말로 '갑분싸'나 다름없었다. 그리고 결정적으로 그런 말을 하는 게 창피했다. 다들 심각한 고민과 치료를 동반하며 수업하는데, 여자 친구와의 기억을 없애 달라고 할 수는 없지 않은가?

하지만 지금 와서 생각해보면 사람이 힘들어하는 건 경중이 없다. 어떤 사람은 A라는 일에 아무런 상처도 받지 않지만, 어떤 사람은 크게 상처를 받을 수도 있다는 말이다. 그러니 힘들면 힘들다고 말하는 게 부끄러운 게 아니라는 걸 나는 6년이나 지난 뒤에야 깨달았다.

1년 동안 수업을 한 후, 나는 상담소에서 업무를 하기 위해 첫 출근을 했다. 사적이었던 '어머니'가 공적인 '원장님'으로 바뀌는 순간이었다. 인생은 멀리서 보면 희극, 가까이에서 보면 비극이라고 하였던가. 수업 때 그렇게 멋지고 존경스러웠던 어머니의 현실 민낯을 보게 되었고, 나는 첫날부터 직격탄을 맞았다.

※ 지금부터 어머니의 호칭을 '원장님'이라고 합니다. 또한 내담자의 이름은 모두 가명입니다.

상담소를 신고하려는 가족

"원장님 그게 말이 돼요?! 우리 잘못이라뇨."
"그래요, 왜 우리를 쌍으로 나쁜 놈을 만들어요!"
"엄마! 신고해요, 신고!"

한마디로 제대로 싸우고 있었다. 현관문을 열어 상담소 안으로 들어가려던 찰나, 나는 고성과 괴성에 문 앞에서 굳어버렸다. 원장님의 받아치는 소리가 들렸고, 더 크게 맞받아치는 사람들의 소리가 이어졌다. 들어가서 싸움을 말려야 하는 건지, 아니면 그냥 기다려야 하는 건지 혼란스러웠다. 이도 저도 못 하며 서 있을 때 현관문이 벌컥 열렸다.

"너! 다시는 이 상담소 오지 마! 알았어!?"
"여기 사이비야, 엄마!"
"맞아, 우리가 무슨 잘못을 했다고!"

한 명, 두 명, 세 명, 네 명, 다섯, 여섯, 일곱⋯ 그러니까 원장님은 무려 7대 1로 사람들과 싸우고 있었다. 어찌할 바를 모르고 현관문 앞에 멍하니 서 있자, 사람들은 욕을 하며 계단으로 내려갔다. 나이 드신 할머니와 비교적 젊은 여성만이 엘리베이터를 기다리고 있었다. 나는 황급히 상담소 안으로 들어간 뒤 문을 닫았다.

"무슨 일이에요?"

"아유, 답답해! 사람들이 말을 들어 먹어야지."

"왜 그런 건데요?"

"말하려면 길어. 애가 지금 누구 때문에 저렇게 된 건데."

원장님이 말하지 않아도 대강 짐작이 갔다. 수업 시간에 가장 강조했던 것 중 하나 '환경치료'. 그걸 하다 이 사달이 난 모양이었다. 심리상담에서 환경치료가 얼마나 중요한지 지금부터 사례를 들고자 한다.

제 1 장

환경치료

환경치료란 내담자가 처한 '부정적 환경'을 '긍정적'으로 바꿔주는 것을 말한다. 크게 가정환경을 예로 들 수 있다. 심리증상이 있는 내담자는 대개 가정환경이 좋지 않다. 어린 시절 부모가 이혼해 내담자를 보호해 주지 못했거나, 부부싸움, 학대, 폭언폭력에 장기간 노출된 경우가 많다. 심지어 성인이 되어서도 부모에게 강한 억압을 받아 심리증상을 유발한다.

이때 문제는 '내담자'가 아니라 '부모'에게 있다. 부모가 자녀를 제대로 양육하지 못했거나, 잘못된 교육관과 가치관으로 자녀를 망가트린 것이다. 하지만 부모는 그게 자신들 때문이라는 걸 인지하지 못한다. 상담사가 자녀가 이렇게 된 게 부모 때문이라고 해도 받아들이기 힘들어한다. 자신도 그렇게 자랐다거나, 애 잘되게 하려고 그런 거라며 핑계를 늘어놓는다.

　환경치료는 그런 부모를 각성시키는 작업이다. 그래서 내담자가 방문할 시에 가장 먼저 하는 것이 바로 '환경프로파일' 검사이다. 환경프로파일 검사지는 내담자가 어떤 환경에서 자랐는지 질문을 통해 정확히 알 수 있는 검사지이다. 그렇게 검사와 깊은 상담을 통해 내담자의 환경을 알아본다. 그리고 부모에게 문제가 있다면 그들을 불러 잘못된 행동을 교정시킨다.

　환경치료는 상담에서 가장 중요한 대목이다. 환경치료가 되지 않으면 상담은 실패한다고 해도 과언이 아니다. 어째서 그렇게까지 말하는지 사례를 보도록 하자.

'대인기피증'으로 인해
칼을 들고 상담소에 온 남자

원장님의 상담사례 중 가장 놀라운 일은 자칫하면 우리 동네에서 '묻지마살인'이 발생할 뻔했다는 거였다. 상담소는 예약하고 오는 곳인데, 이를 몰라 바로 찾아오는 사람도 있다. 그날도 원장님은 상담을 마치고 저녁 9시에 퇴근을 하려던 참이었다. 비가 부슬부슬 내리던 밤이었다. 원장님은 신발을 신은 뒤 상담소 현관문을 열었다. 그런데 웬걸, 한 청년이 현관문 앞에 우두커니 서 있었다.

"저기, 상담 좀 할 수 있나요."

원장님은 심장이 내려앉는 줄 알았다. 아무런 인기척도 없어 문 앞에 사람이 있을 거라 생각하지 못했다.

"오늘은 상담이 다 끝났는데 어떡하죠?"

"지금 아니면 안 될 거 같아서요. 들어가도 될까요."

"그러면 차라리 예약하고 내일 오시겠어요?"

"내일이면 늦습니다."

푹 눌러쓴 모자. 상기된 얼굴. 무언가 일을 벌일 것 같은 완고함. 결국 원장님은 청년을 안으로 들어오라고 했다. 자리를 안내하고는 무슨 일로 왔는지 물었다. 청년은 대답 없이 품에서 신문지 뭉텅이를 책상 앞에 턱, 놓았다.

"이게 뭔지 아세요?"

"글쎄요, 이게 뭔가요?"

원장님은 섬뜩함을 느꼈다. 굳이 이야기해 주지 않아도 무엇인지 짐작이 갔다.

"칼입니다."

"예, 그러세요. 어쩐 일로 칼을 들고 다니게 된 건가요?"

"저 무섭지 않으세요?"

청년은 말을 하면서도 원장님 눈을 똑바로 바라보지 못했다. 그것은 처음 대화를 나눌 때부터 보인 패턴이었다.

"무섭지는 않고, 칼을 가지고 다닐 수밖에 없는 이유가 있을 것 같네요. 어떤 일 때문에 그런지 편하게 말씀하세요."

"…사람을 죽이러 가는 중이었어요. 그러다 상담소 간판을 보고 저도 모르게 여기 오게 됐고요."

"잘 오셨어요. 아주 잘 오셨어요. 그래, 어쩐 일로 사람을 죽이려 하나요? 어디로 가는 중이었죠?"

"그냥… 몇 개월 전부터 지하철역에 지나가는 사람들을 칼로 다 찔러 죽여 버리고 싶었어요. 그걸 계속 참고 있었는데, 오늘은 찔러야 속이 시원할 거 같아서 그랬고요."

원장님은 청년이 하는 말을 듣고도 무섭거나 두렵지 않았다. 청년이 상담소를 찾아왔다는 것 자체가 그런 행위를 하고 싶지 않다는 걸 드러낸 것이나 다름없기 때문이었다.

원장님이 입을 뗐다.

"무엇 때문에 사람을 죽이고 싶었던 거죠?"

"저는 이 세상을 살아가는 게 힘들고 고통스럽습니다…."

한눈에 봐도 사연이 있는 듯한 모습이었다.

"그럼 이렇게 할까요? 어차피 오셨으니까, 상담을 받으려면 제대로 받아보세요."

"저는 지금 돈도 없고… 상담비도 없어서… 정상적인 상담을 받을 수가 없어요."

"괜찮아요. 우선 검사지부터 해봐요."

청년은 불안한 눈동자로 망설이더니 이내 고개를 끄덕였다. 환경프로파일 검사지였다. 청년은 40분간 검사지에 체크한 뒤 원장님에게 건넸다. 그의 이름은 이지욱이었다. 원장님은 검사지를 훑어보며 가정환경이 좋지 않다는 걸 알 수 있었다. 특히 부모님에 대한 분노가 컸다.

"검사지를 보니까 사람에 대한 분노와 상처가 큰 거로 나타나네요. 그래서 사람을 죽이려고 했던 것 같고요. 어떤 상처를 받았는지 얘기를 해보시겠어요?"

내담자는 과거 이야기를 시작했다.

그러니까 그가 3살, 누나가 5살이었던 무렵, 부모님이 이혼했다. 엄마는 돈과 귀금속 등 가져갈 수 있는 모든 걸 가지고 사라졌다. 그 후로 내담자는 누나, 아버지와 함께 옥탑방에서 살았다. 옥탑방은 화장실도 없고 물도 나오지 않고 바퀴벌레와 곰팡이가 득실거리는 곳이었다. 물이 나오는 곳이 없다 보니 씻을 수도 없었고, 용변을 볼 데도 없어 방안 아무 데나 봤다. 아버지는 그걸 보고 내담자와 누나에게 손찌검했다. 또 잘못을 저질렀다며 옥탑방에서 쫓겨나 문 앞에서 쭈그려 자는 날도 많았다. 그 긴 밤이 너무나 무서웠고, 밖에 지나가는 사람들을 보며 만감이 교차했다. 그런 생활을 무려 중학교 2학년 때까지 했던 것이다.

내담자는 지금 떠올려 봐도 아버지의 행동이 도무지 이해가 안 된다고 했다. 그중에서 가장 괴로웠던 건 싸움을 시키는 일이었다. 아버지는 아들을 강하게 키우겠다며 몇 학년이나 높은 동네 형들과 싸움을 붙였다. 그럴 때면 내담자는 동네 형들에게 마구잡이로 맞았고, 아버지는 왜 이기지 못하냐며 또 내담자를 구타했다. 이런 방식은 친가에서도 마찬가지였다. 아버지는 내담자를 사촌과도 싸우게 했다. 그리고 싸움에 지면 방으로 끌고 가 내담자를 팼다. 그럼에도 친할머니, 친할아버지는 한 번도 아버지를 말리지 않았다. 이처럼 아버지는 부모조차도 감당하기 어려운 존재였는데, 그만한 이유가 있었다. 아버지는 깡패였다.

이런 생활이 반복되다 보니 누나는 중학교 1학년 때 가출을 했고, 내담자는 기가 죽을 수밖에 없었다. 게다가 내성적이었고 학교생활도 제대로 할 수 없었다. 친구들과 어울리지 못해 소외를 당하기 일쑤였고, 초, 중, 고 모두 왕따를 당했다. 옥탑방을 벗어난 건 중학교 2학년 말이었지만, 내담자의 학교생활은 달라진 게 하나도 없었다.

그가 아버지에게 반항하기 시작한 게 고등학교 2학년 때부터였다. 아버지를 힘으로 이기기 시작하면서 이제는 반대로 아버지를 패기 시작했다. 아버지가 이해할 수 없는 말을 하거나 자기를 이해하지 못하면 주먹부터 나갔다. 아버지는 아들에게 용돈 한 번 준 적이 없었고, 경제적으로 지원한 적도 없었다. 늘 그게 불만이었고, 그 불만이 폭발할 때면 아버지와 전쟁을 치렀다.

그는 고등학교를 졸업한 뒤 군대에 가게 되었다. 하지만 인간관계를 제대로 맺은 적이 없어 군 생활도 힘들었다. 하루하루가 지옥이었고 겨우 군대를 전역했다.

집으로 돌아왔다고 해서 달라진 건 하나도 없었다. 또다시 아버지와 매일 싸움을 했다. 사회생활도 어렵고 사람을 만나는 게 두려웠다. 사람에게 말 한마디도 건네지 못하는 자신을 보며 자존감이 바닥을 쳤다. 어디서든 나를 당당하게 내세운 적이 없었다. 심지어 밥을 먹으려 식당에 들어가서도, 주문을 소리 내서 한다는 게 힘들어 그냥 나가는 일도 있었다. 이렇게 자신을 표현할 수 없는 나. 사회생활이 불가능할 정도로 존재감이 없는 나. 늘 그것이 그의 숨통을 옥죄게 했다.

하지만 세상에 있는 많은 사람은 어떠한가? 사람들은 자기처럼 살고 있지 않았다. 친구, 또는 연인끼리 짝을 지어 다니는 사람들. 가족끼리 화기애애하게 거리를 걷는 사람들. 늘 얼굴에 미소를 달고 두려움이나 불안감이라고는 눈을 씻고도 찾아볼 수 없는 사람들. 자기가 살아온 것과는 너무나도 다른 삶을 살고 있었다. 그는 그런 사람들이 죽이고 싶을 정도로 미웠다.

그는 또 여자에 대한 혐오감과 트라우마가 있었다. 여자가 근처에 있을 때면 온몸이 경직됐다. 얼굴이 빨개지고 머리가 새하얘졌다. 동시에 여자에 대한 분노가 솟구치기도 했다. 그런 감정이 생기는 이유는 엄마 때문이었다. 엄마가 자기를 버리고 가버렸다는 생각에 여자를 신뢰하지 않았다. 오직 여자에 대한 부정적인 감정만이 내면에 자리 잡고 있었다.

그러한 삶 속에서도 그는 나름 노력했다. 한 푼이라도 벌어야 기본적인 생활을 할 수 있어서 피시방 알바를 했다. 처음으로 하는 알바였고 크나큰 도전이었다. 하지만 피시방 알바에서도 금방 한계에 부딪혔다. 컵라면에 물만 부어서 주면 되는 간단한 일조차도 하기 어려웠고, 특히 손님을 대하는 게 가장 힘들었다. 손님의 질문에 답하는 것, 손님에게 무언가를 물어봐야 하는 것. 손님이 오고 갈 때 인사를 하는 것조차도 그에게는 공포와 두려움이었다. 또 알바를 끝마칠 시간에는 청소해야 하는데, 자리에 앉아 있는 손님에게 양해를 구하는 것도 곤욕이었다.

그러다 보니 그에게는 일상 자체가 스트레스이자 지옥이었다. 반면 자기보다 편안하게 사는 사람들을 보면 가슴에서 끓어오르는 분노를 느꼈다. 그 분노가 극에 달할 순간이 바로 아르바이트를 마치고 집에 갈 때였다. 지하철을 타고 있는 사람들을 보며 모두 죽었으면 좋겠다고 생각했다. 이 세상에서 나만 부적응자이고, 다른 사람들은 모두 행복한 얼굴이었다. 그래서 몇 개월 전부터 사람들을 죽이고 싶다는 생각을 했다. 그 감정을 꾹꾹 눌러냈는데, 오늘은 도저히 억누를 수 없어서 칼을 들고 집을 나섰다. 그런데 지하철역으로 가는 길에 상담소 간판에 불이 켜져 있는 걸 봤다. 자기도 모르게 마지막이라는 생각으로 상담소에 왔다는 것이었다. 이때, 그의 나이가 이십대 후반이었다.

원장님은 내담자의 이야기를 듣고 그가 왜 사람을 죽이려 했는지 이해가 되었다. 아직도 눈을 제대로 맞추지 못하는 내담자를 보고 말했다.

"좋아요, 저는 지욱 씨가 충분히 이해됩니다. 얼마든지 그럴 수 있어요. 제가 지욱 씨였어도 똑같이 그런 생각을 했을 거고, 지금과 같은 행동을 했을 겁니다. 그동안 얼마나 힘들었나요. 이제 제가 당신을 도와드리겠습니다. 상담비도 낼 수 없을 만큼 힘든 상황에서 누구의 도움도 없다면 살아가기 힘드실 테죠. 힘내시고 상담비 걱정은 마세요. 상담과 치료를 받으면 나아지실 수 있습니다."

원장님의 말에 내담자는 머뭇거렸다. 그리고 죄송하지만, 상담비는 자기가 50%는 낼 테니 50%는 봐달라고 했다. 원장님은 그러자고 했다. 내담자가 경제적으로 힘든 건 알지만, 상담비를 부담해야 그에 대한 책임감도 생기기 마련이었다. 원장님은 내담자에게 할 수 있다는 의지를 보여 달라고 했다. 그는 적극적으로 임하겠다고 했다. 그렇게 첫 상담을 마치고 일주일에 한 번씩 상담소를 방문하기로 했다.

1) 내담자 증상 진단

검사지 판독 결과 내담자는 자존감이 현저히 하락돼 있으며 정체성 혼란을 겪고 있었다. 또 사회 공포증으로 사람들과 접촉, 소통하는 걸 힘들어했다. 사람의 눈을 똑바로 바라보지 못하고 얼굴이 붉어지는 등, 주변에 불편한 사람이 있으면 온몸이 굳어버리는 신체증상도 있었다.

내담자는 사람들이 자기를 쳐다보는 것도 불편하게 여겼고, 자기를 이상하게 본다고 생각했다. 정확히, '사람들이 나를 눈으로 꼬라본다.'라고 표현했다. 이는 피해의식이 발전된 피해망상 초기증상이었다. 또한 자기를 버린 어머니에 대한 상처가 커 여자를 혐오했다. 아버지와 폭력적인 관계가 지속되고 있어 환경치료도 시급했다.

이처럼 내담자에게 다양한 심리증상이 나타난 이유는, 제때 치료받지 못했기 때문이다. 다른 병처럼 심리증상도 치료를 받지 않으면 더 크게 발전한다.

심리증상

자존감 하락 / 정체성 혼란 / 사회공포증 / 피해의식 /
피해망상 초기 / 여성혐오

신체증상

사람들과 대화 시: 손 떨림 / 얼굴 붉어짐 /
사람의 눈을 쳐다보지 못함 / 온몸이 굳음

환경문제

아버지와 지속적인 폭력 관계

시간이 되자 내담자는 원장님이 당부한 대로 아버지와 함께 상담소를 찾았다. 원장님은 내담자만 상담실로 들어오게 했다. 그가 자리에 앉자, 심리증상에 대해 세세히 설명했다. 내담자는 증상에 대해 이해를 하고 스스로 인정했다.

원장님은 다음으로 대기실에 있던 내담자의 아버지를 상담실로 불렀다. 내담자 옆에 앉힌 뒤, 입을 뗐다.

"아버님. 지금부터 아들이 왜 상담소에 오게 됐고, 어떤 증상이 있는지 이야기할 테니까 하나도 빠트리지 말고 들으세요."

"네…."

"지금 아드님은 사회생활을 할 수 있는 상태가 아니에요. 정체성도 없고, 존재감도 낮고, 사람들 눈도 맞추지 못해요. 피시방에서 알바할 때도 손님이 뭐 물어보면 대답도 못하겠대요. 매일 긴장되고 불안해서 죽겠대요. 아버님이 보기에는 아들이 왜 이러는 거 같아요? 왜 이런 증상을 가지고 있을까요?"

"그게… 제가 어린 시절에…."

"그래요. 말도 제대로 못 하는 세 살짜리 어린애를 옥탑방에서 키우면서 욕하고 때렸다면서요. 화장실이 없어서 어쩔 수 없이 방에 용변을 본 애를 내쫓거나 하고, 잠도 밖에서 자게 하고, 그뿐인 줄 아세요? 동네 학생들이랑 싸움 붙였다면서요. 아들이 싸움에서 지면 또 패고. 그러다 아들이 커서 지금 어떻게 됐어요? 이제 아버님이 맞고 계시죠?"

"……."

아버지는 아무 말도 하지 못했다. 상담소에 오기 전에 아들에게 맞으면서 어떤 깨달음이 있었던 모양이었다.

"죄송합니다. 잘못했습니다."

"사과는 제가 아니라 아들에게 하세요. 아버님은 다음 주 상담소에 오실 때 아들에게 그동안 뭘 잘못했는지, 구체적으로 글로 다 써서 가져오세요. 그리고 이제부터 아들에게 절대로 폭언하지 마시고, 얼굴도 붉히지 마세요. 잔소리도 절대 하지 마시고요. 아시겠어요?"

"네…."

아버지는 순순히 대답했다. 원장님은 아버지가 내담자에게 사과하는 시간을 가지도록 했다. 혹여나 빼먹은 게 있으면 그 부분을 지적해 아들에게 하나하나 사과하도록 했다.

"미안하다, 지욱아. 아버지가 정말 몰라서 그랬다. 아버지는 그렇게 키워야 하는 거라고 생각했어. 그래서 너같이 괜찮은 아이에게 상처만 줬구나. 정말 미안하다. 네가 아무것도 모르는 3살 때 옥탑방에서 때린 것도 미안하고, 내쫓은 것도 미안하고, 가출한 네 누나한테도 미안하고…. 다른 학생이나 사촌과 싸움을 시킨 것도 미안하다. 그리고 무슨 일만 생기면 손찌검부터 한 것도 미안해. 네 학교생활에 관심 가져주지 못한 것도 미안하고, 준비물이나 돈이 필요할 때 한 번도 지원해 주지 못해 미안하다. 상담소에 오기 전에도 너랑 싸웠는데, 다 내 탓이다. 미안하다, 지욱아…."

아버지는 시키지도 않았는데 내담자의 손을 꼭 잡고 말했다. 아버지가 아들에게 사과하는 시간이 1시간 30분 동안이나 진행되었다. 아버지는 눈물을 흘리며 너같이 좋은 아이를 이렇게 키워 미안하다며 진심으로 사과하고 용서를 구했다. 내담자는 생각보다 쉽게 아버지의 마음을 받아들였다.

3) 나는 사막 위에 홀로 죽어가는 나무

약속된 시간이 되자 내담자가 상담소에 들어왔다. 여전히 긴장한 모습이었지만, 처음보다는 얼굴이 말끔했다.

첫 번째 심리치료는 미술치료 중 하나인 '나이테로 보는 내 인생'이었다. 과거부터 현재까지 나는 어떤 삶을 살았는지 나무의 나이테로 알아보는 작업이다. 괴롭고 힘들었던 시기는 나이테에 검은색으로 칠하고, 행복하고 즐거웠던 시기는 노란색으로 칠하는 것이다.

그 결과 내담자의 나이테는 다음과 같은 결과가 나왔다.

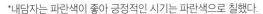

*내담자는 파란색이 좋아 긍정적인 시기는 파란색으로 칠했다.

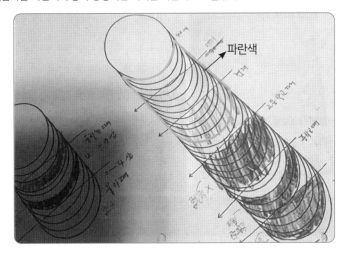

유아(0~4살)
기억나진 않지만, 엄마가 계셨을 때는 좋았던 느낌이 있음.

유치원(4~7살)
좋았던 기억이 없음.

초등학생 (8~13살)
항상 위축된 채로 학교에 다님.

중학생(14~16살)

친구들의 괴롭힘과 선생님의 체벌로 괴로워함.

고등학생(17~19살)

왕따로 인한 괴로움. 이 시기에 아버지에게 반항하기 시작함.

현재

사람들을 상대하기 너무나 힘듦. 나만 불행한 삶을 사는 거 같음.

미래

미래는 행복했으면 하는 마음에 파란색으로 칠함.

내담자는 유아기 일부 빼놓고는 좋았던 기억이라고는 단 하나도 없었다. 원장님이 종이를 주며 말했다.

"이제 이 나이테를 보고 지욱 씨의 나무를 그려볼래요?"

"나무요?"

"네. 나는 이런 나무였다, 하고 그림을 그려보는 거예요."

내담자는 나이테를 보고 자신의 모습을 나무로 표현했다.

원장님이 내담자가 그린 그림을 보고 물었다.

"이 나무가 어떤 나무인지 설명해볼래요?"

"사막에 홀로 서 있는 죽어가는 나무입니다. 주변엔 보호자도 없고, 관리자도 없고, 양분도 없어 죽어가고 있어요."

"이 나무는 현재 어떤 생각을 하며 살아가고 있죠?"

"자기가 왜 태어났는지 혼란스러워하고 있어요. 여기가 어딘지도 잘 몰라요. 또 이런 내 모습이 너무나도 부끄럽고 외로워요. 사람을 보면 긴장하고 특히 여자에게 더욱더 그렇고요. 그래서 바보 같지만, 어쩔 수 없이 살아가야 한다는 걸 알고 있어요. 한편으로는 장하다는 생각도 들어요."

원장님은 고개를 끄덕이며 입을 뗐다.

"좋아요. 이 나무는 굉장히 힘든 환경 속에서 어쩔 수 없이 살아가고 있지만, 한편으로는 여기까지 버틴 게 장하다고 생각하고 있군요?"

"네."

"그러면 내가 사막에서 홀로 죽어가고 있는 건 누구에 의해 그런 거죠?"

"부모님 탓에 이렇게 됐습니다."

"이 삶 속에서 지욱 씨가 선택할 수 있었던 삶은 없었나요?"

"단 하나도 없었습니다."

"지욱 씨는 자기가 선택해서 태어난 것도 아니고, 태어나고 나서도 선택할 수 있는 부분이 하나도 없었던 거네요?"

"네."

"앞으로도 아무런 선택도 하지 못한 채, 계속 부모님에게 영향 받으며 살 건가요?"

"아니요. 더는 그렇게 살지 않을 거예요."

내담자는 이미 상담을 받기로 한 뒤부터 변화하기로 마음먹고 있었다.

"좋아요. 그러면 이제 미래의 내 모습을 나무로 그려보세요. 나는 이제 어떻게 변화를 할 거고, 내가 꿈꾸는 '삶'은 무엇인지 다시 한 번 나무로 표현해 보세요."

원장님이 새로운 종이를 주자 내담자가 다시 그림을 그리기 시작했다. 지금까지 꿈꾸던 삶을 나무로 그렸다. 아래와 같은 결과물이 나왔다.

내담자는 드넓은 초원에 나무들이 함께 어우러져 있는 모습을 그렸다. 가운데 크기가 월등한 나무를 그리고는 그 나무가 자신이라고 했다.

"지금 그린 걸 설명해 보실래요?"

원장님이 묻자 내담자가 대답했다.

"메말라 있던 사막에서 이제 건강하고 활기찬 나무가 된 모습이에요. 사막에서는 아무도 저를 봐주지 않았지만, 이곳에는 많은 친구가 제 곁에 있어요."

"좋아요. 이 나무는 현재 어떤 생각을 하는 중이죠?"

"잘 태어났다고 생각하고 있어요. 그리고 내가 너무나도 멋있어서 과시하고 싶은 생각도 있어요. 행복하고 여기가 좋아요."

"그래요, 잘 그리셨어요."

원장님은 흡족한 얼굴을 했다. 처음에 그렸던 나무와는 달리 확연히 바뀐 모습이었다.

"이쪽으로 오시겠어요?"

원장님은 자리에서 일어나 내담자를 명상최면실로 안내했다. 이제 명상최면으로 부정적인 나무는 없애고, 긍정적인 나무를 각인시킬 차례였다.

내담자가 침대 위에 눕자 원장님이 명상최면을 시작했다.

"온몸에 힘을 빼세요. 그리고 호흡을 크게 들이마시고, 천천히 내뱉으세요…. 다시 한 번 호흡을 들이마시고, 천천히 내뱉으세요…. 이제 당신은 아주 편안해 졌습니다."

원장님은 낮은 목소리로 말했다.

"자, 이제 처음에 그린 나무를 떠올리세요. 사막에는 아무것도 없고, 홀로 죽어 가는 나무가 있습니다. 천천히 그 나무를 떠올리세요. 떠올렸나요?"

"네."

"그 나무가 어떻게 보이죠?"

"불쌍해 보입니다. 그리고 죽어 있는 거 같아요."

"그 나무에게 들리는 소리가 있나요?"

"…네. 앓는 소리가 나요."

"그렇군요. 그러면 이제 그 나무를 조심히 만져보세요. 나무에게서 느껴지는 게 있나요?"

"물렁물렁한 게 힘이 없어 보입니다."

"또 다른 느낌은요?"

"금방이라도 없어질 거 같아요."

"좋습니다. 그 나무는 지욱 씨가 어린 시절부터 지금까지 살아온 나의 모습입니다. 너무나 힘들고 고통스럽고 두려운 나입니다. 이제 그 이미지를 액자 속에 넣습니다. 액자에 넣으셨나요?"

"네."

"이제 그 액자를 내 눈앞으로 당깁니다. 그리고 왼손으로 액자 안의 이미지를 떼어냅니다."

내담자는 액자를 눈앞에 가져온 뒤 왼손으로 이미지를 꺼냈다. 원장님이 힘 있는 목소리로 말했다.

"좋습니다! 이제 내 오른손에는 불이 활활 타오르는 횃불이 있습니다! 그 횃불로 제가 하나, 둘, 셋, 하면 왼손에 있는 종이에 불을 붙입니다. 자- 하나, 둘, 셋!

불을 붙이세요! 오~ 종이가 활활 타오르고 있습니다. 모두 태워져 사라졌습니다. 말끔히 태워졌나요?"

"네."

"잘하셨습니다. 이제 두 번째 그림을 떠올리세요."

원장님은 다음 명상최면 단계로 넘어갔다.

"두 번째 그림은 푸른 초원에 건강하고 씩씩하게 우뚝 서 있는 나무입니다. 주변에는 다른 나무도 있고, 꽃과 풀도 함께 어우러져 있습니다. 지욱 씨는 나무 중에서도 가장 크고 거대합니다. 그 장면을 떠올리세요. 떠올렸나요?"

"네."

"그럼 이제 나무와 주변을 자세히 관찰하세요. 그리고 그 모습이 어떻게 다가오는지 느껴보세요. 황량한 사막에 썩어 있던 나무가 아주 멋진 모습으로 변했습니다. 그 모습을 바라보고 있는 내 느낌이 어떤가요?"

"나무들 중에서 가장 크고 씩씩한 게 자신감이 있어 보입니다."

"또 다른 느낌은요?"

"혼자 있지 않고 주변에 다른 나무와 풀, 꽃들이 함께 있어서 행복하고 즐거운 게 느껴집니다."

"그렇군요. 그러면 이제 그 나무와 주변 환경을 액자에 담으세요. 액자에 담긴 그 이미지는 누가 봐도 아름답고 조화롭습니다. 액자에 담으셨나요?"

"네."

"이제 제가 하나 둘 셋 하면 지욱 씨 눈앞에서 액자가 아주 컬러풀하고 아름답게 커질 겁니다. 하나, 둘! 셋! 오우~ 커졌습니다. 커졌나요?"

"네."

"좋습니다. 이제 천천히 숨을 들이마시고 내쉬고… 다시 한 번 숨을 들이마시고 내쉬고… 눈을 뜨세요."

내담자는 명상최면을 마치고 눈을 떴다. 어땠냐는 원장님의 물음에 그는 신기하다고 하면서 호기심과 관심을 나타냈다. 또 처음으로 자신의 삶을 표현해보고 돌아보고 누군가가 바라봐 준다는 게 만족스럽다고 했다.

원장님은 내담자와 약속했다. 이제부터는 지금까지의 환경에서 벗어나 자기 스스로 환경을 만들어보자는 것이었다. 내담자는 그렇게 하겠다며 강한 의지를 보였다.

원장님은 이때까지만 하더라도 그가 지금처럼만 따라오면 모범적인 사례로 남을 수 있을 거로 생각했다. 그와 같은 일이 벌어지기 전까지는 말이다.

나이테로 보는 내 인생이란?

내담자가 과거부터 현재까지 어떤 삶을 살았는지 나무의 나이테로 알아보는 프로그램. 이 프로그램을 하면 내담자는 자신이 지금까지 어떻게 살아왔는지 정확하고 면밀하게 인지할 수 있다. 또 삶을 살아오면서 어떤 상처를 입었는지도 깨닫는다. 미술치료 인지치료, 명상최면치료를 동시에 진행하는 프로그램으로써 내담자의 부정적인 면을 없애고 긍정적으로 삶을 표현할 수 있도록 한다.

내담자는 약 15회기 동안 심리치료를 받으며 많은 변화가 일어났다. 처음에는 원장님도 잘 쳐다보지 못했는데 이제는 눈을 맞추며 웃었다. 굽었던 어깨도 펴졌고, 자기표현도 적극적으로 했다. 피시방 알바에서도 손님과 대화를 하거나 주문을 받는 일이 한결 편해졌다. 내담자는 원장님에게 마치 자유를 얻은 것 같다고 했다. 아버지에 대한 원망을 쏟아내던 것도 멈추게 됐다.

이제는 피시방 알바 말고 다른 곳에서 일하고 싶다고 했다. 사람이 많은 곳에서 사람들과 접촉하고 대화하며, 사람과의 관계에서 자신을 시험해 보고 싶어 했다. 원장님은 흡족해하며 직업프로파일 검사를 했다. 내담자가 어떤 직업에 관심이 있는지 분석하기 위해서였다.

그 결과 내담자는 눈으로 보고 그대로 따라하는 것. 또는 시각으로 연상해서 결과물을 만들어 내는 것. 창의적인 생각을 통해 시각화시키는 직업이 어울리는 것으로 나타났다. 또 의외로 사람들과 관계하는 걸 매우 중요하게 생각했다. 사람들 속에서 자기 능력을 발휘할 때 동기부여가 되고, 에너지가 발산됐다.

원장님은 내담자에게 컴퓨터 학원을 추천했다. 컴퓨터그래픽이나 웹디자인, 광고디자인처럼 컴퓨터로 창의력을 발산하고 시각화할 수 있는 직업이 있는지 알아보라고 했다.

원장님의 조언에 내담자는 컴퓨터 학원을 알아본 후 등록을 했다. 그에게는 크나큰 도전이었다. 지금까지 집단 속에서 무언가를 배우는 걸 해보지 않았던 터라 두려움이 있었지만, 강한 의욕과 호기심을 보였다.

내담자는 그 뒤로 용산에 가서 컴퓨터를 사다 조립한 뒤, 피시방에서 번 돈으로 컴퓨터 학원을 등록했다. 그리고 엑셀과 파워포인트 등 기본적인 컴퓨터 프로그램을 배우고 광고디자인을 공부했다.

내담자는 매주 상담소에 올 때마다 학원 이야기를 했다. 사람들과 함께 공부하는 게 즐겁다는 것이었다. 또 자기도 모르게 손들고 여러 차례 질문했다며 매우 신기해했다. 이처럼 그가 진전 있는 모습을 보이자 원장님 또한 보람을 느꼈다.

그러던 어느 날, 사건이 터졌다. 내담자가 어두운 얼굴로 상담소를 방문했다.

"왜 그래, 무슨 일 있었어?"

"저… 이제 상담 포기하려고요."

내담자는 시선을 맞추지 않고 말했다.

"혹시 아빠랑 싸웠어? 원장님한테 이야기해봐. 무슨 일인데."

내담자는 자초지종을 이야기했다. 아빠와 문제가 터진 것이었다. 이야기인즉 슨, 내담자는 용기 내 아버지에게 컴퓨터를 열심히 배우고 있다고 말했다. 학원에서 뭘 배우고 어떤 걸 하고 있는지, 사람들과의 관계는 어떤지 설명을 했다. 그것은 아버지에게 자신이 무언가를 열심히 하고 있다는 것을 인정받기 위함이었고, 칭찬을 듣기 위해서였다. 하지만 아버지는 관심 없다는 투로 말했다.

"그거 뭐에 써먹으려고. 차라리 드론이나 비행기 정비를 배우지 그러냐."

내담자는 화가 치밀어 올라 주먹으로 책상을 내리쳤다. 지금까지의 노력을 부정당하는 느낌이었다. 내가 열심히 하는 걸 알아주기는커녕 비꼬았다는 말이었다. 내담자의 행동에 아버지는 "너 상담 받아도 여전하구나."라며 도발했다.

"그래, 나 상담 다 때려치우고 예전처럼 살 거니까 그렇게 알아둬!"

아버지는 아들의 뺨을 때렸다. 내담자는 집안에 있는 물건을 다 집어 던졌다. 그리고 아버지에게 말했다. 지금까지 나한테 돈 한 번 대준 적이 있었느냐. 내가 컴퓨터를 배우고 있는 것에 관심이나 가져줬느냐. 그런데 비아냥거리기나 하고, 고등학교밖에 안 나와서 무슨 정비를 한다는 말이냐. 비행기 정비사가 되려면 어떻게 해야 하는지 알지도 못하는 주제에 무슨 비행기 정비사냐. 드론에 대해서도 알고나 하는 말이냐. 내가 어떤 목표를 향해 가는데 아버지가 어떤 정보나 도움이나 준 적이 있느냐며 소리쳤다. 방안은 난장판이 됐고, 그는 그날 집을 나온 뒤 들어가지 않았다.

원장님은 그 말을 듣고 기운이 쫙 빠졌다. 내담자는 모든 걸 포기하고 좌절한 모습이었다. 하지만 이대로 둘 수 없는 노릇이었다. 원장님은 그를 위로했다.

"그래, 아버지가 뭘 모르시네. 원장님이 보기에는 지욱이가 학원에서 공부를 한 것도 기적이고, 스스로 뭔가를 해보겠다고 컴퓨터까지 사서 열심히 하고 있는데 어떻게 그럴 수 있니.”

"아버지는 제가 뭘 하든 알아주지 않아요.”

"그래, 힘들겠다. 아버지한테 잘하고 있는 모습을 보이려고 말했던 건데, 그런 이야기를 들었으니…. 원장님도 맥이 다 빠져. 하물며 넌 어떻겠니.”

원장님은 내담자를 위로한 뒤 그의 감정을 안정시키기 위해 명상최면을 했다. 아버지와 싸웠던 장면을 떠올리게 한 뒤, 그 장면을 액자에 넣고 태워 없애버리는 작업을 했다. 처음에는 그 장면이 태워지지 않는다고 해서 여러 번 반복했다. 명상최면이 끝난 후 원장님은 다시 내담자를 위로했다. 그리고 다음 주 상담소에 올 때 아버지와 함께 오라고 했다.

약속된 시간이 되자 내담자와 함께 아버지가 들어왔다. 원장님은 두 사람을 상담실 의자에 앉힌 뒤 입을 열었다.

"아버님, 왜 오시라고 했는지 아시죠?"

아버지는 기가 꺾인 채 고개를 끄덕였다. 환경치료 시간에 아들에게 잘못했다고 사과하고, 잘하겠다고 약속했는데 얼마 가지 않아 싸운 것에 대해 면목이 없었다.

"아버님, 제가 볼 때 아버님께서는 지욱이가 처음에 얼마나 심각했었는지 아직 인지하지 못하신 거 같아요."

"인지는 했습니다."

"인지하신 분이 그렇게 말씀하신 거예요?"

"……"

"아버님, 이거 한번 보세요."

원장님은 내담자가 미술치료 시간에 그린 그림을 아버지에게 보여주었다.

"이게 뭡니까…?"

"지욱이가 그린 그림이에요. 보세요. 자기는 사막 위에 홀로 죽어가고 있는 나무래요. 이게 지욱이의 정체성이에요. 누구에게도 말 걸지 못하고, 보호자도 없고, 양분도 없어서 자기는 사막 위에서 죽어가고 있대요. 그뿐인 줄 아세요?"

원장님은 이어 말했다.

"여자가 다가오면 말도 못하고, 혐오감이 있고, 지하철에 있는 사람들이 너무 미워서 다 죽여버리겠다고 했던 애예요. 이런 상처를 가지고 있는 애한테 그런 거 어디에 써먹으려고 배우느냐? 차라리 다른 거 배우지 그러냐? 그런 말을 하면 되겠어요? 아버님이 지욱이 인생에 단 한순간이라도 나침반 역할을 해주신 적 있으세요? 아니면 한 번이라도 잘했다고 칭찬해주신 적 있으세요?"

아버지는 묵묵히 듣기만 했다.

"이것도 보세요."

원장님은 아버지에게 내담자가 그린 다른 그림을 보여주었다. 부모가 나에게 해

준 게 무엇이 있는지 바구니에 담아보는 그림이었다.

내담자는 부모님이 자기에게 해준 것이라고는 부정적인 것밖에 없다고 했다. 폭행, 가난, 무관심, 방치, 버려짐, 싸움, 욕, 등등 바구니에는 온통 나쁜 것들뿐이었다.

"아버님, 이 그림 보고 말씀해 보세요. 지욱에게 잘해준 게 뭐가 있으시죠?"

"……."

침묵으로 일관하던 아버지가 이윽고 입을 뗐다.

"…죄송합니다. 반성하겠습니다. 지욱아 미안하다…."

아버지가 사과를 하자 원장님은 더는 질책하지 않았다. 아들에게 말하는 법에 대해 알려주었다.

"아버님, 이제부터 지욱이가 아버님께 무언가를 말할 때는, 꼭 이걸 생각하세요. 내 아이가 '어떤 긍정적 의도'를 가졌는지요."

"긍정적 의도 말입니까…?"

"네."

사람이 어떤 행동을 하는 데에는 '긍정적 의도'가 있다. 아버지가 내담자에게 싸움을 시킨 것도, 아들을 약하게 키우지 않겠다는 자기만의 긍정적 의도가 있어서였다. 내담자가 아버지에게 컴퓨터 학원에 다니고 있다는 이야기를 하는 것도, 긍정적 의도가 있었다. 그것은 아버지에게 자신이 하는 일에 대해 인정과 칭찬을 받고 싶었던 것이었다. 그런데 아버지가 그 의도를 파악하지 못하고 찬물을 끼얹었다. 내담자가 폭력적인 행동을 했음에도 원장님이 그것을 먼저 지적하지 않은 건 이 때문이었다. 그가 얼마나 마음 아프고 실망했을까를 알아서였다.

"아시겠죠, 아버님? 지욱이는 지금 잘했다고 칭찬을 받아야 마땅한 아이이고, 그렇게 노력하고 있는 애예요. 사람들과 대화하는 게 가장 두려운 일인데, 지금은 그 속에서 공부하고 있잖아요. 아버님은 이게 당연한 거로 생각할지 모르는데, 지욱이에게는 엄청난 도전이에요. 그걸 인정해 주라는 거예요."

"알겠습니다. 이제부터 칭찬도 하고 잘했다고 하겠습니다."

"그럼 지금 바로 해보세요."

원장님의 말에 아버지는 바로 고개를 돌려 아들을 바라봤다.

"지욱아, 네가 그렇게 노력하고 있는지 몰랐다. 미안하다. 아버지도 바꾸려고 했는데, 있는 그대로의 너를 받아들이지 못하고 있었나 봐. 지금까지 잘하고 있고 앞으로 네가 무얼 하든 응원할게. 미안해⋯."

"⋯저도 죄송해요. 말로 했으면 되는데 책상부터 내리쳐서요."

"널 때린 것도 미안하다."

중간에 탈이 있었지만, 이번 환경치료는 아버지가 상담사의 말을 잘 들은 편에 속했다. 싸워서 상담소에 올 때 자식 탓을 하는 부모가 더 많기 때문이다. 그리고 내담자가 잘못한 부분도 분명 있다. 책상을 주먹으로 내려치는 폭력적인 행동을 했기 때문이다. 원장님은 그 부분에 대해 확실히 짚고 넘어갔다. 내담자는 다음부터는 그러지 않겠다고 약속했다.

그렇게 상담이 끝난 후, 그는 다시 마음을 잡고 심리치료에 임했다. 변화하겠다는 의지가 컸고, 그 의지만큼이나 치료에도 속도가 붙었다. 여기에는 아버지의 역할이 컸다. 아버지는 스스로 잘못한 부분을 깨닫고 행동을 고쳤다. 아들을 있는 그대로 받아주려 노력했다.

또 아버지는 아들에게 먼저 3박 4일로 제주도 여행을 가자고 제안했다. 그 여행이 좋았는지, 아버지는 다시 일주일 동안 일본에 가자고 했다. 모든 경비를 자기가 책임졌다. 내담자는 여행을 다녀온 후, 원장님에게 처음으로 아버지가 자신을 사랑한다는 걸 느꼈다고 말했다. 부정적이기만 했던 가정환경이 긍정적으로 변한 순간이었다.

내담자는 그 후로 학원에 다니면서 새로운 도전도 했다. 일주일에 두 번씩 카페에서 아르바이트를 했다. 상담소에 올 때면 일에 적응하지 못해 엄청나게 욕을 먹었다면서 힘들어하기도 했다. 원장님은 처음에는 누구나 다 그런 것이라며 용기를 북돋아 주었다. 그 결과 내담자는 서서히 적응하기 시작했고, 주2일 근무에서 주6일 근무로 바뀌게 됐다. 이제는 사장님도 자기를 믿는 게 느껴진다는 것이었다.

인간관계에도 진전이 있었다. 내담자는 또래 친구가 생기면서 주말에 바쁘다는 말까지 했다. 여자만 보면 얼굴이 굳어지던 증상도 없어졌다. 여자와 영화를 보기도 했다면서 믿기지 않는다고 했다. 카페에서 일할 때도 마찬가지였다. 단골손님에게 먼저 농담을 건넨다는 이야기도 했다.

원장님은 기뻐했다. 내담자에게 있던 심리적, 신체적 증상이 말끔히 나았기 때문이었다. 원장님은 내담자에게 이제 모든 치료가 끝났다고 했다. 사회에 잘 적응하고 있는지 중간점검만 할 테니 1~3개월에 한 번씩 상담소에 오라고 했다.

내담자는 그러겠다고 했다. 그리고 심리치료로 변화된 자신을 보고, 상담을 배울 수 있는지 물었다. 원장님은 분기마다 자격증 과정이 있으니 배우고 싶으면 참여하라고 했다. 내담자는 현재 다른 사람들과 함께 상담을 배우고 있다. 또한 원장님이 운영하는 심리 동아리도 가입했다. 그 과정에서 인간에 대해 더 폭넓게 이해하고, 세계관을 확장하는 중이다.

심리치료의 마지막은 무엇일까?

내담자의 이야기를 듣고 마치 내가 치료한 것 같은 대리만족을 느꼈다. 동시에 궁금한 게 생겼다. 바로 심리치료의 끝은 무엇이냐는 것이었다.

"심리상담은 내담자 증상을 모두 치료하면 끝나는 거예요?"

"아니."

"아니라고요?"

"사례 들으면서 못 느꼈어? 내담자가 심리치료 받으면서 뭘 했어? 자기 삶을 개척하기 위해 공부도 하고 알바도 했지?"

"네."

"그거야. 심리치료의 최종 목적은 내담자를 건강한 사회의 일원으로 만드는 거야. 그냥 심리치료만 땡 하고 끝나는 게 아냐."

"아… 그래서 직업프로파일 검사도 하고 그랬던 거예요?"

"그래. 치료가 끝나면 내담자가 자기 삶을 개척할 수 있도록 도와줘야 해. 나는 어떤 꿈을 펼칠 것이며, 사회에 나가서 무엇을 할지 결정할 수 있도록 하는 거야."

나는 고개를 끄덕였다. 보통 내담자는 사회생활을 하는 데 어려움을 겪고 있다. 그러니 이를 극복하게 해주는 것도 상담사의 역할이다. 그런데 나는 지금까지 심리증상만 치료하면 끝나는 거로만 생각했다.

심리상담사는 매력적인 직업이었다. 동시에 나로서는 도전하지 못할 분야처럼 느껴졌다. 내담자를 위해 이 많은 것을 염두에 둔다는 게 엄두가 나지 않았다. 원장님이 수업시간에 왜 그렇게 사명감을 강조했는지 그제야 깨달았다. 사명감이 없이 하다가는 내가 지쳐 쓰러질 것만 같았다. 그래서 원장님이 상담을 하라고 할 때 한사코 거절했다.

온라인 상담이나 열심히 하겠다면서.

사례
02

독박살림으로 '외상 후 스트레스 장애'에 걸린 딸

저녁 7시. 나는 상담실 의자에 앉아 피곤한 얼굴로 기지개를 켰다. 원장님은 맞은편에 앉아 상담일지를 쓰고 있었다. 아직 퇴근하지 않고 있는 이유는 마지막 상담이 하나 남아 있었기 때문이었다. 바로 내가 출근한 첫날 때 봤던 일곱 명의 가족. 다시는 안 올 것처럼 상담소를 나갔던 그들이 무슨 일인지 오기로 했다는 것이었다. 나는 긴장이 되면서도 지루해 하품을 여러 차례 했다. 저녁을 먹어서 그런지 식곤증도 올라왔다.

"아 맞다!"

나는 번뜩 소리를 높였다.

"근데 오늘 오기로 한 가족 중에 내담자가 누구예요?"

그리고 보니 내담자가 누군지도 모르고 있던 나였다.

"지윤이라고, 이 아이야."

원장님은 내게 내담자의 상담일지를 건네줬다. 나이는 27살. 여성이었다. 나는 기억을 더듬으며 상담소 문을 박차고 나오던 가족을 떠올려 봤지만 감히 잡히지 않았다.

"좀 통통한 여자 있었잖아. 못 봤어?"

"통통한 여자…?"

나는 입술을 매만지다, 드디어 생각이 났다. 나이 드신 할머니와 비교적 젊은 여성이 엘리베이터를 타려고 기다렸고, 그 뒤에 또 한 명의 여자가 있었다. 가장 늦게 상담소를 나온 사람. 상대적으로 주눅이 들어 있던 그녀가 내담자였다.

"무슨 일 때문에 상담을 받게 된 거예요?"

기다리는 시간 동안 원장님에게 내담자의 이야기를 들었다. 그러니까 그녀의 아버지는 장남으로 형제가 총 4명이었다. 집안에 손자가 한 명도 없어 같이 사는 친할머니는 내담자에게 네가 장남이나 마찬가지니 모든 집안일을 하라고 했다. 그때 그녀의 나이가 15살이었다.

그녀는 그때부터 집안일을 도맡아 했다. 청소, 설거지, 빨래는 기본이거니와 명절에 제사 음식을 만드는 일까지 했다. 문제는 그녀를 도와주는 가족이 엄마 빼고는 아무도 없다는 것이었다. 집에 작은고모와 삼촌이 있었으나, 누구도 도와주지 않았다. 또 큰고모가 오면 짧으면 며칠, 길게는 일주일을 놀고 갔는데, 그때마다 고모들 밥상을 차려주는 것도 그녀의 일이었다. 친할머니는 자식들이 와서 놀다 가는 게 좋기만 했지, 손녀딸의 고생은 아랑곳하지 않았다. 그럼에도 그녀가 버텼던 것은 불쌍한 엄마 때문이었다. 엄마가 일을 마치고서 밤늦게까지 살림을 하는 게 가슴이 아팠다. 그래서 엄마를 도와주자는 마음으로 참고 집안일을 했는데, 가면 갈수록 친가는 부당한 대우를 했다.

그중에서 그녀를 가장 힘들게 한 사람이 바로 삼촌이었다. 삼촌은 이혼한 후 자녀들을 데리고 형님(내담자의 아버지) 집에 얹혀살았는데, 조카인 그녀에게 자기 밥은 물론 사촌동생 밥까지 차리게 했다. 또 커피와 물을 가지고 오라고 시키는 등, 그녀의 말로는 종 부리듯 대했다고 했다. 그녀의 아버지는 딸이 고생하는 건 알고 있었으나, 장남이다 보니 가족에게 불평하기를 무척이나 꺼렸다. 그런 일들이 수년 동안 이어지면서 그녀는 큰 스트레스를 받았다.

학교생활도 제대로 할 수 없었고, 설상가상으로 백내장까지 걸려 눈알이 이상하다며 아이들로부터 왕따까지 당했다. 다행히 수술했지만, 그 후로도 계속 따돌림을 받았다. 그러던 중학교 3학년의 어느 날. 수업을 마치고 지하철을 타고 가던 중 갑자기 심장이 쿵쾅쿵쾅 거리더니 눈앞이 깜깜하고 숨이 제대로 쉬어지지 않았다. 정신을 잃고 119에 실려 갔다.

공황장애였다. 그 후로 그녀는 대중교통을 타지 못하는 것은 물론, 좁은 공간이나 엘리베이터도 이용하지 못하는 신세가 되어버렸다. 다년간 받았던 스트레스가 외상 후 스트레스 장애(PTSD, Post-traumatic Stress Disorder)로 발전해 더는 견디지 못한 것이었다. 그럼에도 친가는 내담자가 왜 그러는지 이유를 알지 못했다. 모든 것이 자기들 때문인데도 그녀에게 정신과 치료만 받게 해 10년간이나 약을 복용하게 했다. 그녀는 정신과 약을 먹지 않으면 환청, 환시, 심장이 쿵쾅거리는 증상, 누군가가 나를 해치려 한다는 피해망상으로 밤새 잠을 이루지 못했다.

또 돌아가신 할아버지가 눈에 보이는가 하면, 눈이 여러 개 달린 귀신이 자신을 바라보고 있는 걸 느끼기도 했다. 그렇게 증상이 나아질 기미가 보이지 않자 부모님이 딸을 상담소에 데리고 온 것이었다.

"와… 말도 안 돼…."

나는 이야기를 듣는 것만으로도 답답함을 호소했다. 세상에 그런 가족이 어디 있냐는 말이었다.

"그래서 상담 때 어떻게 했어요?"

나는 원장님에게 빨리 다음 이야기를 해달라고 재촉했다.

원장님은 내담자와 상담 후, 바로 대기실에 있는 부모님을 불렀다. 내담자 옆에 부모님을 앉힌 후 말했다.

"어머님, 아버님. 있는 그대로 답변해주세요. 조금이라도 거짓말하시면 안 됩니다."

원장님은 내담자의 부모님을 보고 이어 말했다.

"지윤이를 중학교 때부터 집안 살림시키신 거 맞아요?"

"네."

내담자 어머니가 대답했다.

"명절과 제삿날, 온가족 다모였을 때 밥상 차리는 일도 지윤이가 다 했나요?"

"저도 같이…."

"네, 어머님도 하신 건 알고 있어요. 아버님, 아버님은 그때 뭐하셨나요?"

"저는 가족들과 있었습니다."

그때부터 원장님의 책망과 질책이 시작되었다.

"아버님, 생각해 보세요. 딸이 15살 때부터 집안 살림을 혼자서 했다고 하는데, 이게 말이 돼요?"

아버지는 입을 꾹 다물었다.

"아버님, 회사 다니시죠?"

아버지가 고개를 끄덕였다.

"입장 바꿔 생각해 보세요. 회사 동료나 직장 상사가 자기들이 해야 할 일을, 다 아버님께 넘겨요. 그것도 모자라 점심시간에 다 같이 밥 먹고 아버님 보고만 치우래. 아버님은 불평불만 없이 그 회사 다니겠어요? 회사면 때려치우기라도 하지. 이건 가족이잖아요. 거기다 딸이고. 그럼 당연히 아버님이 나서서 그러지 못하게 막았어야죠. 딸이 종노릇 하고 있는데 아버님은 마냥 좋다고 가족들이랑 하하 호호- 거리면서 있으셨어요? 딸이 이렇게 힘들어 하는 데도요?"

원장님의 말에 아버지는 한마디도 하지 못했다. 그 부분에 대해 잘못됐다는 걸 일찌감치 인지하고 있었기 때문이었다.

"지금 지윤이한테 나타나는 증상이 왜 그런지 아세요? 독박 살림으로 외상 후 스트레스 장애가 와서 그러는 거예요. 그런데도 가정환경은 나아진 게 단 하나도 없고, 10년 동안 약만 먹이고 있었으니 환시, 환청까지 나타나죠. 지금도 애 좀만 괜찮아지면 살림하게 한다면서요. 아버님 딸 지킬 생각은 없으신 거예요?"

"오로지 살림살이 때문에 그런 겁니까?"

아버지가 묻자 원장님이 목소리를 높였다.

"그냥 살림만 했다고 이러겠어요? 아주 친가들이 지윤이를 못 시켜 먹어 안달 나서 그렇죠!"

원장님의 말에 더는 입을 떼지 못하는 아버지였다. 딸에게 일어난 증상들이 친가 때문에 그런 것이라고는 생각지도 못했다.

원장님은 이번엔 내담자 어머니를 보고 말했다.

"어머님, 어머님께서 밤늦게까지 일하시고, 살림살이까지 도맡아 하느라 힘든 건 제가 이해했어요. 그래도 딸은 보호하셨어야죠. 딸이 살림살이 하려고 태어난 게 아니잖아요."

"…죄송합니다."

"사과는 제가 아니라 딸에게 하세요. 그리고 딸이 백내장 때문에 왕따 당하고, 학창 시절 내내 친구가 없었다는 건 아세요?"

"네?"

어머니가 눈을 동그랗게 떴다.

"모르셨죠? 당연히 모르셨겠죠. 딸이 뭘 하는지, 학교에서 어떤 생활을 하는지, 힘들고 바쁘시더라도 관심을 가졌어야죠. 딸은 엄마가 불쌍하다고 10년도 넘게 살림살이 도와주다가 이런 상태가 됐는데, 어머니는 딸에게 무얼 해줬나요? 한번 말씀해 보시겠어요?"

어머니는 손으로 입을 가린 채 눈물을 흘리기 시작했다. 당연히 신경이야 썼겠지만 딸이 이런 상태가 되었으니 무엇을 했다고 말하기에도 미안했다. 엄마로서 부족한 점이 많다는 걸 느꼈다.

원장님이 이렇게 딸이 보는 앞에서 부모를 질책한 것은, 단순히 부모의 시비를 가리기 위함이 아니다. 이 또한 환경치료의 한 부분이기 때문이다. 내담자가 가지고 있던 '억눌린 감정'을 상담사가 대신 시원하게 말해주는 것만으로도 치료 효과를 거두기 때문이다. 하지만 중요한 건 이것을 친가에게 똑같이 해줘야 하는데, 그들이 어떻게 받아들일 것인지에 대한 문제가 남아있었다.

원장님은 부모님에게 다음 주에 가족들을 모두 데리고 오라고 말했다. 삼촌, 고모, 할머니, 한 명도 빠짐없이 상담소에 오라고 했다. 부모님은 그게 가능할지 모르겠지만 노력해 보겠다고 했다.

1) 내담자 증상 진단

상담 결과 내담자는 정신과 약을 먹지 않으면 환청, 환시, 심장이 쿵쾅거리는 증상, 누군가가 나를 해치려 한다는 피해망상으로 잠을 이루지 못했다. 또 돌아가신 할아버지가 보이는가 하면, 눈이 여러 개 달린 귀신이 나를 쳐다보는 느낌을 받았다. 공황장애로 인해 대중교통을 타지 못하고, 좁은 공간이나 엘리베이터도 이용하지 못했다. 내담자가 이와 같은 증상을 보이는 원인은 두 가지였다.

첫째. 15살부터 현재까지 독박살림으로 지속적인 스트레스를 받았다.
둘째. 백내장이 걸려 학창시절 내내 왕따를 당했다.

이처럼 오랜 기간 지속적인 스트레스를 받아 외상 후 스트레스 장애로 발전하면서 다양한 심리적, 신체적 증상이 나타나게 되었다.

심리증상
환시 / 환청 / 피해망상 초기 / 공황장애

신체증상
심장이 쿵쾅거리는 증상

환경문제
현재도 조금만 괜찮으면 집에서 독박살림을 하는 문제

2) 대가족 환경치료

나는 식곤증도 달아난 채 원장님의 이야기를 흥미롭게 들었다. 내담자의 가정환경을 들어보면 고구마를 백 개는 먹은 것처럼 답답하기 그지없었다. 하지만 부모님에게 잘못된 점을 지적하는 부분에서는 가슴이 뻥 뚫리는 기분이었다.

"그래서 그때 가족들이 왔던 거예요?"

나는 상담소에서 소리치던 가족들을 떠올리며 물었다.

"그래. 그것도 몇 달이나 있다가 온 거야."

"근데 왜 다시 오겠다는 거예요?"

"내가 절대 그냥 못 넘어가지. 지윤이 인생 망치고 싶으면 오지 말라고 했어."

원장님은 좀처럼 친가가 상담소에 오지 않자 내담자의 치료에 집중했다. 10회기 동안 심리치료를 하면서 일곱 알씩 먹던 정신과 약을 한 개로 줄였다. 몸무게도 12kg을 감량했다. 돌아가신 할아버지가 보였던 증상도 사라지고 귀신을 느끼던 횟수도 줄어들었다. (귀신을 직접 눈으로 보는 게 아니라 느낌으로 다가옴.)

또 사람들이 자기를 해치려 한다는 피해망상도 현저히 줄었다. 예전과는 너무나도 많이 달라진 내담자라 친가도 이 부분을 인정하지 않을 수가 없었다. 처음엔 자기들 때문이라는 원장님의 말에 기가 막혔지만, 나중에는 자기성찰을 한 모양이었다.

나는 원장님의 이야기를 듣다 궁금한 점이 생겼다. 이번 사례처럼 가족들과 싸우게 되면 다음에는 어떻게 환경치료를 하느냐는 말이었다.

"그럴 때는 두 가지 방법이 있어."

원장님이 말했다.

"첫 번째. 싸우고 난 뒤 시간이 지나면 사람들이 자기성찰을 해. 내가 정말 잘못했나? 내가 이 아이를 이렇게 만들었나? 객관화하는 거야. 그러다 보면 자기 잘못을 일정 부분 인정하고, 상담사의 이야기를 다시 들어보려고 오는 경우가 있어."

"두 번째는요?"

"싸우고 나서 도저히 오지를 않는다? 그때는 내담자를 치료하는 데 집중해. 그러면 내담자가 변화되거든? 그 모습을 보고 상담사를 인정하게 돼. 다시 이야기를 들어보자며 상담소에 오게 되는 거야."

원장님은 그렇다고 다 순조롭게 일이 진행되는 건 아니라고 했다. 그럼에도 자기 생각을 굽히지 않고 잘못한 게 없다고 하는 가족도 많다고 했다. 그럴 때면 원장님조차도 포기하고 싶은 생각이 들 때가 한두 번이 아니라고 했다.

"그러면 원장님….'

"딩동."

다른 걸 물어보려고 하자 상담소 초인종 소리가 들렸다. 시간을 확인해 보니 어느새 저녁 8시였다. 나는 현관문을 열어 가족을 맞이했다. 워낙 사람이 많아 대기실로 안내했다. 가족에게 커피와 차 중 무엇을 드실지 물어봤다. 다들 굳은 얼굴로 괜찮다고 하고, 세 분만 커피를 달라고 했다. 내가 더 긴장되는 순간이었다. 지금에서야 말하지만 내담자 가족과 원장님이 몸싸움이라도 하면 어쩌나 하는 걱정도 있었다. 그만큼 친가를 처음 본 인상이 강렬한 탓이었다. 나는 커피를 탄 뒤 가족들에게 주었고, 한 분이 죄송하지만 자기도 먹겠다고 해서 한 잔을 더 타서 주었다.

"잘 오셨어요, 가족분들."

원장님은 부드럽게 이야기를 시작했다.

"지난번에 제가 얘기한 것들 듣고 많은 생각들 하셨을 거예요. 우리가 정말 잘못한 게 맞나, 특히 할머니는 옛날부터 장남이 집안일을 도맡아서 했는데 뭐가 문제인가 황당하셨을 수도 있고요. 고모들도 지윤이를 나쁘게 생각하거나 일부러 그랬던 게 아니라는 것도 압니다. 하지만 결국은 어떻게 됐죠? 삼촌이 한번 말씀해 보실래요?"

원장님의 물음에 삼촌은 짜증 섞인 목소리로 말했다.

"아니… 원장님, 제가 시켜 먹었으면 얼마나 시켜 먹었다고….'

"많이 시켰어요, 삼촌. 10년 내내 삼촌도 모자라 삼촌 자식까지 밥 차렸으면 많이 한 거 아니에요?"

"조카가 삼촌한테 밥 차려줄 수도….'

"야, 이 새끼야. 우리 딸이 네 하인이야?"

갑자기 내담자 아버지가 큰소리로 말했다.

"너도 여기까지 왔으면 생각이란 걸 하고 왔을 거 아냐. 그런데 또 너 잘했다는 소리하려고 온 거야?"

"형님, 그게 아니라…."

원장님이 입을 뗐다.

"삼촌은 아직도 반성을 안 하셨나 보네요. 지윤아, 삼촌한테 하고 싶은 말 있으면 지금 해."

내담자는 울먹이기 시작했다.

"삼촌, 너무하시잖아요. 제가 왜 삼촌도 모자라서 애들 밥까지 차려줘야 하는데요…. 저도 힘들어서 이제 못 하겠다고요. 삼촌 일은 삼촌이 알아서 하세요. 애들도 아니잖아요."

"저… 아…."

삼촌은 말문이 막혔는지 앓는 소리만 냈다. 원장님이 이어 말했다.

"저는 오늘 반드시 결판을 낼 거고, 지윤이 더는 힘들게 하지 않을 겁니다. 그러니까 삼촌은 오늘부터 자식들 데리고 집 나가세요."

"아니, 원장님이 왜 제 자식 보고 나가라 말라 하는 거요?"

친할머니가 처음으로 입을 열었다. 이어서 고모들도 입을 열었다.

"그래요, 원장님. 가족들이 문제가 있으면 해결을 해주셔야지, 왜 서로 다 떼어내요?"

"맞아요! 지난번부터 너무 극단적으로 말씀하시는 거 아녜요!"

앙칼진 고모들의 목소리였다.

"저는 철저히 지윤이 입장에서 생각합니다. 집에 얹혀살면서 도와주지는 못할망정 지윤이를 힘들게 하니까 나가라는 거예요. 솔직히 지금 나이가 몇인데 아직도 형님 집에 얹혀사는 겁니까? 그리고 삼촌뿐만 아니라, 할머니도 시골로 내려가세요."

"원장님, 우리 가족 파탄 내시려는 거예요?"

꽥 큰고모가 소리를 지르자, 할머니가 탄식했다.

"아이고야… 내가 이 나이에….."

"그러니까 엄마, 내가 신고하자고 했잖아! 왜 또 오자고 해서!"

작은고모의 말에 원장님이 반격했다.

"고모, 지금 신고할 건 제가 아니라, 당신 가족이에요. 당신네 가족이 지윤이를 이렇게 만들어 놓고 지금 누구더러 신고하겠다는 거예요?"

"우리가 그런 게 아니라니깐 그러네!"

"그만들 하세요!!"

결국 화를 참지 못하고 목소리를 높인 사람은 내담자 어머니였다. 친가의 시선이 일제히 그녀에게 향했다.

"이제 보니 당신들은 내 가족이 아니네요! 나는 당신들보다 내 딸이 더 중요합니다. 이제 우리 딸을 위해 어머님도 모시지 않겠습니다. 어머님께서 자식들이 소중하듯, 저도 제 자식이 제일 소중합니다. 우리 아이가 10년 동안이나 정신과 약을 먹으면서 가족에게 혹사당하고 정신적으로 문제가 생겨서 사회생활도 못하면서 힘들어할 때, 당신들은 무얼 해줬나요? 지금 상담소 원장님 만나서 아이가 약도 끊고 회사도 알아보면서 예전과 너무 많이 달라져 감사하기만 한데, 원장님께 감사하다고는 못할망정 어떻게 제 앞에서 이런 행동들을 하세요? 이제 저도 큰며느리 노릇 그만하겠습니다!"

그러자 내담자가 울부짖으며 말했다.

"맞아요! 고모들 절 위해서 선물이라도 한번 주신 적 있으세요? 제가 명절에 제사음식 만들 때, 고모나 삼촌 모두 저한테 수고했다거나 잘했다고 칭찬이라도 한번 하신 적 있으세요? 다 자기들 생각만 했잖아요! 그래놓고 이제 와서 아니라고요!? 그럼 차라리 저한테 욕하지 그러세요! 미친년 하나 때문에 집안 풍비박산 난다고!"

내담자의 아버지도 더는 두고만 보고 있지 않겠다고 으름장을 놓았다. 그럼에도 친가는 내담자가 이러는 게 왜 우리들 탓이냐며 여전히 의견을 굽히지 않았다. 그럴 때마다 원장님은 상담자료를 가지고 언제, 어디서, 누가 어떤 행동을 해, 내담자에게 심리적 증상이 나타났는지 요목조목 따졌다. 친가가 내담자에게 얼마나 부정적인 영향을 줬는지, 지금까지 심리치료 한 자료를 모두 보여줬다. 그리고 만약 내담자의 증상이 친가 탓이 아니라면, 왜 초점을 친가로 맞추고 했는데 치료 효과가 나타난 것인지 설명해보라고 했다. 가족들은 설명하지 못했다.

원장님이 친가를 쳐다보며 말했다.

"제가 만약 지윤이한테 힘든 게 뭐냐고 했을 때 친가가 아니라 다른 부분을 말했으면, 저도 가족들을 부르지 않았을 겁니다. 그런데 지금 여기에 있는 자료를 보세요. 이런데도 아니라고 계속 발뺌들 하실 거예요? 제가 지윤이를 세뇌해서 가장 힘든 게 친가라고 적게 했겠어요?"

결정적인 증거와 자료들을 보고 친가는 잠잠해지기 시작했다. 자료에는 친가가 내담자를 얼마나 힘들게 했는지 구체적인 이야기가 적혀 있었다. 거기에는 할머니, 삼촌, 고모 모두가 있었다.

원장님이 심리치료 자료를 들고 말했다.

"지윤이가 친가에게 받은 거라고는 온통 상처뿐이에요. 그러니까 다들 그 자료 보시고, 내가 뭘 잘못했는지 생각해보세요. 그리고 한 명씩 나와서 지윤이 손잡고 사과하세요. 지윤이를 위한다면 정말 진심으로 사과하셔야 합니다."

잠시 동안 무거운 침묵이 돌았다.

"먼저 사과하실 분 있으세요?"

"제가 먼저 하겠습니다."

내담자 아버지가 손을 들었다. 그리고 딸의 손을 잡고 말했다.

"미안하다, 지윤아. 다 아빠 탓이다. 아빠가 진작 나서서 식구들이 못 하게 말렸어야 했는데, 장남 역할을 해보겠다고 다 너한테 떠넘긴 거 같구나. 미안하다. 다 아빠 탓이야…."

"아니에요, 아빠. 고마워요…."

딸은 아버지의 사과를 진심으로 받아주었다. 이어 내담자 어머니가 손을 붙잡고 사과를 했다.

"미안해, 지윤아. 엄마가 잘못했어. 바쁘다는 핑계로 우리 딸이 힘든 거 외면했어. 그동안 많이 힘들었지? 이제 우리 딸 엄마가 무슨 일이 있어도 지켜줄게. 미안해."

"저도 엄마가 안 힘들었으면 좋겠어요. 저 때문에 죄송해요….'

원장님은 이번에 누가 할 거냐며 친가를 쳐다봤다. 다들 사과하기를 주저하자 원장님이 입을 열었다.

"삼촌이 먼저 하세요."

"……"

"진심으로 사과하셔야 합니다. 시켜서 하는 거라면 소용없어요."

삼촌은 침묵으로 일관하더니 이윽고 입을 뗐다.

"크흠… 미안해. 삼촌이 잘못했어. 앞으로 밥 먹는 건 삼촌이 알아서 할게. 그리고 원장님 말대로 조만간 집을 나가도록 하마. 네가 삼촌을 원망하는 것도 다 받아들일게. 삼촌도 일부러 그런 거 아니니까, 한 번만 이해해줘. 그리고 또 혼자 생각해보고 다시 사과하도록 하마. 미안하다."

내담자는 아무런 대답도 하지 않았다. 이어 고모들이 나왔다. 내담자의 손을 하나씩 잡고 사과를 했다.

"…미안. 고모가 잘못했어."

"뭘 잘못했는지 구체적으로 말씀하세요."

원장님의 지적에 고모들은 구체적으로 말하기 시작했다.

"명절이나 제사 때 고모가 한 번도 도와주지 않아서 미안해. 앞으로 고모도 명절 때 도와주도록 할게."

"명절 때마다 너희 집에서 놀면서 계속 상 차리라고 시켜서 미안해. 고모도 어느 샌가 너무도 당연하게 생각했나 봐. 생각해보면 정말로 지윤이한테 챙겨준 게 하나도 없네. 고모가 진심으로 사과할게. 미안해."

이번에도 내담자는 대답하지 않았다.

"마지막으로 할머니, 사과하세요."

원장님의 말에 할머니가 내담자의 손을 잡고 말했다.

"할머니도 옛날에는 시집가서…."

"잠시 멈추세요."

원장님이 할머니의 말을 끊었다.

"할머니 내 시절에는 어쨌느니 저쨌느니 그런 말씀 하지 마세요. 지금 시대가 변했어요. 잘못한 것만 사과하세요. 할머니는 자식들만 위하고 손녀가 힘들게 일하는 건 하나도 알아주지 않은 게 문제예요."

할머니는 기가 꺾인 채로 다시 사과했다.

"미안해…. 할머니가 우리 손녀가 힘들게 일하는 거 알아주지 못해서…."

"그러면서 매일 저한테 구박만 했잖아요…."

"……"

손녀의 말에 잠시 말을 멈춘 할머니는 무언가를 생각하더니 다시 입을 열었다.

"그래. 그리고 나서도 할머니가 매일 잔소리만 했네. 미안해…. 그래도 우리 손녀가 태어났을 때 할머니는 정말 좋았어. 왜냐면 할머니는 딸이라고 하니까 옛날에 가족들이 할머니를 좋아하지 않았거든…. 그래서 우리 손녀는 장남처럼 잘 키워보려고 했던 건데…. 할머니가 잘못했어. 많이 힘들었지? 할머니가 죄지은 거 다 가지고 갈게. 미안해…."

눈시울이 붉어지며 할머니는 그 이후도 손녀의 손을 계속 어루만졌다. 손녀는 눈물을 뚝뚝 흘렸다.

그렇게 친가 식구들이 모두 사과를 한 뒤 상담을 마치게 되었다. 나는 그것을 지켜보며 진심 어린 사과를 하는 사람도 있었고 형식적으로 사과를 하는 사람도 있다는 걸 느꼈다. 내담자도 똑같이 느꼈을 것이다. 하지만 사과를 받느냐 못 받느냐의 차이는 정말 크다. 나는 미안하다는 그 한마디가 내담자의 상처를 조금이라도 치료하는 데 분명 도움이 되었을 거라고 믿는다.

대가족 상담을 한 뒤 내담자의 환경은 많은 게 변했다. 이제부터 제사, 명절을 모두 삼촌 집에서 하기로 결정했다. 할머니도 시골로 내려가 살겠다고 했다. 내담자는 상담소에 올 때마다 이제 정말 살 것 같다고 했다. 그리고 무엇보다 엄마가 편해질 수 있으니까 그게 더 좋다고 했다.

이후 내담자는 8회기의 심리치료를 더 받은 뒤, 약을 완전히 끊었다. 심리증상도 모두 없어졌다. 어린이집 선생님으로 취직해 사회의 일원이 되었다. 그리고 몇 년 뒤 결혼까지….

내담자는 원장님을 결혼식에 초대했다. 원장님은 결혼식에 다녀온 뒤 뿌듯해 했다. 그렇게 힘들어했던 내담자가 성공적으로 사회생활을 한 것뿐만 아니라 결혼까지 했으니, 참으로 기특하다는 것이었다. 내담자도 원장님에 대한 그리움이 남아있는지 스승의 날마다 생각난다며 지금껏 연락을 하고 있다. 얼마 전에는 아기를 낳았다며 카톡으로 사진까지 보내주었다.

환경치료를 마치며

심리치료 과정 중 환경치료 사례를 먼저 꼽은 것은 원장님이 무엇보다도 환경치료를 강조했기 때문이다. 환경치료가 되지 않은 심리상담은 실패라고 해도 과언이 아니다. 또한 정확한 자료와 근거, 전문지식을 동반해 가족을 이해, 납득, 반성시켜야 한다. 무조건 잘못한 것을 지적하는 방식이 되어서는 안 된다. 또 내담자를 가족과 떨어트려야 할 상황도 종종 있는데, 이것도 환경치료에 속한다. 가족과 함께 있으면 내담자가 부정적인 영향을 받기 때문이다. 이번 사례도 할머니와 삼촌들이 집에 있는 게 내담자에게 부정적인 영향을 끼쳐 떨어트려 놓은 것이다. 또한 환경치료는 내담자와 부모, 가족 간의 관계회복에 중점을 두기 때문에 무조건 사이를 갈라놓지 않는다. 다만 내담자가 관계회복을 완강히 거부하는 경우 그 의사를 따르도록 한다.

이제부터 심리치료 기법은 어떤 것들이 있는지 내담자를 치료하는 과정을 보여주도록 하겠다.

제 2 장

명상최면치료

명상최면은 정신과 의사이자 당대의 최고 최면치료사였던 밀턴 에릭슨(1901.1 2.5~1980.3.25)이 사용한 기법이다. 그 효과가 입증돼 수많은 내담자가 밀턴 에릭슨에게 몰렸는가 하면, 저명한 의사와 학자들도 밀턴 에릭슨에게 조언을 구했다. 과연 명상최면이란 무엇이고, 내담자에게 어떤 치료를 해주는 것일까?

한마디로 정의하자면, 명상최면치료는 '부정적 감정의 영향'을 없애주는 치료이다. 우리는 살다 보면 필연적으로 상처를 받는다. 어떤 상처는 시간이 지나면 자연스레 없어지지만, 어떤 상처는 두고두고 나를 괴롭게 한다. 왜 그런 것일까?

내가 온라인 상담을 하면서 가장 많이 받았던 질문은, 기억을 없앨 수 있는 심리치료가 있느냐는 것이었다. 너무나도 괴로워 할 수만 있다면 기억을 지우고 싶다고 했다. 하지만 세상 어디에도 기억을 지우는 심리치료는 없다. 또 정확히 말하면 내가 괴로운 이유는 '기억' 때문이 아니다. 기억으로 인한 '부정적 감정의 영향' 때문이다.

예를 들어 사랑하는 연인과 사귀었다가 헤어졌다고 가정하자. 몇 달 동안은 굉장히 힘들었는데, 1, 2년 세월이 지나고 보니 더는 힘들지가 않다. 또는 불과 일주일 전이나 몇 달 전만 해도 화났던 일들이 지금 떠올려 보면, 아무렇지도 않다. 왜 그런 것일까? 이유는 앞서 말했던 것처럼 내가 힘들고 괴로웠던 원인이 '기억'이 아니기 때문이다. 불안, 초조, 슬픔, 화남, 짜증, 외로움, 이런 복합적인 감정이 나를 힘들게 한 것이다. 그래서 명상최면은 내담자가 더는 부정적 감정의 영향을 받지 않도록 하는 데 목적이 있다.

원장님이 심리치료를 할 때 가장 많이 사용한 기법이 무엇인지 묻는다면, 주저 없이 명상최면이라고 답할 수 있다. 그만큼 명상최면은 내담자를 치료하는 데 탁월했다. 또 명상최면은 하나의 기법으로 이루어지는 게 아니라, 이 안에서도 여러 가지 기법으로 나뉜다. 그리고 많은 사람이 명상최면이 의식을 끊고 하는 것으로 오해하는데, 그렇지 않다. 의식이 있는 상태에서 진행하기 때문에 조금도 위험하지 않다. 명상최면이 끝나면 모든 기억을 할 수 있다. 다만 숙련된 상담사가 해야 하는 것은 분명하다. 이유는 세부감각이라는 이론을 알아야 하기 때문이다. 사례에서는 명상최면 과정이 자연스러워 보일지 모르겠지만, 이 안에는 명상최면에서 가장 중요한 세부감각이라는 이론이 존재한다. 세부감각에 관해서는 사례를 진행하면서 설명하도록 하겠다. 그럼 명상최면으로 내담자를 어떻게 치료하는지 사례를 통해 알아보겠다.

아빠의 성추행으로 인한
'불안증과 남자혐오'

미투 운동으로 세상이 시끄러울 때였다. 상담소에 초인종 소리가 울려 현관문을 열자 모녀가 서 있었다.

"안녕하세요. 이쪽으로 오세요."

나는 모녀에게 정중히 인사를 한 후 자리를 안내했다. 원장님도 모녀를 반갑게 맞이했다. 그런데, '응…?'

원장님과 나는 처음 보는 광경에 뭔가 싶었다. 딸을 데리고 온 엄마가 우리를 보고 검지로 돌았다는 손짓을 하고 있었기 때문이었다. 딸이 잠시 화장실에 들어가자, 그녀가 우리에게 오더니 말했다.

"선생님! 쟤 돌았어요, 돌았어."

"네?"

"완전히 미쳤다고요."

나는 당황스러웠다. 갑자기 무슨 이야기를 하는지 알 수가 없었다. 하지만 원장님은 표정 하나 바뀌지 않고 말했다.

"알았어요, 어머님. 제가 상담을 한 후에 판단할 테니까, 여기에 앉아 계세요."

원장님은 딸이 화장실에서 나오자 상담실로 데려갔다.

원장님은 상담실에 내담자(딸)를 앉힌 뒤 환경프로파일 검사를 진행했다. 그 결과 그녀는 부모님에 대한 신뢰가 전혀 없는 걸로 나타났다. 또 남자를 혐오하고 곁에 있는 것도 몹시 싫어했다. 원장님은 이 모든 걸 종합적으로 분석한 뒤 딸에게 말했다.

"부모님에 대한 신뢰가 전혀 없고 남자를 혐오하시네요?"

"네."

"대중교통도 이용하지 않으시나요?"

"네."

"그럼 출퇴근은 어떻게 하나요?"

"엄마가 차로 회사까지 데려다주고 퇴근할 때 데리러 와요."

"대중교통을 이용하지 않는 특별한 이유라도 있나요?"

"남자들이랑 부대끼는 게 소름 끼쳐서요."

내담자의 대답은 무뚝뚝하고 차갑기만 했다. 원장님이 다시 질문했다.

"그럼, 무엇 때문에 부모님에 대한 신뢰가 없는지, 남자를 혐오하는지, 이유를 말해 줄 수 있을까요?"

"네. 그런데 제 말 듣고 무시하셔도 상관없어요."

내담자는 상담에 대해 일말의 기대감도 없는 모습이었다. 원장님은 알겠다며 말해보라고 했다.

내담자는 셋째로, 위에 오빠 두 명이 있었다. 그녀가 유치원에 다닐 때였다. 아빠는 막내딸인 그녀를 무척 좋아했다. 유치원 때부터 딸이 원하는 거면 무엇이든 들어줬다. 매일같이 뽀뽀하고 퇴근하고 오면 딸부터 찾았다. 딸을 좋아하는 여느 평범한 아빠였다.

그러던 어느 날, 딸은 이상한 느낌을 받았다. 아빠가 자기를 안고 TV를 보는데, 성기가 딱딱해지는 걸 느꼈다. 안을 때에도 몸을 더듬거렸다. 또 자고 있을 때면 아빠가 자기 성기를 엉덩이에 비비적거렸다. 딸은 그런 느낌들이 너무 싫어 엄마한테 아빠 옆에서 자는 게 싫다고 했다. 아빠만 오면 피하고 엄마에게 도망갔다. 하지만 엄마는 그럴 때마다 아빠인데 왜 싫어하느냐며 딸을 나무랐다.

내담자는 당시 유치원생이라 아빠가 하는 행동이 무엇인지 인지하지 못했다. 그러나 초등학생 때는 확실히 인지하기 시작했다. 아빠가 자기를 성추행하고 있었다. 하지만 딸은 자기 의사표시를 제대로 하지 못했다. 속으로 끙끙 앓으며 초등학교를 졸업했다. 거부 의사를 비치지 않자 아빠는 딸이 중학생, 고등학생, 성인이 될 때까지 계속 성추행을 저질렀다. 딸이 자고 있으면 몰래 방에 들어와 추행했다.

그렇게 고통스러운 날이 지속되자, 내담자는 결국 20살 때 폭발해 버리고 말았다. 아빠에게 온갖 욕을 하며 내 몸 만지지 말라고 소리쳤다. 집안은 발칵 뒤집혔고, 아빠는 되레 무슨 소리냐며 발뺌했다. 엄마가 왜 그러냐고 묻자, 딸은 유치원 시절부터 지금까지 아빠한테 성추행 당했던 사실을 폭로했다. 그러자 아빠는 쟤가 미쳐서 갑자기 나를 모함한다고 말했다. 엄마는 조금의 의심도 없이 아빠를 믿어버렸다. 남편은 가정에 충실했고 누구보다 자상했기 때문이었다. 이때 오빠들은 군대에 있었다.

결국 내담자는 진실을 밝혔음에도 고립된 신세가 되어버렸다. 하지만 성추행을 당한 분노는 내담자를 간헐적으로 폭발시켰다. 그럴 때면 아빠는 계속 미친 사람 취급을 했다. 특히 딸의 말을 가장 잘 들어줘야 할 엄마마저도 애가 갑자기 돌아버렸다며 딸 이야기를 들을 생각조차 하지 않았다. 그때부터 내담자는 엄마에 대한 신뢰도 잃어버렸다.

내담자가 직장에 다니게 된 뒤로는 출퇴근을 엄마 차로 했다. 지하철에서 남자들과 부딪히는 게 치가 떨릴 정도로 싫었기 때문이었다. 그때부터 내담자는 엄마를 하수인처럼 부렸다. 출퇴근 시간에 엄마가 조금이라도 행동이 굼뜨면 욕부터 했다. 매일 딸의 눈치를 보면서 수발을 드는 삶. 엄마는 이런 생활을 무려 8년이나 했다. 도저히 견디기 힘들어 딸을 상담소에 데려온 것이다.

원장님은 그제야 왜 내담자 엄마가 손가락으로 돌았다는 동작을 했는지 알 수 있었다. 그녀는 딸의 말을 아예 믿지 않고 있었다. 차갑고 냉담하기만 했던 내담자는 어느새 이야기하며 울고 있었다. 원장님은 자리를 박차고 일어나 내담자의 엄마를 상담실로 불러들였다. 그녀가 자리에 앉자 목소리를 높였다.

"어머니, 처음에 들어오실 때 저한테 했던 행동이 뭐예요?"

"네?"

"딸이 아빠한테 성추행을 당해서 완전히 망가졌는데, 아까 들어오실 때 어떻게 하셨어요? 그게 무슨 행동이냐고요."

내담자 엄마가 어리둥절한 얼굴을 하자, 원장님이 이어 말했다.

"세상에, 딸이 아빠한테 성추행을 당해서 정신적으로 문제가 생기고 지금 사회생활도 제대로 못 하고 있는데, 아까 뭐라고 하셨어요? 딸이 돌아버렸다고요?"

"그게… 말도 안 되는….''

"말도 안 되긴 뭐가 안 돼요! 아이가 아무런 이유도 없이 갑자기 아빠가 성추행했다고 그러겠어요? 유치원 때부터 아빠 무릎에 앉으면 아빠 몸이 이상해졌다고 하는데, 애가 그걸 만들어서 이야기하겠어요? 아빠가 온몸을 더듬고, 중학생, 고등학생 때 자고 있으면 유사 성행위를 하고, 성인이 된 나이에도 그랬다고 하는데, 세상에 그런 아빠가 어디 있어요!"

내담자는 구슬프게 울기 시작했다. 원장님이 음성을 높여 말했다.

"아니, 적어도 내가 엄마라면 한번이라도 왜 그러냐. 이유가 뭐냐. 물어봤어야죠. 아이 상처를 보듬어 줘도 부족할 판에 돌았다고 그러고. 부부가 자식을 돈 사람으로 만들어요?! 이게 말이 돼요?"

"죄송해요…. 저는 전혀 그런 생각을….''

울고 있던 내담자가 벌떡 일어나 말했다.

"내가 엄마한테 몇 번이나 이야기했어! 어렸을 때도 아빠가 몸 더듬는다고 하면 아빠한테 가라고 하고, 넌 왜 아빠를 싫어하냐고 그랬지! 너 병신이야?! 바보야?! 대가리가 없어?! 내가 돈 게 아니라, 넌 또라이야! 또라이!"

내담자는 원장님을 쳐다보며 말했다.

"원장님. 만약에 제가 집에서 이랬잖아요? 그러면 또 미쳐서 날뛴다고 그랬을 거예요."

원장님은 서럽게 울고 있는 내담자를 바라보며, 입을 열었다.

"어머님, 이건 절대 그냥 넘어가면 안 돼요. 다음 주에 아버지 데리고 오세요. 아버지가 와야 상담 시작하니까, 그런 줄 아세요."

내담자 엄마는 찍소리도 못하고 상담실을 나갔다. 원장님은 내담자를 위로했다. 얼마나 힘들었겠냐. 세상에 그런 아빠가 어디 있느냐. 엄마는 개념도 없고, 지능이 부족한 게 아니냐. 다음 주에 아빠 와도 전혀 걱정하지 마라. 선생님이 도와줄 테니까 믿어라. 내담자는 처음과는 다르게 한결 풀어진 목소리로 감사하다고 했다.

일주일 후, 아빠가 상담소에 왔다. 그는 대체 무슨 잘못을 했길래 불렀냐는 얼굴이었다. 원장님은 아빠를 상담실 의자에 앉힌 뒤 말했다.

"아버님, 거짓 없이 있는 그대로 말씀하세요. 애가 유치원 때 아빠 무릎에 앉히고, 몸을 더듬고 가슴을 만졌다고 하는데 그런 일 있어요, 없어요?"

"없었습니다."

"뭐라고, 미친놈아?"

아빠의 대답을 듣자마자 내담자는 목소리를 높였다.

"그런 일이 없어?! 네가 그렇게 안 했어?! 네가 그렇게 했잖아! 나 더듬고 그랬잖아! 너 그게 한두 번이야? 안 했다고? 개새끼야, 네가 인간이야?!"

내담자는 눈이 뒤집혀 아빠에게 온갖 욕을 해댔다. 원장님은 차분한 목소리로 다시 말했다.

"아버님, 제가 좋게 말할 때 솔직히 말하세요. 만약에 아버님이 여기서 거짓말 하면 얘 뒤집어지고 치료도 안 되고 인생 망친 거 더 망칩니다. 지금이라도 치료 받으면 건강해질 수 있으니까 솔직히 말하세요. 자, 다시 한 번 묻습니다. 성추행 했어요, 안 했어요?"

아빠는 아랫입술을 꽉 깨물더니 입을 뗐다.

"잘못했습니다…."

"좋아요. 그럼 초등학교 때 아이 자고 있으면, 더듬으면서 흥분하는 소리까지 애가 들었다는 데 맞아요?"

"……"

"맞아요, 틀려요?"

"야, 왜 말 못 해? 내가 자는 척하고 있었던 거지 다 들었어!"

내담자가 자백하라고 소리치자 이내 아빠는 그렇다고 대답했다. 그러자 내담자 엄마가 상담소 책상에 있던 색연필 통을 집어 남편 머리에 던졌다.

"야, 미친놈아! 아니라고 해놓고 맞다고 해?! 인간말종 새끼야. 지금까지 나 속인 거야?!"

내담자 엄마는 남편을 붙잡고 때리기 시작했다. 딸한테 어떻게 이럴 수가 있느냐며 울면서 남편을 발로 차고 손으로 머리를 때렸다.

상담소는 난장판이었다. 고성과 욕설이 난무했고, 아버지는 아무런 저항도 하지 못한 채 모든 걸 받아냈다. 내담자 앞에서 무릎을 꿇더니 죽을죄를 지었다며 용서를 빌었다.

하지만 내담자가 사과를 받을 리 만무했다. 그녀는 지금까지 아니라고 하더니 상담소에 와서야 여태 나를 병신으로 만들어 놓고 어디서 무릎을 꿇냐고 소리쳤다. 아버지가 사과할수록 내담자의 반응은 더욱더 격해졌다. 그 모습을 보고 원장님이 말했다.

"아버님, 지금 사과한다고 해서 딸이 용서할 거 같아요? 이거는 용서를 바라서도 안 되고, 되지도 않아요. 애 심리치료 받고 상처 없어지고 마음이 자유로워졌을 때 딸이 선택하는 거예요. 그때가 돼도 용서가 될지 안 될지 모르겠지만, 아버님은 지금 당장 딸이 상처받은 대가부터 치르세요 요새 미투 운동 한창인 거 아시죠? 이거 교도소 가는 일이에요. 보상으로 애한테 재산 다 주고 당장 집에서 나가세요. 그리고 지혜가 허락하기 전까지 절대로 눈앞에 보이지 마세요. 알았어요?"

내담자 엄마도 못 산다고 소리쳤다. 결국 아빠는 일하는 데서 혼자 살겠다고 말했다. 원장님은 부모를 상담실에서 내보낸 뒤, 내담자만 앉히고 이야기했다.

"지혜 씨, 다음 주부터는 지혜 씨가 어떤 심리적, 신체적 증상이 있는지 자세히 알아볼 거예요. 그리고 그 증상에 따라서 심리치료가 들어갈 거고요. 치료받으면 힘든 부분도 분명 생길 텐데, 이겨내면 상처에서 자유로워질 수 있어요. 그러니까 나 믿고 같이 노력해 봐요. 알았죠?"

원장님의 말에 내담자는 알겠다며 고개를 끄덕였다. 그리고 자기를 믿어주셔서 감사하다고 했다. 원장님은 언제나 내담자 편이라며 미소 지은 뒤, 그녀를 배웅했다.

1) 내담자 증상 진단

내담자는 성추행에 대한 트라우마가 깊었다. 자고 일어날 때면 항상 불안한 마음으로 몸에 멍든 곳이 있는지 확인했다. 자신의 몸이 더럽다는 강박증으로 한번 샤워를 하면 2시간 이상씩 했고, 타월로 살이 빨개질 때까지 벅벅 닦았다. 스스로가 초라해 보이고 한심하다는 생각에 자존감은 바닥을 치고 정체성 혼란이 왔다.

감정조절이 되지 않고 우울증이 있으며 남자를 혐오했다. 특히 아빠와 같은 나이대인 중년 남자를 보면 꼰대라 생각하고 보는 것조차도 소름끼쳐 했다. 이는 모두 아빠의 성추행으로부터 기인한 것이며, 복합적인 심리증상이 나타나고 있었다.

심리증상

불안증 / 강박증 / 자존감 하락 / 정체성 혼란 /
감정조절이 안 되는 문제 / 우울증 / 남자 혐오

신체증상

남자를 보면 얼굴이 경직됨

환경문제

아빠와 같이 사는 문제 / 엄마를 신뢰하지 않는 문제

2) 아빠, 하지 마!

　예약된 시간이 되자 내담자가 상담소에 들어왔다. 나는 인사했지만, 그녀는 굳은 목소리로 대답만 짧게 했다. 반면 원장님이 웃으며 맞이하자, 그녀는 한결 풀어진 얼굴로 인사했다. 남자를 혐오하는 그녀로서는 당연한 반응이었다.

　내담자는 상담실 의자에 앉아 사는 게 힘들다고 했다. 회사에서 남자를 마주치지 않을 수가 없어 항상 마음 졸이고 불안하다는 것이었다. 원장님은 치료를 받으면 나아질 수 있으니 걱정하지 말라고 위로했다. 또, 다른 사람 같았으면 사회생활을 하는 것조차도 힘들 텐데, 이만하면 의지가 강한 거라고 칭찬했다.

　원장님은 내담자가 가지고 있는 증상을 모두 설명했다. 증상이 나타나는 이유는 모두 아빠의 성추행으로부터 시작된 것이라고 말했다. 어린 시절 치료를 받지 못하고 10년 넘게 방치하다 보니 각종 심리증상들이 복합적으로 나타난 거라고 했다. 그러니 하나하나 실타래 풀듯 치료하면 나아질 수 있을 거라고 했다.

　그렇게 내담자는 매주 상담소에 와 심리치료를 받았다. 미술치료와 인지치료를 받으며 자신이 어떤 상태인지 알게 되었다. 또 그것들을 없애기 위해서 취해야 할 행동은 무엇인지에 대해서도 깨달았다. 그리고 명상최면치료 시간이 왔다. 원장님이 내담자를 앉히고 입을 뗐다.

　"오늘은 명상최면치료를 할 거야. 지혜가 성추행당했던 장면을 떠올릴 건데, 처음엔 괴로울 거야. 그래도 조금만 참으면 나아질 수 있으니까, 우리 한 번 해보자. 알았지?"

　"네."

　원장님은 굳건한 미소를 지은 뒤 내담자를 명상최면실에 데리고 들어갔다. 내담자가 침대 위에 눕자 그녀를 2)트랜스 상태로 유도했다.

　"자, 온몸에 힘을 빼고 코로 숨을 크게 들이쉬고 천천히 내뱉으세요. 다시 한 번 코로 숨을 들이쉬고, 천천히 내뱉으세요…. 당신은 지금 아주 편한 상태입니

---

2) 명상최면을 위해 심신을 이완시키고 편안하게 만드는 상태.

다…."

내담자는 편안한 얼굴을 했다.

"자, 이제 아빠가 성추행했던 것 중, 나를 가장 힘들게 했던 장면을 하나 떠올립니다. 천천히 그 장면을 떠올려보세요."

내담자는 금세 미간이 일그러졌다. 괴로운 장면을 떠올리니 당연했다.

"장면을 떠올렸나요?

"네…."

"보이는 게 무엇이죠?"

"…방에서 혼자 자고 있는데… 아빠가 몰래 들어왔어요."

"지금 당신은 몇 살인가요?"

"10살이에요…."

"좋습니다. 지금 그 안에서 들리는 소리가 있나요?"

"네… 아빠의 숨소리가 들려요…."

"느껴지는 건 무엇인가요?"

"아빠가 뒤에서 성기를 제 엉덩이에 비비고 있는 게 느껴져요…."

"아빠가 또 다른 행동을 하는 게 있나요?"

"네… 손으로 가슴을 주물러요…."

내담자는 괴로운지 대답 후 신음을 흘렸다. 원장님은 명상최면을 계속 진행했다.

"그 장면에서 나는 어떤 생각을 하고 있나요?"

"빨리 벗어나고 싶다는 생각을 하고 있어요…."

"그 장면을 보고 있는 나는 어떤 감정이 느껴지나요?"

"불쾌하고 더럽다는 감정이 느껴져요…."

"좋습니다. 이제 제가 하나, 둘, 셋, 하면 그 안에 '또 다른 나'가 들어갈 겁니다. '또 다른 나'는 매우 현명하고 지혜로우며 자신감이 넘치는 나입니다. 지금부터 하나, 둘, 셋, 하면 또 다른 내가 그 안으로 들어갑니다. 자, 하나, 둘, 셋! 또 다른 내가 그 안으로 들어갔습니다! 들어갔나요?"

원장님이 묻자, 내담자는 "네"라고 짧게 대답했다.

"좋습니다. 이제 또 다른 내가 아빠를 세게 밀치세요. 그리고 그 안에 있는 '과거의 나'를 안아주세요. 괜찮아. 걱정하지 마. 이제는 아무 일도 없을 거야. 불안해하지 마. 괜찮아… 괜찮아… 그 안에 있는 나를 안고 위로해 줍니다."

내담자는 '과거의 나'를 안고 위로했다. 원장님은 잠시 시간을 준 뒤 입을 뗐다.

"또 다른 나'가 다시 말합니다. 이제 걱정하지 마. 내가 너를 도와줄게. 무서워할 필요 없어. 너는 아무 잘못 없어. 그 말과 함께 '과거의 나'를 토닥여 줍니다. 그 느낌을 가슴 깊이 느끼세요. 그리고 지혜롭고 현명하고 자신감이 넘치는 또 다른 나를 신뢰하세요. 신뢰할 수 있겠나요?"

내담자는 신뢰할 수 있다고 대답했다.

"좋습니다. 이제 '또 다른 나'와 '과거의 나'가 함께 손을 잡고 일어납니다. 그리고 아빠에게 다가갑니다. 이젠 '또 다른 나'가 그동안 아빠에게 하지 못했던 말을 할 겁니다. 아빠의 성추행으로 내가 얼마나 힘들었는지, 내 심정이 어땠는지 하나, 둘, 셋, 하면 말하세요. 자 하나, 둘, 셋! 말하세요!"

"내가 너 때문에 얼마나 힘들었는지 알아? 남자만 보면 소름 끼쳐서 버스나 지하철도 타지 못했어! 그럴 때마다 내가 한심하게 느껴지고, 하루하루가 지옥이었어! 너는 아빠도 아니고 그냥 인간말종이야!"

"잘했어요."

"자, 이제 '또 다른 나'가 '과거의 나'에게 말합니다. 너도 와서 하고 싶은 말이 있으면 하라고 합니다. 이 상황으로 인해 내가 얼마나 힘들고 불안했는지, 마음이 어땠는지, 하지 못했던 말을 하라고 합니다. 자, 하나 둘, 셋 하면 이제 '과거의 나'도 아빠에게 하고 싶었던 말을 하세요. 하나, 둘, 셋!"

원장님의 신호에 내담자가 소리 높여 말했다.

"이 인간쓰레기야! 내가 너 때문에 얼마나 무서웠는지 알아? 밤마다 내 방에 들어와서 그 짓거리를 해? 네가 인간이야? 그러고도 아빠야? 넌 그냥 나가 뒈져!"

"잘하셨어요. 그 소리를 듣고 있는 아빠는 한없이 작아집니다. 그리고 '또 다른 나'와 '과거의 나'는 반대로 아주 커집니다. 그 상태에서 하고 싶은 말이 더 남았으면 하도록 하세요."

"넌 이제 나한테 아무것도 아니고, 기어 다니라고 하면 기어야 해! 알았어?"

"더 하고 싶은 말이나 행동이 있나요? 발로 차도 좋고 때려도 좋습니다."

"밟아버리고 싶어요."

"밟으세요. 괜찮습니다. 있는 힘껏 밟으세요."

원장님의 말에 내담자는 아빠를 인정사정없이 밟아버렸다. 아빠가 어떻게 됐냐고 묻자, 쥐포처럼 변했다고 했다.

"잘하셨어요, 이제 쥐포처럼 변한 아빠를 하나, 둘, 셋, 하면 함께 있는 힘껏 발로 차세요. 발로 차면 아빠란 존재는 더는 보이지 않습니다. 자, 하나, 둘, 셋! 함께 발로 찹니다!"

내담자는 있는 힘껏 아빠를 발로 찼다. 원장님이 아빠가 보이지 않느냐고 묻자, 그녀는 그렇다고 대답했다.

"잘하셨어요. 이제 모든 게 끝났습니다. 하나, 둘, 셋, 하면 '또 다른 나'와 '과거의 나'는 의식의 밖으로 나옵니다. 하나, 둘, 셋, 눈 뜨세요."

내담자는 명상최면을 마치고 눈을 떴다.

명상최면 치료과정

우리가 과거 상처로 인해 괴로운 이유는 '기억' 때문이 아니라, 기억으로 인한 '부정적 감정의 영향' 때문이다. 명상최면은 내담자가 '부정적 감정의 영향'을 받지 않는 치료를 한다. 부정적 감정의 영향을 받지 않게 하는 치료는 다음과 같다.

① 명상최면으로, '억눌린 감정'을 풀어준다.

이외에 또 어떤 기법들이 있는지 알아보도록 하겠다.

억눌린 감정 풀어주기

　나는 원장님이 내담자에게 한 명상최면을 보며 궁금한 게 세 가지 있었다. 첫 번째는 왜 굳이 기억하기 싫은 성추행 장면을 떠올리게 했냐는 것이었다. 그것에 관해 묻자 원장님이 대답했다.

　"억눌린 감정을 풀어주기 위해서야."

　"억눌린 감정이요?"

　고개를 갸웃거리자 원장님이 말했다.

　"예를 들어 부당한 일을 당할 때 제대로 대처를 하지 못하면 두고두고 마음에 남는 경우가 있잖아?"

　"네."

　"그래서 내담자한테 그걸 해소시켜 준 거야. 과거에는 내가 아빠한테 아무런 저항도 못했던 걸, 명상최면으로는 대항할 수 있게 해준 거야. 억눌린 감정을 풀어주기 위해."

　"아…."

　나는 고개를 끄덕였다.

　우리는 살면서 어떤 순간에 제대로 된 대처를 하지 못하면 두고두고 생각나는 경우가 있다. '아, 내가 왜 그때 바보처럼 말을 제대로 못 했지?' '이렇게 할 걸.' '아, 자꾸 생각나네.'라며 계속 그 일이 머릿속을 맴돈다. 원장님은 그것이 당시에 제대로 대처하지 못해 감정이 억눌려 일어나는 현상이라고 했다. 그래서 명상최면으로 억눌린 감정을 풀어준 것이었다. 그런데 두 번째로 궁금한 게 있었다. 억눌린 감정을 풀어줄 때, 왜 과거의 내가 혼자 하는 게 아니라 '또 다른 나'를 나타나게 했냐는 것이었다.

"왜냐면, 과거의 나는 두려움에 떨고 있는 나라서 그래. 그래서 지혜롭고 현명하고 자신감이 넘치는 '또 다른 나'로부터 힘을 얻기 위해 그런 거야."

"과거의 나는 상처받은 존재라 온전히 힘을 낼 수 없다. 그래서 지혜롭고 현명하고 자신감이 넘치는 또 다른 내가 필요하다. 이 뜻인 거죠?"

"그래."

나는 여기까지 이해하고 세 번째 질문을 했다. 바로 명상최면에서 이렇게까지 해도 되나 싶을 정도로 폭력성이 높은 장면이 있었기 때문이었다. 아빠를 납작하게 밟아 버리고 발로 차는 행동이었다. 이것에 관해 묻자 원장님은 이 정도는 애교 수준이라고 했다.

"다른 내담자는 때리거나 부수거나 찢어버리는 경우도 있어. 이건 약과야."

"그렇게까지 한다고요? 너무 폭력적인 거 아니에요?"

"폭력적인 게 아니라 그만큼 그 사람에게 분노가 크다는 뜻이야. 그 말은 곧 억눌린 감정이 깊다는 뜻이고. 그래서 명상최면으로 그런 감정들을 해소시켜줘야 해."

나는 그 뒤로도 원장님이 많은 내담자에게 명상최면치료를 하는 모습을 보고 기우임을 깨달았다. 분노가 강한 내담자마다 명상최면을 마치고 나면 속이 다 시원하다는 반응을 보였기 때문이었다. 이것이 다양한 명상최면 기법의 하나 '억눌린 감정 풀어주기'다.

3) 움츠리지 마! 네가 잘못한 건 없어

　내담자는 매주 심리치료를 받으며 좋아졌다. 그 결과 나와 인사를 할 때 미소까지는 아니더라도 목소리가 한결 부드러워졌단 걸 느꼈다. 엄마와도 사이가 좋아졌다. 상담을 받기 전에는 엄마에게 늘 명령조로 말하고 하인 부리듯 했는데, 인지치료를 통해 그간 잘못된 행동을 했다는 것을 깨달았다.

　또 내담자는 집에 들어오면 항상 공허함을 느꼈는데, 강아지를 분양받으면서 정서적으로도 안정됐다. 내담자는 상담소에 올 때마다 원장님에게 강아지 사진을 보여줬다. 그때마다 나도 껴서 보고 싶은 마음이 굴뚝같았지만, 자제했다. 내담자에게 있는 남성 혐오가 완전히 없어진 게 아니기 때문이었다.

　나는 원장님이 내담자와 강아지 이야기를 할 때마다 직업정신이 투철하다고 느꼈다. 사실 원장님은 개 알레르기가 있어서 개를 그다지 좋아하지 않기 때문이었다. 그럼에도 원장님이 내담자의 기분을 맞춰준 것은 라포르(Rapport) 형성을 위해서였다.

　라포르란 상호 간에 친밀감, 유대감, 공감대를 형성하는 걸 말한다. 내담자는 상처받은 사람이고 마음의 문을 열기란 쉽지 않기 때문에 상담사는 이를 잘 맞춰줘야 한다. 내담자의 감정이 왼쪽으로 치우치면 왼쪽으로 따라가 줘야 하고, 오른쪽으로 치우치면 오른쪽으로 따라가 줘야 한다는 말이다.

　원장님이 라포르 형성을 위해 가장 신경 써야 할 사람은 바로 조울증을 앓는 내담자라고 했다. 조울증은 내담자가 한순간에 우울했다가 기분이 좋아지기도 해서 그의 감정을 맞춰주며 대화를 해야 한다는 것이다.

　우울한데 눈치 없이 농담을 던진다든가, 내내 어두운 얼굴을 하고 있는데 웃는 얼굴로 상담을 한다든가, 내담자가 기분이 좋아 어떤 이야기를 했는데, 이를 받아주지 못해서는 안 된다는 말이다.

　원장님은 내담자와 라포르가 형성되면, 아래로 나이 차이가 많이 나는 내담자에게는 말을 놓곤 했다. 그래야 벽이 없어지면서 더 편한 사이가 되기 때문이었다. 원장님은 내담자의 이름을 편하게 불렀고, 내담자도 원장님이라기보다 선생님이라는 호칭을 썼다. 그렇게 한동안 상담인지 수다인지 모를 이야기를 나눈 후, 원장님이 내담자에게 물었다.

"지혜가 기분이 좋아 보여서 선생님도 좋네. 그래, 요새 샤워는 어떻게 하니?"

그 이야기를 꺼내자 내담자는 금세 얼굴이 어두워졌다.

"아직 똑같아요."

"샤워하면 2시간 이상 걸린다고 했지?"

"네, 두 시간에서 세 시간이요."

"에휴, 많이 힘들겠네⋯."

"네⋯."

내담자는 샤워가 끝나도 자기 몸이 더럽다는 생각이 들어 몇 번이고 다시 씻기를 반복했다. 특히 아빠가 만졌다고 생각되는 신체 부위는 타월로 피부가 빨개질 때까지 벅벅 닦았다. 씻어도 항상 불순물이 몸에 남아 있는 것 같고 불쾌한 느낌이 났다. 그래서 샤워를 하고 나면 녹초가 돼서 그대로 잠든다고 했다. 그리고 다음 날 일어날 때마다 몸에 멍이 든 곳이 있는지 확인했다. 성추행을 당한 흔적이 있는지 찾는 것이었다.

원장님이 말했다.

"지혜가 그렇게 오래 씻는 이유는 강박증이 심해서 그래."

"강박증이요?"

"응. 내 몸이 더럽다는 생각이 들어서 반복적으로 씻는 거잖아? 그렇게 샤워를 해야 그나마 마음이 편안한 거고?"

"맞아요⋯."

"원래 강박증이라는 게 그래. 불안한 마음에서 비롯되는 거야. 그래서 같은 행동을 반복해 불안한 마음을 없애는 거지. 몸이 힘들더라도 그렇게 해야만 내 마음이 편안해지니까."

내담자는 공감된다는 얼굴로 수긍했다. 원장님이 이어 말했다.

"일어날 때마다 몸에 멍든 곳이 있는지 확인하는 것도 마찬가지야. 멍든 곳이 없는 걸 확인해야 내 마음이 편안해지니까 그러는 거야."

내담자의 눈시울이 붉어졌다. 모두 맞는 말이었고, 더는 이렇게 살기 싫었다.

"강박증도 치료가 되는 건가요?"

"물론이지. 다 치료할 수 있는 거니까, 걱정하지 마."

원장님은 내담자를 위로했다.

성추행, 성폭행 사례는 불행하게도 흔한 상담사례 중 하나로 꼽힌다. 그만큼 성범죄가 심각하다는 뜻이다. 일전에는 한 중년여성이 강박증 때문에 너무 힘들다며 상담소를 찾아온 적이 있었다. 그녀는 전업주부였는데, 온종일 청소하는 게 너무 힘들다고 했다. 누가 시킨 것도 아닌데 매일 집안 구석구석을 청소기로 돌렸고 걸레질을 했다. 걸레질할 때도 손으로 해야 만족이 돼 매일 무릎을 꿇고 온 집안을 닦았다. 이렇게 하지 않고서는 마음이 편안하지 않기 때문이었다.

하지만 이런 생활을 20년간 하다 보니 관절에 무리가 왔다. 무릎에는 피멍이 가득했다. 가족은 그런 아내와 엄마의 모습이 안타까웠다. 그리고 무엇보다 스스로 너무나 힘들었다. 청소를 그만하고 싶은데 하지 않으면 불안한 마음이 가득해 그만둘 수 없었다.

원장님은 환경프로파일 검사를 진행했다. 필시 어린 시절에 환경에 문제가 있어서 그러한 증상이 나타난 거라고 여겼기 때문이었다. 하지만 검사 결과 환경에서는 아무런 문제가 발견되지 않았다. 친정과 시댁에서도 갈등이 전혀 없었고, 가족도 화목하기는 마찬가지였다. 원장님은 결국 명상최면을 통해 내담자의 무의식을 확인해 보기로 했다. 그녀가 그런 행동을 하는 데에는 근본적인 원인이 있을 것이기 때문이었다.

원장님은 내담자를 명상최면실에 눕힌 뒤 트랜스 상태로 유도했다. 그녀가 큰 충격을 받았던 일이 있는지 유치원 시절부터 하나하나 과거를 떠올리게 했다. 그러던 중 잊고 있었던 기억이 하나 떠올랐다. 바로 초등학교 저학년 시절에 삼촌이 자기한테 유사 성행위를 시킨 일이었다. 삼촌은 자기 성기를 조카에게 만지게 하고 빨라고 시켰다.

내담자는 당시 그게 뭔지 몰라 시키는 대로 했지만, 나중에 잘못된 행동이라는 걸 알게 되었다. 하지만 시간도 오래됐고 가족에게 말하기도 힘들어 회피하고 잊으려고 노력했다. 그 결과 그녀는 정말로 잊고 살았다. 그런데 왜 그녀에게 갑자기 이러한 증상이 생긴 것일까? 나중에 그것에 관해 묻자 원장님이 대답했다.

"증상이라는 게 꼭, 바로 나타나는 게 아냐. 몇 년이 걸릴 수도 있고, 10년 후에도 나타날 수도 있어."

"그러면 성범죄를 당한 사람들은 다 강박증에 걸리는 거예요?"

"사람마다 다 달라."

"어떻게요?"

"어떤 사람은 성범죄를 당해도 일상생활에 아무 지장이 없는 대신 신념이나 정체성에 문제가 생기는 일도 있어."

"신념이나 정체성이요?"

"내 몸은 이미 더럽혀졌다면서 사창가에서 일하거나 문란한 성생활을 하는 거야."

"또 다른 사람들은요?"

"자꾸 벽에서 무슨 소리가 난다고 하거나, 누가 문을 열고 들어오는 소리를 듣기도 해."

"환청이 들리는 거구나."

"맞아. 살이 닿는 걸 그토록 꺼려서 결혼 후 부부관계에 문제가 생기는 일도 있어."

원장님은 이처럼 사람마다 증상이 각기 다르다고 했다. 또 강박증도 사람마다 다르게 나타난다고 했다. 내담자처럼 반복적으로 씻거나 몸에 멍든 곳이 있나 확인하는가 하면, 불안한 마음에 현관문과 창문이 잠겼나 반복적으로 확인하는 예도 있다고 했다. 나는 같은 상처라도 사람마다 심리증상이 다르게 나타나는 걸 많이 봐서 납득이 갔다. 그러던 중, 번뜩 다른 질문이 생각났다. 남자가 성추행을 당하면 어떤 증상이 생기는 것일까? 그것에 관해 묻자 원장님이 대답했다.

"똑같아. 여자한테 성추행을 당하면 여성을 혐오하고 다 속물이라고 생각해."

"남자한테 성추행을 당하면요?"

"남자로서의 존재감을 완전히 상실해. 나는 남자도 아니고, 여자를 사랑할 수 없는 남자라는 부정적인 신념이 박혀. 그래서 남자를 피하면서 여자와도 잘 지내지 못하는 상황이 발생해."

남자는 군대에서 성추행을 당하는 경우가 가장 많다고 했다. 반대로 여자가 여자를 성추행해 상담소를 찾은 사례는 아직 없다고 말했다. 원장님은 한 사람의 인생을 송두리째 파괴하는 게 성폭행이라고 했다. 트라우마가 깊게 박혀 대인관계는 물론 사회생활을 하지 못하는 경우가 파다하다는 것이다. 그래서 원장님은 내가 누군가에게 살인을 당할 뻔한 것보다 성범죄가 더 큰 충격을 준다고 말했다.

원장님은 내담자를 위로한 뒤 그녀를 명상최면실로 데리고 들어갔다. 침대에 눕힌 뒤, 명상최면을 시작했다. 이번에도 '또 다른 나'가 명상최면 안에 들어가는 것이었다.

"자, 온몸에 힘을 빼고 호흡을 깊게 들이마시고, 천천히 내뱉어…. 다시 한 번 깊게 들여 마시고… 천천히 내뱉어…."

내담자는 들숨을 깊게 들이마셨다가 날숨을 뱉었다.

"자, 이제 편안한 상태에서 선생님이 말하는 이미지를 떠올리는 거야. 지혜는 지금 샤워실에서 샤워하고 있어. 샤워기를 켜고 물이 내 몸 위로 쏟아지면서 거품을 내고 깨끗이 씻고 있는 모습을 떠올려봐."

내담자는 샤워하는 자신의 모습을 떠올렸다.

"이제, 그 안에 있는 나를 천천히 관찰해. 나는 어떤 얼굴인지. 어떻게 씻고 있으며, 들리는 소리는 무엇인지. 나는 어떤 감정인지 천천히 관찰하도록 해봐."

내담자는 원장님의 말에 따라 샤워를 하는 자신의 모습을 면밀히 관찰했다.

"지금 샤워를 하고 있는 내 모습이 어때?"

원장님이 묻자 내담자가 대답했다.

"인상을 쓰고 있어요…. 그리고 다 씻고 나가면 되는데… 또 씻고 있어요."

"그렇구나. 샤워는 어떤 방식으로 하고 있어?"

"때 타월로 온몸을 닦고 있어요."

"거기서 들리는 소리가 있니?"

"…벅벅 때 타월 소리만 들려요…. 그리고 조금씩 신음을 흘려요."

내담자는 명상최면을 하면서 자기가 샤워를 할 때 아파서 신음을 흘린다는 걸 처음 알았다.

"좋아. 지혜는 지금 다 씻었는데도, 나가지 않고 계속 때 타월로 온몸을 닦고 있네?"

"…네."

"그럼 이제 그 안에 있는 내 감정이 어떤지 느껴보도록 해봐. 그 안에 있는 내가 어떻게 느껴져?"

"예민해 보여요. 그리고 힘들어하는 거 같아요…. 샤워실에서 나가고 싶은데 불안해서 못 나가고 있어요…."

내담자는 이처럼 샤워실에서 일찌감치 나가고 싶었지만, 마음대로 되지 않고 있었다.

"그렇구나. 지혜는 오래전부터 샤워실에서 나가고 싶었는데 불안해서 못 나가고 있었구나. 그래서 자신이 초라해 보이고 힘들어. 맞니?"

"네…."

내담자는 샤워실에서 갈피를 잡지 못하는 자신을 보곤 목이 메었다. 원장님은 걱정하지 말라며 내담자를 다독였다.

"괜찮아. 이제 그 안에 '또 다른 나'가 들어갈 거야. 또 다른 나는 매우 현명하며 지혜롭고 용기가 있는 나야. 그리고 누구보다 따뜻한 마음을 가지고 있고 아무런 상처도 없어. 이제 선생님이 하나, 둘, 셋, 하면 또 다른 내가 그 안으로 들어갈 거야. 자─ 하나, 둘, 셋! 또 다른 내가 그 안으로 들어갔습니다! 들어갔니?"

"네."

"이제 '또 다른 나'가 '상처받은 나'를 따뜻하게 안아줘. 그리고 상처받은 나에게 말해주는 거야. 그동안 많이 힘들었지? 괜찮아. 나는 너를 이해해. 네가 그럴 수밖에 없는 이유가 있었어. 불안해하지 마. 괜찮아, 괜찮아."

내담자는 원장님의 말에 따라 상처받은 나를 감싸 안았다. 그리고 네 잘못이 아니라며 상처받은 나를 위로했다. 원장님이 소리 내 말해보라고 하자 내담자가 울먹이며 입을 뗐다.

"괜찮아… 너는 잘못된 게 아니야…. 오히려 나를 보호해 주려고 했어. 괜찮아…."

"그래. 그러니까 움츠릴 필요 없어. 걱정하지 마. 괜찮아. 괜찮아…."

원장님이 낮은 목소리로 말했다. '또 다른 나'가 '상처받은 나'를 계속 위로할 수 있게 유도했다. 내담자는 눈물을 흘리며 '상처받은 나'를 안고 진심으로 위로했다. 그 모습을 보고 원장님이 물었다.

"상처받은 내가, 또 다른 나에게 말하는 게 있니?"

"…네."

"뭐라고 하니?"

"무서웠다고 하고 있어요. 자기도 이러고 싶지 않았대요…."

"그래, 네가 한 행동은 전혀 나쁜 게 아니라고 등을 토닥여줘. 그리고 또 다른 내가 말해줘. 이제 나와 함께 샤워실 문을 열고 나갈 거라고. 또 다른 나는 매우 현명하고, 강하며 용기가 충만한 나야. 그러니까 상처받은 나에게 말해줘. 여기서 나가면 두려움도 없어질 거고, 불안한 마음도 사라질 거고. 행복으로 가득 찬 세상이 열릴 거라고 말해줘. 아주 파워풀하고 자신 있는 목소리로!"

원장님은 내담자가 상처받은 나를 설득할 시간을 주었다. 잠시 후, 내담자에게 물었다.

"상처받은 나에게 나가자고 말했어?"

"네…."

"상처받은 내가 뭐라고 대답해?"

"나가겠대요…."

"좋아, 그럼 또 다른 내가 상처받은 나의 손을 잡아. 그리고 하나, 둘, 셋. 하면 샤워실 문을 열고 그 안에서 나가는 거야. 자─ 하나, 둘, 셋! 또 다른 나와, 상처받은 내가 샤워실 문을 열고 나갔습니다! 나갔나요?"

"네."

"좋습니다. 이제 천천히 호흡을 들이마시고, 내뱉고… 다시 한 번 호흡을 들이마시고, 내뱉고… 눈을 뜨세요."

내담자는 명상최면을 마쳤다. 그녀의 눈가에는 눈물이 고여 있었다. 얼굴도 한결 편안해졌다. 처음으로 힘들어하는 자신의 내면을 정확히 알 수 있는 시간이었다. 그리고 초라해 보이기만 했던 자신의 모습이 결코 잘못된 것이 아님을 깨닫는 순간이기도 했다.

명상최면 치료과정

① 명상최면으로, '억눌린 감정'을 풀어준다.
② 지혜롭고 현명하며 자신감이 넘치는 '또 다른 나'가 '상처받은 나'를 인정하고 위로한다.

이외에 또 어떤 기법들이 있는지 알아보도록 하겠다.

상처받은 나를 위로하는 이유

이번 명상최면에서 한 가지 인상 깊은 대목이 있었다. 바로 '또 다른 나'가 '상처받은 나'를 나무라거나 부정하지 않았다는 점이었다. 예컨대 상처받은 나에게 "너는 언제까지 이러고 있을 거야."라던가, "너 때문에 힘들어. 좀 사라져."라는 질책을 전혀 하지 않았다는 것이다. 이것에 관해 묻자 원장님이 대답했다.

"상처받은 나는 지혜를 지켜주기 위해 반복적으로 씻는 행동을 했던 거야. 지혜가 힘들지 않게 하려고. 그 말은 곧 나쁜 의도가 전혀 있지 않았다는 뜻이야. 그런데 상처받은 나를 나무라면 되겠어? 당연히 안 되겠지?"

"그렇구나."

나는 고개를 끄덕였다. 이렇듯 명상최면은 지혜롭고 현명하고 자신감이 넘치는 또 다른 내가 상처받은 나를 인정하고 위로해 주는 데 목적이 있다. 대개 내담자들은 자신이 잘못된 행동을 하는 걸 부정적인 시각으로 바라보기 때문이다. 문제가 있다고 생각하거나 올바르지 않다고 본다. 하지만 내면에 깊게 자리 잡은 '무의식의 욕구'는 다르다. 무의식의 욕구에는 '긍정적 의도'가 있다. 내가 그렇게 해야만 살아갈 수 있다고 판단했다는 것이다. 2시간 이상씩 샤워를 해야 마음이 편안해지고, 자고 일어난 뒤 몸을 확인해야 안심이 되었다는 말이다. 여기에는 어떤 나쁜 의도도 없다. 그래서 원장님은 상처받은 나를 인정하고 위로해 준 것이었다. 더는 이렇게 씻지 않아도 된다고 또 다른 나를 통해 불안감을 해방한 것이다. 불안감 해방은 곧 강박증의 해방으로 이어진다.

이처럼 명상최면 기법 중 하나는 또 다른 내가 상처받은 나를 위로해 주는 것이다. 물론 앞에 한 명상최면도 또 다른 내가 위로를 해주는 장면이 있었지만, 주된 역할이 다르다고 할 수 있다. 앞은 '억눌린 감성 풀어 주기'가 주 역할이있다.

4) 남자 친구가 생긴 내담자

내담자는 심리치료를 받으며 증상이 하나 둘 없어졌다. 샤워를 2시간 이상씩 하던 것도, 자고 일어날 때마다 몸에 멍이 있는지 확인하던 증상도 명상최면으로 모두 치료했다. 그 결과 더는 성추행을 당한 기억으로 괴로워하지 않았다. 또 남자를 혐오하는 증상도 말끔히 사라졌다. 3)행동교정하기란 명상최면으로 남자들과 편안하게 대화를 하는 내 모습을 각인시켰기 때문이다. 그래서일까? 내담자는 남자 친구를 사귀게 되었는데, 그와 곧 결혼할 거라는 반가운 소식을 가져왔다.

"결혼은 꿈도 꾸지 않았는데, 정말 신기해요."

내담자는 행복한 얼굴로 말했다.

"선생님도 놀랐어. 실은 더 시간이 필요할 거로 생각했는데, 남자 친구가 착한 가 봐."

"네. 유일한 제 편이에요."

"잘됐네. 지혜를 예쁘게 사랑해주는 사람이 생겼으니."

원장님은 활짝 웃었다.

아빠는 잘못한 대가로 딸에게 2억을 준 상태였다. 딸이 결혼한다고 하자 2억을 더 지원했다. 아빠 나름대로 잘못을 뉘우치고 내담자에게 보상한 것이다. 하지만 원장님은 절대로 내담자에게 아빠를 용서하는 게 어떻겠냐는 말을 꺼내지 않았다. 그것은 오로지 내담자의 몫이기 때문이었다.

여기까지 보면 심리치료가 순탄했던 것처럼 보일 수도 있는데, 현실은 그러지 않았다. 모든 심리치료가 그렇듯 중간에 한 번씩 사건·사고가 터졌다. 이번엔 엄마 때문이었다. 내담자가 분양받은 강아지를 엄마가 사진으로 찍어 혼자 사는 아빠에게 보낸 걸 들킨 것이었다. 아빠랑 조금도 엮이기 싫었던 내담자는 집을 발칵 뒤집어 놓았다.

또 이런 일도 있었다. 아빠 생일 때였다. 그래도 아빠 생일인데 챙겨야 하지 않

---

3) [사례10] 3)에 있는 내용.

겠냐고 엄마가 딸에게 말한 것이었다. 내담자는 그 이야기를 듣자마자 엄마에게 불같이 화를 냈다.

이렇듯 엄마가 눈치 없는 행동을 많이 해, 심리치료 중에 상황을 복잡하게 만드는 게 부지기수였다. 그럴 때마다 원장님은 엄마를 불러 질책을 했다. 내담자가 아직 아빠를 용서한 것도 아닌데 생일은 무슨 생일이며, 왜 강아지 사진을 보내다 들키냐며 나무랐다.

그럴 때마다 내담자 엄마는 자기도 힘든데, 원장님은 자기에게만 뭐라 한다며 울기도 했다. 하지만 원장님은 엄마를 조금도 위로해 주고 싶은 생각이 들지 않았다. 엄마로서 너무 개념 없는 행동이었기 때문이다. 내담자가 결혼한 후에 또 문제가 생겼다. 엄마가 아빠를 다시 집에 불러들인 것이었다. 남편과는 사이가 좋다 보니 남편을 보고 싶어 그렇게 한 것이었다. 내담자는 그 이야기를 듣고 절대로 친정에 가지 않을 거라며 으름장을 놓았다. 여전히 환경에 대한 문제가 꺼림칙하게 남아있는 순간이었다.

하지만 내담자는 이제 결혼을 해 독립을 하게 되었다. 그래서 원장님은 더는 이 문제에 대해 건드리지 않기로 했다. 내담자만 잘살면 문제가 될 게 없다고 여겼기 때문이었다. 오히려 내담자가 친정에 가지 않겠다고 한 걸 적극 지지했다. 그렇게 원장님은 나머지는 시간에 맡기기로 하며 내담자의 심리치료를 모두 마쳤다. 현재 그녀는 3개월에 한 번씩 경과를 보기 위해 상담소를 방문하고 있다.

'공황장애'로
밖을 나가지 못하는 남편

원장님이 상담하는 걸 지켜보면서 한 가지 사실을 알아냈다. 심리증상은 그냥 어느 날 갑자기 나타나는 게 아니라는 것이었다. 모두 근본적인 원인이 있고, 환경과 관련이 있었다. 특히 환경프로파일 검사지를 통하면 99%는 내담자의 증상이 어디서 왔는지 파악할 수 있었다. 하지만 환경프로파일 검사지로도 원인이 밝혀지지 않으면 어떻게 해야 할까? 이번 사례에 그것을 알려주고자 한다.

한 여성이 상담소에 들어왔다. 한눈에 봐도 근심이 가득했다. 원장님이 인사를 건넸다.

"어서 오세요. 남편 때문에 오셨다고요?"

"네…."

여성은 축 처진 얼굴로 대답했다. 상담을 신청한 사연은 다음과 같았다. 남편이 갑자기 회사를 그만두더니 집 안에서 꼼짝하지 않는다는 것이었다. 아내가 이유를 물어도 남편은 속 시원하게 대답을 하지 않았다. 오늘도 상담소에 가자고 하니까 죽어도 싫다고 해 결국 아내만 오게 된 것이었다.

"남편이 왜 집에서 나오지 않는지 이유는 모르시고요?"

"네…."

아내는 답답하다는 얼굴을 했다. 이유라도 알면 뭐라도 할 텐데 아무것도 말하지 않으니 어떻게 해야 할지 방법 자체를 몰랐다. 원장님은 아내부터 안심시켰다.

"너무 걱정하지 마세요. 상담소에 그런 분들 많이 오세요. 갑자기 아들이 이상해졌다던가, 아내가 안 하던 행동을 한다던가, 남편이 이상한 행동을 한다고 하면서 상담소에 많이들 찾아오세요."

"저희 남편 같은 사람이 많나요?"

"네, 흔해요."

원장님의 대답에 아내는 안심되면서도 반신반의한 얼굴을 했다. 아무렴 상담소에 남편 같은 사람이 많다는 건 예상 밖이기 때문이었다.

심리학에서는 남편 같은 경우를 '무의식적 무능력 상태'라고 한다. 내게 나타나는 문제가 무엇인지도 모르고 해결할 능력도 없다는 것이다. 반면 문제는 무엇인지 알지만 이를 해결할 수 있는 능력이 없는 걸 보고 '의식적 무능력 상태'라 한다.

상담소에 오는 대부분의 내담자는 '무의식적 무능력 상태'다. 하지만 원인을 모르는 것이지 원인이 없는 건 아니다. 원장님은 아내에게 이 부분에 관한 이야기를 했다.

"남편도 현재 무의식적 무능력 상태라고 할 수 있어요. 자기도 원인을 알면 말하고 싶은데, 원인조차도 모르니까 말하지 못하는 거예요."

"아… 그런 건가요….'"

아내는 이제야 남편의 행동이 이해 간다는 얼굴을 했다.

"남편 휴대폰 있으시죠? 제가 통화해 볼 테니까 상담소에 왔다고 말씀하시고 저 좀 바꿔주세요."

아내는 알겠다고 대답한 뒤 남편에게 전화를 걸었다. 이내 남편이 전화를 받자, 자초지종을 이야기하고 원장님에게 휴대폰을 넘겼다.

"안녕하세요. 최고야 심리상담소 원장, 최고야라고 합니다. 남편분, 갑자기 밖에 나가는 게 힘드시다고요?"

남편이 그렇다고 대답하자 원장님이 이어 말했다.

"혹시 이유는 알고 계신가요?"

남편은 역시 모른다고 대답했다. 밖에만 나가면 가슴이 뛰고 죽을 것 같다고 했다.

"그러시군요. 많이 괴로웠겠어요. 어디다 말할 데도 없고 회사까지 그만둔 걸 보면 그만큼 힘들었다는 뜻인데요."

원장님은 남편을 위로했다.

"그래도 계속 그러고 계실 수는 없잖아요? 본인도 이 상황을 벗어나고 싶을 테고요. 그러니까 딱 한 번만 상담소에 와보시겠어요? 아내분도 걱정이 많으세요."

원장님은 한동안 남편의 대답을 기다렸다. 밖으로 나오라고 하니 고민이 큰 모양이었다. 원장님이 다시 설득했다.

"오시면 내가 왜 그러는지 원인도 알 수 있고, 심리치료를 받으면 완치도 될 수있어요. 지금 증상 얘기를 하시는 거 보니 공황장애가 온 거 같은데, 여기 공황장애 치료되신 분도 많아요. 그러니까 한번만 용기 내서 들러보세요."

결국 남편은 고민 끝에 알겠다고 했다. 원장님은 마음먹었을 때 빨리 상담하기위해 내일 저녁 8시에 오라고 했다. 상담이 끝나고 퇴근하는 시간이었다.

다음날 저녁 8시. 원장님은 상담소에 찾아온 부부를 맞이했다.

"아이고, 힘드셨을 텐데 잘 오셨어요. 어떠세요? 많이 힘드세요?"

"네. 엘리베이터를 타기 힘들어서 계단으로 올라왔습니다."

남편은 상당히 지친 얼굴이었다. 원장님은 남편에게 앉아서 잠시 숨을 고르라고했고, 나는 냉수를 건네주었다. 남편은 물을 마시며 호흡을 가다듬었다.

"이제 좀 괜찮으세요?"

원장님이 묻자 남편이 고개를 끄덕였다.

"아내분은 여기서 기다리시고, 남편분만 이쪽으로 들어오세요."

원장님은 남편을 상담실로 데려갔다.

원장님은 내담자(남편)에게 환경프로파일 검사지와 외상 후 스트레스 검사지를건네주었다. 검사 결과 내담자의 환경에는 특별히 문제가 되는 부분이 없었다. 아내와 사이가 좋았고, 직장에 다녔을 때도 큰 스트레스를 받은 적이 없었다. 하지만 외상 후 스트레스 검사지에서는 원인 모를 극심한 공포와 무력감을 느끼는 것으로 나타났다. 그로 인해 공황장애가 일어나고 있었다.

여기서 공황장애란 다음과 같다. 대중교통이나 폐쇄된 곳, 어두운 곳, 사람이 밀

집된 곳에 있으면 심장이 쿵쾅거리면서 죽을 수도 있겠다는 공포가 밀려온다. 과호흡으로 숨을 쉬기가 힘들고 심하면 기절까지 한다. 이런 경험을 하면 불안감으로 인해 증상이 일어난 곳에 가지 않으려 한다.

공황장애에 대한 원인은 각기 다르다. 사람마다 복합적인 문제가 있다. 하지만 한마디로 요약할 수도 있다.

내가 혼자서 감당하기 어려운 문제에 직면해 공포감을 느꼈을 때이다. 이때, '나는 철저한 혼자'라고 느끼며 공황장애가 온다.

예를 들어 보호자가 나를 학대할 때, 큰 빚을 혼자 감당해야 할 때, 성추행, 성폭행, 학교폭력, 갑자기 큰 충격을 받았을 경우이다. 아무에게도 말하지 못하고 오롯이 혼자 감당해야 하는 상황이 오면 공황장애가 생기는 것이다. 그래서 공황장애가 있는 사람은 혼자 살면 불안감을 느끼기 때문에 누군가와 부대끼며 사는 게 도움 된다. 물론 가족과 같이 살아도 혼자라고 느끼면 소용없다. 서로 대화가 없고 상대를 이해하지 못할 때 그렇다.

원장님은 외상 후 스트레스 검사지를 보며 내담자에게 질문했다.

"지금 대중교통을 아예 이용하지 못하시네요?"

"…네."

"사람들이 모여 있는 곳에서도 공포를 느끼고…. 언제부터 이런 증상이 시작됐나요?"

"한 달 전부터 그랬어요. 친가에 가려고 버스를 탔다가, 갑자기 어지럽고 구토 증세가 나타나더니 계속 이러고 있습니다."

"이유는 본인도 모르시는 상태구요?"

"네."

"알겠습니다. 지금부터 왜 공황장애가 왔는지 명상최면으로 알아볼 거예요. 의식을 끊고 하는 게 아니니까, 편하게 임하시면 됩니다."

"네, 알겠습니다."

내담자는 고개를 끄덕였다. 원장님이 명상최면을 하는 이유는 환경프로파일 검사지에서 그의 환경이 문제될 게 없었기 때문이었다.

"자, 이쪽에 누우세요."

원장님은 내담자를 명상최면실 침대에 눕혔다. 숨을 들여 마시고 내뱉게 해 내담자가 편안한 상태를 유지하도록 했다.

"지금부터 당신은 과거로 돌아갑니다. 그리고 그 과거에서 내가 기억나는 가장 어린 시절을 떠올립니다. 천천히… 천천히… 편안한 상태로 내가 기억하는 가장 어린 시절을 떠올리세요."

원장님은 내담자가 어린 시절을 떠올릴 수 있도록 잠시 시간을 주었다.

"…떠올리셨나요?"

"네."

"어떤 장면인가요? 그 속에서 당신은 무엇을 하고 있죠?"

"냇가에서 아버지와 함께 미꾸라지를 잡고 있어요."

"그 속에서 내 기분은 어떤가요?"

"굉장히 즐거워하고 있어요."

"아버지는 무엇을 하고 있죠?"

"지나가는 사람들한테 우리 아들이 미꾸라지를 잡았다고 칭찬을 하고 있어요."

"칭찬하는 아버지의 감정은 어떻게 느껴지나요?"

"저를 자랑스러워하고 있어요."

"그렇군요. 아들이 미꾸라지를 잡자 아버지가 칭찬하고 있군요."

"네."

"좋습니다. 그럼 이제 내가 가장 괴로웠던 기억을 떠올려 보도록 할게요. 어떤 기억이 날 힘들게 했는지, 천천히 떠올립니다. 떠올렸나요?"

"네…."

처음과는 다르게 말끝을 흐리며 대답하는 내담자였다.

"당신은 지금 무엇을 하고 있죠?"

"아버지를 부르며 울고 있어요…."

"무엇 때문에 아버지를 부르며 울고 있죠?"

"아버지가… 교통사고를 당했어요…."

"그렇군요…. 당신은 몇 살인가요?"

"중학교 1학년이에요."

"아버지는 어떤 상태죠?"

"온몸이 피투성인 채로 쓰러져 있어요."

내담자는 흐느끼는 목소리로 말했다.

"좋습니다. 이제는, 제가 하나, 둘, 셋! 하면 그 장면에서 빠져나와 성인이 된 시절로 돌아갑니다. 그리고 똑같이 내가 힘들었던 때를 떠올려보세요. 자, 하나, 둘, 셋! 성인이 된 시절로 돌아갔습니다! 보이는 게 있나요?"

원장님은 내담자가 아버지의 교통사고에서 충격을 받을까 봐 빨리 상황을 전환했다. 하지만 그는 아무런 대답 없이 침묵을 지켰다.

"성인이 된 시절로 돌아갔나요?"

원장님이 묻자 내담자가 이윽고 입을 뗐다.

"네. 아이가 울고 있어요."

"지금 있는 곳은 어디죠?"

"병원이에요…. 제 아이가 태어나서 울고 있어요."

"그렇군요. 그러면 그 아이를 보는 내 감정이 어떤가요? 아이를 본 느낌이 어떻죠?"

"…무서워요."

"다시 한 번 말씀해 주시겠어요?"

"무서워요. 무섭고 아이를 보고 싶지 않다는 생각이 들어요…."

"무엇 때문에 그런 생각이 드는 거 같나요?"

"모르겠어요. 그냥 그런 생각이 들어요."

원장님은 이 부분에서 드디어 내담자가 공황장애에 걸린 원인을 발견했다.

"좋습니다. 이제 제가 하나, 둘, 셋. 하면 그 장면에서 벗어나 눈을 뜹니다. 하나, 둘, 셋! 눈을 뜨세요."

내담자는 번뜩 눈을 떴다. 복잡한 감정을 느꼈는지 안색이 어두웠다. 원장님은 내담자가 왜 공황장애에 걸렸는지 드디어 알 수 있었다. 그를 상담실 의자에 앉힌 뒤 물었다.

"아버지랑 사이가 좋으셨나요?"

"네…. 아버지를 제일 존경했어요."

"아버지가 언제 돌아가신 거예요?"

"중학교 1학년 때… 횡단보도를 건너다 교통사고로 돌아가셨어요."

"그렇군요. 그때 충격이 컸을 거 같은데, 치료를 받은 적이 있나요?"

"그냥… 병원에 한 달간 입원했던 걸로 기억해요."

내담자는 어떤 심리치료도 받지 못한 채 병원에 한 달간 입원했다고 말했다. 그리고 아버지가 돌아가셨을 때 엄청난 좌절과 공허함을 느꼈다고 말했다. 또 외톨이가 된 기분이었다고 했다.

"어떠세요. 지금도 아버지가 돌아가신 게 내게 영향을 주고 있는 거 같나요?"

"네… 지금까지는 몰랐는데… 명상최면 이후로는 확실해졌어요."

내담자는 명상최면에서 아버지에 대한 존재감을 깨달은 듯했다.

"지금 아이가 몇 개월이에요?"

"아들이고, 10개월입니다."

"명상최면 때 아들을 보고 무섭다고 하셨는데, 어떠세요? 당시에 받았던 그 느낌이 확실한가요?"

"네… 막연하게 무섭다는 생각이 들었어요. 그리고 집에 데리고 왔을 때는 그게 더했고요."

내담자는 아이를 집에 데리고 왔을 때 말로 설명하기 힘든 공포감이 들었다. 아이를 보면 알 수 없는 두려움과 상실감, 압박감이 느껴졌다. 그럼에도 이 기분을 뚜렷이 설명할 수가 없었다. 아이만 보면 그런 기분이 든다는 게 그도 이해 가지 않았다. 그러다 어느 날 이상한 증상이 나타나기 시작했다. 밖에 나갔다가 사고를 당하지 않을까 하는 두려움이 생긴 것이다. 차에 치인다거나, 물건이 머리 위에서 떨어진다거나, 회사에 있다가 불이 나는 건 아닐지 심한 불안감에 휩싸였다. 검사지에도 '나는 죽을 것 같은 두려움을 느낀다.'는 문항에 그렇다고 체크를 했다.

원장님은 내담자의 이야기를 듣고 공황장애에 대한 원인을 말해주었다.

"지금 모든 걸 종합했을 때, 서준 씨가 공황장애에 걸린 이유는 아버지가 갑작스럽게 눈앞에서 돌아가셨기 때문이에요. 그때 정신적으로 큰 충격을 받았어요."

"네. 그때 충격이 컸어요. 갑자기 혼자가 되는 기분이었고요."

"그런데, 그 원인이 아버지의 사고 때문에 그런 것만은 아니에요."

"그러면…?"

"서준 씨가 아빠가 되었기 때문이에요."

"아빠요…?"

내담자 이해하지 못한 얼굴을 했다.

"중학교 때 아빠가 돌아가신 걸 보고 큰 충격을 받으셨죠?"

"네."

"그때 죽음에 대한 두려움에 사로잡혔어요. 내 의지랑 상관없이 나도 아빠처럼 사고로 죽을 수도 있다는 걸요. 그런데 지금까지 이게 무의식에 깔린 채로 있었는데, 아이가 태어나면서 무의식이 발동한 거예요. 아, 나도 이제 아빠가 됐으니까, 아버지처럼 정말로 죽을 수도 있겠다. 이렇게요. 그래서 밖에만 나가면 알 수 없는 두려움이 밀려오면서 공황장애가 온 거예요."

내담자는 이제야 이해했다며 고개를 끄덕였다. 원장님이 말했다.

"그러면 서준 씨가 밖에 나가면 죽을 수도 있다는 신호는 누가 보낸 걸까요?"

"아까 무의식이라고…?"

원장님이 대답했다.

"네. 과학적으로 접근하면 뇌예요. 아버지 교통사고에 큰 충격을 받아서 뇌에 각인된 거예요. 그래서 무의식이 '너 밖으로 나가지 마라. 예전에 아빠가 돌아가신 것처럼 너도 위험한 일이 생길 수 있다. 안전하게 집에 있어라.' 이렇게 신호를 보내는 거죠."

"아…."

내담자는 이해했다며 고개를 끄덕였다. 그리고 그 원리를 이해하자 궁금한 점이 생겼다.

"그런데 그때랑 지금은 다른 게 아닌가요? 저는 아버지와 다르게 교통사고가 안 날 수도 있는 거잖아요?"

"맞아요. 그때랑 지금은 엄연히 다르죠. 근데 이 뇌가 멍청하게 한번 어떤 정보가 각인되면, 자꾸 아닌데도 맞다고 일반화를 시켜요. 그래서 데이트 폭력을 당한 여자가 있다면, 남자 친구만 나쁜데 세상 모든 남자는 나쁘다고 일반화시키는 거예요. 그게 남성 혐오로 이어지게 되는 거고요."

"네, 무슨 말인지 이제 알겠습니다."

"다음 주부터는 심리치료에 들어갈 거예요. 이제 내가 왜 그러는지 이해가 되셨으니까, 덜 힘드셨으면 좋겠네요."

"저도 갑자기 용기가 생깁니다."

내담자는 처음으로 자신감 넘치는 얼굴을 했다. 나에게 왜 이런 증상이 생기는지 답답하기만 했는데, 이제는 원인을 알았으니 극복할 수 있을 것만 같았다. 그리고 바로 실행을 해보겠다며, 갈 때는 엘리베이터를 잡았다. 원장님은 너무 무리하지 말라며 내담자와 아내를 배웅했다.

Q&A

무의식의 덫이란?

나는 신기한 얼굴로 원장님을 바라봤다. 어떻게 환경프로파일 검사지에서도 찾을 수 없었던 공황장애의 원인을 명상최면으로 그렇게 쉽게 찾아내느냐는 것이었다.

그러자, 원장님이 말했다.

"무의식의 덫에 걸린 사람들은 원래 증상과 관련 있는 기억부터 떠올리게 돼 있어."

"무의식의 덫? 그게 뭔데요?"

고개를 갸웃거리자 원장님이 말했다.

"짐승이 덫에 걸리면 어떻게 돼? 빠져나가려 해도 빠져나가지 못하지?"

"네."

"사람도 마찬가지야. 어떤 충격이나 상처를 받으면 무의식의 덫에 걸려. 근데 무의식이라 자기가 이 덫에 걸려 있다는 걸 인지하지 못해. 그러는 사이 시간이 지나면서 심리증상이 나타나는 거야. 이때 내담자의 환경에 아무런 문제가 없다면 명상최면으로 무의식의 덫을 발견할 수 있어."

"그렇구나…."

그러니까 무의식의 덫이란, 내가 자각하지 못하는 사이에 걸리는 마음의 병과 같다.

그렇다면 사고나 충격을 받으면 모든 사람이 무의식의 덫에 걸리는 걸까? 원장님은 그렇다고 대답했다. 우리가 물리적으로 큰 사고를 당하면 후유증이 생기듯 심리적 충격도 어떤 식으로든 후유증이 남는다고 했다. 하지만 후유증이 생긴다고 해서 모두 심리치료를 받아야 하는 것은 아니다. 내담자의 사례처럼 사회생활이나 일상생활을 할 수 없을 정도로 지장을 받을 경우에만 심리치료를 받아야 한다. 생활하는 데 아무런 불편함이 없다면 굳이 심리치료를 받을 필요는 없다.

1) 내담자 증상 진단

　내담자의 심리적·신체적 증상은 과거에 기인하고 있었다. 아버지가 교통사고로 돌아가시면서 큰 충격을 받았고, 제대로 된 심리치료를 받지 못하면서 무의식의 덫에 걸렸다. 아이가 태어나면서 무의식의 덫이 본격적으로 발동했다.

　내담자는 아이를 보면 알 수 없는 공포와 압박감을 느꼈고, 밖에 나가면 사고를 당할 수도 있다는 불안증에 사로잡혔다. 원인을 모른 채로 회사생활을 하다 결국 불안증이 공황장애로 발전했다. 내담자는 그 후로 도저히 밖을 나갈 수 없어 회사를 그만두고 집에만 있는 신세가 됐다.

　만약 내담자를 이대로 더 방치했다가는 피해망상으로 발전될 여지가 있었다. 밖에 나가면 사고를 당할 수도 있다는 불안감에서 이제는 무조건 죽는다고 생각하게 되는 것이다.

심리증상

불안증 / 공황장애

신체증상

공공장소나 대중교통을 이용하면 심장이 크게 뜀 / 과호흡 증상 / 머리가 새하얘지고 혼란스러움

환경문제

과거에 존경하던 아버지가 자기 앞에서 교통사고로 돌아가시고, 당시 제대로 된 심리치료를 받지 못함. 아들이 보기 싫고, 보고 있으면 불안감에 시달림.

2) 아버지가 전하는 말

예약된 시간이 되자 내담자가 상담소로 들어왔다. 지난주보다 호흡은 안정적인데, 어째서인지 얼굴이 어두웠다.

"무슨 일 있으셨어요?"

원장님이 묻자, 내담자가 입을 열었다.

"별로 달라진 게 없는 거 같아서요."

그는 지난주 상담 후 증상에 대한 원인을 알았다. 뇌에 각인된 무의식의 덫이 바보처럼 밖에 나가면 사고를 당할 수 있다는 정보를 주는 거였다. 내담자는 이 모든 걸 이해해 극복할 수 있을 것 같았다. 하지만 생각처럼 되지 않았다. 며칠 지나자 다시 똑같아졌다. 자신감은 안개처럼 사라지고 다시 두려움에 떨고 있었다.

원장님은 내담자의 말을 듣고 위로했다.

"그건 당연한 거예요. 아직 심리치료도 받지 않으셨잖아요. 뇌에 각인된 부정적 기억을 긍정적으로 바꿔줘야 해요. 그 치료를 하지 못해서 그런 거예요."

"심리치료를 받으면 나아질까요?"

"약속할게요. 치료받으면 나아질 수 있어요."

원장님은 확신에 찬 목소리로 말했다.

원장님은 내담자를 데리고 명상최면실에 들어갔다. 침대 위에 눕힌 뒤 명상최면을 시작했다.

"천천히 코로 숨을 깊게 들이마시고, 입으로 내뱉으세요. 다시 한 번 숨을 들이마시고 입으로 내뱉으세요."

원장님의 말에 맞춰 내담자는 호흡했다.

"이제 내 몸은 아주 편안합니다. 깃털처럼 몸이 가볍고, 정신도 맑습니다."

내담자는 트랜스 상태로 빠졌다.

"자, 이제 중학교 때 아버지가 교통사고를 당했던 때를 떠올리도록 합니다. 급할 거 없이 천천히 떠올리세요. 떠올렸나요?

"네⋯."

"이제 그 상황을 자세히 들여다보도록 합니다. 나와 아버지의 모습. 그리고 주변 환경을 면밀히 바라보세요. 보이는 게 무엇이죠?"

"아버지가 피를 흘리며 쓰러져 있고… 저는 울고 있어요…."

"주위에 또 다른 사람이 있나요?"

"네. 사람들이 모여 있어요…."

"그렇군요. 그럼 그 상황에서 어떤 소리가 들리는지 귀를 기울여보세요. 나는 어떤 말을 하고 사람들은 무슨 말을 하는지, 아버지에게도 들리는 소리가 있는지, 귀를 기울여 보세요. 들리는 소리가 있나요?"

"아버지에게서는 헐떡이는 소리만 들리고… 사람들이 빨리 신고하라고 외치고 있어요…."

"그 장면에서 내가 내는 소리도 있나요?"

"아빠… 아빠…라고만 하고 있어요."

"거기서 느껴지는 감정이 무엇이죠? 그 장면 속에서 나는 무엇이 느껴지나요?"

"무섭고… 혼란스럽고… 슬퍼요…."

"또 다른 감정이 있나요?"

"네…. 저도 똑같이 죽을 거 같아요…."

원장님은 내담자가 어느 순간에 무의식의 덫에 걸렸는지 알아냈다. 그러니까 내담자는 아버지가 사고를 당한 것 그 자체에만 충격을 받은 게 아니었다. 아버지가 사고를 당한 걸 목격하는 순간, 동시에 자기도 죽을 수도 있다는 무의식의 덫에 걸린 것이었다.

"아버지의 모습을 보고 나도 사고를 당할 것 같은 두려움을 느꼈군요?"

"네…."

내담자는 떨리는 목소리로 대답했다.

"좋습니다. 그러면, 이제 제가 하나, 둘, 셋, 하면 아버지는 아주 깨끗하고 말끔한 모습으로 서 있을 겁니다. 아버지는 더는 피도 흘리지 않고, 상처도 없이 서 있습니다. 하나, 둘, 셋! 아빠가 말끔한 모습으로 서 있습니다! 말끔한 모습인가요?"

"네."

"이제 아버지가 울고 있는 나에게 다가갑니다. 우는 나를 꼭 끌어안아 주고, 괜찮아, 서준아. 아버지는 아무렇지 않아. 울지 마, 라면서 나를 위로해 줍니다. 그런 아버지의 위로를 가슴 깊이 느끼도록 하세요."

원장님은 내담자가 아버지의 위로를 느낄 시간을 주었다.

"아버지가 나를 위로해 주고 있나요?"

"…네."

한결 안정된 목소리로 대답하는 내담자였다.

"자, 그럼 아버지가 나에게 어떤 감정을 가지고 위로하는지, 그것이 나에게 어떻게 다가오는지, 가슴 깊이 느끼도록 하세요. 아버지를 안고 있는 나의 감정을 느껴보세요. 아버지의 위로가 어떻게 느껴지죠?"

"따뜻하게 느껴져요…."

"좋습니다. 이제 아버지의 얼굴을 똑바로 쳐다보세요."

내담자는 눈물을 닦고 아버지를 쳐다봤다.

"아버지가 이제 나에게 말합니다. 서준아, 무서워하지 마. 너는 절대로 사고를 당하지 않으니까, 두려워 할 필요 없어. 자신감을 가져. 라고 말합니다. 나는 그런 아버지의 눈빛에서 위로를 받고, 용기를 얻습니다. 그리고 아버지가 나를 다시 따뜻하게 안아줍니다. 울고 있는 내 눈물을 닦아주고 등을 토닥여 줍니다. 아버지의 진심이 느껴지나요?"

내담자는 "네…."라며 말끝을 흐렸다.

"자, 아버지의 감정을 다시 느껴보세요. 아버지가 어떤 감정으로 나를 바라보고 있는지, 아버지의 감정이 어떻게 느껴지는지. 아버지가 나를 위로해주고 다독여 주는 모습이 어떻게 보이는지, 느낌 그대로 말씀해 보세요. 어떻게 느껴지죠?"

"저를, 사랑하는 게 느껴져요…."

내담자는 울먹이는 목소리로 말했다.

"좋습니다. 그럼 이제 아버지에게 하고 싶었던 말, 전하지 못했던 말이 있으면 지금 하도록 하세요."

원장님은 내담자에게 잠시 시간을 주었다. 당시 아버지에게 하고 싶었던 말이 있었지만, 하지 못했던 '억눌린 감정'을 풀어주기 위해서였다.

"아버지에게 뭐라고 말씀하셨나요?"

"장례식장에도 가지 못해서 죄송하고, 사랑해 주셔서 감사하다고 했어요…."

내담자의 뺨에는 어느새 눈물이 흐르고 있었다.

"아버지가 그런 나에게 뭐라고 하나요?"

"나는 언제든지 너와 함께 한다고… 두려워 말고 잘 살라고…."

내담자는 울먹이며 말을 끝까지 잊지 못했다. 원장님은 내담자에게 다시 기회를 주었다.

"마지막으로 아버지에게 더 하고 싶은 말이 있으면 하세요."

내담자는 눈물을 흘리며 말했다.

"존경합니다, 아버지…. 아버지가 저를 사랑해주신 것처럼 저도 아들에게 사랑을 베풀게요…."

"자, 이제 아버지와 작별할 시간입니다. 아버지는 하늘로 올라가고, 아주 다정한 얼굴로 나를 보고 있습니다. 아버지가 가는 곳은 즐거움과 행복만이 가득한 곳입니다. 그리고 하늘 위로 올라가는 아버지에게 아주 밝고 아름다운 빛이 쏟아집니다. 이제 아버지에게 작별인사를 하세요."

"…꼭 다시 봐요, 아버지…."

내담자는 아버지에게 작별인사를 했다. 원장님은 흐뭇한 얼굴로 말했다.

"좋습니다. 이제 그 이미지 속에서 제가 하나, 둘, 셋! 하면 아주 아름답고, 컬러풀하게 확대될 겁니다. 그리고 그 장면은 내 기억 속에 영원히 머무릅니다. 자, 하나, 둘, 셋! 컬러풀하게 확대됐습니다! 확대됐나요?"

"네…."

"숨을 천천히 들여 마시고 내뱉고… 다시 한 번 숨을 천천히 들여 마시고 내뱉고… 이제 눈 뜨세요…."

내담자는 눈물을 흘리며 눈을 떴다.

왜 '또 다른 나'가 아니라,
'아버지'가 위로한 것일까?

나는 원장님이 내담자에게 한 명상최면을 보며 궁금한 게 있었다. 교통사고를 떠올렸을 때, 위로해주는 사람이 왜 '또 다른 나'가 아니라 '아버지'냐는 것이었다. 그것에 대해 묻자 원장님이 대답했다.

"내담자가 아버지를 사고로 잃을 때 어떤 상황이었어? 아버지를 떠나보낼 마음의 준비가 전혀 안 된 상태였지?"

"네."

"그래서 아버지를 등장시킨 거야. 아버지한테 전하지 못한 '억눌린 감정'이 있으니까 하고 싶은 말을 하게 해준 거야. 또 아버지가 처참한 모습으로 돌아가셨잖아? 그게 큰 충격으로 남아 있어서 말끔한 모습으로 나타나게 한 거야. 아버지의 마지막 모습을 좋게 기억하게 만들기 위해서."

"아…."

나는 비로소 고개를 끄덕였다. 그리고 보니 내담자는 아버지와 굉장히 좋은 사이였고, 누구보다 그를 존경했다. 그런 아버지가 비참한 모습으로 돌아가셨으니, 당연히 상처가 깊을 수밖에 없었다. 그런데 명상최면에서 온전하고 따뜻한 모습으로 자기를 안아 줬으니 그 어떤 존재보다 위로가 되었을 것이다.

그래서 원장님은 명상최면으로 내담자를 위로할 때, 무조건 또 다른 내가 들어가는 게 아니라 상황에 따라서 대상자가 얼마든지 바뀔 수 있다고 말했다. 내담자는 아버지가 가장 적합한 상황이었다.

3) 세부감각을 이용한 명상최면

앞서 명상최면은 그냥 무턱대고 하는 게 아니라 세부감각 이론이 있다고 말했다. 그렇다면 세부감각이란 무엇인가? 이것에 대해 알기 전에 우리는 먼저 우선표상체계에 대해 알아야 한다. 우선표상체계란, 사람이 유전적으로 타고나는 감각을 말한다. 바로 시각(Visual), 청각(Auditory), 신체감각(Kinaestheic)이다. 이 감각 중 어떤 감각을 더 타고나느냐에 따라 하는 행동도 달라지고 받아들이는 정보도 다르다. 간단하게 구분하면 다음과 같다.

시각(Visual)은 다음과 같다.
① 비주얼에 관심이 많다.
② 깔끔하고 정리정돈을 잘한다.
③ 아름다운 걸 선호하거나 가시적인 효과를 선호한다.
④ 결과가 눈으로 보이는 걸 좋아한다.

청각(Auditory)은 다음과 같다.
① 목소리 고, 저에 민감하며 쉽게 반응한다.
② 언어를 중시하고 논리적이다.
③ 깊은 학식에 대해 말하기 좋아한다.
④ 남의 인정과 칭찬 듣는 것을 좋아한다.

신체감각(Kinaestheic)은 다음과 같다.
① 감촉과 느낌에 흥미가 있다.
② 목소리 톤이 낮고 차분하다.
③ 빠른 말로 이야기하면 이해를 하지 못한다.
④ 편안한 느낌을 주는 장소를 선호한다.

예컨대 내가 길을 헤매고 있다면 시각이 뛰어난 사람은 표지판을 보고 길을 찾지만, 청각이 뛰어난 사람은 주위 사람에게 길을 묻는다. 신체감각이 뛰어난 사람은 자기 감(느낌)을 믿고 길을 찾는다. 어떤 감각을 선호하느냐에 따라 하는 행동이 달라지는 것이다.

감각에 따라 정보를 받아들이는 방법도 달라진다. 시각이 뛰어난 사람은 잡지에 있는 그림이 기억이 남지만, 무슨 글이 쓰여 있었는지 기억하지 못한다. 반면 청각이 뛰어난 사람은 어떤 글이 쓰여 있는지 기억을 하지만, 어떤 그림이 그려져 있는지 알지 못한다. 신체감각이 뛰어난 사람은 그림과 글보다는 잡지의 분위기와 느낌을 잘 안다.

이처럼 우리는 어떤 감각을 더 타고 났느냐에 하는 행동도 다르고, 정보를 받아들이는 방법도 다르며 이에 따라 관심 분야가 나뉘고 재능이 발현되기도 한다.

그리고 우선표상체계는 '외적 감각'과 '내적 감각'으로 나뉜다. 똑같이 시각, 청각, 신체감각을 활용하는데 내적과 외적으로 나뉜다는 뜻이다. 여기서 외적 감각에 대한 예시는 다음과 같다.

예를 들어 감각이 다른 여자 3명이 남자 1명과 돌아가면서 소개팅을 했다고 가정하자. 남자가 떠나자 여자들은 첫인상에 대해 말한다.

여자(시각)	아까 그 남자 옷도 잘 입고. 잘생기지 않았어요?
여자(청각)	전 목소리가 중후한 게 좋았어요.
여자(신체감각)	저는 편안하고 따뜻한 느낌이라 좋더라고요.

이처럼 여자들은 자기가 선호하는 감각을 사용해 남자의 첫인상에 대해 말한다. 외적인 모습만을 보고 외적 감각만을 사용해 보고, 듣고, 느끼는 대로 말한 것이다.

하지만 남자를 오랜 시간 돌아가면서 만나면 어떻게 될까? 이때는 내적 감각을 사용하게 된다. 남자를 며칠간 만나면서 이 남자가 자기랑 잘 맞는 남자인지 내적 고민을 한다는 것이다. 그리고 그 결과 여자들은 다음과 같은 결론을 내린다.

여자(시각)	옷도 잘 입고 잘 생겨서 좋은데… 하는 행동이 별로더라고요.
여자(청각)	전 목소리가 좋았는데, 말도 논리적으로 잘해서 더 좋았어요.
여자(신체감각)	저는 그 남자랑 인생 이야기하면서 감정 교류를 하는 게 좋았어요.

이처럼 남자의 내면까지 들여다보게 되면서 내적 감각을 통해 결론을 얻는 것이다. 그렇다면 우리가 흔히들 말하는 '마음의 상처'는 어떤 과정으로 생기게 되는 것일까? 모든 상처의 시작은 외적 감각, 곧 외적 상처부터 시작한다.

예컨대 남자 친구에게 데이트 폭력을 당했다면, 물리적인 피해를 봤으니 외적 상처에 해당한다. 문제는 폭력에 대한 충격이 거기서 그치지 않는다는 것에 있다. 시간이 지나면서 상처가 내면 깊숙이 들어가 내적 상처로 남는다. 곧 마음에 상처를 받아 심리증상이 생기는 것이다. 그래서 대인기피증이 생기거나, 이 세상의 모든 남자는 혐오스럽다는 일반화의 오류를 범하고 만다.

말에 상처 받는 경우도 마찬가지다. 외적 감각인 청각을 통해, 내적 감각으로 상처가 전이된다. 그래서 오랜 시간이 지나도 그 사람이 한 말이 나를 괴롭게 하는 것이다.

이처럼 모든 상처는 외적 감각을 통해 내적 감각으로 스며든다. 그리고 사람마다 타고나는 감각이 다르듯이 상처를 받는 유형도 달라진다.

시각이 뛰어난 사람은 상대방이 나에게 했던 말보다 취했던 행동, 태도, 표정에 상처를 받는다. 그리고 그때만 생각하면 쉽게 이미지로 떠올라 나를 괴롭게 한다.

청각이 뛰어난 사람은 이미지로 떠오르지는 않지만, 그 사람이 나에게 했던 말이 상처로 남는다. 말과 단어가 계속 머릿속에 맴돈다.

신체감각이 뛰어난 사람은 느낌과 관련이 있다. 그 사람이 내게 보였던 분위기와 감정에 상처를 받는다.

만약 시각, 청각, 신체감각이 모두 고루고루 발달했다면? 이런 사람은 상처를 받을 때 모든 감각에 상처를 입는다. 이미지로도 떠오르고, 말도 떠오르고, 나쁜 느낌으로 다가온다. 그러다 보니 더 크게 상처를 받는다고 할 수 있다.

이처럼 부정적인 환경에 오랫동안 노출되었을 경우, 심리증상도 서로 다르게 나타난다. 시각이 발달한 사람은 '환시'가 보이고, 청각이 발달한 사람은 '환청'이 들린다. 신체감각(느낌감각)이 발달한 사람은 신체적인 증상으로 나타난다. 가슴이 답답하거나, 식은땀을 흘리거나, 증상이 심각하면 공황장애도 걸린다. 또 손톱을 물어뜯거나 자해를 한다. 그런 행위를 함으로써 불안이 해소되기 때문이다.

그렇다면 시각이 발달한 사람은 계속 환시만 보이는 것일까? 정답은 '아니오.'다. 심리치료를 받지 않고 놔두면 합병증처럼 증상이 더욱 발전된다. 환시만 보였다가 이제는 환청까지 들리게 되고, 나중에는 자해까지 한다. 감각에 상처를 입어 점점 더 병이 더 커지는 원리다.

그래서 심리상담을 할 때 가장 중요한 검사지 중 하나가 바로 감각검사지(V, A, K)이다. 감각검사지를 통해 내담자가 어떤 감각을 주로 사용하는지, 그로 인해 어떤 감각에 상처를 입는지 파악해야 한다.

세부감각에 관해 설명하다 보니 많은 이야기를 했다. 그래서 세부감각이란 무엇이란 말인가? 바로 '내적 감각'을 이야기한다. 명상최면이 내담자의 내적 감각(V, A, K)을 세부적으로 들여다보며 하는 심리치료이기 때문이다.

세부적으로 들여다본다는 의미는 다음과 같다. 명상최면을 할 때도 내담자의 감각에 맞는 언어를 써줘야 한다는 것이다. 시각이 뛰어난 사람은 '시각적인 언어'를, 청각이 뛰어난 사람은 '들리는 소리'를, 신체감각이 뛰어난 사람은 '느낌'과 관련된 언어를 쓴다.

그래야만 내담자가 명상최면에 집중하고 몰입할 수 있다. 특히 시각이 떨어지는 내담자는 이미지를 떠올리는 걸 힘들어하는데, 이때는 천천히 이미지를 떠올릴 수 있도록 긴 시간을 준다.

그렇다면 내담자는 어떤 감각이 발달한 경우일까? 그는 감각검사 결과 신체감각이 발달한 것으로 나왔다. 그래서 자기에게 나타나는 증상을 이야기할 때도 느낌과 관련된 말을 했다.

밖에 나가면 사고를 당하지 않을까 하는 두려움이 생긴다던가, 아기를 보고 원인 모를 두려움, 공포, 압박감을 느꼈다고 했다. 신체감각(느낌감각)에 상처를 입은 것이다. 그래서 원장님은 명상최면을 할 때 느낌과 관련된 언어를 썼다.

"아버지의 위로를 가슴 깊이 느끼도록 하세요."
"아버지를 안고 있는 나의 감정을 느껴보세요."
"아버지의 위로가 어떻게 느껴지죠?"

만약 내담자가 시각에 상처를 입었다면, 시각적인 언어를 썼을 것이다.

"아버지가 어떤 표정으로 위로하는지 보도록 하세요."
"아버지가 나를 어떻게 안고 있죠? 그 모습이 어떻게 보이나요?"
"아버지의 위로가 나에게 어떤 모습으로 보이죠?"

청각에 상처를 입었다면 들리는 말로 표현했을 것이다.

"아버지가 나에게 뭐라고 말하며 위로하나요?"
"아버지가 나를 안으며 뭐라고 하죠?"
"아버지의 마음의 소리를 들어보세요. 어떤 소리가 들리나요?"

이렇듯 명상최면은 내담자의 세부감각을 바로 알고 진행해야 한다. 만약 세부감각을 모른 채 진행하면 내담자의 욕구를 충분히 반영하지 못해 치료 효과가 나타나지 않는다. 또 상담사가 내담자의 세부감각을 맞춰 주지 못하면 예민해져서 역효과를 가져올 수도 있다. 상처받은 기억을 떠올려야 하는 작업이라 세부감각에 상처를 받을 위험도 있다. 그래서 명상최면을 할 때는 이 모든 것을 주의해야 한다.

내담자는 명상최면을 통해 아버지에게 위로를 받았다. 어린 시절 아버지가 전부였던 그에게 아버지가 없는 세상은 어둠과도 같았다. 하지만 명상최면을 통해 아버지는 언제나 너와 함께 하겠다고 말했다. 내담자에게는 그것이 큰 위로가 되었다. 또한, 심리치료 과정 중 누구를 제일 믿느냐는 원장님의 질문에 내담자는 아버지라고 대답했다. 원장님은 그런 아버지를 '자원'으로 삼고 세상을 살아갈 수 있도록 가슴에 '앵커링'을 해줬다.

여기서 자원이란? 내가 살아가는 데 있어서 나를 지탱해주고 문제를 해결하고 움직일 수 있게 하는 모든 수단을 말한다. 원장님은 내담자에게 아버지를 자원으로 삼을 수 있도록 한 것이다.

앵커링은 그 자원이 없어지지 않고 내 신체에 닻처럼 고정되어 있다고 믿게 해주는 것이다. 일종의 자기최면인 셈이다. 내담자는 힘들 때나 어려운 일이 생기면 이 앵커링을 통해 이겨나가는 것이다.

내담자는 명상최면에서 아버지가 자기에게 사랑을 준 것처럼 내 아이에게도 사랑을 주겠다고 약속했다. 내담자는 아이를 보면 혼란스러운 감정을 느꼈던 것뿐이지, 아이 자체를 미워하는 건 절대 아니었다.

원장님은 이를 위해 인지치료에 들어갔다. 아이를 보고 두려워하는 내 모습이 관찰자(제삼자) 관점에서 어떻게 보이는지 생각하게 했다. 그러자 내담자는 한심해 보인다고 했다. 아이를 무서워하는 모습에 아버지의 자격이 없다고 말했다. 그리고 아들이 불쌍하다고 했다. 이런 식으로 성장하면 나중에는 자신과 대화가 단절되고 나쁜 길로 빠져들 거 같다면서.

원장님은 그럼 이 사람에게 어떤 조언을 해 줄 건지 물었다. 그러자 내담자는 먼저 아이를 보고 웃어보라는 말을 했다. 그렇게 인지치료를 통해 내담자는 자신이 아이를 어떻게 대하는지 보고 해결 방법을 스스로 찾았다. 그 결과 내담자는 서서히 아이에게 다가가기 시작했고, 아이를 두려워하던 증상들이 점차 사라져 갔다. 그리고 더는 아이가 두려움의 존재로 보이지 않을 때, 내담자는 밖에서도 불안함에 떠는 일이 없었다. 공황장애가 말끔히 치료된 것이다.

내담자의 아내는 완전히 변한 남편을 보고 감격에 겨워 연신 원장님에게 고맙다고 했다. 하지만 정작 원장님이 고맙게 생각하는 건 아내였다. 내담자의 증상을 이해한 후부터는 그를 질책하거나 부정적으로 보는 모습을 보이지 않았기 때문이었다. 내담자가 힘들어하면 괜찮다고 위로해 주고 할 수 있다며 응원을 했다. 조력자 역할을 톡톡히 했다. 그리고 얼마 후, 내담자가 다시 회사에 취직했다는 연락이 왔다. 원장님은 잘됐다며 기뻐했다. 내담자의 의지가 강하니 다시 사회생활을 잘할 수 있을 거라고 응원했다.

'강박증' 때문에 쓰레기를 버리지 못하는 딸

한 중년여성이 30대 딸을 데리고 상담소를 방문했다. 이유는 딸이 집안에 쓰레기를 모아 두고 버리지 않기 때문이었다. 비닐, 휴지, 플라스틱, 페트병, 먹다 남은 음식물, 자기가 사용한 모든 용품을 방에 쌓아두었다. 심지어 화장실에서 용변을 본 뒤 뒤처리를 한 휴지도 비닐에 묶어 방에 가지고 있었다. 방에서는 악취가 풍겼고, 엄마가 치우라고 하면 딸은 울고불고 난리를 쳤다. 또 자기가 먹는 밥그릇과 수저도 닦지 못하게 하고, 샤워도 오랜 시간 동안 하지 않았다. 딸이 이렇게 지낸 지가 고등학교 졸업 후 10년이었다.

원장님은 내담자(딸)에게 상담실로 들어오라고 한 뒤 각종 검사지를 진행했다. 그중에서 환경프로파일 검사지를 먼저 판독했다. 그 결과 내담자는 엄마를 보는 것만으로도 심적 고통을 호소하고 있었다. 엄마만 보면 자꾸 다른 남자들이랑 뒤엉켜 있는 장면이 떠오른다는 것이었다.

"언제부터 그런 생각이 들었죠?"

원장님이 묻자 내담자가 대답했다.

"어린 시절부터 그랬어요…."

원장님은 가정환경에 문제가 있음을 직감했다. 환경프로파일 검사에서 엄마를 신뢰할 수 없다고 나왔고, 아빠는 무시하는 존재였다. 원장님은 내담자에게 왜 엄마를 신뢰할 수 없게 되었는지 이야기를 해달라고 했다. 그러자 그녀가 유치원 시절 이야기를 꺼냈다.

내담자가 집에 있을 때였다. 엄마가 갑자기 벌거벗은 채로 오더니 휴대폰으로 사진을 찍어달라고 했다. 딸은 느낌이 이상했지만, 엄마의 나체 사진을 찍었다. 사진을 찍을 때도 엄마는 이상한 포즈를 잡았다. 그런데 문제는 이런 경우가 한두 번이 아니라는 것이었다. 엄마는 아빠가 없을 때마다 나체로 사진을 찍어달라고 했다. 또 엄마는 자신을 데리고 밖에 나갈 때마다 누군지도 모르는 남자를 만났다. 그때마다 아빠한테 말하지 말라고 했다. 처음에는 그게 뭔지 몰랐는데, 시간이 지나고 보니 엄마가 바람을 피우고 있는 것이었다. 그런 광경을 유치원 때부터 지금까지 무려 20년을 넘게 지켜봐 왔다.

문제는 이게 끝이 아니었다. 엄마가 어느 순간부터 딸에게 남자랑 성관계를 한 이야기를 했다. 이 남자와는 무얼 했느니, 남자가 엄마한테 어떻게 했느니, 입에 담을 수 없는 이야기를 했다. 거기다 엄마가 만나는 남자는 또 어떤가? 생판 양아치 같은 놈들뿐이었다. 엄마가 유부녀인 걸 알면서도 접근하는 남자. 유부남이면서 엄마와 관계를 갖는 남자. 성관계만 하기 위해 엄마를 만나는 남자 등등, 엄마는 수시로 남자를 갈아치우며 새로 만나는 남자를 소개했다.

딸은 그때부터 도덕적 강박에 시달렸다. 엄마가 하는 일이 잘못된 걸 알면서도 입 밖으로 꺼낼 수 없었다. 아빠한테 말하면 엄마가 떠나갈까 두려운 마음. 집에서는 현모양처처럼 구는 엄마의 이중성. 바보처럼 아무것도 모르고 일만 하는 아빠. 내담자는 이 모든 것을 지켜보다 결국 혼란을 일으켰다. 엄마만 보면 다른 남자랑 성관계를 하는 장면이 머릿속에 그려졌다. 그리고 자기도 똑같이 나쁜 짓을 했다는 생각에 사로잡혀 불결하게 느껴졌다. 그것이 그녀가 쓰레기를 버리지 못하는 이유였다. 그녀는 어느새 도덕적 강박에 걸려 자기가 쓰레기를 버리면 그로 인해 다른 사람이 피해를 본다고 생각하고 있었다.

원장님은 내담자 이야기를 들으며 그녀가 얼마나 힘들었을지 공감했다.

"밥그릇을 씻지 못하는 이유도 사람들이 피해를 볼까 봐 그런 거예요?"

"네…. 밥그릇을 씻으면 더러움이 하수구나 다른 데로 흘러가잖아요. 그러면 사람들이 그 물을 마시게 될 테고요."

"그렇군요…."

원장님은 내담자의 '긍정적 의도'를 파악했다. 그러니까 그녀가 쓰레기나 밥그릇을 씻지 못하는 이유는 모두 자신으로 인해 선량한 사람들이 피해를 볼까봐여서였다.

"검사지를 보니까 아버지를 무시하는 경향이 있네요?"

"네, 병신 중에 상병신이에요."

원장님은 흠칫 놀랐다. 내담자가 그런 거친 언어를 쓸 거라고는 예상하지 못했기 때문이다.

"무엇 때문에 그런 생각을 하게 된 거예요?"

원장님이 묻자 내담자가 대답했다.

"엄마가 그렇게 바람을 피우는 데도 모르니까요. 아빠는 그냥 일밖에 몰라요."

알고 보니 아빠는 유명한 기업의 고위 간부였다. 직장에서는 신망도 두텁고 인정을 받는 사람이었다. 하지만 그는 가정을 돌볼 줄 몰랐고, 오로지 일과 미션에만 치중된 사람이었다.

"그렇군요. 힘들었겠어요. 세상에 무슨 이런 엄마가 다 있지. 아내가 이렇게 할 동안 아무것도 모르는 아빠는 뭐고. 휴···."

원장님은 한숨을 쉰 뒤 내담자에게 왜 도덕적 강박이 생겼는지를 설명했다. 어린 시절부터 엄마가 바람피우는 현장을 보며 도덕심을 지속적으로 훼손당해 그런 것이라고 했다. 내담자는 의외라는 표정을 지었다. 엄마만 보면 남자랑 뒤섞여있는 이미지가 떠오르긴 했지만, 그게 쓰레기를 버리지 못하는 것과 연결돼 있을 거라고는 생각하지 않아서였다.

"이제 밖에 있는 엄마를 부를게요. 하은 씨가 왜 이런 증상이 생겼는지 엄마도 알아야 하잖아요. 그죠?"

"네."

원장님은 대기실에 있는 내담자 엄마를 불렀다. 그녀가 자리에 앉자 바로 입을 뗐다.

"어머님, 딸 이야기 들었는데, 너무 하셨네요."

"···?"

내담자 엄마는 무슨 소리냐며 눈을 동그랗게 떴다.

"어머님, 딸이 유치원 다닐 때 발가벗고 사진 찍으라고 시키셨어요?"

"네?"

"딸한테 발가벗은 사진 찍으라고 해서 외간 남자들한테 보내셨냐고요."

당황해하는 엄마였다.

"딸이 그러는데 어린 시절부터 지금까지 줄곧 바람피웠다면서요. 맞아요?"

엄마가 대답하지 않자 재차 물었다.

"대답해보세요."

"……"

엄마는 얼굴이 새빨개졌다. 설마 여기서 바람 이야기가 나올 줄은 예상치 못했다. 원장님의 비수가 날아들었다.

"진짜 생각이 없는 엄마네. 바람피운 일을 딸에게 오픈하고, 심지어 남자랑 성관계한 이야기까지 하고, 이게 정상적인 엄마예요? 그러면서 딸이 왜 이런 증상이 생겼는지도 모르고 상담소에 데려와요? 대체 왜 그러셨어요?"

내담자 엄마는 부끄러움에 죄송하다는 말도 꺼내지 못했다.

원장님의 질책은 끝나지 않았다.

"딸을 바람피우는 수단으로 이용한 거잖아요. 다른 사람한테는 부끄러워서 말도 못하고."

"죄송합니다…."

"긴 말 할 필요 없고, 다음 주에 당장 아버지 데리고 오세요. 아버지 데리고 와서 자초지종 설명하고, 딸 분가부터 시켜야 해요."

엄마가 화들짝 놀라며 말했다.

"네? 우리 애랑 떨어져서 살아야 한다구요?"

"딸이 엄마만 보면 다른 남자랑 뒤엉켜 있는 장면부터 떠오른다잖아요. 엄마가 딸한테 부정적 영향만 끼치는데, 어떻게 같이 살아요. 떨어져 있어야죠."

딸도 예상치 못한 말이었다. 원장님이 딸을 보고 말했다.

"하은 씨. 한번 생각해 보세요. 엄마랑 떨어지는 게 낫겠어요, 안 낫겠어요?"

내담자는 잠시 생각하더니 입을 뗐다.

"네, 그렇게 할게요."

내담자 엄마는 그 이야기를 듣자마자 눈물을 흘리기 시작했다. 어떻게 딸과 떨어져서 사냐는 뜻이었다.

"지금까지 딸한테 온갖 정신적 학대를 해놓고, 분가한다니까 어떻게 떨어져서 사냐니요. 남편이 알면 이혼당할까 봐 그러는 거예요?"

"그게 아니라…."

내담자 엄마는 고개를 저었다. 딸에게 그렇게 하면서도 애착을 가지고 있었던 모양이었다. 하지만 원장님은 단호했다. 치료가 다 끝나고 내담자가 엄마를 용서하기 전까지는 절대로 같이 살아서는 안 된다고 했다. 원장님은 이야기를 마치고 내담자 엄마를 상담실에서 나가라고 했다. 그리고 내담자와 단둘이 이야기했다.

"제가 하은 씨를 엄마랑 떨어뜨려 놓는 건 엄마한테 큰코다쳐보라는 뜻이 아녜요. 엄마만 보면 자꾸 안 좋은 생각이 든다면서요. 그래서 일단 떨어져 있어야 해요. 그리고 다음 주에 아빠 오셔서 이 사실을 알면, 이혼 얘기가 나올지도 몰라요. 그래도 오픈을 해야 하는 상황이고요. 아빠를 속이고 치료를 진행할 수는 없잖아요. 그렇죠?"

내담자는 그렇다며 고개를 끄덕였다.

"좋아요. 다음 주에 오실 때는 무조건 가족이랑 분가할 생각으로 상담소에 오세요. 그리고 심리치료 받으면 지금처럼 괴로운 생각들이 사라질 테니까 너무 걱정하지 마시고요. 다 나아질 수 있어요."

"네 알겠습니다."

원장님은 할 수 있다며 깊은 눈빛으로 내담자를 바라보았다.

1) 내담자 증상 진단

내담자의 심리적·신체적 증상은 모두 엄마로부터 기인했다. 어린 시절 엄마가 바람을 피울 때마다 그 사실을 숨겨야만 하는 자신을 보며 도덕심을 훼손당했다. 그 결과 스스로 불결함을 느끼며 자신이 더럽다는 생각을 하게 되었다.

내담자는 엄마만 보면 자꾸 다른 남자랑 엉켜있는 장면이 떠올라 괴로워했는데, 이 역시도 엄마의 책임이었다. 엄마가 딸에게 남자와 관계한 얘기를 수도 없이 해, 결국 그녀는 죄의식을 느끼게 되었고, 도덕적 강박증에 걸리고 말았다. 그때부터 내담자는 쓰레기를 버리지 못하고, 자기가 먹은 밥그릇도 닦지 않고 아예 씻지도 않았다. 자신이 불결하고 더러운 존재이기 때문에 쓰레기를 버리거나 씻으면 사람들에게 피해를 준다고 생각했다.

집에만 있다 보니 두통이 심하고 항상 가슴이 답답했다. 내담자는 환경치료가 무엇보다 우선이었고, 필수적으로 엄마와 떨어트려 놔야만 했다.

심리증상

나는 더러운 존재라는 생각을 함 / 엄마를 보면 자꾸 머릿속에서 다른 남자랑 엉켜 있는 장면이 떠오름 / 도덕적 강박증 / 쓰레기를 버리지 못함

신체증상

가슴이 답답함 / 머리가 아픔

환경문제

어린 시절부터 엄마가 여러 남자와 바람피우는 걸 봄
엄마만 보면 자꾸 부정적인 생각이 나서 엄마랑 같이 있는 게 괴로움

2) 엄마가 외간 남자와 관계하는 장면 없애기

예약된 시간이 되자 내담자와 엄마가 상담소를 방문했다. 모녀 뒤에는 아빠도 있었다. 원장님은 세 사람을 자리에 앉히고 이야기를 시작했다. 내담자 왜 쓰레기를 버리지 못하는지, 자기가 먹은 밥그릇도 닦지 않고 왜 샤워를 하지 않는지, 있는 그대로 설명했다. 엄마가 외간 남자와 바람을 피우는 모습을 내담자가 어린 시절부터 지금까지 경험해 도덕적 강박증에 걸렸다는 것이었다.

아빠는 기가 막혔다. 원인이 아내의 바람 때문이라고 하니 충격을 받았다. 아내에게 제 정신이냐며 소리쳤다. 하지만 원장님은 아빠의 편도 들어주지 않았다. 아내가 전적으로 잘못한 게 맞지만, 아빠도 문제가 있다는 것이었다. 얼마나 가정에 소홀했으면 아내가 10년 동안이나 바람을 피우는 것도 모르고 있었냐고 말했다. 내담자로서는 엄마나 아빠나 다 똑같은 사람이니 잘잘못을 따질 필요도 없다고 했다. 지금은 내담자를 위해 이 자리에 있는 것이니 부부싸움을 하려면 둘이서 따로 하라고 제지했다.

아빠가 흥분을 가라앉히자, 원장님은 내담자를 분가시켜야 한다고 말했다. 엄마를 볼 때마다 남자들과 뒤엉켜 있는 모습이 떠올라 같이 살면 안 된다고 했다. 아빠는 착잡한 얼굴로 그러겠다고 했다. 며칠 뒤 딸에게 원룸을 구해주었다. 그녀는 원룸에서 살기 시작하면서 엄마만 보면 떠오르던 부정적인 생각이 현저히 줄어들었다. 그렇게 환경치료를 한 뒤 원장님은 본격적으로 심리치료에 들어갔다. 가장 먼저 한 심리치료는 세부감각 지우기였다.

세부감각 지우기란 기억하기 싫거나, 떠올리기 싫은 장면이 저절로 떠오를 때 하는 심리치료이다. 내담자는 엄마만 보면 엄마가 외간 남자랑 뒤엉켜 있는 모습이 떠올라 괴로워하는 상태였다. 원장님은 이에 관한 치료를 하기로 했다.

내담자를 침대 위에 눕힌 뒤 명상최면을 시작했다. 먼저 들숨과 날숨을 뱉게 해 내담자가 편안한 자세를 유지하도록 했다. 그리고 그녀에게 말했다.

"자, 지금부터 선생님이 말하는 걸 그대로 떠올려. 알겠지?"

"네."

"하은이가 떠올릴 건, 평소에 엄마를 보면서 괴로워하던 장면이야. 엄마가 외간 남자랑 뒤엉켜 있는 그 이미지를 떠올리도록 해."

내담자는 인상을 쓰며 엄마 때문에 괴로워하던 이미지를 떠올리기 시작했다.

"떠올렸니?"

"네."

"보이는 게 뭐야?"(시각 질문)

"엄마가 어떤 남자하고 한 침대에 뒤엉켜 있는 모습이에요."

"주변에 또 보이는 게 있니?"(시각 질문)

"아무것도 없어요. 모두 어둡고 침대에 엄마하고 남자뿐이에요."

"그 이미지에서 들리는 소리가 있어?"(청각 질문)

"네, 엄마하고 남자의 신음이요."

"또 다른 소리는?"(청각 질문)

"침대가 삐거덕거리는 소리가 들려요."

"그 소리를 듣고 있는 나는 어떤 생각이 들어?"(청각 질문)

"둘 다 미쳤다는 생각밖에 안 들어요."

내담자는 괴로운지 인상을 쓰며 말했다.

"좋아. 하은이는 지금 엄마가 다른 남자하고 한 침대에 엉켜 있는 모습을 보고 있어. 주변은 어둡고 엄마와 남자의 모습밖에 보이지 않아. 그리고 두 사람의 신음이 들리고 침대에서 삐거덕거리는 소리가 나. 나는 그 소리를 들으며 엄마와 남자가 미쳤다는 생각을 하고 있어. 그 이미지를 보고, 듣고, 생각하고 있는 내 느낌은 어때? 어떤 느낌이 들어?"(신체감각 질문)

"더럽고 불결하다는 느낌뿐이에요."

"그렇구나. 하은이는 그 장면이 떠오를 때마다 더럽고 불결하다는 느낌을 받았구나."

"네…."

내담자가 말끝을 흐렸다.

원장님은 부드럽게 말했던 처음과는 달리 이번에는 목에 힘주어 말했다.

"자, 이제 선생님이 하나, 둘, 셋, 하면 그 이미지를 네모난 액자에 넣는 거야. 하나, 둘, 셋! 이미지를 액자에 넣었습니다! 넣었니?"

"네."

"이제 그 액자를 내 눈앞으로 당겨. 왼손으로 액자를 잡아. 그리고 오른손에는 먹물이 뚝뚝! 떨어지는 붓이 있어. 그 붓으로 하나, 둘, 셋! 하면 한방에 지우는 거야? 자- 하나, 둘, 셋! 액자를 새카맣게 지웠습니다! 모두 지웠나요?"

"네."

"잘했어. 이제 왼손으로 액자에 있는 이미지를 꺼내도록 해. 새카맣게 칠해서 아무것도 보이지 않는 이미지를 왼손 집게손가락으로 꺼내. 그리고 내 오른손에는 활활~ 타오르는 횃불이 들려있어. 이 횃불로 하은이가 괴로워했던 이미지를 모조리 태워 없애버리는 거야."

원장님은 내담자가 명상최면을 따라올 수 있도록 몇 초간의 시간을 준 뒤 말했다.

"자! 이제 횃불로 이미지를 태워. 이미지는 순식간에 활활! 타오르고 있습니다! 내가 왼손으로 잡고 있는 손끝까지 타오릅니다. 아주 잘 타고 있어요. 이제 선생님이 하나, 둘, 셋 하면 이미지는 재도 남지 않고 모조리 타버립니다. 자- 하나, 둘, 셋! 오우~ 이미지가 흔적도 없이 타서 없어졌습니다. 없어졌나요?"

"네…."

"좋습니다. 그럼 다시 이미지를 떠올리도록 합니다."

원장님은 여기서 끝내지 않고 처음부터 명상최면을 시작했다.

"다시, 엄마가 남자랑 한 침대에 뒤엉켜 있는 이미지를 떠올립니다. 떠올렸나요?"

"네."

"어떻게 보이죠?"

"흐릿하게 보여요."

"처음에 봤던 모습보다는 흐릿한가요?"

"네."

"좋습니다. 그럼 그 이미지를 네모난 액자에 넣습니다."

내담자는 이미지를 액자에 넣었다.

"그 액자를 다시 내 눈앞에 가져오세요. 그리고 내 오른손에는 먹물이 뚝뚝 떨어지는 붓이 있습니다. 그 붓으로 하나, 둘, 셋. 하면 아무것도 보이지 않도록 새카맣게 칠하세요. 자– 하나, 둘, 셋! 붓으로 새카맣게 칠했습니다! 새카맣게 칠해졌나요?"

"네."

"이제 그 액자를 처음 있던 자리에서 봅니다. 그리고 눈에서 멀리 밀어내세요. 하나의 점이 될 때까지 멀리~ 계속 밀어냅니다. 하나, 둘, 셋, 하면, 점이 된 액자는 순식간에 사라집니다. 자– 하나, 둘, 셋! 오우! 액자가 깔끔하게 사라졌습니다. 사라졌나요?"

"네."

"좋습니다. 숨을 들이마시고 내뱉고… 다시 숨을 들이마시고 내뱉고… 눈을 뜨세요."

내담자는 명상최면을 마치고 눈을 떴다.

3) 세부감각 지우기

앞서 우리가 괴로운 이유는 '기억' 때문이 아니라, 기억으로 인한 '부정적 감정의 영향' 때문이라고 했다. 내적 감각인 시각, 청각, 신체감각이 상처를 받아 감정에 영향을 미친다는 말이다. 그리고 명상최면은 세부감각 이론을 바탕으로 진행한다고 말했다. 사람마다 어떤 감각을 주로 사용하느냐에 따라 그 감각이 상처를 받기 때문이다. 그런데 의문이 생긴다.

'상대적으로 낮은 감각들은 아예 상처를 받지 않는 것일까? 아니면 받아도 감각이 낮아 치료를 하지 않아도 되는 것일까?'

그렇지 않다. 그래서 세부감각 지우기라는 치료기법이 있는 것이다. 세부감각 지우기는 내담자가 상처받은 모든 감각(V, A, K)을 치료하는 심리치료이다. 그래서 질문을 할 때도 시각적 질문, 청각적 질문, 신체감각적 질문을 모두 한다. 그리고 마지막에는 액자에 이미지를 담아 없애버리는 것이다.

'이미지를 없애는 것은 무엇을 의미하는 걸까?'

이것은 뇌와 연관이 있다. 우리의 뇌는 복잡하면서도 단순한 게 내가 바로 알고 있는 정보가 있어도 반복적으로 그 정보가 틀렸다고 하면 결국에는 틀린 것으로 생각한다. 또 상식적으로 말이 되지 않는 이야기라도 계속 그 이야기를 들으면 결국에는 믿고야 만다. 한마디로 세뇌가 된다는 것이다. 그래서 사이비 종교에 빠지게 되는 것이다. 처음에는 말도 안 된다고 생각하다가 계속 설교를 듣다 보니 긴가민가해 지면서 최종적으로는 아예 빠져들게 된다.

내담자도 마찬가지다. 엄마만 보면 남자들이랑 뒤엉켜 있는 장면이 떠오른 이유는 엄마가 그런 이야기들을 지속해서 했기 때문이다. 심리학에서는 이것을 '뇌에 각인되었다.'라고 한다.

이 잘못된 부정적 각인을 지우는 작업을 하는 것이 세부감각 지우기이다. 내담자가 괴로워하는 이미지를 떠올리게 해 액자에 넣은 다음, 먹물이 뚝뚝 떨어지는 붓으로 새카맣게 칠하고 불로 태워 버린다. 이 작업을 보통 연속으로 두 번 이상 한다. 그러면 내담자는 세, 네 번째 세부감각 지우기를 할 때 더는 괴로운 이미지를 떠올리지 못한다. 이미지를 떠올려도 미세한 잔상만 보인다.

왜 그럴까? 그 이유는 우리의 뇌는 마치 컴퓨터 하드디스크처럼, 어떤 정보가 있더라도 얼마든지 '삭제'를 할 수 있기 때문이다. 여기서 삭제는 '기억의 삭제'가 아니라 '부정적 감정의 삭제'를 말한다. 그래서 세부감각 지우기 치료를 받으면 괴로운 일이 떠올라도 더는 부정적 감정의 영향을 받지 않게 되는 것이다.

명상최면 치료과정

① 명상최면으로 '억눌린 감정'을 풀어준다.
② 지혜롭고 현명하며 자신감이 넘치는 '또 다른 나'가 '상처받은 나'
　를 인정하고 위로한다.
③ 세부감각 지우기로 과거 기억 속 '부정적 감정'을 없애준다.

이외에 또 어떤 기법들이 있는지 알아보도록 하겠다.

4) 부정적 감정 없애기

내담자는 세부감각 지우기 치료를 지속해서 받았다. 엄마와 관련된 부정적 장면들을 하나하나 떠올려 모두 없애는 작업을 했다. 그 결과 내담자는 더 이상 엄마가 외간 남자와 엉켜있는 장면으로 괴로워하지 않았다.

하지만 문제는 여전히 도덕적 강박에서 벗어나지 못하고 있다는 것이었다. 그이유는 내담자가 가지고 있는 '부정적 감정' 때문이었다. 원장님은 이번 심리치료 시간에 그 부정적 감정을 없애고 새로운 긍정적 감정을 만들어 주기로 했다. 도화지 한 장을 꺼낸 뒤 내담자에게 말했다.

"오늘은 하은이가 가지고 있는 부정적 감정들을 없애는 작업을 할 거야. 우선 종이에 바다를 바라보고 있는 내 모습을 그려볼래?"

내담자는 색연필로 바다를 바라보고 있는 나를 그렸다.

"이젠 하늘에다 현재 내가 가지고 있는 모든 감정을 적은 뒤 동그라미를 쳐봐."

내담자는 원장님 말대로 진행했다. 현재 가지고 있는 감정을 적은 뒤 동그라미를 쳤다. 원장님이 그 감정을 보고 입을 뗐다.

"이번에는 내가 쓴 감정들을 하나하나 보면서 긍정적 감정은 노란색으로, 부정적 감정은 검은색으로 색칠해보자."

내담자는 감정들을 살펴보며 색칠을 하기 시작했다. 다 하고 보니 다음과 같은 결과가 나왔다.

긍정적 감정은 3개인 반면 부정적 감정은 무려 20개였다. 내담자는 짐짓 놀라는 눈치였다. 자기 안에 있는 감정들을 그대로 적었는데, 지금 보니 부정적 감정들이 너무나도 많았다.

"자, 이제 하은이가 쓴 감정들이 어떻게 생긴 것들인지 원장님하고 하나하나 이야기를 나눠 보자."

"네."

"먼저 죄책감부터 시작해 볼까? 죄책감은 어떻게 하다 생긴 감정이야?"

"죄책감은, 엄마가 남자들을 만날 때 저도 거기에 있었던 거예요. 남자들한테 용돈을 받은 적도 있었고 사탕을 받았을 때 기뻐한 적도 있었거든요. 그래서 아빠한테 미안한 마음도 들었고, 기분이 이상했어요."

"그래. 충분히 그런 마음이 들겠다. 아빠한테도 얘기할 수 있는 상황이 아니니까 죄책감이 들었겠네."

원장님은 공감한 뒤 다음 감정에 관해 물었다.

"외로운 감정은 언제 생겼어?"

"방에 혼자 있을 때 그런 생각을 많이 했어요. 모든 게 다 제 잘못 같고, 제 편은 하나도 없고, 내가 잘못된 사람이니까 사람들이 다 저를 싫어할 거 같고, 쓰레기를 버리면 넌 왜 이 더러운 걸 버렸냐면서 저한테 손가락질 할 것만 같았어요. 그래서 항상 외로웠던 거 같아요."

"그래. 5년 동안 혼자 방에 있었으니까, 당연히 외로웠겠네. 친구들하고도 연락하지 못하고 지냈을 거 아냐."

"맞아요. 만나자고 하면 항상 제가 싫다고 했어요. 그러다가 자연스럽게 연락이 다 끊겼고요."

내담자는 심리증상이 생기기 전까지만 해도 활발한 사람이었다. 하지만 그녀는 씻는 것조차도 남들에게 피해를 준다는 생각이 드는 순간부터 밖을 나갈 수가 없었다. 그러다 보니 친구와 단절되고 고립된 신세가 되었다. 다만 상담소에 올 때는 어쩔 수 없이 씻고 왔는데, 내담자는 그때마다 죄책감이 든다고 했다.

원장님은 계속해서 내담자가 적은 부정적인 감정들을 하나하나 짚으며 이야기를 나눴다. 내담자에게 왜 이런 감정들이 생겼는지 물었고, 그녀가 대답하면 공감하고 위로를 했다. 그렇게 부정적인 감정들을 다 말한 뒤, 이번에는 긍정적인 감정들에 관해 이야기를 나눴다.

"긍정적인 감정은, 기대와 뿌듯, 자유가 있네?"

원장님이 묻자 내담자가 대답했다.

"네. 원래는 이것마저도 없었는데 상담을 받으면서 생긴 감정들이에요. 치료될 수 있다는 기대와 치료가 되면 스스로 뿌듯할 테고, 자유를 얻을 수 있을 거 같아서 적었어요."

"그래. 이 많은 부정적 감정 중에서도 긍정적 감정이 있다는 게 어디야. 이 노란색으로 칠한 감정들만 가지고 있으면 하은이는 무조건 치료될 수 있어."

"네, 저도 그렇게 되면 좋겠어요."

원장님은 내담자를 바라보며 빙그레 미소 지었다. 그녀도 똑같이 미소 지었다. 이렇게 감정들에 대한 이야기를 나눈 뒤 원장님은 내담자에게 그림을 더 그리자고 했다. 바로 오른손 왼손에 반반씩 풍선을 들고 있는 것처럼 끈을 손에 연결하라고 했다. 그리고 그 그림을 다시 한 번 관찰하게 한 후, 내담자를 데리고 명상최면실로 들어갔다. 그녀를 침대 위에 눕힌 뒤 원장님이 말했다.

"자, 숨을 깊게 들이마시고, 천천히 내뱉어. 다시 한 번 숨을 깊게 들여 마시고,

천천히 내뱉어. 이제 내 몸은 아주 편안합니다."

내담자는 명상최면에 익숙한 듯 쉽게 몰입을 했다.

"이제 조금 전에 그렸던 그림을 떠올리도록 하자. 파란 바다가 펼쳐져 있고 아주 부드럽고 고운 모래사장이 있어. 나는 그 모래사장 위에서 내 감정들이 쓰여 있는 풍선을 양손에 들고 있는 거야. 어때? 양손에 풍선이 들려있니?"

"네."

"자, 그러면 이제 그 풍선들 중에서 부정적 감정이 들어 있는 풍선을 볼 거야. 먼저 죄책감부터 볼까?"

내담자는 원장님의 유도에 따라 죄책감이라고 쓰인 풍선을 올려다봤다.

"이 죄책감은 하은이가 엄마가 만나는 남자들을 볼 때 만들어진 부정적 감정이야. 아빠한테 솔직하게 말하지 못해서 죄책감이 들었어. 이제 이 풍선을 손에서 놓도록 해. 그러면 풍선이 하늘 위로 올라갈 거야."

내담자가 풍선을 손에서 놓자 원장님이 강한 톤으로 말했다.

"자, 원장님이 하나, 둘, 셋 하면 풍선이 하늘 위에서 뻥! 하고 터질 거야. 그러면 하은이한테 더는 죄책감이라는 감정은 없을 거야. 시작한다? 하나, 둘, 셋, 뻥! 풍선이 터졌습니다! 죄책감 풍선이 터졌나요?"

"네."

"잘했어. 이번에는 외로움 풍선을 보자."

내담자는 원장님이 말한 대로 외로움 풍선을 올려다봤다.

"이번에도 외로움 풍선을 손에서 놔. 그리고 원장님이 하나, 둘, 셋, 하면 뻥 하고 터지는 거야? 자, 하나, 둘, 셋! 뻥! 오우~ 외로움의 풍선이 터졌습니다. 깨끗이 터졌나요?"

"네."

내담자는 그렇게 부정적 감정이 쓰인 풍선을 하나씩 하나씩 모두 터트렸다. 마치 폭죽이 터지는 것처럼 20개가 넘는 풍선이 터져나갔다. 이윽고 손에는 긍정적 감정이 쓰인 풍선 3개만 남았다.

"자, 이제 긍정적 풍선 3개가 남았지?"

"네."

"그 풍선들을 나란히 놓고 올려다봐. 기대, 뿌듯, 자유, 이 풍선들은 하은이가 앞으로 살아가는 데 있어서 긍정적인 감정을 주는 풍선이야. 기대는 내가 심리치료를 받고 변화할 수 있다는 걸 의미하고, 뿌듯은 심리치료를 다 받고 나면 나에 대한 자신감이 올라가는 풍선이야. 자유는 괴로움에서 해방되고 내 꿈을 위해 자유롭게 살아가는 걸 말해. 그 풍선들을 나란히 쳐다봐. 그리고 긍정의 에너지를 받는다고 생각해."

내담자는 긍정적 감정이 쓰인 풍선을 바라보며 이 감정들이 나에게 기운을 준다고 생각했다. 잠시 후, 원장님이 입을 뗐다.

"자, 이제 선생님이 하나, 둘, 셋! 하면 그 풍선들이 아주 컬러풀해지면서 크게 확대될 거야. 그리고 하은이 마음속에 남아 언제나 삶에 긍정적인 영향을 줄 거야. 자, 하나, 둘, 셋! 오우-! 아주 컬러풀하게 커졌습니다. 커졌나요?"

"네."

"이제, 천천히 코로 숨을 들여 마시고, 내쉬고… 다시 한 번 숨을 들이마시고 내쉬고 눈을 뜨세요."

내담자는 명상최면을 마친 후 눈을 떴다.

5) 부정적 감정을 없애고 긍정적 감정 덮어씌우기

내담자가 부정적 감정의 영향에서 벗어날 수 있게 해주는 네 번째 명상최면치료는 '부정적인 감정을 없애고, 긍정적 감정 덮어씌우기'이다.

내담자처럼 상처를 받은 내담자는 내면에 무수한 부정적 감정이 들어있다. 반면 긍정적 감정은 얼마 되지 않거나, 아예 없기도 하다. 그래서 미술을 통해 내 내면에 어떤 감정이 들어 있는지 알아보게 한다. 부정적 감정은 어떻게 만들어진 것인지 하나하나 이야기하고, 상담사로부터 위로를 받는다. 여기서도 중요한 건, 절대로 내담자에게 왜 그런 부정적인 감정을 가지고 있냐고 나무라서는 안 된다는 것이다. 부정적인 감정은 위로해주고, 긍정적인 감정은 희망과 용기를 줘야 한다.

이 심리치료 기법은 컴퓨터 하드디스크로 치면 '삭제'와 '덮어씌우기'라고 할 수 있다. 부정적 감정은 삭제하고 긍정적 감정을 만들어 뇌에 덮어씌우는 것이다. 그러면 내담자는 긍정적 감정으로 인해 삶에 대한 목표 의식이나 자신감, 희망 등을 갖게 된다. 부정적 감정의 영향을 받지 않으려면 어떤 명상최면치료를 받아야 하는지 정리해 보겠다.

명상최면 치료과정

① 명상최면으로, '억눌린 감정'을 풀어준다.
② 지혜롭고 현명하며 자신감이 넘치는 '또 다른 나'가 '상처받은 나'를 인정하고 위로한다.
③ 세부감각 지우기로 과거 기억 속 '부정적 감정'을 없애준다.
④ 부정적 감정을 없애고, 긍정적 감정을 덮어씌운다.

이외에 또 어떤 기법들이 있는지 알아보도록 하겠다.

6) 부정적 분아 내보내기

원장님은 환경치료를 통해 내담자가 엄마와의 연락을 차단하고 홀로 오피스텔에서 살게 했다. 명상최면으로 억눌린 감정을 풀어주고, 세부감각 지우기로 떠올리기 싫은 장면을 없애주었다. 또 내면에 자리 잡은 부정적 감정을 삭제하고 새로 긍정적 감정을 만들어주었다. 그 결과 내담자는 심리적으로 안정감을 찾았다. 또 인지치료로 쓰레기를 방에 쌓아두고 있는 자신의 모습을 객관적으로 보게 했다. 그 모습이 어떻게 보이는지, 내가 관찰자 입장(제삼자)이라면 뭐라고 말해주고 싶은지 스스로 답을 얻게 해 행동을 교정시켰다.

그로 인해 내담자는 예전보다 쓰레기를 가지고 있는 양이 확연하게 줄었다. 오피스텔에서 혼자 살면서 설거지도 하기 시작했고, 샤워도 편하게 할 수 있게 되었다. 하지만 도덕적 강박에서 완전히 자유로워진 건 아니었다. 이따금 쓰레기를 버릴 때면 사람들에게 피해를 주는 게 아닐까 하는 생각이 들었다. 설거지와 샤워를 할 때도 이 더러운 물이 하수구로 흘러 사람들이 마시게 된다는 생각을 떨치지 못했다.

변화하고 싶은 나와 아직도 강박증에 사로잡힌 나. 내담자의 내면에는 두 개의 '나'가 서로 충돌하고 있었다. 원장님은 명상최면 시간에 이 부분을 치료하기로 했다. 치료 이름은 '부정적 분아 내보내기'이다.

여기서 분아란? '내 안에 있는 또 다른 나'를 말한다. 우리 안에는 수많은 내 모습이 있는데, 상처를 받은 내담자는 늘 부정적으로 생각하게 하는 '부정적 분아'가 있다.

내담자가 상담실 의자에 앉자 원장님이 말했다.

"아직도 집에 쓰레기가 많니?"

"네."

"오늘 씻고 올 때 기분은 어땠어?"

"자꾸 제가 씻은 물로 사람들이 피해를 볼 거 같아 불안해요."

원장님은 내담자에게 네가 샤워를 해도 사람들에게 피해를 주는 일은 발생하지 않는다고 한 번도 말하지 않았다. 이것은 논리로 설득시킬 수 없는 문제이기 때문이었다.

그래서 상담사의 자질 중 하나는 내담자가 하는 말을 모두 이해하고 받아들일 수 있는지가 중요하다. 만약 받아들이기와 공감이 되지 않는다면, 상담사로서의 자세를 다시 생각해볼 필요가 있다. 원장님이 말했다.

"오늘은 '부정적 분아 내보내기'라는 심리치료를 할 거야."

"부정적 분아요? 그게 뭐예요?"

"내 안에 있는 '또 다른 나'를 말해. 예를 들어 하은이가 샤워할 때나 쓰레기를 버릴 때, 어떤 생각이 들어?"

"나는 더럽다. 나는 더럽다. 계속 이런 생각이 들어요."

"그래. 그래서 샤워도 하지 못하고 쓰레기도 버리지 못하는 거지?"

"네, 제가 더러우니까요."

"그럼 그렇게 생각하게 만드는 분아는 긍정적이야, 부정적이야?"

"부정적이라고 할 수 있겠죠. 이것 때문에 제가 힘드니까요."

"그러면 하은이한테는 내가 더럽다고 말하는 부정적 분아가 있는 거야."

내담자는 이해된다며 고개를 천천히 끄덕였다.

"그러면, 하은이한테 부정적 분아 말고 긍정적 분아도 있을까?"

"네. 제가 더럽지 않고 깨끗하다고 말하는 분아도 있는 거 같아요. 가끔 쓰레기를 버릴 때 그런 생각을 하고 버릴 때가 있으니까요."

"그러면 긍정적 분아가 있다는 걸 이미 느끼고 있는 거네?"

"네."

"좋아, 그러면 이렇게 할까? 명상최면으로 '긍정적 분아'와 '부정적 분아'와 하은이가 서로 만나보자."

원장님이 빙그레 미소 짓자 내담자는 무슨 소린지 모르겠다는 얼굴을 했다.

"네…? 셋이서 만난다고요?"

"응. 삼자대면해서 서로 어떤 이야기를 하는지 내면의 소리를 들어보자."

내담자는 여전히 의아한 얼굴을 했다. 내 안에 긍정적 분아와 부정적 분아가 있다는 것도 오늘 처음 알았는데, 셋이서 만나 대화를 한다는 게 상상이 가지 않았다.

"이쪽으로 와 봐."

원장님은 명상최면실로 오라고 손짓했다. 내담자는 모르겠다는 얼굴로 명상최면실로 들어갔다. 내담자가 침대에 눕자 원장님이 나긋나긋한 목소리로 말했다.

"이번에는 양손에 주먹을 편안하게 쥔 채로 누워보자. 그 상태로 선생님이 하는 말을 듣고 따라 하는 거야, 알았지?"

"네…."

내담자가 짧게 대답했다. 원장님은 바로 명상최면을 시작했다.

"온몸에 힘을 빼. 그리고 천천히 숨을 들여 마시고, 내뱉고… 다시 한 번 숨을 들이마시고 천천히 내뱉어… 이제 당신의 몸은 아주 편안합니다."

원장님은 목소리에 강약을 조절하며 말했다.

"자, 이제 내 왼손에는 '부정적 분아'가 있습니다. 이 분아는 내가 쓰레기를 버리려고 하거나, 설거지할 때, 그리고 샤워를 하면 너는 더럽다고 말하는 분아입니다. 이 분아로 인해 나는 무척이나 외롭고 우울하거나 자살 충동도 느낍니다. 이 부정적 분아를 자세히 살펴보세요. 어떤 색깔과 모양을 하고 있죠?"

내담자는 두 눈을 감고 왼손에 있는 부정적 분아를 들여다본 후 말했다.

"검은색이고, 쭉 늘어나는 모양이에요."

"느낌은 어떤가요?"

"끈적끈적한 게 기분이 좋지 않아요."

"그렇군요. 그 부정적 분아를 왼손에 쥐고 계세요."

"자, 이번에는 오른손에 '긍정적 분아'가 있습니다. 이 분아는 하은이 보고 넌 더럽지 않아. 아주 깨끗해. 맑고 순순해, 라고 말하는 분아입니다. 그리고 아주 오래 전부터 함께 했었지만, '부정적 분아'로 인해 잠시 잊혀진 분아이기도 합니다. 이제 이 긍정적 분아가 내 오른손에 아주 강력한 에너지를 뿜고 있다고 생각하세요. 긍정적 분아가 무슨 모양이고 어떤 느낌이죠?"

내담자는 오른손에 있는 긍정적 분아를 보고 말했다.

"아주 밝은 푸른색을 띠고 있어요. 그리고 모든 걸 감싸줄 만큼 포근하고 따듯

한 느낌이에요."

"좋습니다. 그 긍정적 분아를 오른손에 쥐어보세요."

"자, 이제 왼손에 있는 '부정적 분아'와 오른손에 있는 '긍정적 분아'가 만나게 될 것입니다. 왼손과 오른손을 서로 맞대어 보세요."

내담자는 주먹을 쥔 채 떨어져 있던 왼손과 오른손을 맞댔다.

"오랜 시간 끝에 부정적 분아와 긍정적 분아가 서로 만났습니다. 이제 마음의 눈으로 부정적 분아와 긍정적 분아를 번갈아 쳐다봅니다. 두 분아의 느낌이 어떤지 말해보세요."

"작고 초라해 보여요…."

"어떤 분아가 작고 초라해 보이죠?"

"부정적 분아가 작고 초라해 보여요."

"긍정적 분아는 어떤 느낌인가요?"

"따뜻하고 힘이 있는 느낌이에요."

"그래요. 긍정적 분아는 따뜻한 힘이 있는 거 같은데, 부정적 분아는 초라하고 쓸쓸해 보이죠?"

"네."

"자, 이제 오른손에 있는 '긍정적 분아'가 왼손에 있는 '부정적 분아'에게 말합니다. 선생님이 하는 말을 그대로 따라 하세요."

여기서부터 원장님이 말을 마치면 내담자가 따라서 말하기 시작했다.

원장님: 왼손의 분아야, 반가워.

내담자: 왼손의 분아야 반가워….

원장님: 나는 네가 들어오기 전, 내 안에서 자신감 있게 살고 있던 분아야.

내담자: 나는 네가 들어오기 전… 내 안에서 자신감 있게 살고 있던 분아야….

원장님: 나는 네가 들어오면서 활동을 멈췄어. 하지만, 네 모습을 봐. 너는 매우 초라하고 자신감이 없는 모습이야. 반면 나는 너보다 훨씬 강하고 에너지가 넘치며 힘이 있는 분아지.

원장님: 왼손의 분아야.

내담자: 왼손의 분아야….

원장님: 너는 늘 내가 더럽다고 했어.

내담자: 너는 늘 내가 더럽다고 했어.

원장님: 하지만 지금 내 모습을 봐. 나는 전혀 더럽지가 않아. 오히려 그 누구보다도 밝고 푸른빛을 띠며 존귀한 존재야.

내담자: 하지만 지금 내 모습을 봐. 나는 전혀 더럽지가 않아. 오히려 그 누구보다도 밝고 푸른빛을 띠며 존귀한 존재야.

원장님: 그러나 네 모습은 어떠니? 오히려 더러운 건, 내가 아니라 너였어. 네가 더러워서 나까지 더러운 거라고 착각을 한 거야.

내담자는 원장님이 하는 말을 따라했다.

원장님: 왼손의 분아야.

내담자: 왼손의 분아야.

원장님: 너와 모습을 쳐다봐. 그리고 어떤 느낌이 드는지 말해봐.

원장님은 내담자에게 왼손(부정적 분아)과 오른손의 분아(긍정적 분아)를 번갈아 보고 어떤 느낌이 드는지 물었다.

내담자: 긍정적 분아가 자기보다 힘 있고 건강해 보인대요.

원장님: 좋습니다. 이제 '내가' 왼손에 있는 부정적 분아에게 말합니다. 똑같이 따라하세요.

여기서부터는 내담자 자신과 왼손의 분아가 서로 만나기 시작했다.

원장님: 왼손의 분아야. 너는 늘 나한테 더럽다고 말했어.

내담자: 왼손의 분아야. 너는 늘 나한테 더럽다고 말했어.

원장님: 하지만 나는 알아. 사실 그 말은 다 나를 위한 거였다는 걸.

내담자: 하지만 나는 알아. 사실 그 말은 다 나를 위한 거였다는 걸.

원장님: 내가 너무 괴롭고 힘들어하니까. 나를 보호하기 위해 그런 말을 한 거였어.

내담자: 내가 너무 괴롭고 힘들어하니까… 나를 보호하기 위해 그런 말을 한 거였어….

원장님: 어린 시절 내가 엄마 때문에 힘들어했던 걸, 너는 다 기억하고 있었던 거야.

내담자: 어린 시절… 내가 엄마 때문에 힘들어했던 걸… 너는 다 기억하고 있었던 거야….

내담자는 원장님이 하는 말을 따라하며 울먹이기 시작했다.

원장님: 내가 항상 죄책감이 들고 우울해하니까, 그러지 못하게 하도록 나를 도운 거야.

내담자: 내가 항상 죄책감이 들고 우울해하니까… 그러지 못하게 하도록 나를 도운 거야.

원장님: 하지만 왼손에 있는 분아야.

내담자: 하지만…왼손에 있는 분아야….

원장님: 많은 시간이 흐르고 나니 네가 내 안에서 했던 일들이 나를 힘들게 했어.

내담자: 많은 시간이 흐르고 나니… 네가 내 안에서 했던 일들이… 나를 힘들게 했어….

원장님: 나는 쓰레기도 하나 버리지 못하는 사람이 됐고 설거지도 두려워하고, 씻는 것도 사람들이 피해를 볼까 봐 늘 걱정하는 사람이 됐어.

내담자는 원장님이 하는 말을 따라했다.

원장님: 그러니 힘겨워했던 일들을 이제 모두 정리하자. 오른손에 있는 긍정적 분아에게 모든 걸 맡기도록 하자. 그동안 고생했어. 많이 힘들었지? 이제 가서 쉬도록 해.

내담자는 원장님이 하는 말을 따라했다.

원장님: 자, 이제 왼손에 있는 분아가 어떤 말을 하는지 들어보세요.

내담자는 눈물을 흘리며 입을 뗐다.

내담자: 미안하다고… 이제 떠나겠대요….
원장님: 좋습니다. 그러면 이제 왼손에 있는 분아에게 작별인사를 하도록 할게
요. 선생님이 하는 말 따라하세요.
원장님: 왼손의 분아야. 그동안 고마웠어.
내담자: 왼손의 분아야. 그동안 고마웠어…
원장님: 네 마음을 알아주지 못하고, 원망만 하고 자책해서 미안해.
내담자: 네 마음을 알아주지 못하고… 원망만 하고 자책해서 미안해…
원장님: 내가 그걸 모르고 널 미워하기만 했어.
내담자: 내가 그걸 모르고 널 미워하기만 했어.
원장님: 이제 오른손에 있는 분아가 나를 지켜주도록 할 거야. 그러니까 그동안
고생했던 거 다 버리고 멀리 가서 쉬도록 해. 다시는 만나지 말도록 하
자. 정말 고마웠어. 사랑해.

내담자는 원장님이 하는 말을 따라하며 두 뺨에 눈물을 흘렸다. 원장님이 그 모
습을 보고 말했다.

원장님: 왼손의 분아도 사랑받을 자격이 있는 분아야. 그치?
내담자: 네….

내담자는 울먹이며 대답했다. 사랑받을 자격이 왜 있는지 이번 명상최면을 통
해 깨달았기 때문이었다. 부정적 분아는 자기 나름대로 방식으로 내담자를 지키

기 위해 노력을 한 것이었다. 동시에 누구보다도 상처를 많이 받은 분아이기도 했다. 원장님은 내담자가 감정을 추스를 때까지 기다린 후 입을 뗐다.

원장님: 어때…? 부정적 분아가 떠나겠다고 해?

내담자: 네….

원장님: 좋아, 그럼 마지막으로 왼손의 분아에게 하고 싶은 말이 있으면 해 봐.

내담자: 그동안 나를 도와줘서 고마웠어. 네 덕에 상담소에 와서 치료까지 받게 되었어. 앞으로는 너 없이 스스로 이겨내도록 할게.

원장님: 그 이야기를 들은 왼손의 분아가 뭐라고 대답해?

내담자: 너라면 이겨낼 수 있을 거라고, 긍정적 분아에게 저를 잘 부탁한대요….

원장님: 좋습니다. 이제 주먹을 쥔 왼손을 머리 위로 올리세요. 그리고 선생님이 하나, 둘, 셋 하면 주먹을 펴고 저 멀리 지구 밖으로 던집니다. 자- 하나, 둘, 셋! 주먹을 펴세요! 왼손의 분아가 저 멀리 날아갑니다! 점점 내 눈앞에서 멀어집니다. 이제 완전히 지구 밖으로 사라졌습니다! 사라졌나요?

내담자: 네.

원장님: 이제 내 오른손에는 아주 강력하고 에너지가 넘치는 오른손의 분아가 있습니다. 오른손을 들어 가슴에 가져다 대세요.

내담자는 오른손을 가슴에 댔다. 원장님은 빠르고 힘 있게 말했다.

원장님: 오른손에 있는 분아는, 항상 하은이에게 넌 깨끗하다고 말하는 분아입니다. 이 분아는 외로움이 존재하지 않고, 괴로움도 없으며, 그 누구보다도 밝고 따뜻한 푸른빛을 내는 분아입니다. 이 분아가 이제 내 가슴속에 들어가면 부정적인 생각들은 모두 사라지고, 자신감이 충만해 어디서나 내 존재감을 사람들에게 드러낼 수 있게 됩니다. 또 무엇이든 용감하게 도전하고 실패해도 전혀 낙담하지 않고! 다시 일어서서 앞으로 나아갈 수 있게 하는 분아입니다.

원장님은 잠시 시간을 둔 뒤 말했다.

원장님: 이제, 선생님이 하나, 둘, 셋. 하면 주먹을 펴면서 오른손의 분아가 내 가슴에 들어간다고 생각하세요. 자- 하나, 둘, 셋! 오른손의 분아가 가슴속에 들어갔습니다! 내 몸에 있는 부정적인 기운은 모두 사라지고 긍정적인 기운으로 가득 찹니다! 손끝에서 발끝까지 강력한 에너지가 뻗어나갑니다! 따뜻하고 충만한 기운들이 온몸에 퍼지는 걸 느끼세요! 느껴지나요?

내담자: 네….

원장님: 좋습니다. 코로 숨을 깊이 들이마시고 입으로 천천히 뱉으세요. 다시 한 번 숨을 깊이 들이마시고 내뱉으세요. 이제, 눈을 떠도 좋습니다.

내담자는 부정적 분아를 내보내고 긍정적 분아의 기운을 느낀 뒤 눈을 떴다.

명상최면 치료과정

① 명상최면으로, '억눌린 감정'을 풀어준다.
② 지혜롭고 현명하며 자신감이 넘치는 '또 다른 나'가 '상처받은 나'를 인정하고 위로한다.
③ 세부감각 지우기로 과거 기억 속 '부정적 감정'을 없애준다.
④ '부정적 감정을 없애고', '긍정적 감정을 덮어씌운다.'
⑤ '부정적 분아를 내보내고', '긍정적 분아를 강화해 가슴에 앵커링'한다.

부정적 분아를 인정하고 위로해주는 이유

    원장님이 '부정적 분아 내보내기' 명상최면을 할 때면 언제나 슬픈 느낌이 들었다. 듣다 보면 부정적 분아가 왜 그러고 있었는지 그의 감정이 고스란히 느껴졌기 때문이었다. 그리고 부정적 분아만큼은 혼내는 건 아니더라도 적어도 그의 잘못된 행동을 지적은 해야 한다고 생각했다. 하지만 '또 다른 나'가 '상처받은 나'를 위로해 주듯, 이번에도 부정적 분아를 위로해 주고 인정해 주는 형태가 되고 있었다. 왜 그렇게 하는지 이유를 물었다.

    "부정적 분아를 인정하고 위로해 주는 이유가 뭐예요?"

    "부정적 분아가 곧 누구야?"

    "상담을 받는 내담자요?"

    "그치. 자기 자신이지? 그런데 부정적 분아의 행동을 지적하면 어떻겠어? 그건 곧 내담자한테 너 왜 그렇게 행동하냐고 말하는 거랑 같은 거야. 그러니까 부정적 분아의 행동을 부정하면 내담자를 부정하는 게 되는 거야. 그렇게 되면 안 되지."

    "아…."

    나는 이해가 된다며 고개를 끄덕였다. 그런데 궁금한 게 또 있었다. 부정적 분아를 위로하고 인정해줘야 한다는 걸 알겠는데, 부정적 분아를 내보내면 어떤 논리로 도덕적 강박증이 사라지게 되느냐는 것이었다.

    "부정적 분아를 내보내면 왜 도덕적 강박증이 없어지는 거예요?"

    "명상최면을 할 때 부정적 분아를 위로하고, 인정하고, 내담자를 지켜줘서 고맙다는 표현을 했잖아?"

    "네."

    "그래야 내담자가 새로운 인지를 하게 돼서 그래."

    "어떤 인지요?"

"부정적 분아를 통해 아− 내가 힘든 걸 충분히 위로받고 인정받았으니까, 이제 그만해도 된다는 마음을 갖게 되는 거야. 왜? 부정적 분아가 곧, 자기 자신이니까."

"아…!"

나는 전구가 번뜩이는 느낌을 받았다. 무슨 말인지 드디어 이해됐기 때문이었다. 그러니까 부정적 분아는 도덕적 강박증을 앓고 있는 '실체'이다. 모든 도덕적 강박은 부정적 분아에게서부터 나온다. 그런데 명상최면을 통해 부정적 분아를 떠나보냈다. 그렇다는 건 곧 도덕적 강박증도 사라진다는 의미였다. 왜? 부정적 분아는 곧 내담자이니까. 그래서 원장님은 부정적 분아가 충분히 인정받고 위로받으면, 내담자가 잘못된 행위를 그만해도 된다는 새로운 인지를 한다는 말이었다. 그리고 긍정적 분아를 강화해 가슴에 앵커링을 한다.

정리하면 다음과 같다.

① 부정적 분아는 곧, '내담자'이다. 그러므로 부정적 분아를 위로하고 인정하는 건, 곧 내담자가 위로와 인정을 받는 것과 같다.

② 부정적 분아는 '도덕적 강박증'을 가지고 있는 '실체'이다. 그러므로 부정적 분아를 내보내는 건, 내담자가 더는 잘못된 행위를 그만하겠다는 것과 같다.

③ 마지막으로 긍정적 분아를 강화해 내담자의 가슴에 앵커링 한다.

내담자는 약 30회기의 심리치료를 받은 후, 모든 증상이 말끔히 사라졌다. 더는 방에 쓰레기를 모아두지 않았고, 밥을 먹으면 바로 설거지를 했다. 샤워를 하는 것도 문제가 나타나지 않았다. 더는 불결하거나 더럽다고 생각하지 않았고, 내가 씻은 물이 하수구로 흘러가 사람들에게 피해를 준다고 생각하지도 않았다. 도덕적 강박증에서 완전히 벗어난 순간이었다.

내담자가 완치 후, 심리적 안정을 찾자 원장님은 집단상담을 권했다. 다른 내담자와 이야기를 나누며 자신을 객관화하는 시간과 사회성도 올렸다. 그 결과 내담자는 자취생활에 완전히 적응했다. 아르바이트도 하며 자기가 원하는 공부를 했다.

내담자 부모님은 환경치료 이후 따로 상담을 요청했다. 이혼하기로 합의했다는 것이었다. 또한 새롭게 알게 된 사실은, 아내가 바람을 피우게 된 이유가 있었다. 남편이 오래전 접대를 하면서 다른 여자와 자게 된 걸 들킨 것이었다. 아내는 배신감을 느끼고 그때부터 바람을 피우기 시작했다. 원인제공은 남편이라고 할 수 있으나, 아내가 내담자에게 한 행동은 절대로 용납할 수 없었다. 어쨌든 간에 내담자는 피해자이기 때문이었다.

이외에도 부부 문제는 지속해서 터져 나왔다. 남편은 모든 경제권을 아내에게 넘겼는데, 알고 보니 아내가 돈을 모으지 않고 있었다. 남자를 만나면서 펑펑 쓰고 다닌 거였다. 만약 이런 가정환경에 속에 내담자가 있었다면, 부모로부터 부정적인 영향을 받았을 게 분명했다.

현재 부부는 이혼하고 각자 살고 있는 중이다. 내담자도 나중엔 엄마를 용서하기로 했다. 부모에게 많은 상처를 받았지만, 용서를 하는 게 최선이라는 걸 깨달았기 때문이다. 힘든 시절을 모두 이겨내고 새로운 삶을 살아가고 있는 그녀에게 응원을 보낸다.

명상최면치료를 마치며

　명상최면은 심리치료의 핵심이라고 해도 과언이 아니다. 내담자가 상담을 받는 이유는 과거의 상처로 인해 괴롭기 때문이고, 이 괴로움은 '기억'이 아니라 '감정'에서 파생되는 것이기 때문이다. 그래서 명상최면은 내담자가 더는 부정적 감정의 영향을 받지 않게 하는 데 목적이 있다. 치료를 다 받고 나면 내담자는 더는 과거 기억으로 괴로워하지 않는다.

　명상최면 기법은 이 외에도 여러 가지가 있다. 이 중 다섯 개를 뽑은 이유는 감정을 무감각하게 만드는 데 가장 대표적인 치료이기 때문이다. 또 원장님은 명상최면을 다양한 방법으로 응용했는데, 그 중 하나가 미술치료와의 결합이라고 할 수 있다. 그림을 통해 내담자가 부정적인 자신의 상태를 인지하고, 다시 긍정적으로 그리는 것이다. 그리고 명상최면을 통해 부정적인 것은 삭제하고, 긍정적인 것은 뇌에 각인한다.

　다른 명상최면 기법은, 증상에 따른 상담사례를 소개할 때 다시 보여주도록 하겠다.

제 3 장

인지치료

인지치료는 모든 심리상담소에서 사용한다고 할 정도로 가장 보편적인 심리치료 기법이다. 하지만 반대로 가장 어려운 치료기법이기도 하다. 나는 원장님이 인지치료를 하는 걸 보며 굉장히 논리적이어야 한다는 것을 한두 번 느낀 게 아니었다. 원장님이 하는 이야기를 듣고 있노라면 절로 공감과 설득이 됐기 때문이었다. 그래서 내가 심리상담 공부를 할 때도 명상최면보다 인지치료를 하는 게 더 어려웠다. 하지만 원장님은 어려운 건 논리력 문제가 아니라고 했다. 의식의 확장 문제라는 것이다. 상담사는 깨어 있어야 한다는 말인데…. 나는 그게 더 어렵다며 고개를 내저었다.

인지치료에서 가장 중요한 이론은 '일반화', '왜곡', '삭제'이다.

일반화는 하나의 일을 두고 전체로 일반화한다는 말이다. 예를 들어 남자 친구에게 데이트 폭력을 당했다면 남자 친구만 나쁜 건데, 세상 모든 남자는 다 혐오스럽다고 일반화하는 걸 말한다.

왜곡은 있는 그대로를 받아들이지 않고 왜곡을 한다는 뜻이다. 예를 들어 친한 친구에게 배신을 당한 적이 있다면, 누군가가 나에게 잘해줄 때 불순한 목적이 있어서 잘해준다고 왜곡하는 것이다. 곧 있는 그대로를 받아들이지 못한다.

삭제는 정보를 온전히 받아들이거나 전달하지 않고, 자기 입맛대로 받아들이고 전달하는 것이다. 예를 들어 누군가와 갈등이 생기면 내가 잘못한 부분은 삭제하고 상대방이 잘못한 부분만 말한다거나, 어떤 정보를 들으면 자기 마음대로 받아들이고 싶은 것만 받아들이고 나머지는 삭제한다는 뜻이다. 그래서 상담사는 내담자와 대화할 때 어느 순간에 일반화, 왜곡, 삭제가 일어나는지 반드시 알아채야 한다.

인지치료 과정은 이렇다. 먼저 상담과 검사지를 통해 내담자가 문제가 되는 부분을 찾는다. 그 문제에 맞는 정확한 인지치료 도구(내담자를 치료하는 심리치료 프로그램)를 쓴다.

원장님이 사용하는 인지치료 도구는 내담자에게 물어볼 질문들이 적혀있다. 순서에 따라 상담사는 질문하고 내담자가 답변하는 방식이다. 그렇게 질의응답을 하면서 내담자 스스로 내가 무엇이 잘못되었는지 인지를 하는 것이다.

여기서 가장 중요한 건, 앞서 말했던 것처럼 내담자는 답변할 때 일반화, 왜곡, 삭제가 일어난다는 점이다. 예를 들어 '폭력을 행사하는 게 내 정체성과 맞는가?'라는 질문을 했을 때, '내 정체성과 아주 잘 맞다.'라고 왜곡하는 내담자가 있다는 뜻이다. 이때 상담사는 대화를 통해 내담자가 왜곡하고 있는 부분을 바로잡아줘야 한다. 바로잡을 때도 절대로 명령을 하거나 가르치려는 태도를 보여서는 안 된다. 거부반응이 일어나기 때문이다. 나는 실습을 할 때 이 부분이 가장 어려웠다. 그럼 상담사례를 통해 인지치료가 어떻게 이뤄지는지 알아보도록 하겠다.

성적 때문에
'조현정동장애'에 걸린 남자

글 쓰는 커뮤니티에서 오랫동안 알고 지내던 사람이 있었다. 20대 중반의 남자였는데, 서로 글을 평가하고 댓글을 달아주며 친분을 쌓았다. 그러던 어느 날, 나는 그가 심리적으로 매우 힘든 상태라는 걸 알았다. 내가 온라인으로 심리상담을 한다는 걸 알고 상담을 요청했다. 요지는 부모님 때문에 힘들다는 것이었다. 부모님이 성적밖에 몰라 미칠 것 같다고 했다. 그에게 상담을 받아본 적이 있는지 물었다. 그는 상담을 받아봤지만, 효과가 없었다고 했다. 나는 대화로 하는 상담은 그때뿐이라 한계가 있다고 말했다. 특히 심리적 증상이 있는 사람은 상담이 아니라 증상에 맞는 심리치료를 받아야 한다고 했다. 다행히 그는 내 말에 공감했다. 상담에 대해 회의적인 시각을 가지고 있지만, 마지막으로 받아보겠다며 두 시간이나 되는 거리에도 불구하고 상담 예약을 했다.

며칠 후, 그가 상담소에 방문했다. 실제로 얼굴을 보는 건 처음이었다. 하지만 나는 그를 보고 깜짝 놀랐다. 행색이 초라했기 때문이었다. 한눈으로 봐도 그간 얼마나 힘들었는지 알 수 있었다. 나는 그와 잠시 이야기를 나눈 뒤, 원장님이 있는 상담실로 안내했다.

원장님은 그에게 감각검사지(V, A, K)와 환경프로파일 검사지를 건넸다. 그는 검사지에 체크를 모두 한 후 원장님에게 주었다. 검사 결과 그도 가정환경이 좋지 않은 것으로 나타났다.

원장님이 검사지를 보며 물었다.

"부모님이 사이가 좋지 않나요?"

"…네 각방을 쓴 지 10년도 넘은 거 같아요."

"지금도 자주 싸우나요?"

"예전엔 많이 싸웠는데, 요새는 서로 말도 안 하세요."

"검사지를 보니까, 부모님에 대한 원망이 깊은 거로 나타나네요? 부모님을 원망하게 된 특별한 이유가 있나요?"

내담자는 과거 이야기를 했다. 그는 어린 시절부터 부모님이 싸우는 모습만 보며 자랐다. 태어난 순간부터 지금까지 부모가 행복해하는 얼굴은 한 번도 본 적 없었다. 늘 집안에 고성이 오갔고, 한바탕 소란이 일어날 때면 집안에 냉기가 가득했다. 특히 엄마는 어린 시절부터 내담자가 조금만 잘못하면 혼내고 때리고 꼬집었는데, 아빠와 싸우면 또 그걸 자기에게 풀곤 했다.

가장 충격적이었던 건 내담자가 7살 때였다. 엄마가 울 거 같은 표정으로 밖으로 나가길래 그는 어디 가냐고 물었다. 그러자 엄마는 죽으러 간다고 말했다. 그는 심장이 떨어지는 줄 알았다. 집을 나간 엄마가 너무나 걱정되고 무서워 진정할 수 없었다. 몇 시간 지났을까, 집 전화벨이 울렸다. 수화기를 드니 엄마였다.

"엄마, 어디야?"

내담자가 묻자 엄마가 대답했다.

"조금 이따 들어갈 테니까, 기다리고 있어."

친구를 만나고 있던 엄마였다. 거기다 집을 나갈 때와는 달리 밝은 목소리였다.

"죽으러 가긴 뭘 죽으러 간다, 그래."

그는 울먹이며 엄마에게 말했다.

내담자는 지금 생각해도 엄마에게 배신감이 느껴진다고 했다. 어떻게 7살밖에 되지 않은 애에게 죽으러 간다고 할 수 있느냐는 말이었다.

엄마가 아들에게 상처를 준 건 이게 끝이 아니었다. 그가 초등학교 1학년 때였다. 학교에서 받아쓰기를 90점 맞아 자랑하려고 엄마에게 보여줬다. 하지만 엄마는 되레 아들을 질책했다. 왜 100점이 아니냐는 것이었다. 그때부터 엄마는 성적에 목을 맸다. 조금이라도 성적이 낮으면 남과 비교했다. 밥을 먹다가도 갑자기 성적 이야기를 했고, 외식할 때도 모래알 씹는 표정을 짓더니 왜 성적이 그거밖에 나오지 않았느냐며 아들을 비난했다.

엄마의 성적 집착은 내담자가 중학교 1학년이 되었을 때 절정에 달했다. 그는 중학교 첫 중간고사에서 평균 88점을 받았는데, 생각보다 점수가 높아 놀랐다. 친구들도 왜 이렇게 잘 봤냐며 깜짝 놀랐다. 그는 집에 가자마자 기쁜 마음으로 엄마에게 자랑했다. 이 정도 점수면 엄마가 기뻐할 거란 생각에서였다. 하지만 엄마는 점수를 보더니 조용히 방문을 닫고 들어갔다. '왜 그러지?'라고 생각하는 찰나 과외 선생님이 와서 과외를 했다. 수업을 마치자 엄마가 방에서 나왔다. 그는 엄마의 얼굴을 보고 깜짝 놀랐다. 엄마의 얼굴에 운 흔적이 있었다. 그가 왜 울었는지 묻자, 엄마는 90점을 넘지 못해서 그런다고 말했다. 그는 그해 기말고사 때 드라마처럼 평균 89점을 맞고 책상에 주저앉아 울었다.

내담자가 말하길, 엄마는 성적 하나에 목숨이 왔다 갔다 하는 사람이라고 했다. 그리고 엄마의 성적 집착은 아빠의 월급 집착으로도 이어졌다. 아빠가 월급을 타오면 엄마는 항상 쥐꼬리만 한 월급이라며 아빠를 비난했다. 그때마다 또 한바탕 싸움이 벌어졌다. 하지만 엄마가 칼을 들고 아빠에게 덤비면서부터 아빠는 울며 겨자 먹기로 참기 시작했다. 이렇듯 엄마는 가정에서 무소불위 같은 존재였다. 그렇다면 엄마는 집에서 무엇을 하는 사람일까?

엄마는 집에서 살림하는 것 빼고는 특별히 무언가를 하는 게 없었다. 오히려 집에 불을 다 끈 채 이불을 뒤집어쓰고 있는 시간이 많았다. 범접할 수 없는 우울함이 내재해 있었고, 내담자는 집에 엄마가 혼자 있는 게 너무나 싫었다. 언제 소리를 칠지 몰라 항상 긴장했다.

그렇다면 아빠는 내담자에게 어떤 존재였을까? 아빠도 피해자인 것처럼 보이지만 실상은 아니었다. 아빠도 성적에 대한 집착이 있었다. 이 정도 성적이면 서울대 감이라던가, 네 영어 실력은 고교생을 능가한다던가, 너 정도면 대학교수도 쉽게 될 거라고 하는 등, 성적 부담을 끊임없이 주었다. 한 번은 내담자가 고려대에 가면 어떨 거 같냐고 묻자, 아빠는 서울대에 가라고 했다.

이외에도 아빠는 엘리트주의가 있었다. 공사장에서 노동하는 사람들이나 노숙자를 보면 다 공부를 안 해서 그런 것이라며 사회의 낙오자처럼 말했다. 아빠와 같이 차를 타고 등교할 때였다. 인부가 도로 통제를 하자 아빠는 "노동자 주제에"라며 그를 깔보는 식으로 말했다.

이렇듯 엄마가 내담자를 남들과 비교하며 비난하는 유형이라면, 아빠는 그를 치켜세워주면서 비교 대상자를 낮추는 유형이었다. 네 머리면 옆집 누구는 아무것도 아니라든지, 사촌동생이 좋은 성적이 나오자 걔는 너와 비교해 별것도 아니라고 말하기도 했다.

그렇게 내담자는 어린 시절부터 아빠에게 매일 남을 깔보는 말을 듣다 보니, 아빠의 가치관이 그대로 투영되었다. 그 결과 내담자는 공부를 못하는 아이들을 보면 아빠처럼 속으로 욕하고 무시했다. 그것이 극대화된 게 초등학교 6학년 때였다. 그는 초등학교 6학년 때부터 왕따를 당하기 시작했는데, 아이들은 툭하면 그를 불러서 레슬링을 했다. 그게 잘못돼서 허리가 아파 고생을 한 적이 있었고, 재킷을 머리에 뒤집어씌우고 구타하고는 여자 화장실에 밀어 넣기도 했다. 아니면 회전이 되는 의자에 앉혀놓고 여러 명이 어지럽게 계속 의자를 돌리거나 머리를 때려 그대로 쓰러진 적도 있었다. 또 수학여행에서는 옷을 벗기거나 장난감 권총으로 비비탄을 쏘기도 했다.

이런 내담자의 생활은 중학교 3학년 때까지 지속했다. 기가 약해 매일 맞고 잠바가 같다는 이유로 애들이 짜증을 내는 등 그는 중학교 3학년 내내 모멸감과 원통함을 느꼈다. 그때 그가 할 수 있는 일은 바로 '무시'였다. 자신을 괴롭히는 아이들에게 저항할 수 없으니, 속으로 공부도 못하는 것들이라고 무시했다.

그리고 동시에 공부가 정말로 중요한 게 맞는지 혼란스러웠다. 어차피 공부를 잘해봤자 아이들에게 욕먹고 괴롭힘을 당하는데 무슨 소용이 있냐는 것이었다. 또 굳이 공부를 잘하지 않아도 반에서 인기 있는 학생을 보며 공부에 대한 중요성은 퇴색되어버리고 말았다. 훗날 엘리트가 된다고 한들 그게 의미가 있는지 회의에 빠졌다.

그렇게 그는 중학교를 졸업하고 고등학교에 올라가면서 일진 행세를 시작했다. 일진 행세를 한 이유는 예전의 모습으로 돌아가면 따돌림, 무시를 당할지도 모른다는 공포감 때문이었다. 외고에 들어갔으나 이미 공부에 대한 기대를 접어 버린 상태였다. 그리고 그는 이때부터 부모님을 판단하기 시작했다. 특히 엄마는 어딘가 인성이 모자란다고 생각했다. 가만 보면 혼나고 말고는 늘 엄마 기분에 좌우되고 있었다. 거기다 늘 방에 불 끄고 잠만 자는 것하며, 이불 속에서 "공부해." "학원 가."만 반복하는 모습이 보통의 엄마와는 달라 보였다.

그것뿐인가? 밖에서 엄마는 소심 그 자체였다. 모임에서 늘 가라앉아 있었고, 누가 말 걸면 두렵다는 듯이 회피했다. 레스토랑에 가도 엄마는 항상 아무것도 시키지 않았고, 뭘 먹어도 모래 씹는 듯한 표정을 지었다. 학부모 봉사활동에 나갔을 때도 마찬가지였다. 다른 학부모 사이에서 엄마는 혼자 잔뜩 긴장해 벌벌 떨고 있었다. 쉬운 일에도 여러 번 실수했고, 다른 학부모와 잘 어울리지 못했다. 만약 내담자가 엄마에게 잘못된 걸 지적하기라도 하면 엄마는 소리 지르거나 울부짖을 때도 있었다. 어느 날은 엄마와 도저히 말이 통하지 않아 아빠에게 털어놓았다. 아빠는 그 말을 듣고 엄마에게 화를 냈다. 그러자 엄마는 소리치며 아들을 발로 찼다.

생각해보면 아빠도 이상하기는 마찬가지였다. 기본적으로 남을 깔보는 습성하며, 성적 말고는 자기에게 관심이 있어 보이지 않았다. 아빠는 내담자에게 학교생활이 어떤지, 요새 어떤 고민이 있는지, 무엇을 좋아하는지, 그에 대해 관심을 준 적이 없었다. 아빠가 하는 말은 공부는 잘하고 있는지, 이번 성적은 어떤지, 그리고 대학교는 서울대로 가자, 라는 말뿐이었다. 그러다 보니 그의 마음에는 서서히 주체할 수 없는 분노가 자리 잡았다. 내가 왜 부모의 입맛대로 살아야 하냐는 것이었다.

그러던 어느 날, 저녁을 먹고 있을 때였다. 엄마는 또 내담자에게 공부 좀 열심히 하라고 타박했다. 누구는 잠도 몇 시간밖에 자지 않는데 너는 왜 그 모양이냐며 잔소리를 했다. 내담자는 더 이상 참을 수 없어 숟가락을 놓고 말했다.

"성적이 밥 먹여줘요?"

"뭐?"

"성적이 밥 먹여주냐고요!"

"너, 미쳤어? 지금 엄마한테 뭐라는 거야!"

엄마는 소리를 꽥! 지르며 고등학생인 그를 발로 찼다. 그는 그 순간 머리에 무언가가 번쩍이는 걸 느꼈다.

"씨발! 그만 좀 하라고!!"

내담자는 엄마에게 소리쳤다.

"이 미친년아! 넌 성적이 다야?! 성적만 좋으면 내가 어떻게 돼도 상관없어?!"

그는 식탁을 엎어버린 뒤 밥그릇을 벽에 던져버렸다. 밥그릇이 산산조각이 나며 바닥에 떨어졌다.

"지호야, 왜 그래!"

아빠가 내담자를 말렸다. 하지만 그는 아빠에게도 욕을 했다.

"왜 그래? 너는 내가 왜 그러는 거 같아?! 서울대? 서울대는 너도 못 간 주제에 왜 나보고 가라 말아! 개새끼야!"

그는 집안에 있는 가구들을 다 때려 부수기 시작했다. 돌연 일어난 사태에 부모님은 넋이 나갔다. 그리고 그의 이런 행동은 몇 개월간 지속되었다. 조금만 심기가 뒤틀리면 욕하며 난동을 부렸다. 부모님은 도저히 아들을 말릴 수 없었다.

부당함을 오랫동안 당하면 나타나는 증상

나는 가정환경에 문제가 있었던 자녀를 보며 한 가지 패턴을 알게 되었다. 바로 사춘기가 되면 더는 부당한 일에 잠자코 있지 않는다는 거였다. 특히 오랫동안 부당한 일을 당한 자녀는 꼭 이 시기에 폭발한다. 그것에 관해 묻자 원장님이 답했다.

"사고와 가치관이 정립되는 시기가 사춘기라서 그래."

"사고와 가치관이 정립되는 시기요?"

"응. 보통 0세부터 13세까지는 내 아이가 다른 아이들과 똑같이 자라는 것처럼 보이거든. 그런데 13세부터 25세 정도 되면 아이들이 자기가 살아온 삶을 재조명해. 내가 자란 환경은 어떤지, 부모가 나에게 어떻게 대하는지, 나는 어떤 존재인지, 그로 인해 나는 어떻게 살아가야 하는지, 세상을 바라보는 시선이 바뀌면서 가치관을 정립하는 거야."

"가치관을 정립한 후에는요?"

"부모에게 불합리한 일을 많이 당한 자녀라면 심리 질환이 생기고 부모와 갈등을 일으켜. 아, 우리 부모는 이런 사람이니까 나는 앞으로 이렇게 행동하겠다. 이런 거지."

나는 [사례1]의 청년도 아버지에게 반항하기 시작한 게 고등학생 때라는 걸 떠올렸다. 또 상담사례 대다수 내담자도 성인 이후에 심리증상이 나타났다는 걸 보았다.

이번 사례의 내담자도 마찬가지였다. 그는 재수하던 중 부모님의 성적 강요에 결국 폭발했다. 그동안 쌓아뒀던 감정을 모두 쏟아냈다. 만약 이렇게 계속 폭발을 한다면 어떻게 되는 것일까? 그것에 관해 묻자 원장님이 대답했다.

"폭발한다는 건 뭐야? 그동안 싸웠던 분노나 감정을 쏟아내는 거지?"

"네."

"그 뜻은 더는 참지 않겠다는 거야. 그래서 한번 터지고 나면 아무도 못 말리

게 돼. 그런 상태가 지속하면, 감정조절을 하지 못해 분노조절장애에 걸릴 수도 있고."

"그렇구나."

감정을 주체하지 못하는 패턴이 지속되면, 결국 분노조절장애에 걸리게 된다는 걸 알게 되었다. 그렇게 생각하고 보니 동물학대가 왜 일어나는지도 알게 되었다. 스트레스는 받고 분노는 차오르는데 풀 대상이 없으니까 동물학대로 그것을 푸는 것이었다.

그런데 한 가지 의문이 들었다. 부모님에게 부당한 대우를 받으면 모든 자녀가 지금의 내담자처럼 변하는 것일까? 나는 원장님에게 물었다.

"그러면요. 부모님에게 부당한 대우를 받으면 자녀들은 다 분노를 표출하는 거예요? 그렇지 않은 예도 있지 않아요?"

원장님이 고개를 끄덕였다.

"맞아. 음지로 빠져들어서 우울증에 걸리는 자녀도 있어."

"똑같이 부당한 대우를 받는데, 왜 나타나는 증상이 서로 다른 거예요?"

"성향의 문제도 있고, 부모님에게 부당한 대우를 받는 과정을 면밀히 들여다보면 다 달라. 예를 들어서 아버지가 엄청나게 강한 사람이라면, 기가 눌려 반항하지 못해서 우울증에 걸리는 거야. 그런데 이번 상담은 아버지가 기가 센 유형이 아니었고."

"아…."

나는 이해가 간다며 고개를 끄덕였다. 동시에 꼬리를 물어 또 질문했다.

"그럼 우울증에 걸리면 어떤 현상이 일어나요?"

"내가 괴롭고 힘들다는 걸 부모한테 표현하지 못하니까, 어떻게 하겠어? 속으로 삭이겠지?"

제 3 장 인지치료   145

"네."

"그런 자녀는 스트레스를 무엇으로 풀까? 스트레스는 계속 받고 있고, 감정을 주체할 수 없으니까 어떤 거로든 풀 거 아냐."

"동물학대?"

"맞아. 동물학대도 할 수 있고 자해도 해."

"그럼 우울증을 방치하면 어떻게 돼요?"

"피해의식과 피해망상에 빠지고, 자기만의 세계에 갇혀서 은둔형 외톨이가 돼. 사회생활을 하지 못하고, 최악의 경우 조현병까지 발전해. 분노조절장애도 마찬가지야. 치료받지 않고 놔두면 다른 증상들로 발전돼."

"그런데 부모들은 그게 자기들 때문이라는 걸 인지하지 못하지 않아요?"

"그치. 대다수가 그렇지."

나는 상담소에 있으면서 그런 장면을 너무나도 많이 봤다. 많은 부모가 자녀가 이상해졌다고 하면서도 정작 그게 자신들 때문이라고 하면 받아들이지 못했다. 오히려 자신도 힘들었다며 자기 입장만 피력하거나 자신의 교육관은 문제가 없다는 식이었다.

내가 온라인 상담을 할 때 가장 안타까웠던 게 바로 이 부분이었다. 그중에서 특히 청소년들이 가장 안쓰러웠다. 성인은 힘들면 적어도 제 발로 상담소를 찾아와 문을 두드릴 수 있는데, 청소년은 반드시 보호자가 필요하기 때문이다.

"가정폭력이 일어나서 힘들어요."

"아빠가 자꾸 술 먹고 행패를 부려요."

"부모님이 매일 싸워서 집에 있기 싫어요."

　등등 수많은 청소년이 부모 때문에 고통 받는다고 하소연했다. 나는 그때마다 꼭 부모님과 함께 상담소에 가라고 했다. 문제는 부모님에게 있기 때문이었다. 하지만 어떤 부모가 자기 문제를 인식하고 상담소에 가려고 할까? 거의 없다고 해도 무방하다. 자녀가 심각한 심리증상이 나타나기 전까지는 상담소에 갈 생각을 하지 않는다.

　그래서 나는 학생들에게 심리증상이 나타난 것처럼 거짓말이라도 해서 부모와 상담소에 가라고 하고 싶었던 적이 한두 번이 아니었다. 때로는 온라인 상담 중, 너무 안타까워서 학생에게 부모님 전화번호를 알려달라고 해서 통화를 한 적도 몇 번 있었다. 자녀가 힘들어하니 상담소에 와달라는 것이었다. 하지만 모두 실패했다. 전화로는 부모님을 설득할 수 없었다. 만약 이 책을 읽는 청소년이 있다면 꼭 이렇게 말해주고 싶다. 어떻게 해서든 부모님을 설득해 단 한 번이라도 상담소에 가게 하라고. 그러면 상담소에서 문제의 본질을 파악하고 환경치료를 할 것이다.

　어떻게 보면 학생들에게 모든 걸 떠넘기는 말이지만, 현실적으로 해줄 수 있는 게 없어서 그렇다. 당장은 피해자인 학생들이 노력해야 한다. 또 부모와 갈등이 심한 자녀는 절대로 부모님이 상담사의 이야기를 듣지 않을 거라고 미리 판단한다. '우리 부모는 바뀌지 않아.'라는 고정관념이 박혀 버린 것이다. 이는 성인도 마찬가지다.

　하지만 상담사들은 그런 부모조차도 행동교정을 할 수 있는 전문성을 갖춘 사람이다. 부모님을 어떻게 설득하고 이해시킬 수 있는지 알고 있다. 그러니 가정 문제로 힘든 청소년들은 꼭 부모님을 설득하자. 혼자 설득하기 힘들다면 학교 선생님에게 도움을 요청하자. 힘든 일이지만 나는 청소년들이 상담 받을 권리를 포기하지 않았으면 좋겠다

1) 천재가 되고 싶은 내담자

내담자는 부모님에게 분노를 표출한 후로 못마땅한 일이 생기면 집안을 난장판으로 만들었다. 물건을 부수고 던지며 부모님이 제어할 수준이 되지 못했다. 그러다 보니 부모님은 내담자를 정신병원에 입원시켰다. 정신병원에서는 그를 조현정동장애(조현병과 조울증이 합쳐진 증상)로 판정을 했다. 그때부터 내담자는 현실과 이상을 구분하지 못했고, 망상으로 들떠있다가도 금방 침울해지곤 했다.

그렇게 내담자는 정신과 병원에서 약을 먹으며 3개월을 입원하고 퇴원했다. 고등학교도 자퇴하면서 부모님에 대한 분노와 원망이 극에 달했다. 다행스러운 건 약을 먹기 시작하면서 폭력적인 행동은 눈에 띄게 줄어들었다. 그리고 1년 후 수능 날. 내담자는 시험을 치르다 무언가에 홀린 듯 수험장을 뛰쳐나갔다.

성적이 전부인 부모님은 그 소식을 듣고는 충격을 받았다. 이대로 두면 안 되겠다 싶어 스포츠 상담사를 1:1로 붙였다. 그리고 다시 공부를 시켰다. 수능 3개월이 남았을 때는 마음을 치유해야 한다며 내담자가 원하지도 않는 절에 합숙시켰다. 그것이 그를 더 악화시키는 원인이 됐다. 특히 내담자가 스포츠 상담사에게 부모님 때문에 힘든 걸 이야기하면, 위로받기는커녕 되레 혼나기만 했다. 예를 들면 이런 식이었다.

"자식한테 상담사를 알아봐 주는 아버지가 어디 있냐."

"너희 아버지는 정말 강인하신 분이다."

"내가 너희 아버지였다면, 너와 너희 어머니를 버렸을 거다."

"어머니를 인간으로 봐라. 무조건 미워하지 마라."

"부모님이 이렇게 경제적으로 지원해주는데, 너는 언제까지 철없이 그러고 있을 거냐."

"부모님에게 욕했다고? 당장 부모님께 전화해서 사과드려라."

이렇듯 스포츠 상담사는 부모가 잘못한 건 하나도 없고 모든 게 내담자의 탓인 것처럼 이야기했다. 그러다 보니 내담자는 부모님을 원망하면서 동시에 또 다른 생각이 자리 잡았다. 나는 부모님에게 못 할 짓을 한 패륜아라는 것이었다. 스포츠 상담사에게 매번 그런 이야기를 듣다 보니 다 자기가 잘못했다고 '각인'이 되었다. 하지만 불쑥불쑥 부모님에 대한 원망이 솟아나 하루하루가 고통의 나날이었다.

그럼에도 결국 내담자는 이듬해 꾸역꾸역 수능을 치렀다. 대학교에 입학했지만, 자기가 원하는 과가 아니었다. 철학과나 심리학과를 가고 싶었지만, 아버지로 인해 역사학과를 다니게 되었다. 그런 그가 과연 대학교를 잘 다닐 수 있었을까?

그는 학창 시절 왕따로 인해 대인기피증이 있어 친구들과 어울릴 수 없었다. 거기다 억지로 역사학과에 입학해 부모님에 대한 증오와 원망, 환멸만이 더 커졌을 뿐이었다. 결국 그는 휴학을 결정했다.

휴학했다고 해서 상황이 나아진 건 아니었다. 내담자는 무기력하게 온종일 소파에 누워 있었다. 그리고 이상하게도 세상이 너무나 커 보여 아무것도 할 수 없었다. 예를 들어 이런 식이었다.

'나는 나중에 부동산 거래 같이 어려운 걸 할 수 있을까? 원룸을 구하는 대학생들은 그 어려운 걸 어떻게 하지?'

TV 프로그램을 보며 냉소적인 반응도 보였다.

'너희는 돈이 없지만, 대신 원룸 정도는 구할 수 있는 지능과 일도 쉽게 해내는 솜씨가 있잖아. 나는 돈이 많아도 애초에 그런 능력이 없어서 아무것도 못해.'

그런가 하면 그는 다니던 교회 주방에서 칼을 발견해 가방에 집어넣고는 근사한 테러리스트가 되는 상상을 했다. 또 사람이 왜 사람을 죽이지 않는지 이해할 수 없었다. 만약 자기가 착하지만 않았다면, 수많은 사람을 죽였을 거라는 것이었다. 또 그는 자신이 천재라고 생각했다. 상담을 받은 후 심리치료 일기를 적었는데, 아래는 내담자가 실제로 적은 글이다.

나는 천재가 되고 싶었다. 엄청난 업적을 남겨 위인전에 실리고 역사책에 실리는 내가 되고 싶었다. 천재가 되지 못하고 일반인으로 죽는다면 그건 아무 의미 없는 인생이다. 때문에 나는 이 세상 누구와도 같아지고 싶지 않고 항상 내가 위에 있어야 한다.

나는 사람을 다 죽이고 싶었다. 나는 독재자를 존경했다. 히틀러나 스탈린 같은. 내가 왜 그들처럼 최고에 있지 않고 내 맘대로 사람을 다 죽이지 못하는지 아쉬웠다. 히틀러가 전 세계 범죄자로 남고 훗날 비참하게 자살로 생을 마감했어도 상관없었다. 내가 살아있는 동안 권력을 휘두르면 그만이었다.

아니면 재벌이 되고 싶었다. 인류 역사상 최고의 부자는 록펠러이고 2위는 앤드루 카네기라고 한다. 빌 게이츠는 20위권 밖이었다. 그래서 나는 록펠러처럼 되고 싶었다. 빌 게이츠는 뭔가 시시해 보였다. 미국 신문 기사에 내 얼굴이 실리고 내 재산이 나오고….

혁명가도 아주 매력적이었다. 다만 혁명에 성공하여 국가 최고 자리에 오를 수 있을 거란 보장 하에만 혁명가가 매력적이었다. 카다피, 스탈린, 마오쩌둥, 레닌, 후세인, 피델 카스트로처럼. 체 게바라는 중간에 죽어서 별로였고, 호찌민도 권력을 누리기보단 전쟁만 해서 별로였다. 학자도 좋은 거 같았다. 아인슈타인, 찰스 다윈, 카를 마르크스, 프로이트, 데카르트…. 우리가 쉽게 떠올릴 수 있는 그 이름.

작가도 좋다. 톨스토이, 도스토옙스키, 괴테, 발자크, 나쓰메 소세키….

나는 사람을 판단할 때 권위가 있는지 없는지로 판단했다. 권위가 있는 사람의 말은 무조건 맞았고, 권위가 없는 사람의 말은 무조건 틀렸다. 책도 위인의 경지에 이른 천재의 책만 보려고 했다. 그런 명성이 없는 책은 보지 않았다.

천재가 되지 못하는 난 상상할 수 없다. 천재가 되지 못한 사람의 말은 다 틀린 거고 내 말만 맞다. 난 천재처럼 살고 싶고 천재처럼 업적을 남기고 싶다. 나는 노벨상을 탈 것이다. 지금은 27살이 됐으니 한 35살 정도로 잡을까…. 평화상보단 과학상이 낫겠지. 그게 더 대우가 좋으니까.

역사책이 보고 싶으면 전공서적이 아니라 『헤로도토스의 역사』를 봐야 하고, 경제 책이 보고 싶으면 경제학자의 책이 아니라 애덤 스미스의 『국부론』을 봐야 하고, 교육학을 보고 싶으면 교육학 전공 서적이 아니라 페스탈로치의 『은자의 황혼』을 봐야 하고, 철학책이 보고 싶으면 철학 개론서가 아니라 칸트의 『순수 이성 비판』을 봐야 한다. 논어를 볼 때는 논어 전문가가 쓴 논어 해설이 아니라 정약용이 쓴 『논어고금주』를 봐야 한다.

왜냐면 천재가 쓴 책을 봐야 하니까. 천재가 쓰지 않은 책은 보면 머리에 안 좋다.

내담자는 이 시기에 위와 같은 생각을 하고 있었다. 그리고 밖을 돌아다니기 시작했다. 주로 도서관과 카페였다. 하지만 내담자는 도서관에서 책 한 권 고르는 데도 3시간이 걸렸다. 설령 책을 골라도 5분 이상을 보지 못했다. 글이 눈에 들어오지 않아서였다.

책을 대여한 후 카페에 가서도 마찬가지였다. 내담자는 책 한 장을 넘길 수 없었고, 그럴 때면 자신은 천재가 될 사람인데 이런 글도 읽지 못한다며 괴로워했다. 카페에서 나와 다시 도서관에 가서 다른 책을 대여한다. 똑같은 카페에 가서 책을 읽다가 눈에 안 들어와 다시 일어나 도서관에 간다. 몇 시간 동안 책을 고르고 똑같은 카페에 가기에는 눈치 보여 다른 카페에 가서 책을 읽는다. 다시 한 페이지도 읽지 못하고 일어난다. 내담자는 이런 패턴을 하루에 최소 세 번은 반복했다. 그리고 하염없이 길을 걸으며 머리가 터질 것 같아 괴로워했다. 심리치료 시간에 그런 자신의 모습을 그림으로 표현하라고 하자 아래와 같은 그림을 그렸다.

보이는 모습 아주 무겁고 뜨거운 머리를 지탱하기에는 몸이 너무 마르고 허약해서 힘겹게 고생하고 있는데, 장애물이 많다.

내적 능력   좋은 생각이 가끔 번뜩인다.

가치관 생각   안 맞는다. 너무 처량하고 안타깝고 동정심이 일어난다.

외부 느낌   어설프다, 한심하다, 안타깝다, 무능력해 보인다.

내 느낌   불쌍하다, 희망이 없다, 막막하다.

결과   누군가가 내 손에 의해 죽는다.

원장님이 왜 이렇게 표현했는지 묻자, 내담자는 머릿속에 생각이 너무 많다고 했다. 부모님에 대한 원망, 과거에 나를 괴롭혔던 아이들에 대한 복수심, 공부하지 않는 나에 대한 자괴감, 한 번도 성공적이지 못했던 대인관계에 관한 회의와 두려움, 내가 왜 이렇게 됐는지 풀리지 않는 의문들이 팝콘처럼 이리 튀고 저리 튀어 생각을 종잡을 수 없었다. 가끔은 쓰러질 것만 같아 일부러 다리에 힘을 주고 걸을 때도 있었다.

원장님은 내담자의 이야기를 듣고 위로를 했다.

"지호 씨 이야기를 들어보니까, 부모님 때문에 정말로 힘들었겠네요."

"그럼 뭐해요. 전 이미 부모님께 패륜아 짓을 저질렀는데요."

"그건 지호 씨 잘못이 아니에요. 그런 환경에서 자랐다면 누구나 할 수 있는 행동이에요."

그는 고개를 갸웃거렸다.

"…제 잘못이 아니라고요?"

"네. 부모님은 어린 시절부터 지호 씨를 있는 그대로 받아주지 않았잖아요. 그러다 참지 못해서 폭발한 거고요. 충분히 있을 수 있는 일이에요."

내담자는 혼란스러운 얼굴을 했다. 스포츠 상담사한테는 부모님 이야기만 하면 늘 부정만 당했는데, 처음으로 자기를 이해해줬기 때문이었다. 원장님이 내담자를 보고 입을 뗐다.

"다음 주부터 심리치료를 시작할 건데, 나중에 부모님을 부르라고 하면 부를 수 있죠?"

"부모님은 왜요?"

"부모님도 아셔야죠. 자기들로 인해 지호 씨가 얼마나 힘들어졌는지요. 바로 부르는 건 아니니까 마음의 준비만 해두세요."

"네, 알겠어요."

내담자는 그렇게 첫 상담을 마쳤다. 그리고 희망이라는 걸 봤다. 누군가가 내 편이 되어서 나를 이해하고 위로해주는 첫 경험이었다.

자화상이란?

미술치료와 인지치료가 결합된 프로그램. 내담자에게 현재 자기 모습을 그리게 해 자신의 상태를 파악하게 만든다. 이때 대다수의 내담자는 자신의 모습을 부정적으로 그리는데, 질문을 통해 다시 긍정적으로 그릴 수 있도록 한다. 부정적인 자화상을 긍정적으로 바꿈으로써 잃어버린 삶에 대한 동기부여를 하는 게 목적이다.

*본문에는 내담자가 자화상을 긍정적으로 그리는 걸 생략했습니다.

2) 내담자 증상 진단

내담자의 심리증상의 원인은 부모님이었다. 부모님의 잘못된 가치관과 교육, 매일같이 부부싸움을 하는 가정환경이 내담자를 그렇게 만들었다.

초등학교 6학년 때부터 중학교까지 왕따를 당해 대인기피증이 생겼다. 대학교에서도 학생들과 어울리지 못해 버스만 타면 불안해 견디지 못했다. 그게 휴학의 가장 큰 이유였다.

내담자는 부모님으로 인해 피해의식을 가지고 있었는데, 예컨대 이런 경우였다. 상대방이 카톡을 조금만 늦게 해도 불안해했다. '이 사람이 날 싫어하나?' '내가 그렇게 형편없나?'라고 생각했다. 그리고 모든 걸 부모님 탓으로 돌렸다. 부모님의 잘못된 양육방식 때문에 내가 형편없어진 거고, 미래도 불투명하니까 상대방도 나를 무시해 카톡을 보지 않는 거라고 연관 지었다.

이처럼 내담자는 어린 시절에 부부싸움에 피해를 보고, 부모님에게 사랑을 느끼지 못하고, 억압받으며 공부에 대한 스트레스에 장기간 노출돼 조현정동장애가 왔다. 그래서 우울함의 극치를 보이다가도, 망상에 빠져 헤어 나오지 못했다. 망상은 자기는 천재이며 앞으로 위인이 될 사람이라는 거였다.

그래서 내담자는 좋은 대학교를 나오지 않았거나, 공부를 잘 하지 않는 사람을 보면 속으로 비웃거나 하찮게 여겼다. 내담자가 이러한 신념을 갖게 된 원인은 아버지 영향이었으나, 아이들에게 괴롭힘을 당하면서부터 완전히 고착되었다. 괴롭힘을 당할 때 할 수 있는 일이라고는 공부 못하는 아이들을 무시하는 게 최선이기 때문이었다.

또 내담자는 글을 즐겨 썼는데, 이 시기에 우울한 천재들을 동경했다. 우울한 천재만이 남들이 보지 못하는 세계를 볼 수 있다고 생각했다. 그래서 부정적인 생각을 하는 게 자신이 글 쓰는 데 도움 된다는 신념을 가졌다.

하지만 내담자는 현실을 직시할 때마다 고통스러워했다. 천재라는 사람이 책도 한 장 읽지 못하고, 다른 사람들보다 이해력도 떨어지고, 친구들과 어울리지 못하고, 1학기 만에 대학교를 휴학하고, 불투명한 미래를 보며 사는 '나'를 보면서 괴로움에 몸부림쳤다. 모든 게 부모님 탓이라고 원망했다. 그래서 이 괴로움을 벗어나기 위해 천재가 되는 상상을 했다.

천재가 되어야 한다는 강박증을 가지고 있었고, 이에 따른 정체성에 혼란이 왔다. 그러다 보니 불안함과 초조함을 느끼며, 한 곳에 오래 머물지 못했다. 생각이 너무나도 많아 머리가 아프고, 하염없이 길을 걸었다.

심리증상

대인기피증 / 피해의식 / 조현정동장애 / 부정적인 생각이 오히려 도움 된다는 신념 / 천재가 되어야 한다는 강박증 / 정체성 혼란

신체증상

한 곳에 오래 머물러 있지 못함 / 생각이 너무 많아 머리가 아픔 /
하염없이 길을 걸음

환경문제

부모님의 냉랭한 부부관계 / 잘못된 부모님의 교육관과 행동

내담자가 한 첫 심리치료는 '나이테로 보는 내 인생'이라는 인지치료였다. 지금까지 살아온 내 인생을 나무의 나이테로 알아보는 시간이었다. 긍정적이었던 시절은 노란색으로 칠하고, 부정적이었던 시절은 검은색으로 칠했다. 그리고 다음과 같은 결과가 나왔다.

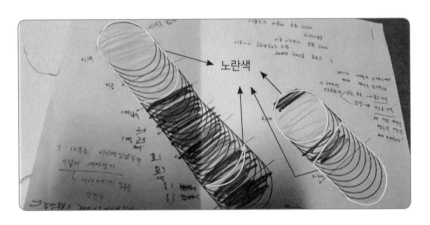

0~4세

기억나진 않지만, 아기 때라 즐거웠을 거 같은 예감에 밝게 그림.

4~7세

중간에 있는 검은색은 유치원에서 혼나가거나 싸웠던 기억이 있기 때문. 그리고 엄마가 죽으러 간다고 한 소리를 듣고 깜짝 놀람.

7세~현재

밝은 색은 거의 없고 전부 다 까만 상태. 가장 어두웠던 시기. 공부에 대한 힘듦과 왕따에 대한 트라우마가 있음. 온갖 괴로움은 다 여기에 몰려있다.

종합하면 내담자는 7살부터 대학 휴학까지 모든 게 엉망이라고 했다. 특히 부모님을 원망하면서도 나쁜 감정이라는 걸 아니까 항상 죄책감이 든다고 했다. 원장님이 답변했다.

"부모님에 대한 원망은 당연한 거야. 부모님은 지호가 공부를 잘해야만 인정해줬잖아. 그런 부모를 어떻게 원망을 안 할 수가 있어."

"그럼 죄책감을 느끼지 않아도 되는 건가요?"

"물론이지. 이건 누가 봐도 부모님이 잘못했는걸."

"하지만… 스포츠 상담사 그 사람은 다 제가 잘못했다고…."

"선생님이 볼 때 그 상담사는 상담에 대해 잘 모르는 거 같아. 그러니까 원인도 모르고 3시간 동안 자기 이야기만 한 거지. 너 말할 기회가 10분도 안 됐다며?"

"네, 듣다가 졸음이 올 때도 있었어요."

"맞아. 그 상담사는 상담에 대해 잘 모르는 사람이야."

"그러면 다행이네요…. 제가 잘못한 게 아니니까."

내담자는 한결 풀어진 얼굴을 했다. 부모님에 대한 죄책감을 느끼지 않아도 된다는 걸 오늘에서야 알았기 때문이었다. 또 내담자는 원장님의 말을 듣고서야 자신이 부족해서 이런 인간이 된 게 아니라는 사실도 깨달았다. 자신과 같은 환경에서 자란 사람이라면, 누구나 똑같이 된다는 것을 알게 되었다.

내담자는 인지치료를 마친 뒤, 원장님과 함께 명상최면실로 들어갔다. '세부감각 지우기'를 하기 위해서였다. 7살부터 현재까지 상처 받았던 이미지를 액자에 넣어 붓으로 지우고 불로 태우는 작업을 했다. 내담자는 블로그에 심리치료 일기를 썼는데, 이때부터 '나는 왜 이렇게 형편이 없는가.'에 대해 고민하는 시간이 줄었다고 썼다.

4] 내 의욕을 상실하게 하는 것들

원장님은 내담자가 받은 상처를 더 깊게 알기 위해 '내 의욕을 상실하게 하는 것들'이란 인지치료를 진행했다.

원장님은 내담자에게 펜을 준 뒤 어떤 것들이 내 의욕을 상실하게 하는지 그래프에 표기하라고 했다. 그리고 다음과 같은 결과가 나왔다.

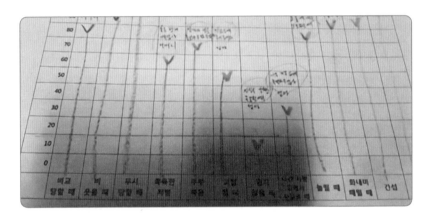

내담자는 '믿지 않을 때'와 '다른 사람 앞에서 꾸짖을 때' 빼고는 모든 그래프 지수가 50이상이 나왔다. 원장님이 그래프를 보고 말했다.

"그래프 지수가 거의 다 높게 나왔네?"

"네. 그리고 그래프마다 또렷이 기억나는 트라우마도 있어요."

"그럼 비교당할 때는 어떤 기억이 있어?"

원장님이 묻자 내담자가 대답했다.

"엄마는 항상 비교를 해왔어요. 제가 비교하지 말라고 그렇게 말했는데도 변한 게 없어요. 이건 아빠도 마찬가지예요. 아빠는 저를 거창하게 띄워주면서 상대방을 무시하는 발언을 해요. 그래서 저는 지금도 누군가를 보면 자동으로 아무것도 아니라며 무시하게 되고요. 그러다 보니 주변 사람들에 대한 죄의식에서 벗어날 수가 없었어요. 제가 이렇게 된 건 엄마, 아빠가 늘 비교하는 말을 해서 그래요. 너무 원망스러워요."

"그러면 안 되지. 이 사람이 낫고, 저 사람이 낫고가 어디 있어. 인간은 모두 가치 있는 존재인데. 그건 지호도 마찬가지고 말이야. 이 부분은 부모님이 잘못한 거야. 널 있는 그대로 받아줬어야 해."

"맞아요. 저는 부모님에게 있는 그대로 사랑받고 있다고 느껴본 적이 단 한 번도 없어요."

"부모님이 참 심각하시네. 늘 성적으로만 자식을 판단하고 말이야."

내담자의 얼굴에 그늘이 졌다.

원장님은 다음 항목으로 넘어가 물었다.

"그러면 비웃을 때는? 그래프가 90점이나 되는데 이유가 뭐야?"

"사람들은 제 상황도 모르면서 겉모습만 보고 무시해요. 특히 억울한 건 부모님이 제게 잘해주는 모습만 보고 판단할 때예요. 사람들은 그 모습만 보고 저를 한심한 사람 취급을 해요. 그때마다 부모님께 농간당하는 기분이고요. 게다가 다른 사람들이 저보다 무언가를 잘하는 건, 저보다 좋은 부모를 만나서 그런 거잖아요? 그런데 마치 자기가 잘나서 그런 것처럼 비웃는데 꼴도 보기 싫어요. 상종도 하기 싫고요."

"맞아. 사람에게는 환경이 굉장히 중요해. 특히 그중에서 가정환경은 무엇보다 중요하고. 부모님은 지호가 사회생활이나 대인관계를 잘 맺을 수 있도록 제대로 된 교육이나 환경도 만들어 주지 못했어. 그래 놓고선 다른 사람들과는 왜 다르냐고 하는 건 잘못된 일이지."

"맞아요."

내담자는 답답함을 호소했다.

원장님은 다음 항목에 관해 물었다.

"무시당할 때는 어때?"

"전 무시당하는 게 제일 싫어요. 아까 비웃었을 때처럼 사람들이 제 겉모습만 보고 무시할 때 화나요. 그런데 사실…"

내담자는 잠시 말을 멈췄다가 입을 뗐다.

"…무시당하는 것도 힘들지만, 제가 누군가를 무시하는 것도 죄책감이 들어요."

"최근에는 언제 죄책감이 들었어?"

"요새 독서모임을 하는데, 자꾸 한 사람을 무시하게 돼요. 솔직히 잘 알지도 못하면서 제 의견에 반대하는 거 같고…. 그런데 대놓고 표현하기는 어려우니까 속으로만 무시하는데…. 그러면서도 제가 너무 답답해요. 내가 이래서 사람들이랑 제대로 된 관계를 맺을 수 있을까? 난 저 사람이 말하는 걸 왜 있는 그대로 받아들이지 못할까, 자꾸 그런 생각이 들어요. 그런 생각이 드는 이유는 제가 천재고 똑똑하다고 생각해서 더 무시하게 되는 거 같기도 하고요."

"그러면 상대방을 무시할 때 어떤 느낌이 들어?"

"제가 대단한 사람이 된 느낌? 그래서 더 무시하게 돼요. 그런데 이것도 옛날에 아버지가 남을 깎아내리는 말을 많이 해서 이렇게 된 거 같아 억울해요."

"선생님이 정리해볼게. 그러니까 독서토론에서 지호가 책을 읽고 내 생각을 말했는데, 누군가가 반대를 하면 동의도 안 되고 무시까지 하게 된다는 거지?"

"네."

"좋아. 선생님도 지호가 그 사람 의견에 동의를 안 하는 건 인정할 수 있어. 그런데 그 사람의 인격을 무시하는 건 지나친 거 아닐까?"

"네… 저도 그렇게 생각해요."

"그리고 사실, 지호가 상대방을 무시하는 건, 지호가 잘나서가 아니라, 그만큼 무언가를 두려워하고 있다는 뜻이야."

"맞아요. 저는 누군가를 무시해야 제 자존감이 올라가는 기분이라서 그래요. 무시하지 않으면 마치 제가 형편없는 사람인 거 같거든요."

"그래 이 부분은 원장님이 체크해 놓을 테니까, 다음에 다시 이야기해보자."

원장님은 이 부분에 대해 인지치료를 별도로 하기로 했다. 다음 항목으로 넘어가 내담자가 어떤 경우에 의욕을 상실하는지 물었다. 그때마다 그는 논리정연하게 설명했다. 원장님은 내담자의 이야기를 듣고 인지치료를 해야 할 부분과 명상최면으로 상처를 치료해야 할 부분을 분류했다.

내 의욕을 상실하게 하는 것들이란?

인지치료이다. 의욕을 상실하게 되는 수많은 목록을 보고, 나에게 해당되는 걸 표기하는 프로그램이다. 사람마다 환경과 경험에 따라 의욕을 상실하는 포인트가 다르기 때문에 내담자가 주로 무엇에 의욕을 상실하는지 알 수 있다. 의욕 상실은 곧 무기력으로도 이어지기 때문에 내담자는 언제 자신이 무기력해지는지 파악할 수 있다. 상담사는 이 프로그램을 통해 내담자에게 개선시킬 환경은 무엇이고, 어떤 심리치료를 해야 하는지 분석을 한다.

5) 인지치료 과정

의사가 환자를 치료하기 위해 먼저 진찰을 하듯, 상담사도 내담자가 현재 어떤 상태인지 알기 위해 검사지와 상담을 한다. 그리고 난 후 내담자를 더욱 세밀하게 파악하기 위해 위와 같은 도구(프로그램)를 진행한다.

'나이테로 보는 내 인생'과 '내 의욕을 상실하는 것들'이라는 도구는 상담사가 내담자를 파악하기 위함도 있지만, 내담자도 자신의 문제를 정확히 들여다보게 한다. 나에게 어떤 문제가 있었는지 알게 되는 것이다. 그리고 다음 단계로 넘어간다.

도구를 통해 스스로 문제에 대한 답을 구할 수 있도록 하는 것이다. 그 답을 찾는 과정에서 내담자가 자신이 잘못 생각한 부분에 대해 '인지'가 일어나고 '해답을 찾으면' 성공하는 것이다.

여기서 상담사의 역할은 내담자가 '해답'을 찾을 수 있도록 길을 안내하는 '안내자' 역할을 한다. 내담자가 잘못된 길로 들어서지 못하도록 질문과 대화를 통해 바른길로 인도하는 것이다. 그리고 그 끝에 '해답'을 찾을 수 있게 만든다.

　이때 가장 주의해야 할 점은 절대로 내담자를 억지로 가르치려 해서는 안 된다는 것이다. 상담사는 이미 답을 알고 있기 때문에 내담자가 해답을 찾지 못하면 답답해서 답을 강요할 수가 있다. 그렇게 되면 내담자는 해답을 얻고서도 거부반응을 일으킨다. 그래서 내담자에게 생각해볼 여지를 주어 스스로 '인지'가 일어나야 한다는 게 핵심이다.

　나는 인지치료를 보며 느꼈던 건, 왜 성인군자가 그렇게 해답을 직접적으로 알려주지 않았는지 그 이유를 알 수 있을 것 같았다. 스스로 깨달아야만 행동에 변화가 오기 때문이었다.

　그럼 지금부터 내담자가 어떻게 '인지'를 하고 문제 대한 '해답'을 얻는지 사례를 통해 보도록 하겠다.

6) 생각 바꾸기

지난주 '내 의욕을 상실하는 것들'이란 인지치료를 할 때, 내담자는 다음과 같은 문제가 있었다. 사람들이 내 의견에 동의를 안 하면 '무시'한다고 생각하는 거였다. 그 예가 독서모임이었다. 내담자가 책을 읽고 느낀 바를 말했는데, 상대방이 반대하면 나를 싫어해서 그런 말을 한 거로 생각했다.

이런 생각은 오래전 학교에서 청소할 때도 마찬가지였다. 어디부터 청소하면 좋을지 자기 생각을 말했는데, 그 의견이 받아들이지 않으면 내담자는 상대방이 '나를 싫어해 무시'한다고 생각했다.

내담자는 왜 이런 생각을 하게 된 것일까?

원인은 학창 시절에 믿었던 친구로부터 배신을 당했고, 오랜 기간 왕따를 당했기 때문이었다. 그래서 내담자는 자신을 신뢰하는 사람도 온전히 믿지 못했다. 배신과 왕따를 당한 적이 있어 의심에 의심을 거듭했다. 그러면서도 내담자는 모순적이게도 누군가가 자기를 순수하게 좋아해 주기를 원했다.

원장님이 '생각 바꾸기'라는 인지치료를 하기로 한 건 그 때문이었다. 분명 사람들은 내담자에게 순수하게 다가온 적이 많았을 텐데, 그가 사람을 의심하고 배척했다는 걸 깨닫게 하기 위해서였다.

원장님은 그에게 14가지 질문이 적혀 있는 '생각 바꾸기' 도구(A4용지)를 건네주었다. 원장님이 질문하면 그가 대답하고 글로 적는 형식이었다. 그의 문제 상태는 '나는 나를 신뢰하는 사람도 믿지 못한다.'였다.

🧠 생각 바꾸기 1

[1] 내 생각(문제 상태)

원장님: 자, 그러면 그대로 써봐. 나는 나를 신뢰하는 사람도 믿지 못한다.

내담자: 네.

(2) 경험

원장님: 지호는 나를 신뢰하는 사람도 믿지 못한다고 했어. 그런 생각은 어떤 경험으로 인 해 생긴 거야?

내담자: 사람들이 간혹 절 칭찬해주더라도 속으로는 비웃고 있는 거 같아서요. 학교 다닐 때 친구들도 그랬고, 선생님도 그랬고, 부모님은 말할 것도 없고요.

(3) 이유

원장님: 그런 생각을 지금도 하는 이유는 뭐야?

내담자: 괜히 마음을 열었다가 버림받을까 봐요. 신뢰를 못하는 것도 싫지만, 버림받는 건 죽는 것과 같거든요. 그래서 사람들을 믿지 못하는 거 같아요.

내담자는 배신과 왕따를 당한 적이 있어, 또다시 그때와 같은 일이 벌어질까 두려워하며 사람을 쉽게 믿지 못했다.

(4) 마음 상태

원장님: 나를 신뢰하는 사람을 믿지 못하고 살아갈 때 너의 마음 상태는 어때?

내담자: 피폐하고… 아스팔트처럼 삭막하고… 아무것도 못 받아들이는 거 같아요.

(5) 자존감

원장님: 그런 생각을 하고 살아가는 너의 자존감은 어떤 상태야?

내담자: 자존감은 올라가는 거 같은데요.

원장님: 어떤 면에서?

내담자: 이 생각 덕분에 저는 사람들한테 버림받을 일도 없고 제 쪽에서 사람을 쳐낼 수 있잖아요. 그러니까 자존감이 올라가면 올라갔지 떨어질 일은 없어요.

원장님: 그럼, 사람한테 버림받는 건 어떻게 생각해?

내담자: 버림받는 건… 끔찍해요…. 다른 건 몰라도 이것만은 절대 안 돼요.

원장님: 그러면 버림받는 건 두려운 거구나?

내담자: 네.

원장님은 다시 정리해 말했다.

원장님: 방금 지호는 버림받을 일이 없어서 자존감이 올라간다고 했어. 그러면 버림받는 걸 두려워하는 생각이 자존감을 올라가게 하는 거야. 그렇지?

내담자: 맞아요.

원장님: 그럼 결국 자존감이 올라가는 건, 두려움에서 비롯된 자존감이네? 두려움에서 비롯된 자존감이 진짜 자존감이라고 할 수 있을까?

내담자: 아… 그러네요…. 진짜 자존감이라고는 할 수 없겠네요.

내담자는 자기가 사람들에게 버림받기 전에 먼저 버리면 자존감이 올라간다고 했다. 하지만 그건 두려움으로 인해 파생되는 '가짜 자존감'이었다. 그럼에도 내담자가 자존감이 오르는 거라고 착각했던 건 왜곡이 일어났기 때문이었다. 원장님은 인지치료의 핵심 이론인 일반화, 왜곡, 삭제 중, 내담자의 왜곡을 바로잡아 주었다.

(6) 가치관

원장님: 나를 신뢰하는 사람을 믿지 못하는 게, 내 가치관에 맞아?

내담자: 절대로 안 맞아요.

(7) 생각은 발전적인가?

원장님: 그런 내 생각은 발전적이야?

내담자: 부정적이에요. 이래서는 누구와도 친해질 수 없을 테니까요.

[8] 얻을 수 있는 것

원장님: 이 생각으로 얻을 수 있는 게 있어?

내담자: 얻을 수 있는 건… 상대방을 면밀히 파악해서 순진하게 당하지 않고 있어요. 그래서 제가 똑똑하고 대단한 거 같기도 하고… 사람들을 내려다보는 느낌을 얻을 수 있어서 좋아요.

원장님: 그게 꼭 내려다보는 걸까?

내담자: 그렇지 않나요?

원장님: 아까 버림받는 게 두렵다고 했지? 그래서 버림받지 않으려고 지호가 먼저 쳐낸다고 했고.

내담자: 네.

원장님: 그러면 이것도 같은 게 아닐까? 내가 상대방을 면밀히 파악해서 순진하게 당하지 않으려는 건, 무엇 때문에 이런 행위를 하는 거야?

내담자: 아… 두려움이요.

원장님: 그래. 두려움으로 시작된 거지? 그러니까 사실은 사람들을 내려다보는 느낌은 없는 것일 수도 있어. 오히려 두려워하고 있을 뿐이지. 어때 지호 생각은?

내담자: 맞아요. 이것도 그런 거 같아요….

내담자가 사람을 사귈 때 하는 행동 패턴은 다음과 같았다.

① 과거에 배신과 왕따를 당해 사람을 쉽게 믿지 못하고 의심한다.

② 과거처럼 사람들이 나를 버리기 전에, 내가 먼저 버리며 자존감을 올린다.

③ 내가 사람을 먼저 버릴 수 있는 이유는, 옛날처럼 순진하게 당하지 않기 때문이다. 철두철미하게 사람들을 내려다보며 내가 먼저 버린다.

이와 같은 행동으로 인해 내담자의 대인관계에 항상 문제가 발생했다.

(9) 잃을 수 있는 것

원장님: 그럼 나를 신뢰하는 사람도 믿지 못하면 잃을 수 있는 건 뭐야?

내담자: 제 인격이요. 사람을 신뢰하지 않고 의심하니까 제 인격이 망가질 거 같아요.

(10) 목표에 미치는 영향

원장님: 지금과 같은 생각을 가지고 살아간다면, 목표에 어떤 영향을 미칠 거 같아?

내담자: 저를 신뢰해줬던 사람을 잃어버릴 것 같아요. 그러면 전 목표도 이루지 못하겠죠. 자신감은 더욱 떨어지고….

(11) 미래의 모습

원장님: 이런 생각을 쭉 갖고 있으면 미래의 내 모습은 어떻게 되겠어?

내담자: 자괴감에 빠져있고 고독하고 대인관계도 포기할 거 같아요.

(12) 무엇을 기대하는가?

원장님: 내가 기대할 수 있는 건?

내담자: 나름대로 기대가 있다고 생각했는데 사실은 없네요…. 오히려 불안하기만 할뿐….

(13) 얻을 수 있는 결과

원장님: 이런 생각으로 얻을 수 있는 결과는?

내담자: 없어요.

원장님: 잘했어. 이제 원장님이 이런 생각을 하는 사람에 대해 읽어줄 테니까, 관찰자 관점에서 들어봐.

내담자: 네.

(14) 관찰자

원장님: 현재 이 사람의 생각은, 나를 신뢰하는 사람조차 믿지 못하는 거예요. 어떤 경험 때문에 믿지 못했냐면, 사람들이 나를 겉으로는 칭찬해 주지만 속으로는 비웃고 있는 걸 느꼈기 때문이래요. 나를 신뢰하는 사람도 믿지 못하는 이유는, 마음을 열었다가 버림받을까 봐 두려워서 그런대요. 이 생각 때문에, 마음 상태는 피폐하고 삭막한 아스팔트 같대요. 자존감도 올라간다고 생각했는데, 알고 보니 버림받을까 봐 두려워서 형성된 가짜 자존감이었어요. 이 생각이 본인의 가치관에 맞는지 묻자 절대 안 맞는대요. 발전적이지도 못하대요. 얻을 수 있는 게 무엇인지 물어보니까, 사람들을 내려다볼 수 있어서 좋대요. 그런데 따지고 보니까 사실은 내려다보는 게 아니었어요. 두려워하고 있을 뿐이었어요. 잃을 수 있는 건 본인의 인격이 망가질 거 같대요. 또 나를 신뢰하는 사람도 믿지 못하면, 목표에 어떤 영향을 미칠 거 같은지 물어보니까, 나를 신뢰해줬던 사람들을 잃어버릴 것 같고, 아무 목표도 이루지 못할 거래요. 미래의 모습은 자괴감에 빠져, 고독하고 대인관계도 포기할 거래요. 기대할 수 있는 것도 없어요. 얻을 수 있는 결과도 없어요. 제삼자로서 이 사람이 어떻게 보이나요?

내담자는 블로그에 원장님이 말하는 걸 듣고 있는 동안 웃음이 났다고 적었다. 관찰자 측면에서 보니 너무나도 어리석어 보였다는 말이다. 내담자는 블로그에 다음과 같이 깨달음을 적었다.

나는 사람을 신뢰하지 않은 이유가, 내가 사람을 순진하게 믿지 않고 용의주도하게 관찰하기 때문이라 생각했다.

그게 나의 장점이고 때로는 나에게 좋은 결과를 가져다줄 거라 믿었다. 그러나

이 생각 때문에 대인관계는 계속 실패했고, 나는 감정적으로 너무나 큰 고통을 겪었다. 존재감도 없어지고 나 자신도 더는 믿지 못하고 있었다. 나는 아무것도 해내지 못했다.

이렇게 막대한 손해를 감수하면서까지 이런 생각을 유지한 이유는 위에서 말했듯 그런 습관이 마치 내가 용의주도한 것 같고 대단한 것처럼 생각했기 때문이다.

내담자는 이제야 자신의 모습이 제대로 보이기 시작했다. 원장님이 내담자에게 다시 물었다.

원장님: 자, 관찰자 관점으로서 이 사람이 어떻게 보여?
내담자: 꼭 절벽 끝에 매달린 것처럼 위험해 보여요. 잘못하면 죽을 거 같아요.
원장님: 이 사람에게 생각을 어떻게 바꾸라고 말해주고 싶어?

내담자는 곰곰이 생각했다. 하지만 어떻게 생각을 바꿔야 할지 떠오르지 않아 원장님에게 물었다.

내담자: 모르겠어요…. 어떻게 바꾸는 게 제일 좋을까요?
원장님: 천천히 생각해봐.

내담자는 오랫동안 생각하고 나서도 답이 나오지 않는지 도움을 요청했다.

내담자: 도저히 모르겠어요. 원장님이 말씀해 주시면 안 돼요?

내담자가 답을 찾지 못하는 이유는 그의 생각에 무언가 잘못된 것이 있기 때문이었다. 원장님은 일단 답을 말하고 내담자가 답을 찾기 어려워하는 이유에 대해 알아보기로 했다.

> **원장님** 그러면 이렇게 하는 건 어때? 사람들은 나를 신뢰한다. 생각이 다를 뿐
> 이다.
> **내담자:** 생각이 다를 뿐이라고요? 틀린 거 아닌가요?

이것이 내담자가 답을 구하지 못하는 이유였다. 그는 '다르다.'는 것과 '틀리다.'
의 차이를 모르고 있었다. 내담자는 상대방이 자기와 생각이 다르면, 무조건 '틀렸
다.'라고 '다르다.'라는 건 애초에 존재하지도 않았다. 내담자가 사람을 믿지 못하
고 상대방이 나를 무시한다고 생각하는 이유 중 하나였다

> **원장님** 틀렸다고 생각하는 이유는 뭐야?
> **내담자:** 제가 하는 말이 다 맞으니까요. 그리고 사람들도 제가 틀렸고 자기가 맞
> 다고 생각할 테니까요.
> **원장님** 그건 너무 극단적으로 생각하는 거 아닐까? 사람은 다르게 다 다르게 태어
> 났잖아. 그래서 똑같은 책을 읽더라도 느끼는 게 다를 수 있는 거 아닐까?
> **내담자:** 그런가요?

내담자는 이해가 가지 않는다는 듯 고개를 갸웃거렸다.

> **원장님:** 예를 들어 지호가 어떤 여자한테 제일 좋아하는 음식이 뭐냐고 물어봤
> 다고 해보자. 나는 고기를 제일 좋아하는데, 여자는 샐러드가 좋대. 그러
> 면 지호는 그 여자가 틀렸다고 생각해?
> **내담자:** 아뇨. 샐러드를 좋아할 수도 있죠. 요즘에는 채식주의자들도 많으니까요.
> **원장님** 그치? 여자도 지호가 고기를 더 좋아한다고 해서 틀렸다고 생각하진 않
> 을 거야.
> **내담자:** 그러네요….

원장님   독서토론도 마찬가지야. 사람들은 책을 읽고 그냥 하나의 의견을 낸 거고, 그게 지호랑 달랐던 것뿐이야.

내담자: 그러면 제가 사람들과 반대되는 의견을 내도, 사람들은 저를 싫어하지 않았던 건가요?

원장님   그렇지. 사람은 모두 생각이 다를 수 있고, 지호는 자기 의견을 낸 것뿐이니까, 싫어할 이유가 없지.

내담자: 그렇군요….

내담자는 그제야 자기가 무엇을 잘못 생각하고 있던 건지 알게 되었다. 내담자는 당시에 원장님과 상담을 하면서 어떤 인지가 일어났는지 블로그에 적었다.

나는 그제야 비로소 막혀있던 의문들이 시원하게 해소되었다.

나는 나만이 맞다고 생각했다. 그 외는 틀렸다고 생각했다.

그러므로 다른 사람들도 당연히 자기만 맞고 나는 틀렸다고 생각할 거라 믿었다.

그래서 나는 사람들이 보내는 신뢰라는 걸 믿지 않았다. 늘 의심했다. 하지만 이건 처음부터 내 생각이 틀렸기 때문이었다.

만약 내가 틀렸다고 생각하지 않고 나와 다른 사람을 받아들였다면, 사람들도 내가 틀렸다고 하지 않고 받아들일 수 있다고 믿었을 거였다. 내가 상대방과 다른 말을 했다고 해서 상대방이 날 버릴 거라는 두려움도 없었을 거다. 왜냐면 나 자신이 받아들이므로 다른 사람도 그래 줄 거란 걸 상상할 수 있으니까.

그러나 나는 오직 나만이 맞다고 생각했기에, 상대방이 자신과 다른 사람을 받아줄 수 있다는 사실을 전혀 알아채지 못했다. 나에게 있어서 나와 다른 사람은 버리는 게 당연했으니까.

내가 다른 사람을 배척하듯, 사람들도 똑같이 배척할 거라 믿었기에 나는 사람들 간의 신뢰라는 걸 믿지 않았다. 때문에 나는 사람을 절대 신뢰하지 않았고 상대방이 날 신뢰한다는 것도 상상할 수 없었다.

내담자는 그제야 자신이 일반화를 하고 있었다는 걸 인지했다. 여기까지 깨닫자 생각 외로 사람들이 나를 신뢰해 줄지도 모른다는 기대감이 생겼다. 원장님이 내담자에게 말했다.

> 원장님: 자 그러면, 관찰자 관점에서 나는 나를 신뢰하는 사람조차도 믿지 못하는 이 사람에게 뭐라고 말해주고 싶어?
> 내담자: 그들은 나를 신뢰한다. 단지 생각이 다를 뿐이다.

[15] 효과

> 원장님: 좋아, '그들은 나를 신뢰한다. 단지 생각이 다를 뿐이다.'라는 생각을 하고 살면 어떤 효과가 있을 거 같아?
> 내담자: 사람들의 생각을 있는 그대로 받아들일 수 있게 되니까, 더 이상 내인관계에 문제가 생기지 않을 거 같아요.

원장님은 흡족해하며, 다시 똑같은 도구를 내담자에게 건넸다. 이제 기존에 가지고 있던 부정적인 생각 '나는 나를 신뢰하는 사람조차도 믿지 않는다.'를 긍정적으로 바꿔줄 차례였다.

 생각 바꾸기 2

[1] 내 생각

> 원장님: 자 그러면 여기에 바꾼 생각을 적어보자. 나는 사람을 신뢰한다. 단지 생각이 다를 뿐이다.

내담자: 네.

내담자가 1번 질문에 글을 쓰자 원장님이 말했다.

(2) 경험

원장님: 나는 사람을 신뢰한다. 단지 생각이 다를 뿐이다. 라고 생각을 바꿨잖아?
지호는 이런 경험을 한 적 있어?

내담자는 깊은 생각에 잠겼다. 그리고 불현듯 무언가가 떠올라 입을 뗐다.

내담자: 생각해 보니까 제가 밴드에 글을 써서 올린 적이 있었는데, 어떤 사람이
자기는 생각이 다르다고 한 적이 있어요. 그러면서 일정 부분은 또 제가
맞다고 인정도 했고요. 그때 제 의견에 반대는 했지만, 저를 신뢰한다는
느낌을 받았어요.

원장님: 그래? 지호도 그런 경험을 한 적이 있었던 거네?

내담자: 네. 생각해 보니까 그러네요.

내담자는 머쓱한 표정을 지었다.

원장님: 아마 생각해보면 비슷한 경험들이 또 있을 거야.

내담자: 네. 그럴 거 같아요.

내담자는 바꾼 생각에 대한 경험이 있다는 걸 알고는 밝은 미소를 지었다.

(3) 마음 상태

원장님: 좋아, 그들은 나를 신뢰한다. 단지 생각이 다를 뿐이다. 라는 생각으로 살
아간다면, 내 마음 상태는 어떨 거 같아?

내담자: 해방감과 자유로움, 그리고 제가 온화해질 거 같아요.

(4) 그 생각은 발전적인가?

원장님: 바뀐 생각은 발전적이야?

내담자: 네. 매우 발전적이에요.

(5) 가치관

원장님: 가치관에도 잘 맞아?

내담자: 네. 되게 잘 맞아요.

(6) 비전에 미치는 영향

원장님: 바뀐 생각을 가지고 살아간다면 비전에는 어떤 영향을 줄 거 같아?

내담자: 제가 무엇을 하든 성취를 가져다줄 거 같아요.

(7) 미래

원장님: 바뀐 생각을 하고 살아간다면 어떤 미래가 열릴 서 같아?

내담자: 제가 멋져 보이고, 행복해 보이고, 강해 보일 거 같아요.

(8) 효과

원장님: 바뀐 생각을 가지고 살아간다면 어떤 효과가 발생할까?

내담자: 절 행복하게 해 주고, 사람들도 절 좋아해 주겠죠.

(9) 결과

원장님: 바뀐 생각을 가지고 살아간다면 어떤 결과가 나올까?

내담자: 직업적으로도 성취가 나타나고, 만족스럽고, 자유롭고 행복할 거 같아요.

(10) 관찰자

원장님: 좋아, 그러면 원장님이 이 사람에 대해 처음부터 끝까지 말해줄게. 듣고 난 다음에 관찰자 관점에서 이 사람이 어떻게 보이는지 말해봐.

원장님은 말을 마치고 처음부터 끝까지 내담자가 적은 답변을 그대로 읽었다. 내담자에게 생각을 바꾼 이 남자가 관찰자 입장에서 어떻게 보이는지 물었다. 그러자 내담자는 부드럽지만 단단하고 안정적인 사람이라는 생각이 든다고 말했다.

이처럼 내담자는 '생각 바꾸기'라는 인지치료를 통해 내가 잘못 생각하고 있었게 무엇인지 깨닫고 어떻게 바꿔 나가야 하는지 그 답을 찾게 되었다.

생각 바꾸기란?

인지치료이다. 내담자의 부정적인 생각을, 긍정적으로 바꿔주는 프로그램이다. 내담자는 상처가 많아 부정적인 생각이 많기 때문에, 질문을 통해 자신의 생각이 정말 옳은 것인지 객관적으로 생각할 수 있게 한다. 자신의 생각이 틀렸으면 어떻게 바꾸는 게 좋은지 스스로 자기만의 답을 찾게 한다. 그리고 검토의 과정을 통해 바꾼 생각이 자신의 삶을 변화시킨다는 것을 깨닫게 한다.

내담자가 인지한 목록 정리

1. 대인관계 실패 이유

① 학창 시절 배신과 왕따를 당하면서 사람을 신뢰하거나 믿지 못하게 됨.

② 누군가가 나를 신뢰해도 나를 속인다고 생각함.

③ 내가 용의주도해 사람들에게 잘 속지 않는다고 여김. 그게 내 장점이고 좋은 결과를 가져다준다고 믿음.

④ 하지만 현실은 사람들은 나를 속일 의도가 전혀 없었음. 도리어 내가 용의주도하다고 착각해 대인관계에 지속해서 실패하고 있었음.

2. 사람을 신뢰하지 못한 이유

① 내 의견에 반대하는 사람을 보면, '다르다'가 아니라 '틀렸다'고 생각함.

② 다른 사람들도 나처럼 똑같이 '다르다'가 아니라 '틀렸다'라고 생각할 거라 믿음.

③ 하지만 알고 보니 사람들은 다름에 대해 잘 받아들이고 있음. 나 혼자 착각해 다른 사람들도 나와 같을 거라고 여겼던 걸 알게 됨.

④ 여기까지 깨닫자, 내가 '다름'을 받아들이면 생각 외로 사람들이 나를 신뢰해 줄지도 모른다는 기대감이 생김.

3. 버림받는 걸 두려워한 이유

① 내 의견에 반대하는 사람들을 보면 '틀렸다'라고 생각해 먼저 사람들을 배척하고 버림.

② 이처럼 다른 사람들도 나와 똑같이 틀렸다 생각하고 나를 배척하고 버릴 거라고 여김.

③ 하지만 알고 보니 사람들은 다름에 대해 잘 받아들임. 내가 잘못 생각하고 있었음. 그로 인해 사람들에게 버림받는다는 두려움에서 벗어날 수 있게 됨.

가 신념 바꾸기

보통 심리증상을 가지고 있는 내담자는 부정적 신념을 가지고 있다. '나는 아무 것도 할 수 없어.' '사람들은 나를 싫어해.' '세상은 불합리해.' '나는 일어설 수 없어.' 등등 부정적인 생각으로 가득 차 있다. 이때 하는 심리치료가 바로 '신념 바꾸기'이다. 부정적 신념을 긍정적으로 바꿔주는 것이다.

내담자의 부정적 신념은, '글 쓰는 데 부정적인 생각이 도움 된다.'였다. 원장님은 이를 바로 잡기 위해 내담자에게 16개의 질문이 담긴 도구를 건네주었다. 원장님이 질문을 하면, 내담자가 답변하고 글을 썼다.

신념 바꾸기

(1) 문제 상태

원장님: 지금 지호가 가진 문제 상태는 '부정적인 생각이 도움 된다.'야. 맞니?

내담자: 네. 근데 이 문제를 꼭 해결해야 하나요? 저는 문제를 갖고 사는 게 더 도움이 될 거 같은데요.

(2) 부정적인 경험

원장님: 그런 생각이 들게 한 경험이 있어?

내담자: 네. 그러니까, 천재들은 하나같이 다 불행하거든요. 항상 비관적이고 우울하고… 그런데 또 그 성향 덕분에 엄청 기발하거나 깊이 있는 글을 써 내잖아요. 반 고흐도 정신분열증이 도움 된다고 했고, 도스토옙스키도 신경과민으로 엄청 깊이 있는 작품을 썼고요. 저도 제 우울증 덕분에 제 글이 깊어지는 거 같고요. 밝은 건 너무 얕아 보여 싫어요. 그래서 반대로 전 제가 왜 더 우울해지지 못할까도 생각해요. 우울함의 극치를 달리면 남들이 못 보는 세계를 떠올릴 수 있을 거 같거든요. 그런데 제가 좀 낙천적이라 그러지 못하는 게 너무 아쉬워요.

내담자는 나중에 유명한 작가가 되고 싶은 사람이었다. 그로 인해 부정적인 삶을 사는 예술가들을 보며 천재는 그래야 한다고 생각했다. 내담자의 말을 듣고 원장님이 말했다.

원장님: 꼭 우울해야만 좋은 글을 쓸 수 있는 걸까?

내담자: 그렇지 않나요? 성격이 밝은 작가도 있지만, 이왕이면 우울한 쪽이 더 강한 메시지를 전달할 수 있을 거 같은데요?

원장님: 프랑스 작가였나? 그 사람도 우울증이 엄청 심했다고 하더라고. 그래서 그 사람이 쓴 글을 보면 항상 악이 이기고 선이 져. 그러다 보니까 선생님은 그 작가 글을 읽을 때마다 질리기 시작하는 거야. 에이 뭐야, 또 이런 스토리네. 하면서 책을 덮게 되더라고. 그러니까 항상 우울하다면 비슷한 글만 쓰지 않을까? 거기다 고흐는 우울증으로 자기 귀를 자르기도 했고, 심지어 자살까지 했잖아. 그게 너에게 도움이 되는 일이라고 생각해?

내담자는 한동안 고민하다 대답했다.

내담자: 음… 그렇네요. 우울이 결국 자살로 이어진다면 도움이 된다고는 할 수 없죠. 그리고 계속 우울한 글만 쓰면 나중에 지루해지는 것도 사실이고요.

원장님: 그러면 지호의 문제 상태는 어떤 거야?

내담자: 부정적이어도 도움이 된다고 생각하는 게 문제인 거 같아요.

원장님: 그러면 내 문제 상태에 이렇게 쓰자. '부정적 생각을 하는 게 오히려 도움이 된다고 생각한다.'

내담자는 원장님이 말한 대로 1번 문항에 문제 상태에 대한 답변을 썼다.

[3] 어떤 상황에서

원장님: 좋아. 나는 어떤 상황에서 부정적인 생각을 하게 돼?

내담자: 음… 제가 부정적인 생각을 하는 진짜 이유는, 어떤 친구를 완전히 믿었는데 배신당했을 때예요. 중학교 때 전 그 친구밖에 없었는데, 저를 배신했거든요.

(4) 내면 상태

원장님: 그때 내 내면 상태는 어땠어?

내담자: 바보 같았어요. 좀 한심하고….

(5) 목소리 톤, 특징적 단어

원장님: 부정적인 생각을 할 때, 내 목소리는 톤은 어때? 자주 하는 말이나 단어가 있어?

내담자: 아뇨. 그건 없어요.

(6) 내게 나타나는 증상

원장님: 부정적인 생각을 할 때 나타나는 증상은?

내담자: 음… 제가 부정적인 생각을 한다고 해서 천재가 된다는 보장도 없는데, 저 자신을 너무 갉아먹고 있는 거 같아요. 부정적인 생각 때문에 잃어버리는 게 너무나 많거든요.

(7) 과거에도 그랬었는가?

원장님: 과거에도 부정적인 생각들을 했었어?

내담자: 네. 2년 정도 했어요.

(8) 내가 받을 영향은?

원장님: 계속 부정적인 생각을 하면, 나는 어떤 영향을 받게 될까?

내담자: 부정적 생각 때문에 잃어버리는 게 많다 보니, 이러다 글을 써보기도 전에 스트레스성 질환으로 죽을 것만 같아요.

(9) 주위의 평가는?

원장님: 부정적인 생각을 하는 게 도움이 된다고 했잖아? 그런 지호를 보는 주위 평가는 어때?

내담자: 처음에는 동정해 주다가 나중에는 신뢰도 하지 않고, 도와주지도 않아요. 절 얕보는 거 같아서 질려요.

(10) 감정 상태

원장님: 부정적인 생각이 도움 된다고 할 때마다 내 감정 상태는 어때?

내담자: 비참해요, 아주….

(11) 존재감

원장님: 존재감은? 높아져? 낮아져?

내담자: 축소돼요.

(12) 가치관

원장님: 부정적인 생각을 하는 게 너의 가치관에 맞아?

내담자: 아뇨… 하나도 안 맞아요.

(13) 원인

원장님: 부정적인 생각을 갖게 된 원인은 뭐야?

내담자: 부정적인 사고방식으로 유명해진 사람을 보면서 이렇게 된 거 같아요. 그런데 이제 알았어요. 항상 부정적이기만 하면 좋은 글을 쓸 수 없다는 걸요.

(14) 미래

원장님: 좋아. 그러면 계속 부정적인 생각을 갖고 있을 경우, 지호의 미래는 어떨 거 같아?

내담자: 범죄자가 되거나 자살할 거 같아요.

(15) 결과
원장님: 부정적인 생각이 도움이 된다고 하면 결국에는 어떤 결과가 나올까?
내담자: 아무것도 못해보고 죽어요.

(16) 관찰자
원장님: 좋아, 아주 잘했어. 이제 선생님이 지호가 쓴 걸 처음부터 끝까지 읽어볼 테니까, 관찰자 입장으로 들어봐. 그리고 관찰자로서 이 사람에게 무슨 말을 해주고 싶은지 생각해 봐.
내담자: 네.

원장님은 내담자가 답변을 한 내용을 토대로 말하기 시작했다.

원장님: 이 사람의 문제 상태는 부정적인 생각을 하면 오히려 도움이 된다는 거예요. 왜 이런 생각을 하게 됐냐면, 천재들은 하나같이 불행하고 비관적이고 우울하기 때문이래요. 이 사람이 부정적인 생각을 하게 된 진짜 이유는 중학교 때 믿었던 친구에게 배신을 당하면서부터예요. 그런데 이런 부정적인 생각을 할 때마다 내 내면의 상태는 바보 같고 한심해 보인대요. 부정적인 생각을 할 때 목소리 톤이나 자주 쓰는 단어는 없어요. 하지만 이 부정적인 생각 때문에, 잃는 게 너무 많대요. 천재가 될 거라는 보장도 없는데 자신을 갉아먹고 있대요.
이런 생각을 가진 지 2년 정도 됐어요. 이렇게 부정적인 생각을 많이 하면 어떤 영향을 받을 거 같은지 물어보니까, 글도 써보기 전에 스트레스성 질환으로 죽을 것만 같대요. 주위의 평가는 처음에는 동정해 주더니, 나중에 신뢰도 하지 않고 도와주지도 않고, 오히려 자기를 얕잡아 봐서 질린대요. 이 사람의 감정 상태는 아주 비참해요. 존재감도 축소되고 있

고요. 가치관에도 맞지 않아요.

이 사람이 이런 부정적인 생각을 하게 된 원인은 유명해진 사람들을 보고 나서부터래요. 부정적인 생각을 계속 가지고 있으면 미래에 어떻게 될 거 같은지 물어보니까, 범죄자 되거나 자살할 것만 같대요. 결국에는 아무것도 못 해보고 죽을 거래요. 자, 이 사람이 어떻게 보이나요? 제삼자 관찰자 입장으로 이 사람에게 뭐라고 말해주고 싶나요?

내담자: 허….

그는 블로그에 원장님 이야기를 듣고 어이가 없어 웃음이 나왔다고 했다. 지금까지 저런 이상한 생각을 하고 있었다는 게 놀랍고 바보 같았다고 했다.

원장님: 자, 뭐라고 말해주고 싶어?

내담자: 글이고 뭐고, 일단 햇빛 좀 쐬고 운동하고 정신 차리라고 하고 싶어요. 황당하다. 황당해.

내담자는 자신의 문제에 대해 쉽게 인지를 했다. 지금까지 부정적인 생각이 도움 된다고 생각했는데, 질문에 대한 답을 하다 보니 그게 아니라는 걸 깨달았다. 이처럼 인지치료는 질문에 답을 하다 보면 스스로 무엇이 잘못되었는지 인지하게 된다. 상담사는 억지로 내담자의 생각을 바꾸길 강요하거나 설득할 필요 없다.

내담자는 '부정적인 생각이 오히려 도움 된다.'를 '긍정적인 생각이 도움된다.' 라고 신념을 바꾼 뒤 인지치료를 마쳤다.

★ 본래는 '긍정적인 생각이 도움 된다.'라고 바꾼 걸 가지고 다시 16가지 질문을 해야 하나, 이번에는 생략한다.

내담자에게 나타난 일반화, 왜곡, 삭제

1. 일반화
① 천재들은 우울하다. 우울한 천재만이 남들이 보지 못한 세계를 볼 수 있다.
▶ 천재들은 모두 우울하다는 일반화를 함.

2. 왜곡
① 부정적 생각이 글 쓰는 데 도움 된다.
▶ 자존감이 낮아지고 가치관에 맞지 않는 등, 현실적으로 아무런 도움이 안 되는데 도움이 된다고 왜곡함.

3. 삭제
① 천재들은 모두 우울하다는 생각
▶ 그렇지 않은 천재들도 얼마든지 있는데 이에 대한 정보를 삭제함.

신념 바꾸기란?

인지치료이다. 내담자는 상처가 많기 때문에 수많은 일반화, 왜곡, 삭제를 한다. 그리고 일반화, 왜곡, 삭제는, 내담자에게 수많은 부정적 신념을 만든다. 신념 바꾸기는 내담자에게 내재한 부정적 신념을 긍정적으로 바꾸게 하는 프로그램이다. 부정적 신념으로 결국 자신이 고통받고 있었다는 걸 깨닫게 하고, 긍정적 신념으로 바꿀 수 있게 인도한다. 긍정적 신념이 자신의 삶을 변화시킨다는 것을 인지시키는 게 목적이다.

8) 미션치료: 부모님에게 사과받기

원장님은 한 달간 심리치료를 진행한 뒤, 드디어 내담자의 부모님을 불렀다. 나는 상담실 의자에 앉아있는 내담자와 부모님에게 차를 내어준 뒤, 한바탕 태풍이 휩쓸고 지나갈 걸 예견했다. 원장님이 부모님에게 무슨 말을 할지 안 봐도 눈에 훤하기 때문이었다. 아니나 다를까, 상담실 문을 닫자마자 피드백을 하는 원장님의 목소리가 들렸다.

원장님이 내담자 부모님에게 한 내용을 정리하면 다음과 같았다.

공통문제

① 내담자는 어린 시절부터 부모님이 사이가 좋을 걸 한 번도 못 느꼈다.

② 부모님 모두 공부하라는 소리 말고는 내담자에게 따뜻한 말을 해준 적이 없다.

엄마문제

① 엄마는 아빠랑 싸우면 내담자를 꼬집고 때리며 화풀이했다.

② 우울증 환자처럼 맨날 방에 불 끄고 누운 채로 공부하라는 소리만 한다.

③ 내담자가 7살 때 죽으러 간다며 충격적인 이야기를 했다.

④ 지금까지도 남과 비교하며 그를 비난한다.

아빠문제

① 공부를 못하면 사회의 낙오자란 신념을 내담자에게 주입시켰다.

② 스포츠 상담사를 1:1로 붙여 내담자를 더 힘들게 했다.

③ 정신적으로 힘든 상태임에도 불구하고 절에 들어가게 해 공부를 시켰다.

④ 단 한 번도 공부 외에 내담자에게 관심 가져준 적이 없다.

원장님은 하나부터 열까지 부모님에게 잘못한 걸 열거했다. 지금까지 내담자가 한 심리치료 프로그램을 보여주며 왜 조현정동장애 판정을 받은 건지, 왜 지금까지 병원에서 주는 약을 10년 동안 먹고 있었던 건지, 이게 다 누구 때문인지 속속히 알려주었다. 모든 게 부모님 탓이라는 거였다.

부모님은 내담자가 받은 심리치료 자료를 보고는 한마디도 하지 못했다. 증거물이 있으니 반박할 수 없었다. 결국 모든 잘못을 시인했다. 아들에게 잘못했던 모든 일을 사과했다. 변화된 모습을 보여주겠다고 약속하고, 또 아들의 치료를 위해 적극협조 하겠다고 했다. 순조롭게 상담을 마쳤다. 그리고 며칠 후, 원장님이 내담자에게 카톡을 보냈다.

'제가 숙제 하나 내줄게요. 부모님에게 카톡을 보내는 거예요. 그동안 엄마, 아빠한테 당했던 것들, 서운했던 것들, 다 말하고 사과 받고 싶다고 하세요. 그리고 셋이 모여서 진지하게 이야기 나누세요.'

내담자는 원장님의 카톡을 보고 불안했다. 부모님이 화를 내면 어떻게 하냐는 것이었다. 혹 자신이 감당하지 못할 일이 생기면 무슨 행동을 취해야 할지 걱정이 앞섰다. 불안하다는 답장이 오자 원장님이 말했다.

'걱정하지 마세요. 부모님에게 사과하라고 말했으니까, 이야기하면 다 받아줄 거예요.'

'…네 알겠습니다.'

내담자는 여전히 망설여졌지만, 결단해야 한다고 생각했다. 어린 시절부터 지금까지 부모님에게 쌓인 원한이 너무나도 많았다. 원한은 늘 그에게 부정적인 생각과 감정을 일으켰다. 그래서 내담자는 부모님에게 사과를 받지 않으면 결코 나아질 수 없을 거란 걸 이미 알고 있었다.

내담자는 부모님에게 카톡을 쓰기 시작했다. 언제 어떻게 상처를 받았는지 번호를 매겨 부모님에게 보냈다. 그리고 그날 저녁, 가족이 모두 자리에 모였다. 내담자의 엄마가 어색한 얼굴로 말했다.

"카톡에 적은 것들에 관해 이야기를 나눠야 하지? 사과도 해야 하고."

"…응."

"그래. 한번 말해봐."

내담자는 1번부터 시작했다.

[1번: 사촌동생이랑 몰래 놀이터에 갔다고 엄마가 때렸다.]

"내가 그랬어? 기억이 안 나는데…."

"사촌동생이랑 헤어지고 집에 가기 싫어서 몰래 놀이터에 갔는데, 엄마가 욕하면서 때렸잖아."

"정말이야…? 그것 때문에 상처를 받았구나. 잘못했어, 엄마가 조심하지 못했어."

[2번: 내가 8살 때 친구랑 비 오는 날 다리 밑에 갔다고 엄마가 날 때렸다.]

내담자의 말을 듣고 엄마가 말했다.

"이건 기억나. 왜냐면 그때 다리 밑에 깡패들이 있어서 걱정됐거든. 그런데 네가 또 다리 밑에 있길래 엄마도 모르게 때렸어. 그게 너한테는 상처였네. 미안해. 엄마가 잘못했어."

내담자는 처음으로 그날의 전후 사정을 알 수 있었다. 그날 맞은 게 지금까지도 분했지만, 엄마의 이야기를 듣고는 그럴 수밖에 없었다는 걸 일부분 인정했다.

[3번: 7살 때 머리 깎을 돈으로 장난감을 샀다고 옷을 벗겨 때렸다.]

"아, 이것도 기억나네. 그래. 장난감 살 수도 있는데 엄마가 너무 심하게 때렸던 거 같아. 잘못했어."

그 후에도 내담자는 엄마에게 사과를 받고 싶었던 목록을 하나하나 이야기했다. 친구 앞에서 거짓말을 추궁한 일. 그 후로 친구와 멀어져 수치스러움을 느낀 일에 대해 말했다. 엄마는 부드러운 목소리로 잘못을 인정했다. 엄마에 대한 이야기를 마친 후 이번에는 아빠로 넘어갔다.

[1번: 고3 수능 직전 PC방에 간 적이 있었는데, 아빠는 PC방 사장한테 애가 수능이 얼마 남지도 않았는데 왜 들여보냈냐며 화를 냈다. 내가 수능 직전이라는 걸 알지도 못하는 생판 남인 PC방 사장한테 화를 내니까 너무 창피했다.]

"맞아, 그때 아빠가 지나쳤어. 아빠도 그때 피시방 사장이 나한테 욕하는 걸 들었어. 잘못했어."

[2번: 중학교 때 폭력을 당해 겨우 고민을 말했는데도, 아빠는 진지하게 얘기해보려 하지 않고 오로지 공부만 닦달해 화가 났다.]

"맞아, 그때도 아빠가 잘못했어. 학교에 찾아가서 해결을 해줬어야 했는데 그러지 못했어."

"그때 진짜 황당했어. 내가 폭력당하는 것보다 공부가 더 중요한 건가 해서."

"아빠가 잘못했어."

[3번: 내가 초등학교 때 신발 끈을 묶지 못하는 걸 보고 넌 하는 게 늘 그렇다. 늘 신통찮고 볼품없다고 했다.]

"이건… 생각이 안 나는데… 미안해. 신발 끈이야 못 묶을 수도 있는데, 이것도 아빠가 심하게 말했네."

내담자는 그 후로도 아빠에게 상처받았던 것들을 말했다. 아빠랑 차를 타고 학교에 가는데 공사장 인부가 못가게 하니까, "노동자 주제에"라고 말하면서 깔보던 것. 또 내담자가 뭔가를 하려고 하면 일일이 참견하고 도와줘 자신이 무능한 사람처럼 느끼게 했던 것에 대해 말했다. 아빠는 모두 인정하고 사과했다.

그렇게 20년 동안 쌓였던 것들을 사과받자 부모님에 대한 원망이 한층 누그러지는 걸 느꼈다. 내담자는 지금까지 사소한 문제만 생겨도 부모님을 원망했다. 실수해도 부모님 책임이었고, 아는 사람과 싸워도 부모님 책임이었고, 심지어 길 가다가 넘어져도 부모님 책임이라고 생각했다. 이렇듯 모든 일이 부모님 탓이다 보니, 내담자를 치료하기 위해서는 부모님의 역할이 절대적이었다.

원장님은 그 이후에도 끊임없이 내담자의 부모님을 관리했다. 휴대폰으로 전화해 절대로 아들과 마찰을 빚어서는 안 된다고 신신당부했다. 그가 말도 안 되는 이유로 화를 내도 모두 수용하고 받아주라고 했다. 그동안 부모님에게 당했던 것들이 많아 하루아침에 상처가 없어질 수는 없을 거라고 했다. 부모님은 원장님 말을 적극적으로 따랐다. 자신들이 지금까지 잘못된 양육을 한 것을 인정했다. 그렇게 부모님은 변화하려 노력했다. 그런 부모님의 모습을 보고 그가 블로그에 아래와 같은 글을 썼다.

[부모님의 노력과 지지]

내가 심리적으로 크게 불안했을 당시, 편안한 환경이 제공되는 게 우선이었다. 정신과 병동이 아주 편안하고 환자에게 아무런 요구를 하지 않는 것과 같은 이유다. 그렇기에 환경치료를 하는 것이다.

심리치료를 받는 동안은 내담자가 부딪칠지도 모르는 부정적 상황을 최대한 방지해야 한다. 아무리 긍정적 환경에서 자신감을 얻더라도 부정적 환경에 노출되면 꺾이고 흔들릴 수밖에 없기 때문이다.

특히 부모님과 같이 사는 내담자의 경우, 부모님이 내담자에게 편안한 환경을 제공하는 게 필수적이었다. 대체로 심리치료를 받으러 오는 내담자는 부모님에 대한 억하심정이 큰데다, 부모님이 내담자를 자극하거나 힘들게 하면 내담자는 또다시 원망이나 분노에 휩싸인다.

특히 나는 더더욱 그랬다. 부모님에 대한 원망이 치솟아 단단히 뭉쳐있었기 때문에 만에 하나 부모님이 잘못 건드리면 감정이 마구 치달아 올라 어쩔 줄 몰랐다. 심리치료 받는 동안 간신히 안정을 되찾고 희망이 보이고 자신감이 오르다가도 부모님과 사소한 갈등이 생기면 모든 게 무너져버리는 듯한 경험을 했다.

갈등이란 가족들과 외식을 했는데 내가 알아서 먹겠다는데도 아버지가 계속 옆에서 챙겨주려 했던 걸 말한다. 아버지의 이런 자상한 모습이 다른 사람들이 보면 따뜻하고 부러울 상황이었지만, 난 과잉보호를 떠올렸고 그 과잉보호로 말미암아, 유약함 속에서 20년을 보낸 듯한 원통함에 휩싸였다. 내 어두운 20년은 아버지의 과잉보호가 원인인 걸로 생각되었다.

매우 사소한 계기였음에도 그 계기로 말미암아 지난 20년 동안의 수치스러웠던 세월이 모조리 오버랩 되어 이제는 모든 걸 다 포기하고 싶었다. 부모님이 날 불편하게 했느냐 안 했느냐 그것만 중요할 뿐, 객관적으로 나와 부모님 중 누구 잘못이냐 와는 아무 상관없었다.

심리치료 6회 차 즈음에 원장님이 부모님을 부르셔서 부모님의 잘잘못과 나의 상태에 대해 명확히 설명해주셨다. 부모님께 나에게 어떻게 해야 하는지 알려주셨다. 가장 시급한 건 부모님의 사과였다. 6회 차부터 이미 심리치료 성공 여부가 결정되어 있었다. 난 속으로 간절히 빌었다.

'제발 부모님이 내게 사과해서 더는 부모님을 미워하지 않을 수 있도록 해주세요.'

천만다행히도 부모님은 내게 사과를 하셨다. 부모님으로부터 사과를 받았을 때, 고마운 마음도 마음이지만, 이미 엄청나게 누그러지는 내 감정을 느끼면서 심리치료가 무사히 성공할 것 같다는 안도감을 느꼈다. 그것은 마치 내가 되살아난 듯한 경험이었다.

이처럼 부모님의 사과가 심리치료가 성공하는 데 결정적인 기여를 했다. 하지만 중요한 게 또 있었다. 바로 부모님의 안정적인 환경의 제공이었다.

당시 부모님은 나에게 아무것도 요구하지 않았다. 내가 잠만 자도, 컴퓨터를 해도, 바깥만 돌아다녀도, 심지어 술을 새벽까지 마시고 외박을 해도, 내가 맛있는 음식을 사 먹느라 돈을 천정부지로 써도, 부모님은 아무 말을 하지 않았고 내가 집에 돌아오면 인사를 건넬 뿐이었다.

가끔 감정이 치솟아 심하게 화를 내도 부모님은 가만히 듣기만 하고 설령 본인들이 화가 나도 참았다. 부모님이 너무나 원망스러웠지만, 한편으로는 아주 편안하기도 했다. 내가 원하는 건 다 해주고 내가 화를 내도 참아주고 나에게 아무런 요구도 하지 않았으니까.

부모님이 나에게 부정적인 말을 한 적은 한 번도 없었고 일방적으로 나만 화내는 쪽이었기에 부모님께 화를 내고 나면 얼마 지나지 않아서 나 자신이 부끄러웠고, 때로는 부모님이 이런 시련을 겪을 만큼 큰 잘못을 한 건가, 라는 생각에 마음을 바꿔먹으려 노력했다. 그리고 그런 노력 덕분에 나는 더 긍정적인 사람이 될 수 있었다.

만약 부모님이 똑같이 내게 화를 내거나 자신의 입장을 변호하려 했다면 싸움은 더 커졌을 테고, 그러면 부정적 감정과 불안은 더 끓어올라 심리치료는 훨씬 더 늦어졌을 것이다. 실제로 최근에도 내가 화를 낼 때 부모님이 맞서는 바람에 또다시 부정적인 감정에 휩싸여 혼란을 겪었다. 그 후 부모님과 깊은 얘기를 나누고 진심으로 사과한 뒤에야 간신히 나는 제정신을 차릴 수 있었다.

부모님의 이런 편안한 지지기반 덕분에 나는 심리치료와 내 마음을 정리하는 데 오롯이 집중할 수 있었고 그에 비례해서 부모님에게 화를 내는 빈도도 줄어들었다. 무뚝뚝했던 내가 시간이 지날수록 부모님께 말을 걸고 너그러워졌고, 진심으로 부모님께 감사하고 결국 내 잘못이 컸다는 반성에 도달했다. 그리고 그건 내 판단력이 훨씬 더 명료해졌다는 걸 뜻했다. 잘잘못을 가려내는 능력이 훨씬 좋아진 덕에 이제는 부모님한테 원망을 하긴커녕, 내가 그동안 너무 지나쳤고, 부모님도 희생자라는 걸 온몸으로 느낄 수 있게 된 것이다.

미션치료란?

상담사가 내담자에게 미션을 주는 프로그램이다. 미션을 통해 내담자가 스스로 문제를 극복할 수 있게 한다. 내담자가 자기 스스로 문제를 해결하게 함으로써, '나도 할 수 있다'는 자신감과 생각의 전환을 하게 한다. 미션치료는 부모님에게 사과받기, 아르바이트 하기, 사람들과 대화하기, 홀로 여행 떠나기, 고민을 홀홀 털고 상담소에 오기 등등 굉장히 여러 가지다. 상담사가 내담자를 치료하며, 미션을 완수할 수 있는 상태라는 확신이 들 때 하는 치료이다.

그는 지속해서 심리치료를 받으며 현저히 좋아졌다. 부정적인 생각이 도움 된다는 신념을 바꿨고, 세상엔 공부가 다가 아니라는 것도 알았다. 우울해야 글을 잘 쓸 수 있다는 생각과 나는 천재가 되어야 한다는 강박증에서도 벗어났다. 학창 시절 왕따를 당해 또래와 어울리기 힘들어하던 증상(대인기피증)도 호전됐다.

원장님은 내담자가 변화된 모습을 보고 집단상담을 제안했다. 다른 내담자들을 보며 자기만의 깨달음을 얻어 보라는 것이었다. 내담자는 그 제안을 흔쾌히 받아들였다. 다른 사람들은 무엇 때문에 힘들어하는지 궁금했다.

일주일 후, 내담자를 포함해 내담자 일곱 명이 한자리에 모였다. 그들은 다음과 같은 심리증상이 있었다.

① 자기가 내는 소리가 시끄러울까 봐 눈치를 보는 여성.

② 과대망상으로 현실을 인지하지 못하는 남성.

③ 인간관계가 자신 없어 겉모습만 화려하게 치장하는 여성.

④ 삶이 괴로워 자살 충동을 느끼는 남성.

⑤ 카투사까지 다녀왔으나 자신을 믿지 못하는 남성.

⑥ 그리고 상담소에 칼을 들고 왔던 [사례1]의 내담자까지.

이들은 돌아가며 자기소개를 했다. 나는 무엇 때문에 힘들고 어떤 증상이 있는지 모든 걸 오픈했다. 내담자는 돌아가며 자기 이야기를 하는 사람들을 보며 느낀 게 있었다. 첫 번째는 모두 심리치료를 받을 사람처럼 보이지 않았고, 두 번째는 나만 부족하고 초라한 삶을 살고 있는 줄 알았는데 이제 보니 모든 사람이 행복한 삶을 사는 것도 아니라는 것이었다.

그렇게 일곱 명이 돌아가며 소개를 마치자 원장님은 본격적으로 집단상담을 시작했다. 만약 나에게 100만 원이 있다면 다음 항목 중 어떤 것에 돈을 걸지 결정하는 거였다. 항목은 다음과 같았다.

내담자(지호)는 능력과 행복에 각각 50만 원을 걸었다. 행복한 삶을 살고 싶었고, 남들보다 떨어지지 않는 능력을 갖고 싶어서였다. 하지만 다른 내담자들은 그와 다른 선택을 했다. 시끄러운 소리를 지속해서 듣는 여성은 행복한 삶을 살기 위해 행복에 돈을 걸었고, 겉모습을 화려하게 치장한 여자는 좋은 인간관계를 맺고 싶어 친구에게 돈을 걸었다. 카투사를 다녀온 남자는 자신을 믿을 수 있도록 능력에 걸었고, 과대망상으로 현실을 인지하지 못했던 남성은 성공에 목말라 성공에 걸었다. 이외에 다른 내담자들도 자기만의 생각으로 돈을 걸었다.

이처럼 똑같은 돈이 있어도 선택이 다를 수 있음을, 그리고 그것이 틀린 것이 아님을, 내담자는 다시 한 번 '다름'에 대해 이해했다. 또 의견이 다르다고 해서 결코 심각한 일이 아니라는 것. 사람은 모두 자기 방식대로 살아간다는 것. 그래서 서로 신뢰하고 잘 지낼 수 있다는 것을 깨달았다.

그리고 내담자는 이번 집단상담을 통해 한 가지 중대한 결정을 했다. 바로 [사례1]이었던 청년의 이야기를 듣고 그를 돕기로 했다. 대인기피증을 가지고 있는데도 피시방 알바를 한다는 게 자극이 된 것이었다.

그래서 내담자는 청년처럼 나도 일할 수 있다는 자신감을 갖고 편의점 아르바이트를 시작했다. 매달 자기가 일해서 번 돈 중 일정 금액을 청년이 상담을 받을 수 있도록 후원했다.

집단상담을 통해 변화가 온 것은 내담자만이 아니었다. 4회기 집단상담을 통해 놀라운 효과를 거둔 내담자가 있었다. 바로 자기가 내는 소리가 시끄러울까 봐 눈치를 보던 여성이 집단상담을 통해 예기치 않게 완치가 된 것이다.

이 여성의 증상은 귀에 자꾸 소리가 들리는 거였다. 벽에서 나는 소리, 창문에서 나는 소리, 천장에서 나는 소리 때문에 하루도 편히 지내는 날이 없었다. 심지어 저녁에는 층간 소음 때문에 잠도 제대로 자지 못했다. 그러다 보니 윗집과 싸우는 게 다반사였고, 이사를 하기도 부지기수였다. 또 소리가 그냥 들리는 것도 아니고 항상 도전적이고 시비를 거는 것처럼 들렸다.

여성에게 나타나는 증상은 이게 다가 아니었다. 소리가 나에게 피해를 주는 것처럼, 그녀는 자기가 내는 소리도 남에게 피해를 준다고 생각했다. 예를 들어 도서관에서 내가 기침을 하면 반대편 사람의 책상이 덜덜 떨리는 게 눈으로 보였다. 그래서 도서관에서 공부할 때도 기침 소리는 물론이거니와 숨소리도 내지 않았고 움직임도 최소화했다. 또 펜으로 필기할 때도 소리가 나지 않게 꾹꾹 눌러썼다.

그녀에게 이런 증상이 생긴 원인은 귀 때문이었다. 그녀는 귀가 유난히 커 초등학생 때부터 아이들에게 당나귀 귀라고 놀림 받았다. 귀가 콤플렉스라 항상 머리카락으로 가리고 다녔는데, 중학생이 되어서도 친구들에게 놀림을 받았다. 친구들은 그냥 재미로 놀리는 거였지만, 그녀에게는 큰 스트레스였다. 그 스트레스가 누적되다 보니 어느 날 갑자기 환청이 들렸다. 집안 식구들은 아무 소리도 나지 않는데 그녀는 소리가 들렸고, 심지어 위협적으로 들렸다. 예를 들면 '똑똑' 노크하는 소리도 그녀에게는 '쾅쾅쾅!' 거리는 것처럼 들렸다. 이런 증상이 중학교 3학년 때부터 이십대 중반까지 무려 10년 동안 지속되었다.

그런 그녀가 집단상담을 통해 치료된 이유는 다음과 같았다. 4회기 동안 집단상담을 하면서 이상한 점을 발견했기 때문이었다. 바로 사람들이 내가 소리를 내도 아무렇지 않은 얼굴로 앉아 있다는 것이었다. 그래서 사람들에게 물었다.

"저기… 여러분… 혹시 저한테서 시끄러운 소리 들리지 않아요?"

"무슨 소리예요? 제일 조용한 게 시은 씨인데."

"맞아요. 목소리도 작아 답답해 죽겠는데."

그녀는 충격을 받았다. 사람들이 내가 내는 소리 때문에 시끄러울 거로 생각했는데, 전혀 다른 반응이 나타났기 때문이었다. 그래서 그녀는 일부러 기침을 했다. 책상이 떨리는 걸 보기 위해서였다. 하지만 놀랍게도 책상도 떨리지 않았다.

그녀가 눈을 동그랗게 뜨며 원장님에게 말했다.

"선생님, 저 갑자기 소리가 안 들려요. 책이 떨리지도 않고요."

"안 들리긴 왜 안 들려? 도전적으로 들려야지."

"아니에요. 정말로 안 들려요."

다른 사람들은 그녀가 무슨 말을 하는지 이해하지 못했지만, 원장님은 드디어 그녀에게 인지가 일어났다는 걸 깨달았다. 집단상담을 통해, 다른 사람들의 말을 통해, 그동안 내가 들었던 소리가 '진짜'가 아니라는 걸 깨달은 것이다.

그녀는 그 후로 더는 상담을 받지 않았다. 다시 공부를 하겠다고 했다. 놀랍기는 원장님도 마찬가지였다. 설마 그렇게 빨리 인지가 일어날 줄은 몰랐다. 보통은 최소 20회기 이상은 해야 하는데, 그녀는 심리치료 4회기, 집단상담 4회기를 통해 심리증상이 사라졌다.

집단상담을 통해 이렇게 인지가 일어나는 일들을 종종 봐왔다. 성인인데도 매일 상담소를 부모님이랑 오던 남자는, 집단상담에서 자기만 부모님을 데리고 온 걸 보고 창피해 혼자 상담소를 오기 시작했다.

[사례1]의 내담자는 여자가 두려운 존재였는데, 집단상담을 통해 자기 또래의 여자와 대화를 하면서 새로운 인지가 일어났다. '나도 여자랑 대화할 수 있다.' '마주 보고 있을 수 있다.'라는 것이었다.

또 한 여자는 내 생각을 말하는 시간만 되면 나는 모르겠다며 늘 울곤 했다. 자신은 감정을 표현하지 못하는 사람이라는 것이었다. 하지만 7회기 이상 집단상담을 하면서 그녀에게도 서서히 인지가 일어났다. 집단상담에 적응하고 조금씩 내 생각을 말하는 내 모습을 보며, '나도 표현할 수 있다.'는 걸 알게 된 것이다. 그녀는 그 후 여행을 다니기 시작하면서 집단상담에서 사람들에게 여행 간 이야기를 즐겁게 하기 시작했다.

이처럼 집단상담은 인지치료 못지않게 내담자를 일깨우는 아주 중요한 역할을 한다. 그래서 원장님은 종종 내담자들을 모아놓고 집단상담을 한다.

집단상담이란?

증상은 다르지만, 환경이 비슷한 내담자끼리 묶어 진행하는 상담이다. 나와 다른 사람들을 보며 의식의 확장(인지)을 하는 데 목적이 있다. 인지가 일어나는 과정은 사람마다 다양하다.

① 상대방의 의견과 행동에 이해하지 못하다가, 결국 나 자신도 똑같았다는 걸 인지, 그로 인해 변화.

② 내가 보고, 듣고, 느끼는 걸, 상대방 반응을 통해 나 혼자 착각(왜곡)했다는 걸 인지, 그로 인해 변화.

③ 내가 생각하던 것들이 상대방 반응을 보니 꼭 그런 것만은 아니라는 걸 인지, 그로 인해 변화.

④ 내가 당연하게 생각했던 것들이 당연한 게 아니라는 걸 인지, 그로 인해 변화가 온다.

내담자는 집단상담과 심리치료를 꾸준히 받은 후 증상이 모두 사라졌다. 10년 동안 먹었던 약도 끊게 되었다. 대학교는 졸업하기로 부모님과 합의했다. 자기가 생각해도 입학까지 했는데, 여기서 그만두는 건 말이 안 되는 일이었다. 그래서 내담자는 학교에 다니면서 기숙사 편의점 아르바이트를 2시간씩 했다. 아르바이트로 번 돈으로 [사례1] 청년에게 상담 비용을 지원했다.

물론 내담자가 아르바이트를 쉽게 적응한 건 아니었다. 배우는 속도가 더뎌 2시간이나 더 남아서 일을 배웠고, 상품진열과 계산을 번갈아 하다 일이 꼬여버리는 경우도 다반사였다. 시간제 알바가 갑자기 나오지 않아 자기가 대신 일한 적도 있었다. 그러다 보니 내담자는 아르바이트를 그만두고 싶다는 생각이 여러 번 들기도 했다. 하지만 스스로에 대한 다짐과 청년과의 약속을 지키기 위해 내담자는 끝까지 버텼다.

아르바이트와 대학생활을 병행하면서 새로운 목표도 잡았다. 바로 교사가 되겠다는 거였다. 과목도 기존 전공인 역사였다. 요즘 주목을 받고 있는 역사 수업을 들으며 매력을 느꼈다.

내담자는 교생실습을 나가기 전에 상담소에 와서 시범으로 수업을 진행한 적도 있었다. 나도 직접 그 수업을 들었는데, 정말로 공부를 열심히 했다는 느낌을 받았다. 수업을 듣다 궁금한 게 생겨 질문도 했는데 척척 답변했다.

내담자는 그토록 두려워하던 대학생활도 열심히 하며 꿈을 위해 도전하고 있다. 그리고 심리상담에도 관심이 있어 [사례1] 청년과 함께 공부를 하는 중이다. 어두운 암흑기를 벗어나 변화된 삶을 사는 그에게 박수를 보내며 이만 사례를 마친다.

인지치료를 마치며

보통 내담자는 부정적인 환경에 오랫동안 노출되다 보니, 부정적인 생각을 많이 가지고 있다. 일반화, 왜곡, 삭제를 많이 한다.

이를테면 나를 좋아하는 사람은 없다. 사람을 신뢰해서는 안 된다. 나 빼고 모든 사람은 행복하다. 말만 잘하면 상관없다. 돈이 최고다. 무시해야 상처받지 않는다. 아이들은 다 악하다. 여자는 속물이다. 남자는 짐승이다. 등등 굉장히 다양하고 복합적이다.

이런 내담자들을 보면 어떻게 인지를 시켜야 할지 막막할 수도 있다. 어떤 이야기로 설득시켜야 할지 고민에 빠지기도 한다. 하지만, 인지치료는 설득이나 공감을 주는 치료가 아니다. 내담자의 증상에 맞는 정확한 도구가 존재한다. 그 도구에 있는 질문을 통해 내담자가 스스로 내 생각이 잘못되었다는 것을 깨닫게 하는 것이다. 여기서 상담사의 역할은 내담자의 '부정적인 생각'을 '긍정적인 생각'으로 바꿀 수 있도록 하는 것이다.

인지치료 도구는 사례에 나온 것들 말고도 수십 가지의 도구가 존재한다. 이후 상담사례에서 또 어떤 인지치료가 있는지 소개하도록 하겠다.

인지치료 과정

① 인지치료의 핵심 이론은 '일반화', '왜곡', '삭제'이다.

② 인지치료는 내담자가 스스로 문제 상태를 '발견'하고 '해답'을 찾는 과정이다.

③ 상담사는 내담자가 문제 상태를 '발견'하고 '해답'을 찾기까지 올바른 길로 가도록 '안내자' 역할을 한다.

④ 내담자가 가지고 있는 일반화, 왜곡, 삭제를 일깨워 '부정적 생각'을 '긍정적 생각'으로 바꿀 수 있도록 돕는다.

제 4 장

아동상담

아동상담은 거의 90%가 가정환경에 문제가 있다. 부모가 아이에게 신체적, 정신적 학대를 하거나 부부싸움, 방치, 폭언 또는 폭력적인 상황에 장기간 노출돼 정서적으로 불안한 상태에 놓인다. 어린 시절부터 부모님이 이혼하고 할머니 손에 자라면서 애정결핍도 생긴다. 이런 가정환경이 학교생활에 영향을 끼쳐 괴롭힘이나 왕따를 당하기도 한다.

증상은 성인과 크게 다르지 않다. 환시나 환청, 우울증, 강박증, 정서불안, 분노조절장애, 품행장애 등이 있다.

심리치료는 성인과 똑같다. 환경치료, 명상최면치료, 미술치료, 인지치료, 놀이치료 등을 받는다. 성인과 다른 점은 아동은 흥미와 집중을 위해 놀이치료를 동반한다는 것이다.

요새는 아동상담 전문기관이 있을 정도로 많은 아동이 상담을 필요로 한다. 국가에서도 아동을 위해 심리치료 서비스를 제공한다. 아동 바우처 상담, 드림스타트, 교육복지센터, 복지지원센터, 희망복지센터, 한부모가정지원센터가 예이다. 그럼 아동상담은 어떻게 진행하는지 사례를 통해 알아보겠다.

'환청과 환시'를 보는 아이

사례 07

젊은 엄마가 딸을 데리고 상담소에 왔다. 딸이 초등학교 3학년인데, 환시를 본다는 이야기였다. 환시는 자기 또래 친구였다. 아이는 상담소에 오자마자, "제가 말한 애가 선생님 뒤에 있어요."라고 하면서 원장님 뒤를 가리켰다.

특이한 사례라고 생각할지 모르겠으나, 사실 아동상담에서는 간헐적으로 볼 수 있는 증상 중 하나이다. 부정적 환경에 오랫동안 노출되면 아이들은 곧잘 환시를 보고 환청을 듣는다.

아이의 이름은 민서였다. 민서가 환시를 보는 이유는 가정환경에 있었다. 민서 엄마는 민서 아빠와 헤어지고 나면서부터 혼자서 애를 키우게 되었다. 그때부터 민서 엄마는 생계유지를 위해 밤일을 했고, 아이는 집에 방치되다시피 했다. 저녁마다 애가 혼자서 우는 소리가 비일비재해 동네 사람들이 경찰에 신고했다. 경찰은 민서 엄마를 조사했고, 아동학대로 판정이 났다. 민서는 엄마와 떨어져 아동보호센터에 인계됐다. 그때 아이의 나이가 6살이었다.

당시 민서가 있던 아동보호센터는 자기 또래는 하나도 없고 고등학생 언니들만 있는 곳이었다. 그러다 보니 적응하기가 힘들었다. 나이가 어려 자주 말썽을 부렸고, 그때마다 고등학생 언니들에게 맞고 벌을 섰다. 민서 말로는 언니들이 밤새도록 엎드려뻗쳐를 시켰고, 선생님이 그걸 보고도 제지하지 않았다고 했다. 그러다 보니 민서는 감히 대항할 생각조차도 하지 못할 뿐더러 너무나 외로웠다. 한번은 견디기가 너무 힘들어 아동보호센터에서 도망쳤다가 잡혀오기도 했다.

민서가 거짓말을 하기 시작한 건 이 무렵이었다. 사람들 눈치를 보며 살기 위해 거짓말을 했고, 그것이 좋은 결과를 가지고 온다는 걸 알게 되었다. 그때부터 민서는 환청을 듣기 시작했다. 불리한 일이 생기면 귀에서 "야, 거짓말해. 거짓말하면 돼."라는 말을 들었다.

민서는 그렇게 초등학교에 입학했다. 그리고 초등학교 2학년이 되는 날, 엄마는 민서를 찾기 위해 아동보호센터로 갔다. 민서는 엄마를 보자마자 자기를 데려가 달라며 울었고, 엄마도 딸을 데려가고 싶었지만 보호센터에 넘겨진 상태라 데려올 수 없었다. 그런데 엄마는 민서로부터 그곳의 이야기를 들었다. 고등학생 언니들이 매일 자기를 괴롭히고 선생님조차도 자신을 보호해주지 않는다는 말이었다. 엄마는 그 이야기를 듣고 경찰에 아동보호센터를 신고했다. 경찰이 조사한 후 결국 민서를 엄마에게 되돌려 보냈다.

그렇게 민서는 3년 만에 다시 엄마랑 살게 되었다. 하지만 문제는 여기서 끝이 아니었다. 엄마는 달라진 게 하나도 없었다. 늘 밤에 민서를 방치하고 일하러 나갔다. 그리고 아침이 되면 술과 담배에 절어 집에 들어왔다. 민서는 그런 엄마를 볼 때마다 극심한 불안에 시달렸다. 엄마가 계속 이러면 또 아동보호센터에 끌려갈 수도 있기 때문이었다. 민서는 첫 상담 때, 원장님에게 또 언제 아동보호센터에 갈지 모른다며 무섭다고 했다.

엄마가 제대로 돌봐주지 못하니 민서는 당연히 공부에도 집중하지 못했다. 매일 밤늦게까지 게임하고 엄마 몰래 휴대폰 결제를 하는 등 전혀 통제되지 않았다. 또 잘못을 하고 모면하기 위해 거짓말을 수도 없이 했는데, 그럴 때마다 엄마는 민서를 때렸다. 그런 일이 쳇바퀴 돌듯 이어지자 민서는 결국 환시까지 일어나고 말았다. 거짓말을 하라고 귀로만 들리던 게 이제는 눈으로 보이기까지 했다. 엄마는 그때부터 사태가 심각해진 것을 알고 민서를 상담소로 데려온 것이다.

원장님은 민서가 자라온 이야기를 듣고는 너무나 안쓰러웠다. 그 어린 나이에 얼마나 힘들고 괴로웠을지 눈에 선했다.

"그래서 그 아이가 지금도 있니?"

원장님이 묻자 민서가 대답했다.

"네, 아까부터 계속 선생님 뒤에서 장난치고 있어요."

"그래, 선생님도 장난치고 있는 게 느껴져."

"정말요? 선생님도 보여요?"

"그럼, 보이지."

물론 실제로 보여서 하는 말이 아니었다. 민서의 마음을 이해하고 공감해 주기 위해 한 말이었다. 민서는 신기하다는 얼굴을 했다. 지금까지 엄마한테 말해도 혼나기만 했고, 친구들이나 학교 선생님도 무슨 말이냐는 소리만 했다. 그런데 처음으로 자기를 믿어주는 사람이 나타났다.

원장님이 미소 지으며 입을 뗐다.

"그래, 민서는 이 친구가 언제부터 보였어?"

"몇 개월 전부터 계속 저만 쫓아다녔어요."

"아동보호센터에서도 누가 민서 귀에 대고 자꾸 말했다고 했잖아?"

"네."

"민서가 보기에는 그 목소리의 주인공이, 지금 이 친구가 맞니?"

"네, 맞아요."

"그렇구나. 선생님이 도와줄 테니까 이제 걱정하지 마. 그리고 아동보호센터에도 절대 못 가게 할 테니까 불안해하지 말고. 알았지?"

"네."

원장님은 민서와 상담을 마치고 민서 엄마를 불렀다. 그리고 딸에게 왜 이런 증상이 나타난 건지 요목조목 설명했다. 첫 번째는 가정환경이 예전이나 지금이나 달라진 게 하나도 없다는 점이었다. 엄마의 관심과 사랑을 받으며 자랄 나이에 혼자 방치되어 케어가 전혀 되지 않는다고 말했다.

두 번째는 아동보호센터에서 너무 큰 스트레스를 받았다는 것이었다. 그 어린 나이에 엄마랑 떨어져서 지냈으니 얼마나 무섭고 혼란스러웠겠냐는 말이었다. 거기다 고등학생 언니들에게 괴롭힘까지 당했으니 민서로서는 지옥이었을 거라고 했다. 그리고 이 모든 원인은 역시 엄마였다. 엄마가 애초에 딸을 잘 돌봤으면 아동보호센터에 갈 일도 없었을 것이다. 민서 엄마는 자기가 잘못한 부분이 크다는 걸 인정했다. 딸에게 잘해주고 노력해 보겠다고 약속했다.

환시의 유형

　나는 민서가 환시를 보는 게 안쓰러우면서도 한편으로는 신기했다. 이렇게 직접적으로 보이지도 않는 걸 보인다고 말하는 건 처음 봤기 때문이었다. 민서는 친구라고 부르는 존재가 자기가 만들어낸 존재라는 걸 조금도 의심하지 않았다. 또 환시라고 하면 대개 귀신같은 걸 보는 거로만 생각했는데, 지금 보니 완전히 잘못 짚었다는 생각이 들었다. 그래서 원장님에게 내담자에게 나타나는 환시의 유형을 물어보고 다음과 같이 정리했다.

환시를 보는 유형

① 죽은 사람

▶ 돌아가신 부모님, 할머니, 할아버지 등, 고인이 된 사람이 보이는 환시. 위로를 받고 싶다는 욕구로 인해 환시를 본다.

② 가상의 인물

▶ 나도 모르게 가상의 인물을 만들어내 존재하지 않는 인물을 보는 환시. 무의식적 욕구로 가상의 인물을 만든다.

③ 귀신

▶ 영화나 드라마에서 나올법한 귀신을 보는 환시. 내면에 불안감과 두려움이 깊게 자리 잡았을 때 나타난다.

④ 실제 인물

▶ 나에게 피해를 줬던 사람이 눈앞에 보이는 환시. 과거에 사람에게 피해를 크게 입었을 때 나타난다.

⑤ 불특정 다수

▶ 나에게 피해를 줬던 사람이 다른 사람을 시켜서 나를 감시하거나 피해를 주는 걸 보는 환시. 과거에 사람에게 피해를 크게 입었을 때 나타난다.

⑥ 사물

▶ 천장이나 벽, 기타 사물들이 움직이는 걸 보는 환시. 과거에 사람에게 피해를 크게 입었을 때 나타난다.

★ 환시의 유형을 분류한 이유는 실제 상담 시 내담자마다 다양한 환시가 일어나서이다. 여기서 주의할 점은 내담자가 어떤 피해를 받으면, 이런 유형의 환시가 나타난다고 확정해서 말할 수 없다. 예를 들어 성폭행을 당한 내담자 중 사물이 움직이는 환시를 보는가 하면, 어떤 내담자는 실제 인물이 나타나는 환시를 보기 때문이다. 내담자마다 환시를 보는 유형이 다른 이유는 당시의 상황이나 환경, 이후 조치에 따라 천차만별로 구분된다. 또 앞서 우선표상체계(V, A, K) 이론에서 청각이 높으면 환청을 듣고, 시각이 높으면 환시를 본다고 했는데, 이는 지금까지 원장님이 수천 명의 내담자를 상담한 결과의 통계 수치다. 예를 들어 청각이 높은 사람은 70% 이상의 확률로 환청을 듣고, 시각이 높은 사람은 환시를 보는 결과가 나왔다. 하지만 증상을 장기간 방치하면, 감각과는 상관없이 병이 발전해 환시와 환청을 모두 본다.

1) 아이 증상 진단

민서는 유아기에 엄마에게 제대로 된 보살핌을 받지 못했다. 그 결과 아동보호센터에 넘겨져 고등학생 언니들에게 괴롭힘을 당하면서 환청을 듣게 되었다.

민서는 우여곡절 끝에 엄마에게 돌아왔지만, 환경은 조금도 나아진 게 없었다. 엄마는 여전히 밤일을 하며 민서를 방치했고, 아침이 되면 술에 취해 집에 들어왔다. 민서는 그런 엄마를 볼 때마다 또 아동보호센터로 돌아갈지도 모른다는 불안감에 시달렸다. 우울증이 있었고 잘못을 할 때마다 엄마한테 맞으면서 스트레스가 높아졌다. 그 결과 조현병으로 발전돼 결국 환시까지 보게 되었다.

민서는 성격이 밝으나 자존감이 매우 낮았다. 특히 환경이 좋은 아이들을 상대할 때 그랬다. 부모님이 모두 있거나 자기보다 잘사는 아이들이 괴롭히면 일절 대응하지 못했다.

심리증상

조현병 / 환시 / 환청 / 거짓말을 많이 함 / 불안감 / 우울증 / 낮은 자존감.

신체증상

신체적 증상은 특별한 게 없음.

환경문제

아동보호센터에서 집으로 돌아온 뒤에도 예전과 똑같이 엄마로부터 방치를 당함 / 거짓말로 인해 엄마에게 맞는 일이 자주 생김.

2) 거짓말을 시키는 존재

환시는 민서에게 꼭 친한 척을 했다. 먼저 다가와 말을 거는 게 부지기수였다. 그렇다고 민서가 환시랑 친구처럼 노는 건 아니었다. 환시가 주로 민서 눈앞에 나타날 때는 거짓말을 하는 상황이 발생할 때였다. 예를 들어 학교에서 놀다가 집에 가야 하는 시간만 되면 환시는 어김없이 민서 앞에 나타났다.

"더 놀고 가. 지금 안 들어가도 돼."

민서는 그때마다 고민에 빠졌다. 엄마랑 약속해서 집에 가야 한다고 하면, 환시는 민서에게 거짓말을 시켰다.

"엄마한테 깜빡하고 시계 못 봤다고 해."

"그러면… 엄마가 속을까?"

"응. 속아."

민서는 이런 식으로 환시의 꼬임에 빠져 엄마에게 늘 거짓말을 했다. 집에 늦게 와서는 깜빡하고 시간을 못 봤다던가, 휴대폰을 잃어버려 찾느라 늦었다던가, 학교에 일이 있었다는 등, 뻔히 보이는 거짓말을 했다. 환시는 이처럼 민서가 혼날 짓만 하게 만들었다.

그런데 어느 날, 민서는 거짓말을 할 상황이 아닌데도 환시가 보이는 시간이 많아졌다. 자꾸 자기를 따라오거나 옆에 있곤 했다. 민서는 그것이 무척 귀찮았다.

"오늘도 그 친구가 따라왔어?"

원장님이 묻자 민서가 대답했다.

"네. 지금도 문 뒤에 숨어있어요."

"일단 선생님이랑 모른 척하자. 알겠지?"

"네."

그렇게 민서는 심리치료를 시작했다.

"오늘은 선생님이랑 인형놀이 하자. 민서가 인형 하나 골라 볼래?"

원장님은 민서 앞에 사람 인형 4개를 두었다. 놀이치료를 할 모양이었다.

"저, 이거요!"

민서는 주저 없이 가장 예뻐 보이는 인형을 골랐다. 원장님이 웃으며 말했다.

"이제부터 그 인형이 민서인 거야. 알았지?"

"네."

원장님은 민서가 고른 인형을 자신으로 생각하라고 했다. 이윽고 민서가 공부방에 가기 전에 놀이터에서 신나게 노는 상황극을 시작했다. 민서가 환시를 보며 거짓말을 하던 순간을 재현하기 위해서였다.

원장님이 학교 친구 인형을 들고 입을 뗐다.

"민서야, 우리 미끄럼틀 탈까?"

"그래! 내가 먼저 탈래!"

"아냐. 내가 먼저 탈 거야~"

원장님이 학교 친구 인형을 들고 앞으로 뛰어가자 민서가 인형을 들고 앞질렀다. 미끄럼틀을 타는 흉내를 낸 뒤 말했다.

"짠~ 내가 1등이지~"

"우와~ 민서 엄청 빠르다. 달리기도 잘 하네~"

"세상에서 내가 제일 빨라!"

"우리 이제 시소 타고 놀까?"

"그래!"

원장님이 시소를 타는 흉내를 내자, 민서도 똑같이 반대편에서 시소 타는 흉내를 냈다. 그렇게 놀이터에서 노는 상황극을 하다, 원장님이 민서에게 물었다.

"어? 민서야, 지금 오후 4시야. 공부방 갈 시간 아냐?"

"어… 그러네."

민서가 시무룩한 얼굴을 하자, 원장님이 다른 인형을 잡고 말했다. 바로 '환시 인형'이었다.

"민서야. 오늘 공부방 가지 말고 그냥 친구랑 놀아."

"그러면 엄마한테 혼나는데…."

"엄마한테는 공부방 갔다고 하면 되지."

"그럴까…?"

"응. 그렇게 해."

민서는 잠시 고민하더니 친구에게 말했다.

"나 오늘 공부방 안 갈 거야~ 나랑 계속 놀자~"

"정말? 와 신난다~!

원장님은 민서와 놀이터에서 즐겁게 노는 상황을 연출했다. 그리고 잠시 후, 원장님이 친구 인형을 들고 말했다.

"어? 벌써 저녁이네. 너무 늦었다. 이제 집에 가야 할 거 같아."

"그래. 다음에 또 놀자."

"응 또 봐~"

원장님은 학교에서 노는 상황극을 종료한 뒤 민서에게 물었다.

"이제 집에 갈 시간이지?"

"네."

"그럼 이제. 민서가 집으로 가는 연기를 해봐. 그리고 엄마랑 만나서 이야기하는 거야. 알았지?"

"네."

민서는 원장님의 말에 따라 놀이터에서 벗어나 집으로 가는 연기를 했다. 집에 들어가자 원장님이 엄마 인형을 집고 말했다.

"민서 왔니?"

"네."

"오늘 공부방 갔다 왔어?"

민서가 주춤하자 원장님이 환시 인형을 집고 말했다.

"갔다 왔다고 해. 빨리 거짓말해!"

"응. 갔다 왔어…"

민서가 대답하자 원장님은 다시 엄마 인형을 집고 입을 뗐다.

"정말 갔다 온 거 맞아? 선생님께 전화해도 돼?"

민서가 아무 말도 하지 못하자, 원장님이 환시 인형을 집고 입을 뗐다.

"거짓말해! 거짓말해! 끝까지 거짓말해!"

민서는 혼란스러워하며 입을 뗐다.

"응 전화해도 돼."

"알았어. 엄마가 이번엔 믿는다?"

민서는 다행이라는 표정을 지었다.

그렇게 상황극 인형놀이를 마치고 원장님은 민서에게 물었다.

"민서야. 아까 공부방 안 가고 재밌게 놀았잖아? 그리고 시간이 돼서 집으로 돌아갈 때 마음이 어땠어?"

민서가 작은 목소리로 대답했다.

"처음에는 신났는데… 집으로 돌아갈 때는 또 잘못했다는 생각이 들었어요."

"그러면 엄마한테 거짓말할 때는 어땠어? 혼란스러웠어? 아니면 아무 생각 없이 시키는 대로 거짓말을 했어?"

"혼란스러웠어요."

"그러면 민서는 거짓말이 나쁘다는 걸 알고 있는 거네?"

"네."

"좋아. 이제는 선생님이랑 반대로 해보자. 선생님이 민서가 될 테니까. 민서가 거짓말을 시키는 친구가 되는 거야. 알겠지?"

"네…."

이번에는 원장님이 민서의 역할을 했다. 민서는 반대로 환시의 입장이 되었다. 원장님은 인형을 잡고 놀이터에서 재밌게 노는 상황극을 했다. 공부방에 갈 시간이 되자 원장님은 민서에게 어떻게 하냐고 물었다. 환시가 된 민서는 원장님에게 공부방에 가지 말라고 했다. 원장님은 민서 말을 듣고 놀이터에서 노는 연기를 했다. 이윽고 저녁이 되자 집으로 향했다.

"민서 왔니? 오늘 공부방 갔다 왔어?"

원장님이 엄마 인형을 들고 말했다. 그리고 동시에 어떻게 이야기 하냐고 민서를 쳐다봤다.

"엄마한테 공부방 갔다 왔다고 해. 거짓말해."

원장님은 민서가 시키는 대로 말했다. 하지만 이번은 결말이 달랐다. 엄마가 거짓말에 속지 않았다.

원장님이 엄마 인형을 집고는 화를 냈다.

"너 엄마한테 거짓말할래? 엄마가 공부방 선생님한테 전화했는데, 오늘 안 왔다고 하던데?"

원장님이 민서를 보고 눈짓을 했다. 뭐라고 하냐는 뜻이었다. 그러자 민서가 환시 인형을 집고 다시 말했다.

"아니라고 해. 갔다 왔다고 해. 선생님이 착각하는 거라고 해."

"아냐, 엄마, 나 공부방 갔어. 선생님이 착각한 거야."

"엄마가 선생님한테 물어봤는데, 언제 갔다는 거야! 자꾸 거짓말할래?!"

그러고 나서 원장님은 민서 인형을 때리는 연기를 했다. 실제로 민서가 거짓말을 할 때 엄마에게 맞는 장면이었다.

"아, 아, 엄마 잘못했어요~!"

원장님은 민서 인형으로 싹싹 비는 시늉을 했다. 민서는 한참 동안 그 모습을 가만히 바라봤다.

상황극이 끝난 후 원장님이 민서에게 물었다.

"방금 민서가 거짓말을 시키는 친구 역할을 했잖아?"

"네."

"그때, 그대로 따라하는 민서를 보고 어떤 생각이 들었어?"

"나쁜 짓인데 말을 잘 듣는다고 생각했어요."

"그럼 엄마한테 거짓말하다가 들켰을 때는 어떻게 보였어?"

"불쌍해 보였어요."

"어떤 점이 불쌍했어?"

"거짓말하라고 시킨 걸 따라했다가 혼나는 모습이 불쌍했어요."

"그렇구나. 또 다른 느낀 점도 있어?"

"네. 바보 같았어요."

"어떤 점이?"

"친구 말을 듣는 게요."

민서는 인형극을 통해 내 모습이 어떻게 보이는지 객관화하고 있었다. 원장님은 흡족해하며 입을 뗐다.

"그럼 민서가 보기에는 앞으로는 어떻게 하는 게 좋을 거 같아? 친구가 또 거짓말을 시키면 어떻게 할 거야?"

"속고 있었던 거니까 이제는 무시할 거예요."

"그래, 잘 생각했어."

원장님은 민서를 칭찬했다. 그렇게 민서는 인형놀이를 통해 자신이 무얼 잘못했는지 인지가 일어났다. 그리고 앞으로는 거짓말 시키는 환시의 말을 듣지 않기로 원장님과 약속했다.

상황극 치료란?

상황극을 통해 내담자가 자신의 문제 상황을 객관적으로 바라볼 수 있게 하는 프로그램이다. 이때 내담자는 제3자 입장이 되어 자신에게 어떤 문제가 있는지 인지한다. 그리고 깨달음을 통해 스스로 행동의 변화를 가져오게 된다.

환시를 통해 거짓말을 하는 이유

　나는 원장님이 놀이치료를 하는 걸 보며, 문득 궁금한 게 생겼다. 왜 거짓말을 환시를 통해서 하냐는 것이었다. 그러니까 자기가 직접 해도 되는 게 아니냐는 말이다. 그 이유를 묻자 원장님이 대답했다.

　"그래야 죄책감에서 벗어날 수 있어서 그래."

　"죄책감이요?"

　"응. 거짓말을 하면 죄책감이 생기잖아. 그런데 친구가 시켜서 하는 거면 나를 보호할 수도 있고, 회피도 할 수 있어서 그런 거야."

　"아….'

　원장님은 그렇다고 민서가 계획적으로 환시를 만들어 거짓말을 한 게 아니라고 했다. 아동센터에서 괴롭힘을 당하고 혼나다 보니 나를 보호할 사람이 없어서 만든 것이라고 했다. 또 거짓말을 하면 상황을 모면할 수 있다는 걸 깨달아 무의식적으로 거짓말을 하는 환시를 만든 깃이다. 아무럼 여섯 살이라는 그 어린 나이에 엄마와 떨어져 지냈으니, 그 두려움은 말로 다 할 수 없었을 것이다. 나는 하루빨리 민서가 치료가 잘 되기를 바라는 마음으로 다음 상담을 기다렸다.

3] 친구를 때리고 친구 부모 욕을 하는 아이

민서는 놀이치료를 통해 거짓말이 자신에게 안 좋은 결과를 가져온다는 걸 인지했다. 하지만 여전히 환시를 보고 있었고, 환경도 나아진 게 없었다. 민서 엄마는 여전히 밤일을 했고, 아침이 되면 인사불성 상태로 집에 들어왔다. 그런 엄마의 모습을 볼 때마다 민서는 슬픔에 잠겼다. 왜 우리 엄마는 식당 같은 곳에서 평범하게 일하지 않는지 이해를 하지 못했다.

원장님은 초강수를 두기로 했다. 민서 엄마에게 진심으로 딸의 병을 고치고 싶으면 술과 담배부터 끊으라고 했다. 그러지 못하면 민서를 치료해 봤자 말짱 도루묵이니 포기하겠다고 선언했다. 환경치료가 전혀 되지 않고 있다는 뜻이었다. 원장님의 마지막 경고에 민서 엄마는 술과 담배를 끊겠다고 약속했다.

이후 민서가 상담소에 올 때마다 놀이치료를 진행했다. 인지 목적도 있지만, 민서에게 가장 필요한 것 중 하나가 바로 '어른들의 사랑'이기 때문이었다. 민서에게는 오롯이 자기만을 위해 놀아주는 어른이 필요했고, 지금까지 그런 경우는 단한 번도 없었다. 다른 상담사 선생님들도 돌아가면서 민서와 놀이치료를 했다.

그렇게 민서는 사랑을 받으면서 원장님을 전적으로 신뢰하게 되었다. '최고야 선생님이 최고'라는 말을 입에 달고 살았다. 민서는 평소에 무슨 일만 생기면 원장님에게 전화했고, 원장님은 그 전화를 일일이 받아줬다.

그러던 어느 날 또 사건이 터지고 말았다. 학교에서 남학생이 자기를 자꾸 귀찮게 해 손바닥으로 얼굴을 열 차례나 때렸다는 내용이었다. 남학생 엄마가 학교에 항의 전화를 했다. 담임 선생님은 민서를 크게 혼냈다.

민서는 원장님에게 항변했다. 자기를 귀찮게 한 남자애를 때린 게 뭐가 문제인지 모르겠다는 것이었다. 또 자신에게 심한 말을 하는 담임 선생님도 인성이 좋지 않다고 말했다.

원장님은 그 이야기를 듣고 놀란 목소리로 말했다. 아무리 화나도 그렇지, 한두 대를 때리는 것도 잘못된 행동인데, 열 대나 때린 것은 명백히 잘못된 일이라는 것이었다. 거기다 담임 선생님 인성이 좋지 않다고 했는데, 그전에 우선 네가 어떤 행동을 했는지 바라보라고 했다. 친구의 얼굴을 열 대나 때린 사람이 어떻게 선생님의 인성을 논할 수 있냐는 것이었다. 민서는 원장님의 말을 듣고 남학생에게 사과하기로 약속했다.

이외에도 원장님은 민서의 학교 일로 통화를 자주 했다. 학교에서 친구랑 말다툼한 뒤 카톡으로 친구의 엄마 욕을 신랄하게 한 적도 있었다. 원장님은 그때도 민서가 알아들을 수 있도록 잘못한 부분을 설명했다.

아무리 친구가 잘못했다고 하더라도 카톡으로 친구 엄마 욕을 하고, 어른들이 그런 내용을 봤다면 네 인성 논란만 있을 거라고 했다. 곧 문제의 본질은 없어지고 친구 엄마 욕한 내용만 가지고 사람들이 널 평가할 거라는 것이었다. 그러니까 절대로 친구 엄마 욕을 하지 말라고 했다. 민서는 기가 죽은 목소리로 알겠다고 대답했다. 이렇듯 민서는 학교에서도 친구들과 여러 갈등을 일으켰다. 그때마다 원장님은 상담을 마치고 저녁마다 통화로 민서를 훈육했다.

그렇게 일주일 후, 예약된 시간이 되자 민서가 상담소에 왔다. 원장님은 이번에도 민서를 데리고 놀이치료를 했다. 이번에 하는 놀이치료는 '감정치료'였다.

수십 개 감정카드를 펼쳐 놓고 원장님이 카드를 집으면 어떤 경우에 이런 감정이 드는지 이야기를 해 보는 것이었다. 나는 굉장히 쉬운 놀이치료라 생각했다. 하지만 의외의 상황이 벌어졌다. 민서는 카드를 보며 혼란스러워했다. '신난다.'라는 카드를 보고서도 신난다, 라는 감정이 무엇인지 전혀 알지 못했다.

놀이치료란?

놀이를 통해 아이들의 정서를 안정시키고 인지가 일어나게 하는 프로그램이다. 주의할 점은 단순히 노는 게 목적이 되어서는 안 된다는 것이다. 상담사의 정확한 의도가 있어야 한다.

4) 감정을 모르는 아이

민서는 '신난다'라는 카드를 보고 한참이나 고개를 갸웃거렸다. 신이 날 때가 언제냐는 원장님의 물음에 전혀 대답하지 못했다.

"민서는 신날 때가 없었어?"

원장님이 재차 묻자 민서가 이윽고 입을 뗐다.

"이게 신날 때인가….”

"응. 괜찮으니까 아무거나 말해봐."

민서가 주저하며 입을 열었다.

"신난다고 생각할 때는… 거짓말할 때요. 거짓말을 하고 놀아야지, 할 때 잠깐 신나요."

"그래 거짓말하고 공부방에 가지 않을 때 신나는구나?"

"네. 근데 이게 신나는 게 맞아요?"

민서는 자기가 말하고서는 신난다는 감정이 뭔지 모르겠다는 얼굴을 했다.

"신난다는 건, 이런 게 될 수 있어. 기대하지도 않았는데 내가 원하는 일이 생긴 거야. 예를 들면 엄마가 민서한테, 민서야, 오늘 외식하자~ 엄마가 맛있는 거 사줄게~ 그러면 신나는 거야."

"엄마가 지난번에 워터파크 가자고 해서 제가 아, 기분 좋아~ 이랬는데, 이게 신나는 거예요?"

"맞아. 그게 신나는 거야. 민서는 그런 감정 안 느껴봤어?"

"그런 건 일 년에 한두 번밖에 안 느껴요."

"그렇구나. 그러면 다른 카드 뽑아볼까?"

원장님은 '행복하다'라고 쓰인 카드를 뽑고선 물었다.

"민서는 언제 행복을 느껴봤어?"

"행복이요…?"

이번에도 오랫동안 생각하는 민서였다.

"애들하고 놀 때는 재밌는 거지… 행복은 아닌 거 같은데….”

민서가 원장님의 눈치를 보며 말을 이었다.

"행복이 뭐예요, 선생님?"

"행복이라는 건, 아이스크림을 먹어도 행복한 거고, 음악을 들을 때도 '아 음악이 참 좋다.' 이러면서도 행복할 수 있어. 잠을 자도 행복할 수 있고. 선생님은 오늘 민서를 만나서 행복해. 어떤 상황에서 내가 기분이 좋다. 이러면 다 행복이야."

"그럼 나도 행복이었나? 행복인데 모르나?"

"민서는 어떨 때 행복했는데?"

"게임할 때하고, 저번에 선생님 몰래 숨었을 때요."

"상담소에 몰래 숨어 있을 때 행복했어?"

"네, 그때 선생님이 사준 떡볶이 먹을 때도 행복했어요."

몇 주 전이었다. 원장님이 저녁 7시에 상담을 마쳤을 때였다. 내담자를 보낸 후 현관문을 닫자, 민서가 갑자기 다른 상담실에서 벌컥 문을 열고 나왔다. 원장님이 깜짝 놀라 말했다.

"너 이 녀석 여기서 뭐해?"

"히힛- 최고야 선생님 놀래주려고요."

민서는 무려 3시간 동안이나 상담실에 숨어있던 거였다. 지금 생각해도 황당한 일이었다. 원장님은 그때를 떠올리며 민서의 말에 공감했다.

"그렇구나. 민서가 그때 행복했구나. 선생님도 그때 깜짝 놀랐는데 재밌기도 했고, 민서랑 같이 맛있는 거 먹어서 행복했어."

민서가 빙그레 웃자 원장님도 따라 웃었다.

"이번에는 이 감정카드에 대해 말해볼까?"

원장님이 '슬프다'라는 카드를 들며 말했다.

"민서는 어떨 때 슬퍼? 또 슬픔은 어떻게 느껴지는 거 같아?"

"슬플 때는 많아요. 밤에 항상 혼자 있으니까 외롭고 슬퍼요."

"그러면 민서는 슬픔이 외로움에서 오는 거구나?"

"네…."

"또 슬플 때가 있어?"

"엄마가 술을 먹고 있는 거 같아서 슬퍼요. 그리고 남자들이랑 연락하는 게 슬퍼요."

어느새 민서의 눈시울이 붉어졌다.

'민서의 슬픔'은 모두 '엄마랑 연결돼' 있었다. 엄마가 자기에게 관심과 사랑을 주지 않는다고 느낄 때마다 슬퍼했다.

"선생님, 왜 우리 엄마는 아침에 일하지 않고 저녁에 일하는 거예요?"

"그래서 선생님이랑 약속했어. 이제는 엄마가 술, 담배 끊고 아침에 일하기로."

"정말요?"

"응. 그러니까 조금만 엄마를 기다려 주자. 엄마가 지금 하는 일을 바로 그만둘 수 없어서 그렇대."

"네⋯."

원장님은 분위기를 환기하기 위해 '뿌듯하다' 카드를 들었다. 그리고 언제 나 자신이 뿌듯했는지 물었다. 하지만 민서는 이번에도 뿌듯하다. 라는 감정을 알지 못했다. 원장님이 설명해주면 "뿌듯한 게 이런 거예요?"라며 조심스럽게 물었다. 원장님은 맞다고 말하며 민서의 감정을 인정했다.

그렇게 원장님은 감정카드놀이를 하며 민서에게 감정이란 무엇이고 어떤 상황에서 나오게 되는지 하나하나 알려줬다. 민서는 자기가 느꼈던 감정이 무엇인지 몰랐을 뿐이지 살면서 느끼고 있었던 것이라는 걸 알게 되었다.

감정치료란?

감정을 표현하고 배우게 하는 프로그램이다.

감정표현이 서툰 사람은 3가지 특징이 있다. 유전적으로 신체감각이 낮거나, 부모에게 감정을 인정받지 못했거나, 감정표현을 할 수 있는 환경이 마련되지 않았을 때다. 이때 우리는 여러 감정에 대한 느낌을 잘 이해하지 못해, 상대방의 감정도 받아들이지 못한다. 감정치료는 내 감정을 쌓아두지 않고 있는 그대로 표현하며, 상대방의 표현도 받아들이는데 어려움이 있지 않게 한다.

사이코패스와 소시오패스가
감정을 느끼지 못하는 이유

　나는 민서가 감정을 모른다는 게 적잖이 충격이었다. 특히 '신난다'와 '행복' 같은 경우는 모를 수 없는 감정이라고 생각했는데, 어려워하는 모습이 이해되지 않았다. 처음에는 단어의 의미를 모르는 건가 생각했지만, 초등학교 2학년이 '신난다'와 '행복'을 모를 리가 없었다.

　그러던 중 한 가지 생각이 뇌리를 스쳐 지나갔다. 바로 사이코패스와 소시오패스. 우리는 흔히들 사이코패스와 소시오패스가 감정에 대해 잘 모른다고 여긴다. 그렇다면 왜 이들은 감정을 잘 모르는 걸까? 그리고 왜 민서도 똑같이 감정에 대해 모르는 것일까? 이에 관해 묻자 원장님이 대답했다.

　"넌 감정이 뭐라고 생각해?"

　나는 괜히 눈치 보며 입을 뗐다.

　"내 기분을 느끼는 거요…?"

　"그럼 넌 엄마한테 감정에 대해 배운 적 있어?"

　집에서도, 학교에서도, 딱히 그런 걸 배운 기억은 없었다.

　"감정은 그냥 느끼는 거 아녜요?"

　원장님이 고개를 끄덕였다.

　"맞아. 감정이라는 건 배우는 게 아니라 그냥 자연스럽게 나오는 거야. 기쁘면 기쁘다, 슬프면 슬프다, 행복하면 행복하다, 이렇게."

　"그런데 왜 민서는 감정을 잘 모르는 거예요?"

　"그건 민서가 아동센터에 가면서 자기감정을 이해받지 못한 시간이 너무 길어서 그래. 또 엄마랑 함께 살면서 감정을 인정받는 시간도 없었고."

민서는 어린 시절부터 방치된 삶을 살았다. 그로 인해 아동보호센터로 인계됐지만 거기서도 마찬가지였다. 언니들에게 괴롭힘을 당하면서 감정을 이해받지 못한 삶을 살았다. 3년 만에 집에 돌아왔을 때도 마찬가지였다. 저녁에 혼자 지내며 외로움과 두려움만 커질 뿐이었다. 그렇게 생각하고 보니 사이코패스와 소시오패스가 왜 감정을 잘 모르는지 이해갔다. 어린 시절부터 부정적 환경에 노출돼 감정을 인정받을 기회가 없었던 것이다. 부모에게 사랑받지 못해 사랑이 무엇인지 모른다. 행복을 느껴본 적이 없어 행복이 무엇인지 모른다. 고통과 괴로움 속에서 아무도 내 아픔을 바라봐 주지 않아 타인의 아픔도 공감하지 못한다.

나는 이들이 작게는 가정에서, 크게는 사회의 피해자라는 걸 알 수 있었다. 그들이 괴로움에 몸부림치고 있을 때, 단 한 사람이라도 따뜻한 손길을 건넸으면 그들도 달라지지 않았을까. 나는 원장님과 이야기하다, 불현듯 한 지인이 떠올랐다. 그 사람은 타인이 정신적으로 힘들어하는 걸 이해하지 못하겠다고 했다. 나는 그 이야기를 들었을 때 오히려 그 사람을 이해하지 못했다. 누구나 살다 보면 힘든 시기가 있지 않냐고 반문했다. 그때는 심리상담을 공부하지 않을 때라 그 사람이 왜 그런 생각을 하는지 알지 못했다. 하지만 이제 알았다. 그 사람은 자기는 어린 시절부터 아웃사이더 같은 존재라고 했다. 심지어 가족에게서도 그런 대접을 받았다고 했다. 자기가 힘들어할 때 받아준 사람이 아무도 없었다고 했다. 그렇게 가족에게서조차 이해와 인정을 받지 않고 살다 보니, 똑같은 존재가 되어버린 것이다. 내가 괴로움을 아무에게도 인정받지 못한 것처럼, 자신도 타인이 괴로워하는 걸 인정하지 못하게 된 것이다. 그렇게 생각하고 보니 나는 이들이 작게는 가정에서, 크게는 사회의 피해자라는 걸 알 수 있었다. 그들이 괴로움에 몸부림치고 있을 때, 단 한 사람이라도 따뜻한 손길을 건넸으면 그들도 달라지지 않았을까.

민서는 놀이치료 말고도 다양한 심리치료를 받았다. 그중에서 원장님이 가장 집중적으로 한 건 '세부감각 지우기'였다. 명상최면을 통해 환시가 거짓말을 시키는 상황을 떠올리게 한 후, 그것을 액자에 담아 태워 없애는 작업을 했다.

'분아 내보내기' 치료도 진행했다. 민서가 환시를 보는 이유는 부정적 분아가 한 일이기 때문이었다. 이때도 원장님은 민서의 부정적 분아를 혼내거나 질책하지 않았다. 민서가 자신을 지키기 위해서는 그렇게밖에 행동할 수 없었다는 것을 인정해줬다. 그리고 긍정적 분아가 함께할 테니 민서에게서 떠나도록 유도했다. 부정적 분아는 민서와 작별인사를 한 후 멀리 떠났다. 민서는 긍정적 분아를 자원으로 삼아 살아가기로 했다. 명상최면치료는 특히 아동에게 큰 치료 효과를 보인다. 아동은 명상최면을 할 때 모든 걸 믿고 순순히 응하기 때문이다. 이렇듯 다양한 명상최면을 통한 뒤 민서는 환시를 보지 않게 되었다.

하지만 환시가 보이지 않는다고 해서 모든 치료가 끝난 건 아니었다. 민서에게는 아직 결여된 것이 있었다. 바로 '자존감'이었다. 민서는 표면적으로 활발해 보였지만, 자존감이 낮은 상태였다. 특히 학교에서 자기보다 질사는 친구들이 약 올리고 때리면 대항을 전혀 하지 못했다. 자기를 괴롭히는 아이들은 엄마 아빠가 다 있고 좋은 환경에서 사는 부자이기 때문이었다. 반면 자기는 가난하고 별 볼 일 없는 후진 환경에서 살고 있다고 생각해 그대로 당하기만 했다. 반면 자기와 비슷한 환경에서 사는 친구들과는 악착같이 싸워 이겼다. 그래서 잘 사는 친구들에게는 괴롭힘을 당하면서도 자기와 비슷한 친구들과는 끊임없이 트러블이 생겼다.

원장님은 자존감을 높여주기 위해 민서를 명상최면실로 데리고 들어갔다. 아이를 침대 위에 눕힌 뒤 입을 뗐다.

"민서야, 선생님이 하라는 대로 따라 해 봐."

민서는 두 눈을 감은 채 원장님 말을 들었다.

"자, 숨을 크게 들이마시고 천천히 내뱉어. 다시 한 번 숨을 크게 들이마시고, 천천히 내뱉어. 이제 내 몸은 깃털처럼 아주 가볍고 편안한 상태입니다."

민서는 호흡을 하며 금방 집중했다.

"자, 이제 선생님이 말하는 걸 듣고 상상을 해보는 거야. 알겠지?"

"네….'"

"자… 지금 나는 아주 높은 산꼭대기에 혼자 서 있습니다. 저 멀리 바다도 있고, 태양도 보이고, 시원한 바람도 붑니다. 이곳에서 나는 그 어떤 자연보다도 크고 강한 존재입니다. 모든 것들이 내 발 아래에 있고 자연이 나를 우러러보고 있습니다. 나는 이곳에서 자신감이 가득 찬 얼굴로 강력한 존재를 드러내며 산꼭대기에 서 있습니다. 그런 나를 천천히 느껴보도록 하세요. 눈앞에 자연이 펼쳐져 있고 모든 게 내 발 아래에 있습니다. 그 모습이 어떻게 느껴지나요?"

민서는 한동안 기운을 느낀 뒤 입을 열었다.

"누구든 이길 수 있을 거 같아요."

원장님이 고개를 끄덕인 뒤 입을 뗐다.

"좋아. 민서야, 그럼 이걸 생각해 보자. 민서는 잘 사는 친구들 앞에서는 늘 내가 초라한 존재라고 생각했어. 그런데 지금도 내가 초라한 존재인 거 같니? 어때? 초라한 존재로 보여?"

"아니요."

"그럼 나는 어떤 존재야?"

"누구보다도 힘이 세고 강한 존재예요."

"그러면 이제 잘 사는 친구들이 민서를 괴롭혔을 때를 생각해 보자. 나는 그때 아무런 대항도 하지 못하고, 괴롭힘 당하고 맞기만 했는데 이제는 정당하게 맞설 수 있고, 목소리도 낼 수 있는지 생각해 보자. 나를 괴롭히는 친구들에게 하지 말라고 목소리를 낼 수 있겠니?"

"네, 할 수 있어요."

"어떻게 할 수 있어?"

"저를 괴롭히면 하지 말라고 하고, 너는 그런 게 좋냐고 하고, 하지 못하게 막을 거예요."

"잘했어."

원장님은 흡족한 얼굴을 한 뒤 다시 명상을 이었다.

"자, 나는 다시 산꼭대기에 서서 이 세상 모든 것들을 내려다보고 있습니다. 나무와 숲, 바다와 하늘, 그리고 태양까지 모두 내 발밑에 있습니다. 나는 그 속에서 그 누구보다도 강하고 진귀하고 빛나는 존재입니다. 이제 하나, 둘, 셋 하면 그 장면이 내 눈앞에서 컬러풀하게 확대됩니다. 자- 하나, 둘, 셋! 그 이미지가 확대됐습니다! 확대됐나요?"

"네."

"이제 그 이미지를 온몸으로 느끼세요. 천천히 하나하나 느끼도록 하세요."

원장님은 민서가 이미지를 느낄 수 있도록 시간을 주었다. 그리고 난 뒤 명상을 마쳤다. 민서에게 앞으로 의기소침해지거나 자신감이 떨어지면 오늘 한 명상을 떠올리라고 했다. 민서는 밝은 얼굴로 그러겠다고 했다.

명상치료란?

명상최면치료가 내담자의 트라우마를 치료해주는 작업이라면, 명상치료는 내담자를 자연 속에 넣고 그 안에서 자원을 얻는 걸 말한다. 우리가 흔히 알고 있는 명상과 비슷하다. 다른 점은 혼자 하는 명상은 정신과 마음을 수양하는 데 목적이 있지만, 심리치료에서의 명상은 상담사가 명확한 의도를 가지고 한다. 예컨대 이번에는 민서가 자존감이 낮다 보니, 민서를 자연보다도 위대한 존재로 만들어 줬다. 자연을 발밑에 두고 있는 내 모습을 보게 함으로써, 그 강대한 기운과 에너지를 느끼게 해 자존감을 높여줬다. 명상치료는 이 외에도 다양한 형태가 있는데, 핵심은 배경이 자연이라는 점이며 내담자에게 결여된 것을 채워주는 데 목적이 있다.

명상치료 종류

① 자연보다 내담자를 존귀하고 강한 존재로 만들어 '자존감 높여주기'
이외에도 다양한 명상이 있다.

인터넷 표현 중에 이런 게 있다. '근자감' 근거 없는 자신감의 줄임말이다. 이런 사람들은 근거가 없어도 매사에 자신감이 충만하다. 나는 무엇이든 할 수 있다고 생각한다.

왜 그런 생각을 하는 걸까?

이유는 자존감이 높기 때문이다. 자존감이 높은 사람은 자신감으로 똘똘 뭉쳐 있다. 그래서 어떤 놀이나 게임을 하더라도 잘할 수 있다고 생각한다. 설령 말한 것과는 달리 잘하지 못하더라도 그냥 웃고 넘긴다. 그런 일로 자존감이 깎이는 일은 없다.

반면 자존감이 낮은 사람은 기본적으로 자신감이 결여돼 있다. 재미로 하는 놀이나 게임에도 나는 할 수 없다는 생각부터 가진다. 게임에 지게 되면 그럴 수도 있는 건데, 매우 의기소침해진다. 자존감이 낮기 때문에 벌어지는 현상이다. 이렇듯 자존감은 자신감의 상위 단계이다. 자존감이 높은 사람은 자신감이 충만하고, 자존감이 낮은 사람은 자신감이 결여돼 있다.

그래서 자신감은 자존감을 올리는 수단이 되기도 한다. 나는 못한다고 생각했는데, 생각보다 잘했을 때, 미션을 성공적으로 마쳤을 때, 아무도 알아주지 않아도 스스로 뿌듯함을 느꼈을 때, 자존감이 올라간다.

자존감의 예는 환경에서도 볼 수 있다. 부모로부터 칭찬을 받고 자란 아이는 자신감이 충만하며 자존감이 높아진다. 반면 부모님에게 부정적인 소리만 듣고 자란 아이는 매사에 부정적인 생각으로 가득 차 자존감이 낮아진다.

그래서 부모로부터 칭찬을 많이 듣고 자란 아이는 '실패'를 두려워하지 않지만, 부정적인 이야기를 많이 듣고 자란 아이는 실패가 걱정돼 '도전' 자체를 두려워한다. 자신감이 없기 때문에 지레 겁을 먹는 것이다.

자존감은 우리의 삶 전체에 영향을 미친다. 자존감이 낮으면 열등감으로 인해 대인관계에 문제가 발생하기도 한다. 그럴 땐 명상을 통해 자존감을 높여보자. 나를 자연보다도 위대한 존재로 만들어 낮아진 자존감을 강화해 보자.

기 마지막 상담

민서는 약 30회기 심리치료를 받으며 증상이 모두 사라졌다. 더는 환시를 보지 않게 되었고, 거짓말도 하지 않았다. 민서 엄마도 새로운 직장을 다니기 시작했다. 민서는 엄마한테 더는 술과 담배 냄새가 나지 않아 좋다고 했다.

학교 담임 선생님도 민서가 변화한 걸 보고 원장님에게 전화했다. 아이가 예전과 행동이 많이 달라졌다는 것이었다. 원장님은 그간 민서에게 나타난 증상과 상담 과정을 모두 이야기했다. 담임 선생님은 그 이야기를 듣고 잘 됐다며 기뻐했다. 그렇게 상담은 성공적으로 마무리되는 듯했는데, 변수가 일어났다.

사정상 민서가 다른 동네로 이사하게 된 것이었다. 민서는 바우처로 국비지원을 받아 상담을 받고 있어서 다른 동네로 가면, 더는 원장님에게 상담을 받지 못하게 되는 상황이었다. 민서에게는 큰 슬픔이었다. 상담실에 앉자마자 눈물을 흘렸다. 최고야 선생님 못 보면 어떻게 하냐며 서럽게 울었다.

"뭘 울고 그래, 선생님 보고 싶으면 전화하면 되지."

"그래두….”

민서는 엉엉 울었다. 원장님도 눈시울이 붉어졌다. 실은 며칠 진 내게 걱정이 된다고 했다. 상담을 잘 받고 마무리가 되는 시점인데, 완전히 끝맺지 못하고 이사를 하는 게 아쉽다고 했다.

"민서 고개 들어봐."

원장님은 아랫입술을 깨물었다. 똑같이 슬퍼하면 민서가 마음을 다잡지 못할 테니, 일부러 단호한 표정을 지었다.

"학교에 가면 친구들이 잘해줄 거야. 그러니까 너무 걱정하지 마. 알았지?"

원장님은 민서는 활달해서 친구들이랑 금방 친해질 거라며 위로를 했다. 민서는 눈물을 삼키며 고개를 끄덕였다. 원장님은 민서가 상담소를 나가는 순간까지 눈을 떼지 못했다. 현관문이 닫히자 털썩 의자에 앉았다. 아쉬움이 남는지 섭섭한 얼굴로 한숨을 쉴 뿐이었다.

'자해'를 하는 엄마와 '불안증'으로 귀신을 보는 아이

드림스타트에서 가족 상담을 해달라는 의뢰가 들어왔다. 알코올 중독자인 엄마 때문에 7살짜리 남자아이가 방치되고 있다는 것이었다. 의뢰가 들어오기까지의 과정은 다음과 같았다. 길에서 갑자기 아이가 우는 소리가 들려 동네 사람들이 왜 그러냐고 묻자, 엄마가 죽었다고 했다. 사람들은 놀라 경찰에 신고했다. 경찰이 아이 집으로 가 엄마를 확인했다. 그러자 엄마는 죽은 게 아니라 술에 취해 일어나지 못하는 거였다.

이렇듯 선우(아이)는 엄마가 술에 취해 일어나지 못할 때마다 엄마가 죽은 건 아닐까 불안에 떨었다. 그 이유는 바로 같이 살던 외할머니가 칼로 자해를 하다가 동맥을 끊어 돌아가신 모습을 봤기 때문이었다. 그때부터 선우는 엄마가 술에 취해 자고 있을 때나 깨워도 일어나지 않으면 엄마가 죽었다고 생각했다.

괴로운 건 선우 엄마도 마찬가지였다. 친정엄마가 칼로 자해를 하다 돌아가신 광경을 보고 큰 충격을 받았다. 공황장애에 걸려 밖을 나가지 못했다. 이렇듯 엄마와 아이 모두 문제가 있어 구청이 원장님에게 가족 상담을 신청했다. 그 후로 원장님은 일주일에 한 번씩 선우의 집을 방문하며 상담을 시작했다. 그리고 선우 엄마가 어린 시절 어떻게 컸는지 듣게 되었다.

선우 엄마는 어린 시절에 혼자 있던 것밖에 생각이 나지 않는다고 했다. 엄마가 집을 비우는 시간이 너무나 많았고, 아빠는 자기를 방치했다고 말했다. 문제는 엄마에게 있었다. 엄마는 아빠가 월급을 타면 도박으로 탕진했다. 그로 인해 매일 부부싸움이 일어났다. 그런데도 엄마는 도박을 끊지 않았다.

엄마는 돈만 생기면 도박을 하러 나갔고, 집에 오면 아빠와 싸웠다. 그러다 보니 선우 엄마는 한 번도 엄마에게 따뜻한 감정을 느낀 적이 없었다. 오히려 조금이라도 잘못하면 엄마에게 매 맞는 일이 빈번했다.

선우 엄마는 중학교 3학년이 되었을 때 가출을 했다. 그 후로 성인이 될 때까지 집에 들어가지 않았고, 남자를 만나 동거를 했다. 그러던 중 아들을 임신을 했는데, 그게 지금의 선우였다.

그런데 임신 중에 선우 엄마는 남자와 헤어졌다. 임신상태라 경제활동이 어려워 결국 부모님에게 연락했다. 사정을 들은 부모님은 집으로 들어오라고 했다. 하지만 부모님도 경제적으로 어려웠다. 친정엄마의 도박으로 인해 가세가 기운 상태였다. 거기다 엄마는 폐인처럼 지내고 있었고, 아빠는 파킨슨병에 걸려 있었다. 그러던 중, 선우 엄마는 무서운 광경을 목격하게 되었다. 바로 엄마가 칼로 자해를 하는 것이었다. 그 모습을 보고 선우 엄마는 불현듯 어린 시절이 떠올랐다. 잊고 있었는데 엄마는 그녀가 어린 시절에도 자해한 적이 많았다. 그때부터 선우 엄마는 불안에 떨기 시작했다. 저러다 엄마가 죽을 수도 있겠다는 생각이 들었다. 그렇게 시간이 지난 후, 지금의 아들을 낳게 되었다.

시간이 지나며 선우는 쑥쑥 컸다. 할머니와 할아버지 모두 선우를 예뻐했다. 그러던 어느 날, 선우 아빠가 몇 년 만에 집에 찾아왔다. 같이 살자는 것이었다. 하지만 부모님의 반대로 무산되었다. 그렇게 식구들은 나름 행복하게 지냈는데, 문제는 할머니가 여전히 자해를 하는 것이었다. 선우 엄마는 그러지 말라며 눈물로 호소도 했지만, 소용없었다. 할머니는 감정이 다운되면 늘 자해를 했고, 손자인 선우도 덜덜 떨면서 할머니 하지 말라며 울었다.

그러던 어느 날 사고가 일어나고 말았다. 할머니가 칼로 자해를 하다가 실수로 동맥을 끊어버렸다. 가족들은 그 모습을 보고 모두 혼란에 빠졌다. 할머니가 피를 흘리며 죽어가는 모습을 보던 선우는 "할머니, 왜 그래!"라며 소리쳤고, 선우 엄마도 "엄마 왜 그래, 엄마 왜 그래!"라고 소리쳤다. 하지만 할머니는 입을 벌리고 눈만 끔뻑거리더니 죽고 말았다. 가족은 공황상태에 이르렀고, 선우 엄마는 그날의 충격으로 공황장애에 걸리고 말았다.

선우 엄마가 술을 먹기 시작한 것도 그때부터였다. 공황장애가 너무 심하다 보니 술로 이기고자 했다. 하지만 알코올 중독자가 되어버려 더 깊은 수렁으로 빠졌다.

문제는 이게 끝이 아니었다. 선우 엄마는 친정엄마가 그랬던 것처럼 술만 먹으면 칼로 팔을 자해하기 시작했다. 선우는 그 모습을 보고 엄마에게 하지 말라며 눈물을 흘렸다.

친정아빠는 아내가 죽은 후, 자기는 파킨슨병 때문에 딸에게 피해를 주기 싫다며 따로 나가 살았다. 그렇게 친정엄마의 죽음으로 인해 온 가족은 파탄에 이르렀고, 선우 엄마는 매일 술을 입에 달고 살았다. 술만 먹으면 자해를 했고, 그 광경이 선우에게 노출되었다.

이처럼 선우는 엄마가 자해할 때마다 두려움에 떨었고, 할머니가 죽었던 것처럼 엄마도 죽을 수 있다는 불안에 시달렸다. 그러다 보니 엄마가 술에 취해 일어나지 않으면 죽었다고 생각해 울음을 터트렸다. 또 선우가 유치원에 갔다 와도 엄마는 오랜 시간 동안 문을 열어주지 않는 경우가 허다했다. 그럴 때마다 선우는 엄마가 죽어서 문을 열어 주지 않는다고 생각했다. 문 앞에서 큰 소리로 울면 동네 주민이 선우를 달래며 왜 그러냐고 물었다. 선우는 엄마가 죽어서 문을 열어주지 않는다고 했다. 경찰에 신고하면 그제야 술에서 깬 문을 열어주는 게 부지기수였다. 그러다 보니 구청에서 특별 관리를 했다. 가족을 구제하기 위해 원장님에게 상담을 요청한 것이다.

원장님은 선우 엄마 이야기를 듣고 왜 이 집안이 이렇게 되었는지 모든 걸 알게 되었다. 선우의 문제는 '선우 엄마'에게 있었고, 선우 엄마 문제는 '친정엄마'에게 있었다. 친정엄마도 과거에 가정환경에 문제가 있었을 수도 있었다.

원장님은 선우의 불안을 없애려면 선우 엄마부터 치료해야 한다고 판단했다. 선우 엄마의 자해와 공황장애 증상을 없애는 게 급선무였다. 가장 먼저 한 치료는 명상최면이었다. 원장님은 선우 엄마에게 자해하는 이미지를 떠올리게 했다. 그리고 지혜롭고 현명하며 자신감이 넘치는 '또 다른 나'가 그 이미지에 들어가게 했다. 자해를 하는 '상처받은 나'의 칼을 빼앗은 뒤, 그 모습을 천천히 관찰하게 유도했다.

내 표정과 감정, 나는 무엇 때문에 자해를 하는지 마음속 깊이 들여다보게 했다. 그 결과 다음과 같은 원인을 알 수 있었다. 선우 엄마가 자해를 하는 이유는 바로 고통을 잊고 싶어서였다. 삶이 너무나도 괴롭고 힘든데, 술로도 이길 수가 없으니 자해를 한다는 말이었다. 그리고 자해를 하는 그 순간만큼은 고통이 사라진다고 했다. 원장님은 그 이야기를 듣고 '또 다른 나'가 '상처받은 나'를 위로하게 했다. 상처받은 나를 꼭 끌어안은 뒤, "괜찮아. 두려워하지 마. 그동안 많이 힘들었지? 너는 아무 문제없어. 이제 내가 도와줄게. 나랑 같이 힘내서 잘해보자."라고 상처받은 나의 감정이 풀어질 때까지 위로했다. 그 명상최면에서 선우 엄마는 자신의 지난 삶을 위로받았다.

그리고 다음 명상최면으로 넘어갔다. 이번에는 친정엄마가 죽을 때를 떠올리는 것이었다. 친정엄마가 너무나도 급작스럽게 세상을 떠나, 선우 엄마는 어떤 말도 듣지 못한 게 한으로 남아 있었다. 그래서 원장님은 친정엄마가 죽어가던 장면을 떠올리게 한 후, '또 다른 나'가 그 안에 들어가게 했다. 그리고 친정엄마에게 하지 못했던 말을 하고, 듣게 했다. 그다음 '상처받은 나'도 친정엄마에게 하고 싶은 말을 하게 했다. 그렇게 명상최면과 다른 심리치료를 받은 결과 선우 엄마는 더는 자해를 하지 않게 되었다.

다음은 공황장애 치료를 시작했다. 공황장애 역시도 명상최면으로 진행했다. 선우 엄마에게 대중교통을 이용하지 못하는 장면을 떠올리게 한 후, 내면을 깊게 바라보게 했다. 그 결과 원인은 순간적으로 친정엄마가 사라졌기 때문이라는 답이 나왔다. 완벽히 세상에 혼자가 됐다는 공포감에 사로잡혀 공황장애가 나타난 것이었다. 원장님은 명상최면으로 선우 엄마가 혼자가 아니라는 것을 느낄 수 있도록 했다. 돌아가신 친정엄마가 항상 나와 함께 하고 있다는 걸 느끼게 해 주기 위해 가슴에 친정어머니가 있다는 걸 앵커링했다. 또 선우 엄마가 기독교인이라 예수님도 항상 자신을 지켜주고 있다는 믿음을 앵커링했다.

종교 문제는 영성과 관련돼 있는데, 우리는 삶이 힘들고 괴로울 때 종교가 있느냐 없느냐에 따라 마음 상태 차이가 크게 난다. 그래서 원장님은 내담자가 믿는 종교가 있으면 그 부분을 강화해준다.

이후 원장님은 명상으로 선우 엄마가 대중교통을 이용하는 모습을 재현시켰다. 괴롭고 고통스럽겠지만, 견디고 이겨낼 때까지 지속해서 대중교통을 이용하는 장면을 떠올리게 했다. 지하철과 버스, 그리고 사람들이 많은 광장에도 그녀를 넣어 자신과 싸움을 하게 만들었다. 그 결과 처음에는 힘들어하다, 이내 명상 속에서 마음껏 대중교통을 이용했다.

그 효과는 실생활에도 이어졌다. 버스를 타자 예전과 같은 고통이 밀려오지 않았다. 견딜 수 있는 수준이었고, 얼마 가지 않아 마음껏 대중교통을 이용할 수 있게 됐다. 그리고 술까지 끊으면서 완전한 변화를 이루었다. 모든 증상이 사라지고 더는 자해도 하지 않았다.

원장님은 변화된 선우 엄마를 보며 이제 상담을 마쳐도 되겠다고 생각했다. 이 정도면 선우도 엄마에게 부정적인 영향을 받지 않을 거라고 여겼다. 그렇게 선우와 선우 엄마의 마지막 상담이 종료되었다.

그런데 얼마간 시간이 흘렀을까? 구청에서 연락이 왔다. 이유인즉슨, 선우가 갑자기 학교에서 알 수 없는 행동을 한다는 것이었다. 구청 직원이 선우가 하는 행동을 찍은 동영상을 원장님에게 보내줬다. 원장님은 동영상을 본 후 충격에 빠졌다. 선우가 학교 교실에서 혼자 온몸을 비틀며 이상행동을 하고 있었다.

원장님은 동영상을 본 후 선우가 이상행동을 하는 이유를 다음과 같이 진단했다.

첫째, 본 상담은 가족 상담으로, 선우보다 선우의 엄마를 치료하는 데 더 중심을 뒀기 때문이다. 선우가 불안해하는 근본적인 원인이 엄마라 엄마를 치료하면 될 거로 생각했다.

둘째, 보통 일반상담은 시간이 1시간 30분인데, 지역기관(드림스타트)을 통해서 하는 상담은 1시간 상담이다. 그로 인해 시간 부족으로 엄마를 주로 하고 선우는 잠깐 보는 형태의 상담이 진행되고 말았다.

원장님은 당시 상담을 모두 마친 뒤, 선우가 걱정스러운 부분이 있다고 말한 적이 있었다. 상담 회기가 정해져 있다 보니 엄마에게 집중하느라 선우의 마음을 깊이 보지 못했다는 거였다. 그리고 아니나 다를까 지금과 같은 사태가 벌어지고 말았다.

동영상 속에서 선우는 무언가에 홀린 것처럼 소리도 내지 않고 양팔을 허우적거리고 있었다. 학교 담임 선생님이 하지 말라고 해도 선우는 대답도 하지 않고 행동을 멈추지 않았다. 반 친구들은 가만히 보고만 있었다.

알고 보니 선우의 이런 행동은 한두 번이 아니었다. 수업 중에 아이가 계속 이상행동을 해, 담임 선생님이 휴대폰 동영상으로 찍어 보낸 거였다.

그렇게 선우만을 위한 상담이 재개됐다. 원장님은 상담을 시작하자마자 선우에게 동영상부터 보여주었다. 내가 학교에서 어떤 행동을 하는지 인지시키기 위해서였다. 선우 엄마는 자기 아들이 동영상을 보고 충격을 받을까 봐 보여주지 못했다고 했다.

선우가 상담실 의자에 앉자 원장님이 말했다.

"선우야, 학교 선생님이 선우가 이상한 행동을 한다는데 알아?"

"네? 이상한 행동이요?"

"응. 수업 중에 선우가 자꾸 이상한 행동을 한대. 그래서 담임 선생님이 휴대폰으로 찍었다고 하니까 한번 봐봐. 알았지?"

"네."

선우는 대답을 하며 고개를 갸웃거렸다. 하지만 동영상을 보고 눈이 동그래졌다. 교실 의자에 앉아 자기가 얼굴을 구기며 허우적거리고 있었기 때문이었다.

"어? 왜 그러지? 내가 미쳤나? 왜 그러지?"

선우는 동영상 속에 있는 자신을 보자마자 믿을 수 없다는 얼굴을 했다.

"이거, 저 맞아요? 저 찍은 거예요?"

"그래. 맞아."

"어? 왜 그러지? 왜 그러지?"

선우는 자기가 하는 행동이 믿기지 않는지 계속 같은 말을 반복했다.

동영상 재생이 끝나자 원장님이 물었다.

"선우야, 너는 네가 이러는 거 몰랐어?"

"네. 이거 저 맞아요?"

"응. 담임 선생님이 선우가 계속 이런 행동을 한다고 찍어서 보내준 거야."

선우는 충격이 큰지 한동안 아무 말도 하지 못했다.

"선우는 이 영상 보고 어떤 느낌이 들어?"

"미친 거 같아요."

자기가 봐도 말이 안 되니 충분히 나올 수 있는 대답이었다.

선우가 이런 증상을 보이는 이유는 내면에 쌓인 불안이 컸기 때문이었다. 상담소에 오는 내담자 중에도 선우와 같은 행동을 하는 성인 내담자가 있었다. 과거에 상처를 받은 이야기를 하면 얼굴을 찡그리고 온몸에 힘을 주며 말했다. 그런데 정작 자기 자신은 그런 행동을 한다는 걸 전혀 몰랐다.

선우의 증상은 이것뿐만이 아니었다. 더 심각한 건 환시로 귀신을 본다는 것이었다.

"선생님, 이거 비밀인데요. 엄마가 귀신이랑 친구하고 있는 거 같아요."

"뭐? 친구?"

"네. 저번에 엄마랑 같이 수영장에 갔는데, 엄마가 입에 피를 흘리고 있는 아줌마랑 이야기하고 있었어요. 그 아줌마가 수영장 물속에서도 나와서 엄청 놀랐고요."

원장님은 생각지도 못한 증상에 선우에게 물었다.

"귀신이 언제부터 보였어?"

"좀 됐어요."

선우 이야기는 이게 끝이 아니었다. 엄마가 이미 귀신이 됐는데, 자기한테 숨기고 있는 거 같다고 하고, 잘 때마다 한 번씩 눈을 떠보면 엄마가 귀신 얼굴을 하고 있다고 했다.

선우가 이와 같은 말을 하는 이유는 다음과 같다. 원장님이 초기 가족 상담을 진행할 때, 선우는 엄마가 자해하는 걸 보고 저러다 할머니처럼 죽어 귀신이 될까 봐 불안하다고 했다. 또 선우 엄마는 당시 심리치료를 받던 중에도 몇 번이나 팔에 자해를 한 적이 있었다. 그러면 선우는 원장님에게 그 사실을 일러바쳤다.

선우가 불안이 심하다는 건 그 당시 미술치료에서도 드러났다. 그림을 그리면 선우는 꼭 귀신을 그렸기 때문이었다. 원장님이 왜 귀신을 그렸는지 물으면, 엄마가 나중에 죽은 뒤 꼭 귀신이 될 거 같다고 말했다. 그리고 자기를 잡아먹을까 봐 무섭다는 이야기도 했다.

원장님이 상담을 종료하고 선우를 걱정했던 건 이 때문이었다. 선우 엄마를 치료했다고 하더라도 선우의 깊은 내면까지 들여다보지 못했기 때문이었다. 그러다 결국 선우는 환시로 귀신을 보게 된 것이다.

선우는 원장님에게 자기가 귀신을 본다는 이야기를 쉴 새 없이 말했다.

"엄마가 집에서도 귀신이랑 이야기해?"

"네. 엄청 많아요. 그래서 엄마가 귀신이라는 거 숨기고 있는 거 같아요."

선우는 귀신에 대해 엄마에게 일절 말하지 않고 있었다. 왜냐면 엄마의 비밀을 알면 자기가 잡아먹힐 수도 있다고 생각하고 있기 때문이었다.

"알았어. 이제 선생님이 선우가 잡혀 먹지 않도록 도와줄게."

"엄마 귀신 된 거 맞죠?"

"응. 선생님이 확인해볼게."

원장님은 선우에게 아니라는 이야기를 하지 않았다. 환시라고 하더라도 선우 입장에서는 실제로 일어나는 일이기 때문이었다. 원장님은 선우와 상담을 마친 후, 선우 엄마를 불렀다. 그리고 아이의 상태에 대해 자세히 설명했다. 선우가 왜 교실에서 이상한 행동을 하는지, 또 엄마를 귀신으로 생각하고 엄마가 귀신이랑 친구를 한다는 것까지, 모든 증상을 설명했다. 그리고 앞으로 선우에게 어떤 심리치료를 할 건지 이야기한 후 협조해달라고 부탁했다. 선우 엄마는 아들을 위해서라면 뭐든지 하겠다고 말했다.

3) 아이 증상 진단

선우는 처음 가족 상담을 할 때부터 불안증이 있었다. 할머니가 자해를 하다 돌아가시자, 엄마가 술에 취해 일어나지 못할 때면 죽은 거로 생각했다. 또 엄마마저 자해를 하자 저러다 엄마도 할머니처럼 죽어 귀신이 되는 건 아닐지 불안해했다.

집과 밖에서 시도 때도 없이 귀신이 나타났고, 엄마가 귀신과 이야기를 하는 장면도 목격했다. 잘 때도 엄마 얼굴이 귀신처럼 보였다. 그 불안이 오래 가자 학교에서까지 이상행동을 하기 시작했다.

원장님은 선우가 이상행동을 하는 원인이 환시라고 진단했다. 환시로 인한 두려움과 공포가 누적되어 이상행동을 하게 되었다는 것이다.

심리증상

불안증 / 환시(귀신을 봄. 잘 때 엄마 얼굴이 귀신으로 보임)

신체증상

학교에서 수업 시간에 이상행동을 함

환경문제

엄마와 친밀감 부족

　원장님이 가장 먼저 한 치료는 학교 수업 시간에 나타나는 이상행동 치료였다. 선우는 동영상을 보고 자기가 문제가 있다는 걸 확실히 인지했다. 고치고 싶다고 했다. 원장님은 선우를 치료하기 위해 명상최면실로 데리고 들어갔다.

　"선우야, 이제부터 선생님이 말하는 걸 듣고 그대로 떠올리면 돼. 알았지?"

　"네."

　"두 눈을 감고 편안히 호흡을 해봐. 입으로 숨을 들이켜고, 천천히 내뱉어. 다시 입으로 숨을 크게 들이켜고, 천천히 내뱉어. 이제 나는 아주 편안해졌습니다."

　선우는 온몸에 힘을 빼고 편안한 자세를 취했다.

　"자, 이제 학교 교실을 떠올리세요. 친구들이 교실에서 수업을 듣고, 선생님도 열심히 가르치고 있습니다. 이제 교실 맨 앞에 있는 나를 바라보세요. 나는 의자에 앉아 몸을 비틀면서 이상한 행동을 하고 있습니다. 동영상에서 봤던 것처럼 고개를 흔들고 손을 허우적거리고 있습니다. 그 모습을 천천히 바라보세요. 그리고 그 모습이 어떻게 느껴지는지 말해보세요."

　"저 혼자 미쳤어요."

　"친구들은 선우를 어떻게 보고 있어요?"

　"다른 애들은 저를 쳐다보지도 않아요. 저 혼자 미친 거 같아요."

　"선우가 봐도, 분명히 무언가 잘못됐죠?"

　"네."

　"좋아요. 이제 선생님이 하나, 둘, 셋, 하면 멈추는 거예요? 자, 하나, 둘, 셋! 이제 내 몸이 멈췄습니다! 편안하게 고개를 세우고 자세를 똑바로 해보세요. 그리고 학교 선생님을 쳐다보세요."

　선우는 원장님이 말하는 대로 자세를 교정하기 시작했다.

　"그러면 이제 학교 선생님에게 집중하세요. 마음을 편안하게 가라앉히고 선생님을 바라보세요. 어때요, 마음이 편안해졌어요?"

　"네."

"자, 선생님이 하나, 둘, 셋, 하면 다시 몸을 허우적거리는 모습으로 되돌아가는 겁니다. 자, 하나, 둘, 셋! 다시 몸을 움직여 보세요."

선우는 원장님이 말하는 대로 이상행동을 하기 시작했다. 원장님이 물었다.

"몸을 비틀고 있는 내 모습이 어떻게 보여요?"

"이상해요. 제가 아닌 거 같아요."

"좋아요, 이제 선생님이 하나, 둘, 셋 하면 다시 멈추는 거예요."

"네."

"자, 하나, 둘, 셋! 멈추세요! 편안하게 고개를 들고 천천히 숨을 쉬면서 앞을 바라보세요. 마음을 가라앉히고 몸도 똑바로 하고 학교 선생님을 바라보세요. 선우는 지금 다른 친구들처럼 똑같이 수업하고 있습니다. 어때요? 몸이 멈춰졌어요?"

"네."

"마음이 어때요?"

"아무렇지도 않아요."

"아주 잘했어요."

원장님은 선우에게 칭찬한 후, 또다시 몸을 움직이는 상태로 되돌아가게 했다. 이런 식으로 총 네 번을 반복한 뒤에야 명상최면을 마쳤다.

명상최면으로 행동교정하기란

앞서 명상최면은 부정적 감정의 영향을 받지 않는 치료를 한다고 했다. 하지만 명상최면은 이외에도 수많은 기법이 존재한다. 꼭 '부정적 감정의 영향'을 없애는 치료만 하는 게 아니다. 그 예시 중 하나가 바로 선우에게 한 '행동교정 치료'이다. 자신의 행동에 문제가 있다는 것을 인지하게 한 후 명상최면으로 행동을 바로잡는다. 성인도 마찬가지다. 문제 행동을 교정하려면 먼저 인지가 일어나야 한다. 그런 후 명상최면으로 행동을 교정시킨다. 이에 대한 치료는 다시 또 나올 예정이니, 지금은 이런 방식도 있다는 것만 알아두자.

원장님은 선우에게 도화지와 색연필을 주었다. 귀신이 어떻게 보이는지 그려 보라고 했다. 그러자 아래와 같은 그림을 그렸다. 자신이 귀신에게 붙잡힌 모습이었다.

"선우 눈에는 귀신이 이런 식으로 보여?"

원장님이 묻자 선우가 대답했다.

"네, 엄마가 막 이런 귀신들이랑 이야기해요. 그리고 잘 때 엄마가 귀신이 돼서 저를 잡아먹을 거 같아요."

"알았어. 이제 선생님이 이 귀신을 없애줄게."

"어떻게요?"

"선생님이랑 저번에 명상최면 했지? 그걸로 없애보자."

"네."

원장님은 이번에도 선우를 명상최면실로 데려갔다. 선우를 침대 위에 눕힌 뒤 말했다.

"자, 두 눈을 감고 편안하게 호흡하세요. 코로 숨을 들이마시고, 입으로 천천히 내뱉고… 다시 한 번 코로 숨을 들이 마시고, 입으로 천천히 내뱉으세요…. 이제 선우의 몸은 아주 편안합니다."

선우는 두 눈을 감고 원장님이 말하는 대로 따라했다.

"이제, 선우가 집에서 본 귀신을 떠올리세요. 떠올렸나요?"

"네."

"보이는 게 뭐죠?"

"엄마가 거실 의자에 앉아서 귀신이랑 이야기하고 있어요."

"거기서 들리는 소리가 있나요?"

"소곤거리는 소리만 들려요."

"귀신이랑 이야기하는 엄마를 보니까, 어떤 생각이 들어요?"

"엄마가 귀신이랑 친구를 하니까… 엄마도 귀신이 됐다는 생각이 들어요…."

"그 모습을 보는 선우는 어떤 감정이 들어요?"

"제가 귀신을 본다는 걸 알면… 귀신이 저를 죽일 거 같아 무서워요. 무서워서 소리도 지르지 못하겠어요…."

선우는 두려운지 인상을 쓰며 말했다.

"좋아요. 이제 선생님이 하나, 둘, 셋 하면 그 이미지를 액자에 넣으세요. 자– 하나, 둘, 셋! 이미지가 액자에 들어갔습니다! 들어갔나요?"

"네."

"잘했어요. 이제 선우의 양손에는 폭탄이 있어요. 그 폭탄을 액자에 던지면 산산조각이 날 거예요. 하나, 둘, 셋 하면 폭탄을 액자에 던지도록 해요. 자– 하나, 둘, 셋! 폭탄을 액자에 던졌습니다! 던졌나요?"

"네."

"액자가 어떻게 됐죠?"

"다 터졌어요."

"잘했어요. 다시 한 번 귀신을 보던 이미지를 떠올려 보세요."

원장님은 선우가 귀신을 보던 장면으로 되돌아갔다.

"귀신을 보던 이미지를 떠올렸나요?"

"네."

"그 이미지가 어떻게 보이죠?"

"흐릿하게 보여요…."

"좋아요. 이번에도 그 이미지를 액자에 넣으세요."

선우는 원장님이 말하는 대로 이미지를 액자에 넣은 뒤 눈앞에 가져왔다.

"자— 이제 내 두 손에 아주 커다란 폭탄 2개가 들려 있습니다. 하나, 둘, 셋, 하면 그 폭탄을 던져 액자를 폭파하세요. 자— 하나, 둘, 셋! 폭탄을 던지세요! 오우~ 액자가 산산이 조각났습니다. 산산조각이 났나요?"

"네."

"좋아요. 이제 그 조각을 회오리바람으로 보이지 않는 곳까지 날려버립니다. 하나, 둘, 셋! 회오리바람이 조각을 멀리 날려 보냈습니다. 조각이 날아갔나요?"

"네."

선우가 대답하자, 원장님은 다시 귀신을 떠올리라고 했다. 하지만 이번에는 귀신이 떠오르지 않는다고 했다. 세부감각 지우기가 제대로 됐다는 뜻이었다. 원장님은 명상최면을 마치고 선우를 일으켰다.

6] 세부감각 지우기의 종류

세부감각 지우기의 종류는 크게 4가지로 나뉜다.

① 붓으로 액자를 검게 칠하고, 하나의 점이 될 때까지 밀어낸 뒤 사라지게 하기.
② 붓으로 액자를 검게 칠하고, 횃불로 이미지를 태우기.
③ 액자를 횃불로 태우기.
④ 폭탄을 던져 액자를 산산조각 낸 후, 회오리바람이 조각을 없애기.

이렇게 종류가 다른 이유는 내담자의 트라우마의 강도나 상황에 따라 달리하기 때문이다. 예컨대 트라우마가 약하다면 ①번으로 치료를 하고, 트라우마가 강하다면 ②번으로 치료를 한다.

③번은 내담자가 상대방에 대한 원한이 클 때 많이 사용한다. 예를 들어 성폭행을 당했다던가, 폭행을 당했을 때이다. 이때는 상대방이 불에 타면서 괴로워하는 모습을 보여준다. 상대방에 대한 분노가 크기 때문에 그 욕구를 풀어주는 것이다.

④번은 내담자가 무언가를 처리하거나, 없애버리고 싶은 욕구가 있을 때 사용한다. 아이도 귀신을 없애 버리라는 의미에서 폭탄을 던진 후 회오리바람으로 날려버린 것이다.

이렇듯 세부감각 지우기는 내담자와 상담을 한 뒤, 상담사가 욕구에 맞춰 가장 적합한 방법을 사용한다. 세부감각 치료를 꾸준히 받으면 신기하게도 내담자는 괴로운 장면을 머릿속에 떠올리지 못한다. 떠올라도 예전과는 달리 흐릿하다. 그래서 일상생활에서 고통 받는 일이 없어져 정상적인 생활을 할 수 있다.

선우는 명상최면치료를 받은 후 많은 증상이 없어졌다. 더는 학교에서 수업 시간에 이상행동을 하지 않았고, 환시로 귀신도 보지 않았다. 짧은 회기에 일어난 성과였다. 놀라웠다. 성인과는 다르게 치료 효과가 무척 빨랐기 때문이었다. 이 부분에 관해 묻자, 원장님이 답했다.

"신기하게도 애들은 바로 치료되더라."

아동은 명상최면 효과가 바로 나타난다고 했다. 성인은 여러 번 치료를 받아야 사라지는데, 아이들은 많아도 두 번이면 환시든 환청이든 금방 사라진다고 했다. 원장님은 그 이유가 순수해서 그런 거 같다고 했다. 동심이 있어 명상최면을 하면 있는 그대로 받아들인다는 말이었다.

이제 선우에게 남은 증상은 하나였다. 잘 때 엄마 얼굴이 귀신으로 보이는 증상이었다. 아이가 이와 같은 증상을 보이는 이유는 할머니에 대한 트라우마와 엄마가 자해하는 모습을 많이 봤기 때문도 있지만, 환경에 관한 문제도 있었다.

바로 엄마와 유대감을 갖는 시간이 부족했다는 것이다. 선우는 엄마와 같이 노는 시간이 전무했고, 친밀감도 부족했다. 그래서 원장님은 선우와 선우 엄마가 함께 놀이치료를 하게 했다. 블록 만들기, 똑같은 그림 맞추기, 탑 쌓기 등등, 선우가 엄마로부터 친밀감을 가질 수 있는 시간을 만들었다. 그런 다음 명상치료를 진행했다. 명상을 통해 엄마가 귀신이 아니라 따뜻한 사람이라는 것을 느끼게 해 주기 위해서였다.

원장님은 선우를 데리고 명상최면실 침대에 눕혔다.

"자, 천천히 호흡을 들여 마시고, 내뱉으세요. 다시 호흡을 들여 마시고 천천히 내뱉으세요. 이제 내 몸은 아주 편안합니다."

원장님의 부드러운 목소리에 선우는 금방 트랜스 상태가 됐다.

"자, 이제 선우는 잔디가 깎인 아주 예쁜 들판에 서 있습니다. 들판에는 따뜻한 태양이 비추고, 시원한 바람도 붑니다. 예쁜 꽃들도 들판을 가득 메워 아주 아름답습니다. 그리고 들판 한가운데를 보세요. 거기에 예쁜 돗자리가 펼쳐져 있고 위에는 부드러운 요가 깔렸습니다. 엄마는 그 위에 앉은 채로 선우를 보고 미소 짓고 있어요. 그런 엄마의 표정을 보세요. 아주 밝은 표정으로 선우를 반기고 있습니다. 이제 하나, 둘, 셋, 하면 엄마가 있는 곳으로 뛰어가 보세요. 하나, 둘, 셋! 엄마에게 뛰어갑니다. 신발을 벗고 돗자리 위에 올라갑니다. 엄마는 그런 선우를 가슴으로 안아줍니다. 선우도 엄마 품 안에 들어가 안깁니다. 자, 엄마를 느껴보세요. 엄마에게서 어떤 느낌이 들죠?"

"따뜻해요."

"좋아요. 이제 엄마와 함께 돗자리에 누워 봅니다. 엄마의 왼팔을 베고 누우세요. 엄마는 오른팔로 선우를 안아줍니다. 선우는 엄마 품속에 쏙 들어갔습니다. 그 상태에서 엄마의 품 안을 느껴보세요. 엄마의 품 안이 어떻게 느껴지죠?"

"따뜻하고 포근해요….."

"네, 엄마는 선우를 꼭 안고 사랑한다고 느끼게 합니다. 엄마가 나를 사랑한다는 게 느껴지나요?"

"네."

"이젠 엄마의 가슴에서 떨어져 엄마를 바라봅니다. 그리고 엄마와 함께 장난을 쳐보세요. 엄마에게 간지럼도 태워보고 엄마랑 재밌게 놀고 있는 선우를 보세요. 엄마도 표정이 굉장히 밝고 편안합니다. 자, 그렇게 놀고 난 후 다시 엄마 품 안에 들어가세요. 엄마는 선우를 따뜻하게 안아줍니다. 그 따뜻함을 눈을 감고 느껴보세요. 엄마의 품 안이 따뜻하나요?"

"네."

"좋습니다. 이제 엄마와 함께 일어납니다. 하나, 둘, 셋, 하면 엄마랑 손을 잡고 들판을 신나게 뜁니다. 자, 하나, 둘, 셋! 엄마랑 들판을 뛰세요. 엄마의 표정이 아주 밝고 선우도 웃음이 끊이질 않습니다. 따뜻한 햇볕이 쏟아지고 시원한 바람을 느끼며 엄마와 들판을 뛰세요. 그리고 다 뛰었으면 다시 돗자리가 있던 자리로 가세요. 엄마와 선우는 그 돗자리에서 가슴으로 꼭 껴안고 편안하게 눕습니다. 엄마의 품 안에 있는 선우를 느껴봅니다. 느낌이 어떻죠?"

"편안해요."

"좋습니다. 이제 엄마의 품속이 천사같이 느껴집니다. 그리고 선우는 아주 멋진 왕자 같아요. 그 느낌을 온몸으로 느끼세요. 우리 엄마는 천사고 선우는 왕자입니다. 엄마가 천사처럼 느껴지나요?"

"네."

"엄마가 어떤 천사 같아요?"

"하얀 옷을 입고 너무너무 예쁘고 아름다워요. 그리고 엄마 가슴이 따뜻해요."

"좋아요. 이제 선우는 엄마를 가슴으로 느꼈던 그 느낌을 갖고 함께 살아갈 겁니다. 이제 선생님이 하나, 둘, 셋 하면 그 이미지가 내 눈앞에서 아주 커집니다. 자, 하나, 둘, 셋! 커졌습니다! 이미지가 커졌나요?"

"네."

선우는 명상을 마치고 눈을 떴다. 엄마랑 함께 들판을 놀던 모습이 아직도 눈에 선한 얼굴이었다. 원장님이 선우에게 물었다.

"어땠어, 선우야? 엄마가 명상 속에서 아주 예뻤어?"

"네, 엄마가 천사 같았고 엄마 품이 좋았어요."

"잘했어. 이제 다 끝났으니까 엄마한테 가 봐."

원장님 말이 끝나기가 무섭게 선우는 상담실 문을 열고 쪼르르 엄마에게 달려갔다.

"엄마, 나 안아줘."

선우는 양팔을 벌리고 엄마에게 안아달라는 동작을 했다. 선우 엄마가 무슨 일인지 당황해하자, 원장님이 말했다.

"선우 엄마, 선우를 안아 줘요."

엄마는 얼떨결에 아들을 안았다. 원장님이 그 모습을 보고 선우에게 물었다.

"어때, 선우야. 명상에서 느꼈던 엄마 품속이 맞아?"

"응, 맞아. 엄마 너무 좋아."

선우는 껌딱지처럼 붙어 엄마를 놓지 않았다.

"그래, 오늘부터 엄마랑 안고 자. 선우 엄마도 선우 꼭 안고 자세요."

원장님의 말에 알겠다며 선우 엄마는 고개를 끄덕였다.

선우는 약 20회기 치료를 받고 모든 심리증상이 말끔히 사라졌다. 학교에서도 더는 이상행동을 하지 않았고, 엄마 얼굴이 귀신처럼 보이지 않았다. 잘 때마다 엄마를 안고 자며 정서적으로도 안정됐다. 할머니가 돌아가시면서 한 가정이 파탄까지 이를 뻔했지만, 선우 엄마의 노력이 컸다. 친정엄마 탓에 무척이나 괴로웠을 텐데, 심리치료를 받고 아이를 열심히 도와줬다. 변화하고자 하는 인내와 노력이 있었다. 선우와 선우 엄마는 지금 행복한 삶을 살고 있다. 두 모자에게 늘 웃음과 행복이 꽃피길 바라며 사례를 마치도록 하겠다.

명상치료를 한 이유

앞서 명상치료란 내담자를 자연 속에 넣고 그 안에서 자원을 얻는 걸 말한다고 했다. 자원을 통해 내담자에게 결여된 것을 채워준다. 그렇다면 선우에게 결여된 것은 무엇이었을까? 바로 엄마에 대한 '사랑과 따뜻한 품'이었다. 지금까지 선우에게 엄마란, 자해하는 엄마. 귀신이 된 엄마였다. 그래서 명상을 통해 지금까지 느껴보지 못했던 엄마의 사랑, 따뜻한 눈길, 포근한 품을 느끼게 해 줬다. 그 결과 선우는 명상 속에서 엄마가 천사 같고 따뜻한 사람이라는 걸 인식했다.

명상치료 종류

① 자연보다 내담자를 존귀하고 강한 존재로 만들어 '자존감 높여주기.'
② 명상으로 결핍된 부모님의 사랑을 채워주기.
이외에도 다양한 명상이 있다.

사례 09

부모의 '차별'로 인해
동생을 죽이고 싶은 형

엄마와 함께 초등학교 고학년 민호가 상담소에 들어왔다. 사연인즉, 민호가 하루가 멀다 하고 연년생인 남동생을 괴롭힌다는 이야기였다. 동생에게 괜히 시비를 걸고 때리는가 하면, 죽이겠다는 말도 서슴지 않았다. 또 화나면 방문을 걸어차며 분노를 주체하지 못했다.

원장님은 상담 결과 민호가 왜 동생을 괴롭히는지 원인을 알아냈다. 바로 부모의 차별이었다. 민호 말로는 동생과 싸움이 일어나면 항상 자기만 혼난다고 했다. 또 자기가 하는 이야기는 귀찮아하고 웃지도 않으면서, 동생이 하는 이야기는 관심을 두고 잘 웃는다고 말했다. 그때부터 민호는 동생에게 시기와 질투를 했다. 인생의 목표가 동생을 괴롭히고 골탕 먹이고, 최후에는 죽이겠다고까지 했다.

원장님은 민호와 상담을 마치고 민호 엄마를 불러 카운슬링을 했다. 민호가 동생을 괴롭히는 데는 부모의 사랑이 너무 한쪽으로 치우쳤기 때문이다. 또 혼을 내도 시시비비를 가려 혼내야 하는데, 무조건 큰애만 잘못했다고 하면 당연히 차별을 받는다고 느낄 수밖에 없다고 말했다. 그러자 엄마는 항상 큰애가 먼저 잘못을 한다고 항변했다.

"그러면 지금까지 싸운 게 모두 큰아이 잘못이라는 거예요?"

원장님이 묻자 엄마가 대답했다.

"물론, 아닌 경우도 있겠죠."

"그 아닌 경우가 어떤 게 있었는지 말씀해 보시겠어요?"

엄마는 주저했다. 막상 떠올려보려 하니 아무것도 생각나지 않았다.

"보세요, 어머님. 아닌 경우도 있다고 하시고는 그게 뭔지도 모르시잖아요. 그게 무슨 말이겠어요? 큰애의 입장은 생각하지 않고 그냥 다 동생 편만 들었다는 거예요."

원장님은 민호를 보고 말했다.

"민호야, 아까 선생님한테 억울한 게 있었다고 했지? 그거 한번 엄마한테 말해봐."

민호가 기다렸다는 듯 말했다.

"몇 주 전에 장난감을 가지고 놀았는데, 동생이 제걸 뺏었어요. 그래서 제가 다시 빼앗았는데, 동생이 넘어졌다고 울면서 엄마한테 일렀어요. 엄마는 또 동생 말만 듣고 왜 그러냐고 저만 혼냈고요. 맨날 동생 말만 듣고 제 말은 듣지도 않아요."

원장님이 이어 말했다.

"어머님, 이제 아시겠어요? 혼내려면, 무엇 때문에 싸운 건지 두 애 이야기를 듣고 혼내셔야죠. 그냥 눈으로 보이는 현상만 가지고 혼내면 되겠어요? 아마, 동생도 엄마가 무얼 보고 판단하는지 다 알고 있을 거예요. 그냥 내가 다친 거, 형한테 맞은 이야기만 하면 엄마가 내 편 된다는 거요. 그러면 그걸 보고 있는 민호는 어떻겠어요. 엄마가 동생만 좋아한다고 생각하게 되고, 당연히 동생이 싫어지죠."

"그렇다고 폭력을 행사하는 건 아니잖아요."

원장님은 답답한 얼굴로 말했다.

"폭력을 행사하는 게 잘못된 건 맞지만, 큰아이가 왜 그런 행동을 했는지도 알아야죠. 큰아이가 때렸다고 해서 작은아이가 잘못한 게 없는 건 아니잖아요."

민호 엄마는 여전히 자신이 뭘 잘못했는지 모르겠다는 표정이었다. 무엇이 됐든 밀치고 때리는 행위는 무조건 잘못됐다는 말이었다. 결국 첫 상담은 민호 엄마를 설득하지 못한 채 끝나버리고 말았다.

그 후 민호가 상담소에 올 때마다 원장님은 차별에 관해 끊임없이 말했지만, 민호 엄마는 꿈적하지 않았다. 그저 큰애가 동생을 괴롭히고 화를 내는 걸 고쳐달라고만 할 뿐이었다. 그로 인해 결국 민호는 환경치료가 되지 않은 채 의미 없는 상담만을 하게 되었다.

민호의 상담은 인지치료를 진행했다. 동생과 싸우는 상태에 이르렀을 때, 손으로 때리거나 발로 차는 폭력적인 행동이 왜 잘못된 것인지를 인지하는 과정을 거쳤다. 하지만 민호는 상담소에 오면 올수록 점점 얼굴이 어두워지더니, 결국 어느 시점에서는 아예 입을 꾹 닫기 시작했다. 처음에는 상담소에 올 때 밝게 인사도 하고 어떤 일이 있었는지 활기차게 말했는데, 어느 순간부터 원장님을 본체만체했다. 상담도 비협조적이었다.

"민호야. 요새 무슨 일 있어? 원장님 보면 말도 안 하고…. 하고 싶은 이야기 있으면 해 봐. 원장님이 다 들어줄게."

"말하고 싶지 않아요."

"왜?"

"말하면 뭐 해요. 말해도 되는 게 하나도 없는데."

"지금까지 상담해서 도움이 된 게 없다고 생각해?"

"네. 엄마가 가라고 하니까 가는 거죠. 뭐가 변한 게 있나요?"

민호는 싸늘한 표정이었다. 원장님은 그 순간 민호가 자신을 신뢰하지 않는다는 걸 확실히 느꼈다.

"부모님이 아직도 동생하고 차별하니?"

"네. 그래서 저는 목표가 동생 죽이는 거밖에 없어요. 아니면 지구 끝까지라도 쫓아가서 골탕 먹일 거예요."

"그렇게 동생이 미워?"

"네. 어제 부엌에서 칼을 봤는데, 마음만 먹으면 언제든 동생을 죽일 수 있을 거 같아 기분이 좋았어요."

원장님은 민호의 상태가 심각하다는 걸 느꼈다. 다음 상담 때 당장 민호 엄마를 불러야겠다고 생각했다.

상담 시 주의할 점

상담사로부터 말도 안 되는 조언을 들었다가, 더 심각해져 상담소에 오는 가족과 내담자도 있다. 상담사가 내담자와 그의 가족들에게 부도덕한 일을 시키는 경우다. 예를 들어 집 밖으로 내쫓아야 정신 차린다거나 맞아야 한다는 등 내담자에게 피해를 주고 가족에게 폭력적인 행동을 하게 만드는 상담사다. 또 내담자의 약해진 마음을 틈타 성추행이나 성관계를 하는 상담사도 있었다. 그러니 상담사가 상식적으로 말도 안 되는 요구를 한다면, 이 또한 잘 판별해야 한다. 실제로 자질이 없는 상담사에게 상담을 받고는 상처만 더 받고 심각해져서 오는 내담자도 많이 있다.

Q&A

부모가 자신의 잘못을
인정하지 않을 때 생기는 일

원장님은 첫 상담을 하고 나면, 이 내담자는 어떻게 치료를 하면 되는지 머릿속에 계산이 된다고 했다. 예컨대 □+□=10이라는 정답을 만들기 위해 어떤 심리치료를 순차적으로 하면 되는지 머릿속에 떠오른다고 했다. 그런데 아무리 열심히 해도 치료가 힘들 때가 있다고 했다. 바로, 환경치료가 되지 않았을 때이다.

특히 부모 잘못으로 인해 자녀가 잘못된 것임에도, 부모가 이를 인정하지 않으면 방법이 없다는 것이다. 매주 올 때마다 설득해도 듣지 않을뿐더러 자녀만 심리치료 받기를 원하며, 아무것도 하지 않으려 한다. 심지어는 자신도 심리공부를 했다면서 자기이론을 내세우기도 한다. 원장님은 이 부분이 가장 가슴 아프다고 했다. 부모가 무지한 탓에 상담사의 말을 듣지 않아 결국 자녀만 힘들어한다는 것이다. 특히 보호자가 필요한 아동과 청소년이 그렇다.

나는 원장님에게 상담사의 말을 듣지 않아 잘못된 사례가 있는지 물었다. 그러자 원장님이 어두운 얼굴로 말했다.

"자살한 경우도 있어…."

"자살이요?"

나는 눈을 동그랗게 뜨며 원장님을 쳐다봤다.

"상담 중간에 그런 거예요?"

"상담을 포기하고 난 다음에 그런 일이 생긴 거야."

"포기한 이유가 뭔데요?"

"아들한테 인격 비하를 하는 엄마가 있었어. 아들이 공무원 시험을 2년간 준비하는데, 너는 안 된다고 나가 죽으라고 폭언을 하는 거야. 그래서 그런

말 하면 안 된다고 했지. 아들이 자살 충동이 심하니까 하지 말라고 했어. 그런데도 멈추지를 않는 거야. 죽을 애였으면 진작 죽었다 하면서."

"아들 앞에서 그런 이야기를 했다고요?"

"응."

나는 말이 안 된다고 생각했다. 원장님이 말했다.

"내담자 엄마가 도저히 고쳐지지를 않아서 상담을 포기했어. 왜냐면 환경치료가 되지 않은 채로 여러 번 상담을 해봤는데, 결국에는 다 실패로 이어졌거든. 그래서 포기를 했는데, 몇 달 있다가 내담자 엄마한테 연락이 온 거야. 자기 아들이 자살했다고 하면서."

"그래서요?"

"상담소까지 와서 우는데… 그냥 보기 싫다고 하면서 돌려보냈지. 내가 분명 뭐라고 했냐고. 계속 그러면 아들 죽는다고 하지 않았냐고…."

원장님은 착잡한 얼굴을 했다. 그래서 지금도 가장 흔들릴 때가 환경치료가 되지 않을 때라고 했다. 억지로라도 내담자를 이끌고 가야 할지, 아니면 중단을 해야 할지 고민된다고 했다. 자신을 신뢰했던 내담자에게 원망의 소리를 들으면 원장님도 심적 타격이 커 다시 일어서기가 힘들다고 했다.

나는 설마 그런 상황까지 있으리라고는 생각하지 못해, 얼떨떨했다. 황급히 다른 주제로 옮겼다.

"그러면, 내담자가 원장님 말을 듣지 않아서 문제가 생긴 일도 있어요?"

"있지."

"어떤 경우인데요?"

"부부상담이었는데, 남편이 바람피웠다가 아내한테 들킨 거야. 그래서 아내가 남편 성기를 자르겠다고 항상 베개 밑에 가위를 두고 잤어. 남편에 대한 배신과 원망이 너무 커서. 그런데 검사지랑 상담을 해보니까 실제로 아내가 분노가 가득하더라고. 그래서 남편한테 아내가 무슨 짓을 할지 모르니까 잠시 각방을 쓰라고 했거든. 그런데 남편이 내 말을 도무지 듣지 않는 거야. 자기 아내가 그럴 리가 없다고. 그러다 잠자는 도중에 아내한테 성기를 잘렸어."

"허…."

나는 할 말을 잃었다. 모든 사고에는 전조증상이 있다는데, 심리상담도 마찬가지였다. 언제나 예고와 경고가 있었고, 원장님은 그것을 알아내 대처 방법을 알렸다. 하지만 사람들은 그 이야기를 듣지 않았고, 결국 사고가 난 뒤에 원장님에게 소식을 전했다.

내담자가 상담사 말을 듣지 않은 경우가 또 있는지 묻자, 원장님은 고개를 가로저었다. 부모가 듣지 않는 경우는 있어도, 내담자가 듣지 않는 경우는 거의 없다고 했다. 내담자는 고통 속에서 벗어나기 위해 상담소를 찾는 거라 상담사의 말을 전적으로 신뢰한다고 했다. 이게 유일한 탈출구이고 희망이기 때문이다.

문제는 내담자에게 고통을 준 가족이 잘못을 인정하지 않는 데 있다. 잘못을 지적하면 회피하고 등한시한다. 그러다 종말엔 더 큰 대가를 치르고는 어떻게 하냐며 찾아온다.

나는 원장님 말을 듣고 상담사의 말을 듣는 게 얼마나 중요한지에 대해 다시 한 번 상기했다.

1) 아이 증상 진단

민호가 동생을 괴롭히는 원인은 엄마의 차별에 있었다. 동생과 싸우면 무조건 혼나는 쪽은 민호였기 때문이었다. 또 엄마의 품은 항상 동생이 차지하고 있어 다가갈 기회조차 없었다. 겨우 다가가 엄마에게 말을 걸면 매우 귀찮아했다. 반면 동생이 하는 행동에는 관심을 주고 웃음을 보였다. 민호는 그 광경을 보며 소외감을 느꼈다. 그리고 소외감은 동생에 대한 시기와 질투로 변했다. 동생에게 시비를 걸고 골탕을 먹였다. 그로인해 엄마에게 혼나면, 그 분노가 또 동생에게 전가 됐다. 악순환이 반복되는 상황이었다. 이처럼 엄마가 형제를 차별하면서도 그것을 인지하지 못하자, 민호는 결국 동생을 죽이겠다는 생각에 이르렀다.

심리증상
소외감, 분노조절을 못하는 상태

신체증상
동생과 엄마가 같이 있는 모습을 보면 답답함

환경문제
엄마의 형제 차별 문제

2) 무지의 소치

원장님은 민호 엄마에게 아이의 심각성에 대해 알렸다. 지금까지 상담 받는 동안 나아지기는커녕 오히려 더 나빠졌다는 이야기였다. 상담을 해봤자 집에서는 바뀌는 게 없으니 의욕을 가지지 않는다고 말했다. 또 얼마 전에는 민호가 칼이 손만 뻗으면 닿는 곳에서 있어서 기분이 좋았다고 말한 걸 그대로 전했다. 민호 엄마는 놀라는 눈치였다.

"어머님. 제 이야기 잘 들으세요."

원장님은 한 박자 쉰 뒤 이어 말했다.

"제가 지금까지 어머님 같은 부모님 수도 없이 상담했어요. 애가 이렇게 된 원인은 부모님 때문이다. 부모님 양육방식이 잘못됐다. 먼저 부모님부터 바뀌어야 한다. 하나하나 다 지적하면서 바꾸라고 했어요. 그런데 어머님처럼 자기 잘못을 인정하지 않은 부모가 많았어요. 그러면 어떻게 하느냐? 다 포기했어요. 왜 포기를 할까요? 상담사가 민호를 치료하기 위해서는 첫째 부모부터 바뀌어야 한다고 했는데, 들을 생각을 안 하는데 무슨 상담을 하고 치료를 해요. 그런 부모들은 또 뭐라고 하는지 아세요? 상담 받은 지 오래됐는데 왜 애가 똑같냐고 그래요. 어머님도 지난번에 전화로 말씀하셨죠? 애가 똑같다고. 제가 처음부터 뭐라고 그랬어요? 치료는 저 혼자 하는 게 아니라 부모님이 도와줘야 한다고 했죠? 그런데 어머님부터 저를 신뢰하지 않는데, 제가 어떻게 애를 고칠 수 있겠어요."

민호 엄마는 가만히 듣기만 했다.

"그래서 정말 마지막으로 말하는 거예요. 갑자기 전화 와서 애가 동생 죽였다, 정신병에 걸렸다, 이러면서 전화하지 마시고 지금이라도 정신 차리세요. 이래도 인정을 못 하겠으면 상담은 오늘까지만 하겠습니다."

민호 엄마가 고민하더니 이내 입을 뗐다.

"그러면 제가 어떻게 하면 되나요?"

"우선은 작은애보다 큰애한테 더 많이 사랑을 주세요. 혼낼 때도 똑같이 혼내지 말고 큰애 편을 더 들어주고요. 지금은 민호의 상처가 완전히 굳어서 똑같이 혼내도 엄마가 날 싫어한다고 생각할 거예요. 그러니까 잠시만 큰애한테 더 잘해 주세요."

"네. 알겠습니다."

그렇게 민호 엄마와 상담을 마쳤다. 그리고 원장님은 민호의 치료프로그램을 바꾸기로 했다. 놀이치료로 민호와 교감을 해 다시 신뢰를 쌓아 밝아지는 데 애썼다. 이 놀이치료에는 상담사 김지훈 선생님의 공이 컸다. 프로그래머 출신인 그는 민호가 좋아하는 게임으로 심리치료를 했다.

2] 코딩으로 하는 심리치료

상담사끼리 상담사례를 공유하고 심리치료 도구를 공유하는 것을 슈퍼비전이라 한다. 김 선생님은 이때 기발한 아이디어를 내놓았는데, 바로 코딩이었다. 코딩으로 게임을 만들어 아이들에게 흥미와 몰입, 그리고 묶여있던 욕구를 풀어주었다.

민호 같은 경우는 동생을 죽이고 싶어 해, 그 욕구를 게임으로 풀어주기로 했다. 김 선생님은 코딩으로 '민호'와 '동생'을 만들었다. 그리고 민호가 폭탄을 던지면 동생이 발라당 넘어지게 했다. 동생이 넘어질 때도 뭐라고 말하면서 넘어지는 게 좋을지 대사도 쓰게 만들었다. 민호는 좋아하며, 동생이 넘어질 때 '꼴까닥'이라는 표현을 썼다. 그렇게 민호와 함께 코딩으로 게임을 만든 뒤, 본격적으로 플레이를 했다.

동생이 폭탄을 피하려 이리저리 움직이자, 민호는 동생에게 계속 폭탄을 던졌다. 동생은 폭탄을 맞자 꼴까닥 소리와 함께 개구리같이 벌러덩 뒤로 넘어졌다. 민호는 박장대소했다.

그렇게 동생을 무찌른 다음 김 선생님은 또 물리치고 싶은 사람이 있는지 물었다. 민호는 단번에 엄마라고 말했다. 엄마가 동생과 차별을 하니 엄마한테도 폭탄을 던지고 싶다고 했다.

김 선생님은 이번에 동생 대신 엄마를 게임 속에 넣었다. 그리고 엄마가 뒤로 발라당 넘어질 때 뭐라고 말하면서 넘어지게 하고 싶은지 물었다. 민호는 말풍선에 '다, 엄마 잘못이야.'라는 대사를 썼다. 김 선생님은 이외에도 재미있는 연출을 해주겠다며 코딩으로 무언가를 더 집어넣었다.

이윽고 플레이하자 이번에는 게임이 좀 달랐다. 게임 속에 있는 민호는 크기가 주먹만 한데, 엄마는 거인처럼 커다랗기 때문이었다. 민호가 엄마가 왜 이렇게 크냐고 묻자, 김 선생님은 일단 게임을 해보라고 말했다.

게임이 시작되고 민호가 엄마를 향해 폭탄을 던졌다. 그러자 엄마는 폭탄을 맞는 순간, '다 엄마 잘못이야.'라고 말하면서 그 크기가 반으로 줄었다. 반면 민호는

2배로 커졌다. 민호는 그 모습을 보고 신기해하며, 계속 엄마에게 폭탄을 던졌다. 엄마는 폭탄에 맞으면 맞을수록 점점 작아졌고, 민호는 계속 커졌다. 어느 순간 엄마는 좁쌀만 해진 반면 민호는 거인이 되었다.

　민호는 게임 속 자신의 모습을 보고 즐거워했다. 매일 엄마에게 차별을 당했던 분노가 풀어졌다. 그 뒤 김 선생님은 명상최면실로 들어가 명상을 진행했다. 부모에게 차별을 받아 작아진 민호의 존재를 커지게 했다. 하늘과 바다, 나무와 숲이 내 발밑에 있고, 나는 무엇보다도 커다랗고 강한 존재임을 인식시켜 주었다. 민호는 그렇게 명상을 통해 자원을 강화하는 시간을 가지고 치료를 마쳤다.

   민호가 동생을 괴롭히는 방법은 다음과 같았다. 숙제를 해야 하는 동생의 교재를 숨기거나, 좋아하는 장난감을 몰래 버리거나 부수는 행위를 했다. 또 동생이 신는 신발을 숨긴 뒤 끝까지 모른다고 잡아떼기도 했다. 그런가 하면 컵이나 그릇을 일부러 깨트리고 동생이 그랬다며 부모님에게 일러바쳤다. 이렇듯 민호는 수단과 방법을 가리지 않고 동생을 괴롭혔다.

   김 선생님은 민호가 동생을 괴롭히는 이야기를 듣고 똑같이 코딩으로 재현했다. 예를 들어 마우스로 동생이 신는 신발을 클릭하면, 신발이 감쪽같이 사라지게 했다. 그런 식으로 동생의 옷과 장난감, 책까지 모두 사라지면 동생은 점점 괴로워하다가 결국 울면서 소리를 질렀다. 이때 우는 소리도 동생이 뭐라고 하는지 대사를 똑같이 쓰게 만들었다. 동생이 울면서 하는 말은 "으이잉! 형이 또 내가 좋아하는 거 버렸어!"였다.

   그렇게 김 선생님은 민호가 동생을 원망하는 감정을 계속 풀어주었다. 하지만 그러던 어느 날 민호가 말했다.

   "선생님, 그런데 동생이 좀 불쌍한 거 같아요."

   처음으로 동생의 기분을 말했다. 김 선생님은 지금이 기회다 싶어 말했다.

   "그래? 그러면 민호가 한번 동생이 되어볼래?"

   "제가 동생이 된다고요?"

   "응, 민호가 동생이 돼서 형이 괴롭힐 때 어떤 감정이 드는지 생각해 보는 거야."

   '입장 바꿔' 생각해 보자는 것이었다. 이제는 '내가' '동생'이 되어보는 보는 시간이었다.

   김 선생님은 게임 룰을 바꿨다. 이제는 민호가 동생이 되어서 형이 던지는 폭탄을 피하는 것이었다. 민호는 처음에 폭탄을 잘 피하는 듯하더니 이내 폭탄을 맞고 꼴까닥 소리를 내며 쓰러졌다. 민호는 다시 게임을 해달라고 했다. 그리고 얼마 가지 않아 또다시 폭탄을 맞고 쓰러졌다. 다음 플레이도 마찬가지였다. 1분도 채 버티지 못하고 민호는 폭탄을 맞고 쓰러졌다.

민호가 짜증을 내자 김 선생님이 말했다.

"동생 입장이 돼서 계속 폭탄을 맞으니까? 어때?"

"매일 저렇게 폭탄이 날아오면 스트레스로 죽을 거 같아요."

"그렇지… 매일 저렇게 폭탄이 날아오면 힘들겠지?"

"네…."

민호는 이제야 자기가 동생에게 했던 짓을 객관화하기 시작했다.

"그러면 이번에 물건 숨기기 게임을 해볼까?"

김 선생님이 묻자 민호는 좋다며 고개를 끄덕였다.

게임 속에 동생이 쓰는 방을 똑같이 꾸몄다. 동생이 좋아하는 물건인 책, 로봇, 신발을 배치했다. 그리고 김 선생님은 마우스로 동생이 좋아하는 물건을 하나씩 클릭했다. 먼저 책이었다. 마우스로 책을 클릭하자 책이 감쪽같이 사라졌다. 그리고 로봇, 신발, 순으로 마우스를 클릭하자 마찬가지로 감쪽같이 사라졌다. 그리고 뒤로 벌러덩 누우며 동생이 말했다.

"으이잉! 형이 또 내가 좋아하는 거 버렸어!"

게임 속의 동생은 뒤집힌 채로 눈물을 터트렸다. 김 선생님이 민호를 보고 물었다.

"이때 민호는 뭐 하고 있었어?"

"그냥 모른 척하고 있었어요."

"그러면 여기 모른 척하고 있는 민호를 만들자."

김 선생님은 바로 코딩으로 동생이 울어도 모른 척하고 있는 민호를 만들었다. 동생이 '으이잉! 형이 또 내가 좋아하는 거 버렸어!'라고 우는 소리를 내도 민호는 책상에 앉은 채 동생을 거들떠보지 않았다.

"동생이 이렇게 계속 울어도 모른 척했어?"

"네."

"그럼 동생이 내 물건 어디에 있냐고 물으면 뭐라고 했어?"

"그걸 왜 나한테 물어보냐고 했어요."

"그러면 그 말을 그대로 게임 속 대사로 써볼까?"

"네."

민호는 찝찝한 표정으로 게임 속의 대사를 썼다. 이내 플레이를 누르자, 울고 있던 동생이 형에게 다가가 말했다.

"형, 빨리 내 물건 돌려줘."

"그걸 왜 나한테 물어봐."

"으이잉! 왜 맨날 나만 괴롭혀!"

동생은 발라당 누워 울기 시작했다. 동생이 늘 마지막에 하는 말이었다. 김 선생님은 게임 속 동생에게 집중하고 있는 민호에게 물었다.

"동생을 보니까 어떤 생각이 들어?"

"제가 좀 유치하다는 생각이 들어요."

"그러면 울고 있는 동생에게 무슨 말을 해주고 싶어?"

"일단 숨겨 놓았던 거 다시 되돌려 주고, 미안하다고 사과할래요."

"그래 잘했어."

김 선생님은 미소 지으며 민호의 머리를 쓰다듬어 주었다. 드디어 자기가 동생에게 나쁜 행동을 하고 있다는 걸 인지한 순간이었다. 민호는 상담을 마친 뒤 동생에게 사과하겠다고 김 선생님과 새끼손가락을 걸고 약속했다.

민호는 게임을 통해 동생의 감정을 이해한 순간부터 부모님의 차별이 동생의 잘못이 아니라는 걸 알게 되었다. 그리고 엄마도 동생보다 자기를 챙겨주자 동생에 대한 '시기와 질투'는 '미안함과 자책'으로 변했다.

그때부터 민호는 스스로 동생을 챙기기 시작했다. 자기 장난감을 가지고 놀라고 주는가 하면, 동생이 숙제할 때 나서서 도와주기도 했다. 그동안 동생에게 못된 짓을 한 것만큼 사랑을 줬다. 그러다 보니 동생도 변화하기 시작했다. 형만 보면 피하다가 같이 놀자고 했다.

형이 변화가 오니 동생도 변화가 온 것이다.

그렇다면 민호가 변화를 몰고 온 건 무엇 때문일까? 심리치료도 있었지만, 민호 엄마가 변했기 때문이다. 원장님이 민호 엄마에게 마지막 경고를 한 후, 엄마는 처음으로 큰애에게 미안하다고 했다. 작은애가 잘못했는데 너만 혼내서 미안하고, 엄마가 차별을 느끼게끔 행동해서 미안하다고 사과했다. 말로만 사과하고 끝내지 않고 행동으로 보여줬다. 큰애의 이야기를 귀담아 들어주고 먹고 싶은 게 없는지 살뜰히 챙겼다.

결국 엄마가 변하자 민호가 변했고, 민호가 변하자 동생도 형을 생각하는 마음이 변하게 된 것이다. 부모가 자신의 잘못을 인정하고 변화하는 것. 그것이 어떤 심리치료보다 효과가 있다는 것을 나는 이번 상담에서도 확실히 깨달았다.

★ 코딩으로 한 '게임 치료'는 스크래치를 통해 진행했다. 이 치료는 민호가 동생을 괴롭히는 자신의 모습을 객관화시키는 '인지치료'였다. 사례에 쓴 게임 치료와 김 선생님이 실제로 한 게임 치료와는 차이가 있다.

게임치료란?

게임으로 호기심과 재미를 충족시키는 프로그램이다. 주의할 점은 놀이치료처럼 단순히 노는 게 목적이 되어서는 안 된다. 상담사의 정확한 의도가 있어야 한다.

아동상담을 마치며

아동상담 시 부모의 형태는 두 가지로 나뉜다.

첫째, 자신의 과오를 인정하는 부모. 둘째 끝까지 잘못한 게 없다고 주장하는 부모다. [사례 7]과 [사례8]처럼 누가 봐도 자녀에게 열악한 가정환경을 제공한 부모는 비교적 자신의 잘못을 빠르게 인정하는 편이다. 하지만 보편적인 가정환경을 제공한 부모는 자신의 잘못을 인정하려 들지 않는다. 모든 걸 자녀 탓으로 돌린다.

또 탈선하는 자녀를 두둔하는 부모도 있다. 우리 애는 문제가 없는데 친구가 문제라고 말한다. 그런 아이는 이기적이고 독선적이며 도덕심이 부족하고 제멋대로 성장할 가능성을 안긴다. 가정환경이 이렇게 좋은데도 우리 아이는 문제라고 하는 부모도 있다. 늘 아이에게 부정적인 소리만 한다. 그런 아이는 나중에 자신감 결여, 우울증, 자살 충동, 정체성 혼란으로 단체생활 적응을 하지 못할 수 있다. 아이를 무조건 자기 기준으로 판단하고 상담사 말을 받아들이지 못하는 부모. 자기가 고쳐야 할 것은 고치지 않고 자녀만 변화되기를 원하는 부모. 그러면서 달라지는 게 없다며 상담을 그만두는 부모. 가장 안타까운 게 이 부분이다.

아이는 한 인격체로서 치료를 받을 권리가 있으나 부모가 박탈해 버린다. 자존심 문제로 자신에게 문제가 있다는 걸 인정하지 않는다. 그러다 치료 시기를 놓쳐 자녀는 더욱 심각한 증상을 보인다. 상담소에 있으면서 이런 경우를 수도 없이 봤다. 그러니 적어도 이 글을 보고 있는 부모가 있다면 자녀의 문제는 곧 자신의 문제라는 것을 깨닫는 계기가 되었으면 좋겠다.

내 틀에 자녀를 너무 가둬서는 안 되며, 그렇다고 방치하다시피 풀어줘서도 안 된다. 중도가 있고 적당한 게 가장 좋다.

제 5 장

분노조절장애

심리 질환 중 사회에서 화두 되는 문제를 하나 뽑으라고 하면 분노조절장애를 뽑을 수 있다. 보복운전을 한다던가, 데이트폭력, 가정폭력을 일삼고 쉽게 화를 내며 흉기를 휘두르는 등 아무도 말리지 못하는 상태가 된다. 시간이 지나면 자기가 한 행동에 후회하며 용서를 빌기도 한다. 하지만 또 폭력이 일어난다.

어째서 이런 행동을 하는 걸까?

나는 분노조절장애로 상담소를 방문한 내담자를 보며 저마다 사연이 있다는 걸 알게 되었다. 모두 환경과 관련이 있었으며, 내담자가 변할 수밖에 없는 원인이 있었다. 이번 장에서는 분노조절장애에 걸리게 되는 원인과 심리치료 방법에 관해 알아보겠다.

사례
10

'분노조절장애'로 인해
칼로 친구를 찌른 남자

예약된 시간이 되자 상담소 벨이 울렸다. 문을 열어주자 30대 중반으로 보이는 남자가 서 있었다. 안색이 어둡고 수염이 거뭇거뭇한 게 한눈에 봐도 근심이 두터워 보였다. 나는 그를 상담실로 안내했다. 그가 자리에 앉자 원장님이 물었다.

"그래, 어떻게 오셨어요?"

"친구를 칼로 찔렀습니다."

나는 차를 내어주다 깜짝 놀랐다. 원장님과 눈이 마주쳤고 잠시 뒤에 서 있었다.

"친구를 칼로 찌르셨다고요? 어떻게 하다 그러셨어요?"

"몇 달 전에 술 먹고 그랬습니다. 기억이 하나도 안 나고… 정신 차려보니까 친구가 칼에 찔려 있었어요."

"그리고 어떻게 됐나요?"

"재판까지 받았는데… 심리치료를 하라는 판결을 받아서 오게 됐습니다."

내담자의 목소리가 떨렸다. 나는 멈췄던 걸음을 옮겨 내담자에게 차를 내어줬다. 그는 멍하니 앉아 있는 채였다. 원장님이 적막을 깨고 말했다.

"좋아요, 일단 검사지부터 해봐요. 그리고 상담을 하면 내가 왜 그런 행동을 하게 됐는지, 원인을 찾을 수 있을 거예요. 긴장 푸시고 편하게 하세요."

"네."

내담자가 한 검사지는 감각검사지, 환경프로파일 검사지, 분노조절장애 검사지였다. 내담자는 검사지에 모두 체크를 한 후 원장님에게 건넸다. 원장님은 분노조절장애 검사지부터 확인했다.

"내 안에 잠재된 화가 많다고 하셨네요?"

"네."

"사소한 것에도 분노가 일어나고요?"

"네…."

"분노가 크게 일어나면 기억이 나지 않나요?"

"네…."

내담자는 원장님의 물음에 모두 단답형으로 대답했다. 원장님은 나머지 항목들은 질문 없이 훑어본 뒤 내담자를 보고 입을 뗐다.

"지금 검사지 결과로는 분노조절장애 증상이 있으세요. 화가 나면 화를 다스리지 못하는 상태세요. 그런 경험을 평소에 많이 하시나요?"

"네…. 저도 제가 분노조절장애가 아닐까 생각했어요."

"그렇군요."

원장님은 이번에 환경프로파일 검사지를 확인했다. 내담자가 어떤 환경에서 자랐는지 질문했다

"부모님이 이혼하셨나요?"

"네, 오래됐습니다."

"엄마를 측은하게 보는 경향이 있네요?"

"네, 힘들게 사셔서요."

"어떤 일로 그런 생각을 하게 됐는지 말씀해 보시겠어요?"

내담자는 메마른 침을 삼키며 과거 이야기를 시작했다.

어린 시절 부모님이 이혼하고 내담자는 어머니와 단둘이 살았다. 어머니는 작은 식당을 운영했는데, 내담자는 중학생 때부터 어머니를 도왔다. 경제적으로 어려운 것 빼고는 어머니와 사이도 좋았다. 하지만 내담자가 어머니를 도와주면서부터 감당하기 어려운 일이 발생하기 시작했다. 바로 손님들이 어머니에게 함부로 하는 것이었다. 하대하는 손님이 있는가 하면, 어머니를 무시하고 반말을 하는 손님, 괜한 꼬투리를 잡아 음식값을 지불하지 않는 손님도 있었다.

그런가 하면 매일 엄마한테 집적거리는 손님도 있었고, 취객이 난동을 부려 가

게가 난장판이 된 적도 있었다. 그런 경험을 오랫동안 하다 보니 내담자의 가슴속에 서서히 분노의 감정이 자리 잡았다. 하지만 성인이 될 때까지 그 감정을 억눌렀다. 그리고 무슨 일이 있더라도 반드시 엄마는 내가 지켜야겠다고 생각했다.

그러던 어느 날, 내담자가 폭발하는 사건이 터졌다. 늘 반말을 찍찍해대는 손님이 있었는데, 엄마를 하대하자 상을 엎어버린 것이었다. 손님이 무슨 짓거리냐고 하자 내담자는 쌍욕을 했다. 그리고 주방에서 칼을 가지고 와 그를 찌르려고 했다. 손님은 놀라 혼비백산하며 도망쳤다. 내담자는 그때부터 손님이 조금만 마음에 들지 않는 행동을 하면 화를 내고 그들을 내쫓았다.

이게 내담자가 분노조절장애에 걸리게 되는 결정적 원인이 되었다. 화를 내는 게 행동패턴이 된 것이다. 내담자는 손님뿐만이 아니라 친구나 지인과 갈등이 있을 때도 분노를 참지 못했다. 조금이라도 수가 틀리면 이성을 잃고 물건부터 때려 부쉈다. 또 식당이나 술집에 갔는데 손님이 직원을 하대하거나 예의 없이 굴면, 마치 자기 일처럼 분노했다. 네가 뭔데 사람을 무시하느냐며 옆 테이블에 있는 사람을 폭행해 경찰서에 간 적도 많았다.

이렇듯 한번 분노가 일어나면 이성을 잃고 사람과 물건을 작살냈는데, 문제는 정신이 돌아오면 아예 기억하지 못한다는 것이다. 그럴 때면 그는 상대방에게 죄송하다며 연신 고개를 숙였다. 하지만 얼마 가지 않아 같은 사고가 발생했고, 그는 그때마다 비관과 자책을 했다. 왜 화를 참지 못하고 물건을 부수고 사람을 때리는지 스스로 이유를 알지 못했다.

어느덧 세월이 흘러 그는 20대 후반이 되었다. 사귀던 여자 친구와 결혼을 했다. 신혼생활은 행복하기 그지없었다. 하지만 아내와 갈등이 일어날 때면 여전히 분노를 참지 못했다. 이성을 잃은 채로 집에 있는 온갖 물건들을 때려 부수고 심지어 아내까지 폭행했다. 아내는 이혼하려고 마음먹었는데, 실행에 옮기지 못했다. 이유는 그가 정신을 차리면 자기가 어떤 짓을 했는지 아무 기억도 하지 못했기 때문이었다. 마치 필름이 끊겼다가 돌아온 사람처럼 그는 아내에게 무릎을 꿇고 미안하다고 싹싹 빌었다. 그때마다 아내는 어이가 없었다.

몇 달 뒤, 그는 아내와 함께 한 식당에 들렀다. 음식을 주문하고 앉아 있는데 그가 계속 옆 테이블을 힐끗거렸다. 아내가 왜 그러냐고 묻자, 아무것도 아니라고 했다. 그리고 몇 분 뒤, 그가 갑자기 벌떡 일어나더니 옆 테이블에 있는 남자의 멱살을 잡았다. 그리고는 네가 잘났으면 얼마나 잘났길래 사람을 무시하느냐며 쌍욕을 해댔다. 주먹으로 남자를 가격하려고 하자, 다른 일행이 그를 말리기 시작했다. 아내는 급작스러운 상황에 어처구니가 없었다.

그가 화를 낸 데에는 이유가 있었다. 옆 테이블 남자 중 한 명이 상대방에게 면박을 줬기 때문이었다. 그 소리를 들은 내담자는 순간 이성을 잃어 면박을 준 사람의 멱살을 잡았다. 결국 남자를 폭행해 경찰서에 끌려갔다. 그리고 경찰서에서는 죽을죄를 지었다며 사죄했다. 그는 경찰에게 저 남자는 아무 죄가 없고 자기가 혼자 때렸다며 모두 자기 잘못이라고 했다. 연신 피해자에게 진심 어린 사과를 했다. 결국 피해자도 어이없어 하며 그를 용서했다.

경찰서에서 나와 집으로 가던 중이었다. 아내가 대뜸 내담자에게 휴대폰을 내밀었다. 그가 뭔가 하고 보자, 조금 전 식당에서 싸운 장면이 촬영돼 있었다. 내담자가 항상 화를 내고 기억이 나지 않는다고 하자, 아내가 휴대폰으로 촬영을 했던 것이었다.

그는 식당에서 한 자신의 행동을 보고 충격을 받았다. 옆 테이블에 앉은 사람의 멱살을 쥐고 흔들더니, 말리는 사람을 뒤로한 채 주먹을 날리고 있었다. 그는 그런 자신의 모습을 보고 이대로 있으면 안 되겠다고 생각했다. 그러던 어느 날, 사건이 또 터지고 말았다. 친구와 단둘이 술을 먹다 말싸움을 시작했는데, 정신을 차려보니 어느새 친구가 칼에 찔려 쓰러져 있었다.

정신을 차린 내담자는 자기가 저지른 일에 당황했고, 결국 경찰이 출동해 그를 체포했다. 그리고 재판까지. 친구는 내담자를 용서했지만, 재판에서 심리치료를 받으라는 판결이 나왔다. 그렇게 상담소에 오게 되었다.

"그래서… 심리치료를 받았다는 증명서가 있어야 합니다."

내담자는 침울한 얼굴로 말했다. 원장님은 증명서는 얼마든지 작성해서 줄 수 있으니 걱정하지 말라고 했다. 그리고 내담자가 왜 분노조절장애에 걸렸는지 원인에 대해 말하기 시작했다.

"이야기 들어보니까, 원인은 학창 시절에 있네요."

"학창 시절이요?"

내담자는 고개를 들어 원장님을 쳐다봤다.

"네, 학창 시절부터 엄마 가게 일을 도와주셨다고 했죠?"

"네."

원장님은 손가락을 펼치며 말했다.

"첫째. 그때, 손님들에게 엄마가 부당한 일을 당하는 걸 보면서 분노가 쌓이기 시작했고, 둘째. 그 분노를 표출하면서 손님과 계속 싸우다 보니까, 그게 패턴화되고 말았어요."

"패턴화요?"

"쉽게 말하면 화내는 게 습관이 됐다는 말이에요."

"아… 그렇군요."

내담자는 이해된다며 고개를 끄덕였다.

우리는 보통 어떤 행동을 계속하다 보면 그것이 습관이 된다. 이를테면 일어나자마자 컴퓨터부터 켠다던가, 회사에 출근하면서 커피를 마신다던가, 자주 쓰는 언어나 행동이 있다. 이렇듯 행동 패턴이란 크게 의식하지 않아도 몸에 배어 있는 것을 말한다. 때문에 화를 잘 참는 사람은 언제나 참았기에 화가 나도 참게 되는 것이고, 화를 줄곧 내던 사람은 그것이 행동 패턴이 돼서 화를 분출하게 되는 것이다.

"제가 치료될 수는 있는 건가요…?"

내담자가 불안해 묻자 원장님이 대답했다.

"네, 분노조절장애 있으셨던 분들 치료받고 사회생활 잘하고 있어요. 승현 씨도 상담을 통해 변화되겠다는 의지를 다지세요. 그러면 상담을 받는 시간과 돈도 절약할 수 있을 거예요."

"…알겠습니다."

내담자는 고개를 끄덕였다. 치료될 수 있다는 이야기에 한 줄기 희망을 얻고 상담을 마쳤다.

이성을 잃으면 기억을
하지 못하는 이유

내담자가 떠난 후에 나는 원장님이 계신 상담실로 들어갔다. 분노조절장애라는 것이 무엇인지 물어보고 싶었다.

"분노조절장애는 정확히 어떨 때 일어나는 거예요?"

"화를 참지 못할 때 일어나는 건데, 내담자마다 화를 참지 못하는 포인트가 있어."

"포인트요?"

"예를 들면… 내가 말하는 거에 토를 단다던가, 가만히 있는데 날 놀린다던가, 내가 싫어하는 행동이나 말을 했다던가, 어떤 걸 내가 하려고 하는데 못하게 한다던가, 등등 굉장히 다양해. 딱 하나로 꼬집을 수가 없어."

그러니까 분노조절을 못하게 된 원인이 무엇이냐에 따라 화를 내게 되는 계기도 달라진다는 말이었다.

"그러면 오늘 상담 받은 내담자는 어떤 포인트에서 분노조절을 못하게 된 거예요?"

"학생 때부터 엄마가 손님에게 무시를 당하는 걸 자주 봤잖아? 그래서 무시를 하는 것에 포인트가 맞춰져 있어."

"자기를 무시한 것도 아닌데, 옆 테이블 사람을 폭행한 건 왜 그런 거예요?"

"가게에서 엄마를 도와주면서 엄마가 무시당하는 걸 자주 봤잖아? 그래서 주변 사람이 무시하는 언행을 하면, 엄마가 떠오르면서 분노가 일어나는 거야."

예를 들어 내 옆에서 어떤 사람들이 욕을 신랄하게 하면 비호감처럼 느껴지기 마련이다. 내담자도 그런 경우였다. 꼭 자기가 아니더라도 사람들이 타인을 무시하는 언어나 행동을 하면, 엄마가 연상되면서 비호감을 넘어 분노의 대상자가 된다는 말이었다.

그렇다면 내담자는 왜 분노를 할 때 이성을 잃어버리는 것일까? 그것에 대해 원장님이 대답했다.

"엄마가 무시당하는 걸 보면서 감정이 억눌렸잖아? 이렇게 감정을 표현하지 못하면, 그 감정들이 무의식 속에 빠져서, 덫에 걸리게 돼."

"아, 무의식의 덫 그거네요."

"그래. 그 상태에서 감정이 더는 참지 못하고 폭발하게 되면, 의식의 과정을 거치지 않는 거야."

"그럴 때 기억을 하지 못하는 거예요?"

"응. 무의식이 의식을 배제해 버리고 분노를 일으키니까 기억을 못하지."

"아…."

나는 고개를 끄덕인 뒤 입을 뗐다.

"그러면, 분노조절장애에 걸린 사람들은 화낼 때 다 이성을 잃는 거예요?"

"분노를 표출하지 못하고 장시간 억눌려 있던 사람들만 그래. 단기간에 분노를 터트린 사람들은, 이성을 잃지 않아. 화를 내는 게 패턴화 돼서 분노조절장애에 걸리는 거지."

"그렇구나…."

나는 분노조절장애가 있는 내담자가, 무의식이라는 깊은 내면까지 들어갈 거라고는 예상하지 못했다. 결국 분노라는 감정을 어디에 두고 있느냐에 따라 다 다르다는 이야기였다. 예컨대 의식에 분노를 두고 있는 사람은 분노를 해도 모든 일을 기억하지만, 무의식에 덫에 걸린 분노는 순식간에 폭발해 기억하지 못한다는 말이었다. 나는 분노조절장애에 대해 다음과 같이 정리했다.

분노조절장애 정리

① 원인은 내담자가 겪은 '부정적 환경'에 있다.

② 내담자마다 분노를 터트리는 '포인트'가 있다. 이는 내담자가 어떤 경험을 했느냐에 따라 다르다.

③ 분노조절장애는 '이성을 잃는 분노'와 '이성이 있는 분노'로 나뉜다.

④ 이성을 잃는 분노는, 장기간 '무의식의 덫에 감정이 억눌려' 있을 때 나타난다. 더는 참지 못해 감정이 폭발하면 '무의식이 이성을 배제'해 기억을 못한다.

⑤ 이성이 있는 분노는, '억눌려 있던 감정을 짧은 기간 안에 터트리는 사람'을 말한다. 분노를 자주 하다 보니 패턴화가 되어, 분노조절을 하지 못한다.

1) 내담자 증상 진단

내담자가 분노조절장애에 걸린 원인은 학창 시절 식당을 하는 엄마를 도와주면서 시작되었다. 손님들이 엄마와 자신에게 무례하게 구는 걸 폭력으로 대처하면서 패턴화 되고 말았다. 그로 인해 무시하는 소리를 들으면 참지 못하고 폭발했다.

내담자가 분노를 터트릴 때마다 기억을 하지 못하는 원인은 장기간 분노의 감정이 억눌려있기 때문이었다. 일순간에 분노가 폭발하면 무의식이 이성을 배제해 기억하지 못했다. 이 상태가 지속하면 타인을 해할 우려가 커 하루빨리 심리치료를 받아야 하는 상황이었다.

심리증상

분노조절장애 / 이성을 잃으면 기억을 하지 못함 /
무시하는 소리를 들으면 참지 못함

신체증상

얼굴이 달아오르고 가슴이 뜨거움

환경문제

아내와 부부싸움을 한 적이 있으나, 최근에는 사이가 좋음

2) 감정관리 인지치료

예약된 시간이 되자 내담자가 상담소를 방문했다. 그가 상담실 의자에 앉자 원장님이 인지치료 도구를 꺼냈다.

"오늘은 분노조절을 못할 때 어떤 문제가 발생하고, 그 문제로 인해 어떤 결과가 나오는지 스스로 깨달아 볼 거예요."

"네, 알겠습니다."

원장님은 내담자에게 '감정관리'라고 쓰인 인지치료도구(A4용지)를 건네주었다. 도구에는 내담자가 생각해 봐야 할 질문이 적혀있었다. 원장님이 도구에 적힌 질문을 하면, 내담자가 대답 후 글을 적는 형식이었다.

★ 인지치료는 내담자의 일반화, 왜곡, 삭제를 상담사가 잡아내야 합니다. 글을 읽으면서 내담자가 어떤 질문에 일반화, 왜곡, 삭제를 하는지 파악해 보세요.

감정관리

(1) 문제 상태

원장님: 먼저 내 문제 상태가 무엇인지 말씀해 보시겠어요?

내담자: 분노조절장애가 있습니다.

원장님: 병명 말고 본인이 느끼는 대로 말씀해 보세요.

내담자: 감정의 지배를 받고 사소한 자극에도 화가 납니다.

원장님: 네, 그대로 적으세요.

내담자가 문제 상태를 쓰자 원장님이 다음 질문을 했다.

(2) 감정 상태

원장님: 감정에 지배를 받고 사소한 것에도 화날 때, 내 감정 상태는 어떤가요?

내담자: 그냥 사람들이 말하는 걸 듣기만 해도 화가 나요….

원장님: 어떤 말들이죠?

내담자: 센 척하거나 뭔가 비꼬거나 무시하는 말을 들으면 그래요.

원장님: 그럼 눈으로 보이고 느끼는 것보다, 말을 들었을 때 그러나요?

내담자: 네.

원장님: 좋아요. V, A, K 감각 저번에 말해줬죠? 승현 씨는 지금 들리는 소리, 곧 청각으로부터 화가 나네요? 'A' 들리는 소리로 인해 화난다고 쓰세요.

첫 상담 때 내담자는 감각검사를 받았다. 그리고 원장님에게 감각검사지란 무엇인지 설명을 들었다.

(3) 보이는 증상

원장님: 감정이 지배받고, 사소한 자극에도 화날 때 보이는 증상이 뭐죠?

내담자: 얼굴이 굳어져요.

(4) 보이지 않는 증상

원장님: 보이지 않는 증상은요?

내담자: 화낼 때마다 살아있음을 느끼는 거 같아요.

(5) 어느 정도 감정에 지배를 받고 있나?

원장님: 감정에 지배를 받는 강도는요?

내담자: 중·상이요.

(6) 감정을 지배해 본 적이 있나?

원장님: 감정을 지배해 본 적은 있나요?

내담자: 수시로 노력하고 있어요. 그런데 감정을 지배해 본 적은 한 번도 없었습니다.

(7) 이유

원장님: 감정의 지배를 받고 사소한 자극에도 화가 나는 이유는 무엇인가요?

내담자: 사람들이 왜 상대방에게 부정적인 말을 하는지 공감을 못하겠어요.

원장님: 어떤 부정적인 말을 할 때 공감을 못하죠?

내담자: 상대방을 하대하거나 자기가 뭐라도 되는 것처럼 말할 때요.

내담자는 그런 이야기를 들을 때 왜곡이 일어났다. 사람들이 무시하는 말을 하면 엄마가 저런 손님에게 당했던 상황들이 떠오르면서 꼭 나와 엄마를 무시한다고 생각했다. 이는 과거에 손님으로부터 상처를 많이 받아 '피해의식으로부터 파생된 왜곡'이었다.

(8) 과거

원장님: 과거에도 감정의 지배를 받고 사소한 자극에도 화가 난 적이 있었나요?

내담자: 네 중고등학생 때부터 그랬던 거 같아요.

(9) 내게 미치는 영향

원장님: 감정의 지배를 받고 사소한 자극에도 화가 날 때, 내게 미치는 영향은 무엇인가요?

내담자: 분노조절을 못해서 결국 이성을 잃어요.

(10) 주위에 미치는 영향

원장님: 주위에 미치는 영향은요?

내담자: 사건 사고로 인해 주변에 악영향을 끼치고 있어요. 엄마나 아내, 친구들도 당황할 거고요. 제가 화낼 거라고 예상하지 못하니까요.

(11) 미래의 영향

원장님: 이 문제 상태를 계속 가지고 있으면 나는 미래에 어떤 영향을 받을까요?

내담자: 나를 죽이는 놈이 되겠네요….

(12) 얻을 수 있는 것
원장님: 문제 상태로 인해 얻을 수 있는 게 있나요?
내담자: 네. 그래서 살아갈 수 있었어요.

(13) 잃을 수 있는 것
원장님: 잃을 수 있는 것은요?
내담자: 친구와 아내, 그리고 저 자신이요.

내담자가 마지막 문항에 글을 적자 원장님이 말했다.

원장님: 좋아요. 이제 승현 씨가 적은 걸 가지고 처음부터 끝까지 읽어 볼게요. 제 삼자인 관찰자 관점에서 이 남자가 어떻게 느껴지는지 들어보세요.

내담자가 알겠다고 하자, 원장님이 도구를 들고 말하기 시작했다.

(14) 관찰자
원장님: 이 남자의 문제 상태는 감정의 지배를 받고 사소한 자극에도 화가 나는 거예요. 이때 감정 상태가 어떤지 물으니까, 사람들이 센 척하거나 비꼬거나 무시하는 말을 들으면 주체할 수 없는 화가 난대요.
화가 날 때 보이는 증상은 얼굴이 굳어지는 것이고, 화날 때마다 내가 살아있음을 느낀대요. 내가 감정으로부터 지배받는 강도는 중·상이라고 하고, 내가 감정을 지배해 본 적은 단 한 번도 없대요.
왜 감정의 지배를 받고 사소한 자극에도 화가 나는지 이유를 물어보니, 사람들이 상대방에게 부정적인 말을 할 때 공감을 하지 못한대요. 특히 하대하는 말투나 자기가 뭐라도 되는 것처럼 말을 할 때 그렇대요. 과거,

중고등학생 때부터 이런 문제들이 있었고. 내게 미치는 영향이 무엇인지 물으니까, 분노조절을 못해서 결국 이성을 잃고 만대요. 그래서 주변 사람에게 악영향을 끼치고 엄마, 아내, 친구들 도 자기가 언제 화를 낼지 모르니까 당황할 거래요.

이 문제 상태를 계속 가지고 있으면 결국 나를 죽이는 것과 같은 영향을 받을 거고, 얻을 수 있는 것은 그래서 살아갈 수 있었고, 잃을 수 있는 건 친구와 아내, 그리고 자기 자신이래요. 이렇게 말하는 이 남자를 제삼자, 관찰자 입장으로 바라보세요. 이 남자가 어떻게 보이나요?

내담자: 오랜 세월 동안 분노해서 안 돼 보여요.

원장님: 이 남자에게 뭐라고 말해주고 싶나요?

내담자는 신중히 생각한 뒤 말했다.

내담자: 분노로 인해 자신을 잃어버려서는 안 된다고 말해주고 싶어요.

[15] 효과

원장님: 감정의 지배를 받고, 사소한 자극에도 화나면 어떤 효과가 나타날까요?

내담자: 포스도 있고, 깡다구나 근성을 보이는 효과가 나타나요.

내담자는 자신감에 찬 얼굴로 말했다. 원장님은 이 지점부터 잘못된 점을 짚기 시작했다.

원장님: 포스와 깡다구, 근성으로 승현 씨는 어떤 행동을 하죠?

내담자: 음… 폭력을 행사하는 행동을 하네요….

내담자는 조금 전의 대답이 무언가 잘못된 거 같다는 얼굴을 했다.

원장님: 그렇죠. 포스와 깡다구, 근성은 폭력으로부터 나오는 효과예요. 그런 효과들이 좋은 작용을 한다고 볼 수 있을까요?

내담자: 아니요.

(16) 결과

원장님: 그렇죠? 아까 관찰자 관점에서는 이 남자가 오랜 세월 동안 분노를 해서 안 돼 보인다고 했죠? 그런데 어떤 '효과'가 있는지 물으니까 마치 이게 좋은 것처럼 대답했어요. 포스와 깡다구, 근성이 있어 보인다고요. 이런 삶을 계속 살아간다면, 승현 씨에게 어떤 결과가 일어날까요?

내담자: 음… 제가 지금까지 착각해서… 이룰 수 있는 게 없네요.

내담자는 분노로 파생된 포스, 깡다구, 근성이 마치 대단한 것인 양 왜곡했던 걸, 인지를 통해 바로 잡았다.

원장님: 좋아요. 그러면 여기 도구에 쓴 질문과 답변들을 다시 한 번 보세요. 그리고 승현 씨가 잘못 답변한 게 있으면, 그게 뭔지 찾아보세요. 효과처럼 내가 잘못 생각하는 게 있는지 인지해 보는 시간을 갖는 거예요.

내담자는 바로 도구를 보며 자기가 쓴 글을 하나하나 읽어나갔다. 그리고 이내 한 문항을 가리켰다. '4번 보이지 않는 증상'에 대한 답변이었다.

내담자: 보이지 않는 증상에서, 분노를 표출할 때 살아 있음을 느꼈다고 한 게 잘못된 거 같아요.

내담자가 생각보다 쉽게 찾자 원장님은 미소 지으며 말했다.

원장님: 맞아요. 승현 씨는 과거에 손님들에게 당한 분노가 오랜 기간 억눌려 있

었어요. 그런데 이제는 그 분노를 표출하니까 살아 있다고 느끼게 된 거예요. 그런데 결국 이건 어떤 증상이죠?

내담자: 그냥… 분노조절을 못하고 있는 증상이네요.

원장님: 맞아요. 감정의 지배를 받아, 사소한 자극에도 화가 나서 분노조절을 못하고 있는 거예요.

내담자는 인정한다며 고개를 끄덕였다.

원장님: 잘못된 게 하나 더 있는데, 그것도 찾아볼까요?

내담자는 도구에 쓴 답변을 천천히 살펴봤다. 하지만 처음과는 달리 어려워했다. 그가 모르겠다고 하자, 원장님이 말했다.

원장님: 12번 문항. 얻을 수 있는 것에 쓴 글 읽어 보세요.

내담자: 아….

내담자는 자기가 쓴 답변을 보자 이해가 간다는 느낌이었다.

원장님: 내가 감정의 지배를 받고, 사소한 자극에도 화날 때, 얻을 수 있는 게 무엇인지 물었죠? 뭐라고 대답했죠?

내담자: 그래서 살아갈 수 있다고 했어요.

원장님: 저는 승현 씨 입장에서 사실 이 말이 공감가요. 중학생 때부터 손님이 엄마에게 무례하게 대하는 걸 볼 때 얼마나 괴로웠겠어요. 분노를 꾹꾹 누르며 지내다, 결국 내가 살기 위해서 터트린 거잖아요. 그래서 엄마를 도와주면서 오랜 기간 일할 수 있었던 거였고요. 그렇죠?

내담자: 네….

내담자의 눈시울이 붉어졌다. 원장님은 그가 어떤 의도로 이런 글을 썼는지 알고 있었기 때문이었다. 이렇듯 인지치료는 내담자가 잘못된 답을 했을 때는 먼저 그의 '긍정적 의도'를 파악해야 한다. 그리고 인정과 위로를 해준 뒤 잘못된 점을 말해야 받아들인다. 원장님은 잠시 시간을 준 뒤 말했다.

> 원장님: 승현 씨가 왜 이런 답변을 했는지 충분히 알아요. 하지만 깊게 들여다보면 살아갈 수 있다는 것도 결국 무엇으로부터 파생된 거죠?
> 내담자: 분노요.
> 원장님: 맞아요, 분노예요. 이게 옳은 답이라고 할 수 있을까요?
> 내담자: 아니요….

내담자는 고개를 가로저었다.

> 원장님: 그러면 결국 문제 상태로 인해 승현 씨가 얻을 수 있는 게 뭐죠?
> 내담자: 없네요. 아무것도요….
> 원장님: 그러면 아무것도 이룰 수 없는 상태에서 벗어나야겠죠?

내담자는 고개를 끄덕였다. 원장님이 1번 '문제 상태' 문항을 손가락으로 짚으며 말했다.

> 원장님: 그러면 여기에 나는 앞으로 어떻게 긍정적으로 변할 건지 써보세요.

내담자는 펜을 들고 고민하기 시작했다. 쉽게 답이 나오지 않는지 입술을 매만지며 1번 문항에서 눈을 떼지 않았다. 이내 답이 나왔는지 입을 열었다.

> 내담자: 타인의 부정적인 소리에 흔들리지 말자. 이렇게 해도 괜찮나요?
> 원장님: 조금 더 구체적으로 말씀해 보시겠어요?

내담자는 머릿속을 다시 정리한 후 입을 뗐다.

내담자: 그러니까… 저랑 관련이 없는 사람들은 자유롭게 자기 목소리를 낼 수 있는 거잖아요? 저랑 관계없는 거니까요. 그래서 그 사람들의 감정과 생각을 존중해야겠다는? 그런 생각이 들었어요.

원장님: 그래요. 그 사람들도 가족이나 친구한테 편하게 이야기한 거잖아요? 승현 씨한테 직접 말한 것도 아니고요.

내담자: 네.

원장님: 그런데 승현 씨는 그럴 때마다 어떤 생각을 했죠?

내담자: 저랑 어머니를 꼭 무시하는 것처럼 들렸어요. 그 사람들은 자기들끼리 이야기한 건데요.

원장님: 그래서 이제 생각을 어떻게 바꿔야겠다?

내담자는 다시 머릿속을 정리한 뒤 말했다.

내담자: 사람들이 하는 말에 영향을 받지 않자. 나랑 관계없는 일이다. 타인의 의견을 존중하자. 이렇게 쓸게요.

원장님: 좋아요. 그대로 쓰세요.

원장님은 흡족해했다. 내담자가 도구에 바뀐 생각을 적자 원장님이 말했다.

원장님: 자, 그러면 이제 내가 무엇을 잘못 생각했고, 생각을 어떻게 바꾸면 되는지 아셨죠?

내담자: 네. 확실히 알았어요.

원장님: 좋아요. 오늘 상담은 여기까지 할게요. 그런데, 한 가지 아셔야 할 게 있어요. 이렇게 깨닫고 인지를 했다고 해서 바로 내가 바뀌거나 그러지 않아요. 아마 내일이라도 무시하는 듯한 언어를 쓰는 사람들이 보이면, '또

나를 무시하는구나.' 이런 생각이 들 거예요. 왜? 아직 치료받지 못한 상처들이 너무 많거든요. 그러니까 똑같은 생각이 들더라도 절대 실망하지 마세요. 오늘 받은 인지 치료를 통해서, '저 사람들이 하는 말이 나한테 하는 말이 아니다.'라고 한번 걸러낼 여유를 얻었다고 생각하세요. 이것만으로도 큰 발전이에요. 심리치료 계속 받으면 나중에 그런 생각들이 완전히 없어질 테니까, 끝까지 저 믿고 따라와 주시고요. 아셨죠?

내담자: 네, 알겠습니다.

내담자는 힘 있는 목소리로 대답했다. 드디어 자신이 무엇이 잘못되었는지 정확히 인지한 뒤 상담을 마쳤다.

내담자 분노조절장애 정리

① 과거에 일하면서 엄마와 내가 손님들에게 무시당하는 경험을 많이 했다.
② 그로 인해 어디선가 무시하는 발언이 들리면 과거의 기억이 오버랩 되면서 저 사람들이 엄마와 나를 무시한다고 왜곡한다.
③ 결국 이성을 잃고 분노해 폭력을 행사한다.
  ★ 아내와 싸울 때도 무시하는 발언에 폭발함.

내담자 인지 목록
① 화를 낼 때 포스도 있고 깡다구나 근성이 있어 보인다.
▶ 포스, 깡다구, 근성이 마치 대단한 것처럼 여겼다. 이런 삶을 살아간다면 이룰 수 있는 게 없다.
② 감정의 지배를 받고 사소한 것에도 화를 냄으로써 나는 살아갈 수 있었다.
▶ 분노를 통해 살아갈 수 있었으므로 결국에는 얻는 것이 없는 삶이다.
③ 어디선가 무시하는 발언이 들리면, 그게 엄마와 나를 무시한다고 생각했다.
▶ 사람들이 하는 말에 영향받지 말자. 나랑 관계없는 일이다. 타인의 의견을 존중하자.

내담자는 매주 상담소에 올 때마다, 명상최면으로 세부감각 지우기를 진행했다. 학창 시절 아르바이트를 할 때, 손님이 엄마와 자신을 무시하던 것을 떠올려 분노의 감정을 없애는 작업을 했다. 또 특별히 화가 났던 기억이 있으면 명상최면으로 당시에 하지 못했던 말과 행동을 하게 함으로써 억눌려 있던 감정을 풀어줬다. 그 결과 내담자는 과거의 기억이 떠올라도 더는 감정의 소용돌이에 빠지지 않았다. 또 주변 사람이 상대방을 무시하는 언행을 해도 참을 수 있는 수준까지 이르렀다. 예전 같으면 상을 엎고 폭력적인 행동을 했을 텐데, 이제는 저런 말들이 자기와 엄마한테 하는 이야기가 아니라며 자기최면을 걸었다. 또 원장님은 몇 주 전에 내담자 아내를 불러서 어떠한 일이 있어도 내담자를 무시하는 언행을 하지 말라고 했다. 아내는 이해한 후 내담자와 부딪히지 않으려 노력했다.

그렇게 내담자와 아내는 서로 노력하며 변화를 가져왔다. 하지만 그렇다고 해서 분노조절장애가 완치된 것은 아니었다. 내담자는 주변의 작은 자극에도 불쑥불쑥 불꽃이 튀어 자칫하면 이성을 잃을 뻔한 적이 여러 번 있었다. 그때마다 내담자는 상담 때 자신이 또 예전으로 돌아갈까 봐 두렵다고 했다. 원장님은 지금까지 잘하고 있다며 내담자를 칭찬하고 위로했다. 그리고 오늘 받을 치료에 관해 설명했다.

"오늘은, 명상최면으로 예전에 식당에서 싸웠을 때를 떠올릴 거예요."

"식당에서요?"

"네. 아내가 휴대폰으로 촬영했던 거 있죠? 그 장면을 떠올려 볼게요."

"아… 네."

"제가 하라는 대로 따라오시기만 하면 되니까, 편하게 임하세요."

"네."

내담자는 긴장한 얼굴로 고개를 끄덕였다. 명상최면실로 이동해 침대 위에 누운 뒤 두 눈을 감았다. 원장님이 내담자를 내려다보며 낮은 목소리로 말했다.

"자, 지난번처럼 편하게 심호흡을 하세요. 코로 숨을 들이마시고, 입으로 천천히 내뱉으세요. 다시 한 번 코로 숨을 들이마시고, 입으로 천천히 내뱉으세요. 이제… 당신의 몸은 아주 편안합니다."

내담자가 긴장을 풀자 원장님은 당시의 상황을 떠올려주기 시작했다.

"당신은 아내와 함께 식당에 들어갔습니다. 자리에 앉아 주문을 하고 요리가 나오자 밥을 먹고 있습니다. 그때 두 남자가 당신의 옆 테이블에 앉습니다. 그리고 그들이 하는 이야기가 당신의 귀에 들려옵니다. 옆에 있는 남자가, 바로 앞에 있는 일행에게 함부로 하는 소리가 들립니다. 목소리 톤은 매우 날카로우며 비아냥거립니다. 당신은 밥을 먹으며 그 소리에 집중합니다."

내담자는 원장님이 말하는 대로 식당에서 있었던 일을 떠올렸다. 원장님이 말했다.

"남자는 앞에 있는 일행에게 이렇게 말합니다. '너 같은 게 그렇지. 너는 꼭 일을 그렇게 처리하더라. 좀 제대로 하지 못하냐?' 당신은 그 이야기에 집중하다가 참을 수 없어 벌떡 일어납니다. 그리곤 옆에 있는 남자를 밀어버립니다. 남자가 넘어지자 당신은 그의 멱살을 잡고 말합니다. '너 지금 뭐라고 그랬어? 다시 한 번 말해봐. 뭐라고 그랬어?' 주변 사람들이 당신을 모두 쳐다봅니다. 면박을 받던 사람이 되레 당신에게 왜 그러냐고 묻습니다. 하지만 당신은 전혀 반응하지 않습니다. 오로지 무시하던 남자의 멱살을 잡고 흔들며 다시 말해보라고 합니다. 그리곤 이내 그 남자의 얼굴에 주먹을 가격합니다."

내담자는 원장님의 말대로 남자의 얼굴에 주먹을 가격했다. 흥분했는지 내담자의 얼굴이 붉으락푸르락했다. 원장님은 계속 명상최면을 이어나갔다.

"남자는 얼굴을 맞고 쓰러졌습니다. 그리고 당신은 흥분한 얼굴로 남자를 내려다봅니다. 자, 그 상태에서 도대체 당신은 무엇 때문에 이렇게 하고 있는지 마음속을 깊이 들여다보세요. 왜 밥을 먹던 중, 나와 관계가 없는 사람을 폭행했는지 당신의 감정을 깊이 들여다보세요."

원장님은 내담자에게 시간을 주었다. 잠시 후 원장님이 말했다.

"감정을 깊이 들여다보았나요?"

"네."

"말해보세요. 왜 당신은 남자를 때린 것이죠?"

"그 남자가… 앞사람을 무시하는 발언이 꼭 우리 엄마에게 하는 발언이라고 느껴졌습니다. 그리고…."

"우리 엄마를 무시하는 거니까… 저까지 무시당하는 기분이었습니다."

내담자는 엄마와 자신이 서로 떨어져 있는 게 아니라, 하나의 객체라고 생각하고 있었다. 그래서 엄마가 무시당하면 자신까지 무시당하는 것처럼 느꼈다. 이는 우리도 평소에 느낄 수 있는 감정이다. 예를 들어 내 부사수가 다른 부서의 상사에게 질책을 받으면 내가 똑같이 질책을 받는 느낌이거나, 내가 존경하던 사람이 모욕을 당하면 나도 모욕을 당한 것 같은 느낌을 받는 것이다. 이 감정은 나도 군생활 때 느낀 적이 있다.

원장님은 명상최면을 계속 진행했다.

"그렇군요. 사람들이 무시하는 발언을 하면, 그게 엄마와 나를 무시한다고 느껴진 거군요?"

"네…."

"하지만 지금은 어떻죠? 당신은 상담을 받고, 인지치료를 통해 그런 말들이 당신과 엄마에게 하는 말이 아니라는 걸 알게 되었습니다. 맞나요?"

"네…."

"좋습니다. 그러면 지금부터 식당에 있던 그 사람들이 서로 이해관계가 있다는 사실을 깊게 들여다보세요. 남자는 당신의 엄마를 무시한 것도 아니고, 당신을 무시한 것도 아닙니다. 그냥 자유롭게 자기 의견을 말한 겁니다. 그 이해관계를 깊게 들여다보세요. 그리고 어떻게 느껴지는지 말씀해보세요."

"제가 잘못 생각했던 것 같습니다."

"좋습니다. 이제 하나, 둘, 셋 하면 다시 처음 장면으로 되돌아갑니다. 당신은 식당에서 아내와 밥을 먹고 있는 장면으로 돌아갑니다. 자, 하나, 둘, 셋! 다시 처음 장면으로 돌아갔습니다! 돌아갔나요?"

"네…."

내담자가 대답하자 원장님이 다시 상황을 만들어주기 시작했다.

"당신은 식당에서 아내와 밥을 먹고 있습니다. 그리고 두 남자가 당신의 옆 테이블에 앉습니다. 음식을 주문하더니 당신 옆에 있는 남자가 앞에 있는 사람에게 한소리를 합니다. '너 같은 게 그렇지. 너는 꼭 일을 그렇게 처리하더라. 제대로 하지 못하냐.'라고 말합니다. 당신은 그 이야기에 집중합니다. 남자는 그 뒤로도 상대방을 계속 무시합니다. 당신은 그 이야기에 귀를 기울입니다. 그리고 그 남자의 말이 어떻게 들리는지 마음 깊이 느껴보세요. 그 남자가 하는 말이 엄마에게 하는 말인지, 당신에게 하는 말인지, 그냥 자기들끼리 하는 이야기인지 이성적으로 들여다보세요. 어떻게 느껴지나요?"

"그냥 자기들끼리 하는 말처럼 들립니다."

"엄마나 당신에게 하는 말이라고는 느껴지지 않나요?"

"네, 그냥 앞에 있는 사람에게 하는 말이에요."

"좋습니다. 그럼 일어서서 그 사람에게 사과하세요. 내가 잘못 생각했다. 때려서 미안하다. 말하세요. 사과하면 그 남자가 당신을 받아줄 겁니다."

내담자는 남자에게 사과했다. 내가 잘못 생각해서 당신에게 화냈고 주먹을 휘둘러서 미안하다며 사죄했다. 원장님이 입을 뗐다.

"사과하니까 남자가 뭐라고 하나요?"

"괜찮다며 저를 다독여 줍니다."

"잘 하셨습니다. 이제 예전과는 달리 그 상황을 정확하게 바라보고 남자에게 사과하던 당신을, 이미지화시키세요. 그리고 제가 하나, 둘, 셋 하면 그 이미지가 컬러풀해지면서 엄청나게 커집니다. 자, 하나, 둘, 셋! 이미지가 커졌습니다! 느낌이 어떻죠?"

"따뜻한 느낌입니다.

"좋습니다. 천천히 호흡하시고 눈을 뜨세요."

내담자가 명상최면에서 분노를 절제할 수 있었던 건 단순히 원장님이 시나리오를 읊어줬기 때문이 아니다. 앞서 '인지치료'를 통해 상대방이 하는 이야기가 나와 엄마를 무시하는 게 아니라는 걸 깨달았기 때문이다. 이처럼 행동교정 명상최면을 할 때는 반드시 선행되어야 하는 게 '문제 행동에 관한 인지치료'이다. [사례8]의 아이 경우는 동영상으로 자신에게 문제가 있다는 걸 인식했기 때문에, 따로 인지치료를 할 필요가 없었다. 그럼 명상최면치료에는 어떤 치료과정이 있는지 정리해 보겠다.

명상최면 치료과정

① '억눌린 감정'을 풀어준다.
② 지혜롭고 현명하며 자신감이 넘치는 '또 다른 나'가 '상처받은 나'를 인정하고 위로한다.
③ '세부감각 지우기'로 과거 기억 속 '부정적 감정'을 없애준다.
④ '부정적 감정을 없애고', 새로운 '긍정적 감정을 만들어' 준다.
⑤ '부정적 분아를 내보내고', '긍정적 분아를 강화해 가슴에 앵커링'한다.
⑥ 인지치료로 왜곡된 '부정적 감정(생각)'을 바로 잡은 후 명상최면으로 행동 교정한다.

내담자는 세부감각 지우기로 손님에게 무시당했던 기억들을 떠올려 지우는 작업을 했다. 인지치료로 자신의 문제 상태를 바라보고 잘못 생각하고 있던 것들을 바로잡았다. 또 행동교정 명상최면으로 상대방에게 했던 폭력을 바로 잡는 시간을 가졌다. 이렇게 내담자는 약 30회기 심리치료를 받은 후 분노조절장애가 완치되었다. 더는 주위에서 부정적인 소리가 들려도 그게 자신과 엄마에게 하는 말이라고 생각하지 않았다.

내담자가 이렇게 심리치료에만 집중할 수 있었던 건 아내의 도움이 컸다. 사실 아내는 내담자가 친구를 칼로 찔렀다고 했을 때, 더는 희망이 없어 이혼을 생각했다. 자신에게도 언제 그런 일이 벌어질지 몰라 불안했다. 하지만 상담을 통해 남편이 어떤 이유로 분노조절장애가 생긴 건지 알게 되었고, 변화하려고 노력하는 남편을 지켜보며 이혼 생각은 깨끗이 사라졌다. 오히려 내담자가 과거에 받은 상처를 알고는 가슴 아파했다. 학생 때부터 혼자가 된 어머니의 일을 도와주다가 그런 것이기 때문이었다. 그 후로 아내는 남편을 더 깊이 이해하고 위로하고 응원하며 자신감을 불어넣어 주었다.

내담자는 칼로 찌른 친구에게도 몇 번이나 찾아가 용서를 구했다. 친구도 그가 본성이 악한 사람이 아니라는 걸 알기에 용서했다. 그렇게 내담자는 치료가 끝난 후 현재 회사에 다니고 있다. 지금까지 아무런 연락이 없는 것으로 보아 별다른 문제가 없는 것으로 보인다. 과거에 받았던 상처로부터 자유로워져 새 삶을 사는 그에게 응원을 보낸다.

'분노조절장애와 망상'으로 인해
학교 선생님을 아빠라고 하는 딸

모녀가 상담소를 찾았다. 사연은 딸이 가만히 있다가도 소리를 지르며 집 안에 있는 물건을 때려 부순다는 거였다. 또 아빠만 보면 죽일 듯이 덤벼 아빠가 집을 나갔다고 했다. 내담자(딸)는 이십대 초반으로 앳된 모습이었다. 원장님은 내담자와 단둘이 상담을 시작했다. 감각검사지, 환경프로파일, 에니어그램, 공격성향검사를 진행했다. 그 결과 내담자는 분노조절장애를 앓고 있었고, 가정환경에 문제가 있는 것으로 나타났다.

"아빠를 전혀 신뢰하지 못하고 있네요?"

"네, 쓰레기라고 생각해요."

내담자가 단호하게 말했다.

"그렇게 생각하게 된 계기가 있나요?"

그녀는 과거 이야기를 하기 시작했다.

내담자는 어린 시절부터 최근 몇 년까지 부유하게 살았다. 아버지가 사업을 하고 있어 경제적으로 부족함 없이 자랐다. 하지만 늘 의구심이 있었다. 왜 자신의 성이 아빠 성이 아니라 엄마의 성으로 되어 있느냐는 것이었다. 중학교 3학년 때 직접 엄마에게 물어보았다. 그리고 내담자는 엄마의 이야기에 큰 충격을 받았다. 사실 아빠는 미국에 본 가정이 있었고, 사업차 한국에 왔다가 엄마를 만난 후 같이 살게 되었다는 말이었다. 엄마가 임신해 아이를 낳은 게 바로 자신이었다.

그래서 아빠랑 같이 살고 있지만, 아빠의 성을 쓸 수 없는 거라고 했다. 충격이었다. 한마디로 엄마와 아빠가 불륜을 저질러 새 가정을 차렸고, 그들의 자식이 바로 자신이라는 말이었다. 아빠가 미국으로 출장만 가면 엄마가 왜 그렇게 의부증 환자처럼 행동하는지 비로소 이해되었다. 불안하니까 아빠를 달달 볶으면서 의심했던 거였다. 이 사실을 알게 된 뒤로 내담자의 삶이 흔들리기 시작했다. 부모님을 더러운 존재라고 생각했고, 그렇게 태어난 자신도 더럽고 불결하다고 생각했다. 또 만약 이 사실을 친구들이나 다른 사람들이 알게 되면 얼마나 비난받을 일이며 수치스럽고 창피한 일인지 불안에 떨었다. 친구들을 멀리한 것도 그때부터였다.

내담자가 고등학생이 되었을 무렵이었다. 아빠가 하던 사업이 무너져 버렸다. 엄마가 일하고 아빠는 집에서 놀게 되는 상황이 되었다. 가뜩이나 아빠가 마음에 들지 않는데, 내담자는 그런 아빠의 모습이 너무나 보기 싫었다. 특히 허풍을 떠는 게 짜증났다. 조금만 있으면 떼돈을 번다느니, 근사한 집으로 다시 이사할 계획이라느니, 멋진 차를 사준다느니 현실과 동떨어진 말만 했다. 그러던 어느 날 내담자는 아빠가 집에서 전화 통화를 하는 걸 우연히 엿들었다. 그리고 평범한 전화가 아니라는 걸 눈치 챘다. 알고 보니 아빠는 다단계에 빠져있었고, 심지어 그쪽에 있는 여자들과 바람을 피우고 있었다. 그때부터 아빠에 대한 분노가 극에 달했다. 아빠에게 욕을 해대며, 네가 인간이냐는 둥, 늙은이 새끼라는 둥, 나도 여자로 보이냐며 욕을 해댔다. 내담자의 분노는 학교에서도 이어졌다. 수업 중에 갑자기 소리를 지른다거나 책상을 주먹으로 내리쳐 교무실로 불려가는 일이 허다했다. 또 남녀 학생이 같이 붙어있는 꼴을 보지 못했다. 남학생이 여학생에게 조금이라도 장난을 치면, 변태 같은 것들이 뭐하는 거냐며 소리쳤다. 여학생에게도 남자에게 미쳤냐며 극단적인 욕을 해댔다. 그러다 보니 친구들은 내담자를 싫어하기 시작했고, 선생님들에게도 찍히는 신세가 되었다. 그리고 내담자는 집에 들어오면 소리를 지르며 물건을 집어 던졌다. 이 세상에 혼자 있는 기분이었고, 아무도 필요 없다고 생각했다. 그때, 역사 선생님이 그녀에게 관심을 가져주었다. 그녀가 왜 그런 행동을 하는지 먼저 다가가 이야기를 들어주고 그녀의 입장을 헤아려주었다. 내담자는 역사 선생님에게서 위로를 받았다. 그런데 여기서 문제가 생기고 말았다. 갑자기 역사 선생님을 자기 아버지라고 생각하게 된 것이었다. 그 이유는 역사 선생님이 자기가 바라던 아버지상과 너무나도 잘 맞았기 때문이었다. 부도덕하지 않고 가치관도 정확하고 무엇보다 따듯했다.

내담자는 상담 중 울먹이며 원장님에게 말했다.

"그 선생님이 진짜 우리 아버지인데… 어떻게 저를 데려가겠어요. 다른 여자랑 결혼해서 애까지 낳았는데요…."

한마디로 그녀는 역사 선생님을 진짜 아버지라고 여기고 있었다. 아버지가 보고 싶다며 구슬프게 울었다. 원장님은 그 이야기를 듣고 내담자가 조현병 초기증상이라는 걸 알게 되었다. 다행인 점은 역사 선생님을 자기 아버지라고 생각하는 것 외에는 다른 문제점은 없다는 거였다. 원장님은 내담자를 위로한 뒤 친아버지와는 어떻게 지냈는지 물었다. 그러자 내담자는 그런 쓰레기는 눈에 안 띄었으면 좋겠다며 격앙된 목소리로 말했다. 내담자는 그 후로 학교에 갔다가 집에만 오면 난장판을 만들었다. 소리를 지르고 물건을 던지며 하루도 평온할 날이 없었다. 또 길에서도 커플이 안고 있거나 애정행각을 벌이면 창녀 같은 것들이라며 욕까지 했다. 경찰서에 간 적도 한두 번이 아니었다. 경찰이 무슨 일이냐 물으면 내담자는 커플들을 향해 쟤네 창녀라고 말했다. 커플이 우리가 왜 창녀냐고 따지면, 길바닥에서 그런 애정행각을 하는데 그게 창녀가 아니면 뭐냐며 반박하고 모욕을 주는 말을 서슴지 않았다. 경찰서에 들락날락하는 일이 많아지자, 내담자 아빠도 참지 않았다. 도대체 왜 그러는 것이냐며 딸의 뺨을 때렸다. 그게 그녀를 더 악화시키는 원인이 되었다. 그때부터 내담자는 악귀가 되었다. "개새끼야." "네가 나를 왜 때려." "네가 내 아빠야? 너는 인생 패륜아야!"라며 아빠에게 욕하고 덤볐다. 엄마는 그 모습을 보며 당황해 어쩔 줄 몰랐다. 가면 갈수록 딸이 망가지니 죽을 노릇이었다. 그렇게 아빠가 딸을 때린 후부터 그녀는 쿵쿵거리면서 집을 활보하기 시작했다. 집에 들어오면서부터 문을 세차게 닫고, 일부러 쾅쾅거리는 소리를 냈다. 그 모습에 아빠가 한마디 하면, 째려보며, "또 패게?!"라며 대꾸했다. 아빠는, "이병신 같은 년이 돌았냐."며 욕을 했다. 그러자 딸은 눈이 뒤집혔다. 아빠에게 덤비며 때리라고 도발했다. 가족 상담을 했을 때 아빠는 그때 딸을 정말 죽여 버리고 싶은 심정이었다고 말했다.

내담자가 이렇게 변한 이유는 부모로 인해 자신의 미래가 불투명해졌기 때문이었다. 그녀는 에니어그램 검사 결과 도전가이자 완벽주의자에 성취가로 나타났는데, 목표도 뚜렷하고 하고자 하는 의지도 강했다. 그런데 신분 때문에 꿈을 이룰 수 없다는 생각이 들자 분을 참을 수 없었다. 그래서 고등학교 졸업 후 대학교에 입학하지 않고, 과학자가 되고 싶다는 꿈도 접게 되었다. 그리고 집에서 늘 아빠와 싸움을 했다. 딸을 도저히 컨트롤할 수준이 되지 않자 가족은 어쩔 수 없이 그녀를 정신병원에 입원시켰다. 딸은 3개월 동안 병원생활을 한 후 퇴원을 했다. 하지만 증상이 나아지기는커녕 더 악화만 되었다. 감히 나를 정신병원에 입원시키냐며 다 죽여 버리겠다고 했다. 그때부터 딸은 엄마에게 폭언을 일삼고, 아빠만 보면 칼을 들고 덤벼들었다. 아빠가 놀라 방문을 걸어 잠갔고, 내담자는 마구잡이로 칼을 휘두르며 위험천만한 모습을 보였다. 그러다 보니 아빠는 결국 집을 나가 혼자 살게 되었다. 하지만 나갔다고 해서 끝이 아니었다. 내담자는 아빠가 집 근처에 산다는 걸 눈치채자마자 아빠가 있는 집까지 쫓아갔다. 살림살이를 다 박살내고 나서야, 아빠는 더 멀리 이사 갔다. 딸은 정신병원에 다녀온 뒤로 물불을 가리지 않았다. 그러다 보니 엄마는 도저히 이대로 살 수 없어 딸을 심리상담소에 데려온 것이다.

원장님은 이 모든 이야기를 듣고 내담자를 위로했다.

"지금 말하는 걸 들어보니까, 다은 씨는 아주 정확하고 확실한 스타일이네요. 내가 이루고 싶은 꿈이 있는 데도 부모님 때문에 이루지 못하게 되었으니 얼마나 좌절감이 컸겠어요."

"…이제 전 아무것도 할 수 없어요."

내담자는 눈물을 흘리며 말했다.

"부모님이 다은 씨한테 잘못했다고 사과한 적은 있나요?"

"없어요."

"아직도 사과를 안 했어요? 아주 양심이 없는 부모네. 이제 내가 도와줄게요. 다은 씨가 다시 일어 설수 있도록 힘을 드릴 테니까 믿고 따라오세요."

내담자는 가만히 고개를 끄덕였다. 그렇게 원장님은 첫 상담 때 내담자가 분노를 터트리는 원인을 파악한 뒤 상담을 마쳤다.

조폭과 사이코패스도
분노조절장애일까?

　나는 원장님이 내담자를 상담하는 걸 보면서 한 가지 사실을 알아냈다. 바로 전 상담 사례였던 남편이 그랬던 것처럼, 그녀도 똑같이 불특정 다수에게 분노가 이어진다는 점이었다.

　[사례10]의 내담자가 사람들이 무시하는 발언에 분노를 일으켰다면, 이번 내담자는 남자가 여자에게 관심을 주거나, 서로 애정행각을 하는 걸 보면 분노를 참지 못했다. 자기와 전혀 관련이 없는 일임에도 마치 자기 일처럼 일반화했다. 그렇다면 분노조절장애를 방치하면 어떤 증상으로 발전할까? 원장님에게 물어보고 다음과 같이 정리했다.

　분노조절장애가 발전하면?

① 가장 대표적으로 반사회성 인격장애와 사이코패스로 발전할 가능성이 크다.

② 성향이 강하면 조폭과 같은 반사회성 인격장애로, 성향이 중간이면 사이코패스로 발전한다.

③ 또한 특별한 상황이나 환경적인 요인에 따라 다른 증상들이 나타날 수도 있다. 예컨대 피해의식이나 피해망상을 예로 들 수 있다. 그냥 지나가다가 우연히 눈을 마주쳤을 뿐인데, 저 사람이 날 무시했다며 분노를 일으키는 경우이다.

1) 내담자 증상 진단

내담자가 분노조절장애 증상이 나타난 원인은 부모님과의 잘못된 관계에 있었다. 특히 아빠에 대한 분노가 강했는데, 불륜을 통해 자신을 낳았음에도 한 번도 사과하지 않았기 때문이었다.

아빠에 대한 분노는 모든 남자에 대한 분노로 일반화되었다. 다른 남자들이 여자에게 조금이라도 관심을 표현하면 분노를 터트렸다. 분노를 터트릴 때면 머리가 아프고 가슴이 답답한 신체적 증상도 있었다.

내담자는 가족사 때문에 꿈도 포기할 정도로 힘든 상태였다. 그때 나에게 다가온 유일한 사람이 역사 선생님이었다. 역사 선생님과 대화를 하면서 내담자는 역사 선생님으로부터 아빠의 이상향을 보았다. 그때부터 망상이 일어났다. 역사 선생님이 자기 아빠라고 생각한 것이다. 이는 조현병 초기증상으로, 이대로 놔두다가는 더 큰 증상으로 확대될 여지가 있었다.

심리증상

분노조절장애 / 아빠에 대한 분노가 모든 남자에 대한 분노로 일반화 /
역사 선생님을 아빠로 생각하는 망상

신체증상

분노가 올라오면 머리가 아프고 가슴이 답답함

환경문제

아버지와 풀지 못한 감정의 고리

환경치료로 원장님이 가장 먼저 한 건 역사 선생님과 내담자의 유전자 검사였다. 내담자는 역사 선생님을 자기 아버지라고 믿고 있어 확실하게 짚고 넘어가야 했다. 그래서 원장님은 역사 선생님에게 전화해 내담자의 상황을 알리고 유전자 검사를 부탁했다. 역사 선생님은 당황했지만, 이내 흔쾌히 수락했다. 그리고 얼마 후, 유전자 검사 결과가 나왔다. 내담자와 역사 선생님은 자녀 관계가 아니라는 것이었다. 내담자는 충격을 받았지만 이내 결과를 겸허히 받아들였다. 그리고 마지막으로 역사 선생님과 통화를 했다. 역사 선생님은 내담자에게 건강하게 치료받고 훌륭한 사람이 돼서 다시 만나자고 했다. 내담자도 역사 선생님에게 보고 싶을 거라면서 꼭 훌륭한 사람이 되겠다고 약속했다.

그 후 원장님은 부모님을 상담소로 불렀다. 그들이 저지른 과오에 대해 내담자에게 사과할 것을 요구했다. 하지만 아빠는 거부했다. 자기도 딸에게 받은 상처가 크다는 것이었다. 원장님과 아버지 간에 설전이 오갔다. 이후 아내의 설득 끝에 결국 아빠도 내담자에게 사과하기로 했다. 그녀와 눈을 맞추고 용서를 빌었다. 그리고 미국에 있는 집과는 어떤 상태인지 사실대로 말했다.

이미 오래전에 이중 살림을 하고 있다는 걸 들켜 미국 집에서 쫓겨났다는 말이었다. 미국에 들어오면 고발하겠다고 해서 연을 끊었다고 했다. 현재 아빠는 엄마와 너밖에 없고, 이런 일로 너를 괴롭게 해 미안하다고 사과했다. 또 다단계도 그만둘 거고 바람을 피운 일도 사죄했다. 딸을 때린 것과 폭언을 한 것, 정신병원에 입원시킨 것도 모두 자기 탓이라며 용서해 달라고 했다. 엄마도 똑같이 딸에게 사과했다. 딸은 엄마의 사과는 받아 주었지만, 아빠는 50%는 받아 주지 못하겠다고 했다.

아빠가 엄마를 사랑해서 같이 산 건 이해하지만, 그로 인해 자신의 인생이 종친 건 도저히 용서가 안 된다고 했다. 또 아빠가 자신을 욕하고 때린 것, 정신병원에 입원시킨 것도 용서가 안 된다고 했다. 반면 내담자가 엄마를 비교적 쉽게 용서할 수 있었던 것은, 다음과 같았다.

엄마는 내담자에게 욕을 한 적이 없었다. 때린 적도 없었다. 그리고 그런 그녀를 크게 나무란 적도 없었다. 내담자에게 항상 미안했고, 그것이 표면적으로 드러났기 때문이었다.

이렇듯 아빠에 대한 분노가 쉽사리 지워지지 않자, 원장님은 내담자를 부모님과 분리하기로 했다. 아빠를 집에 들어오게 하고, 딸에게 오피스텔을 얻어줄 것을 말했다. 그녀도 집을 나가겠다고 했다. 이후 내담자는 심리치료를 받으며 과거에 받은 상처를 하나씩 지워나갔다. 그중 핵심 치료는 아버지에 대한 원망과 분노를 없애는 작업이었다.

원장님은 '입장 바꿔 생각하기'라는 인지치료를 진행했다. 내가 화를 낼 때 아버지의 입장에서도 생각해 보자는 것이었다. 원장님이 질문하면 내담자가 대답한 후 질문지에 글을 적는 방식이다.

🌀 입장 바꿔 생각하기

(1) 나와 갈등인 상대

원장님: 다은이랑 가장 갈등이 심한 사람은 누구야?

내담자: 아빠요.

원장님: 아빠의 어떤 점이 갈등을 일으켜?

내담자: 말을 거는 거 자체가 화가 나요.

(2) 표정

원장님: 아빠를 볼 때 내 표정은 어떻게 돼?

내담자: 똥 씹는 표정이요.

(3) 보여주는 행동

원장님: 그때 내가 아빠에게 보여주는 행동이 뭐야?

내담자: 무시하거나 소리를 지르면서 화를 내요. 반항적인 행동을 하고요.

(4) 목소리 톤

원장님: 아빠가 말을 걸 때 내 목소리 톤은 어때?

내담자: 날카롭고 공격적이에요.

(5) 감정표현

원장님: 아빠에 대한 감정은 어때?

내담자: 순간 이유 없는 분노가 올라와요.

(6) 생각

원장님: 아빠에게 그런 행동을 하는 나를 보면 어떤 생각이 들어?

내담자: 잘못되었다고 생각하지만, 도저히 아빠를 받아들일 수 없다는 생각이 가득해요.

이후 원장님은 내담자가 아빠의 입장을 생각해보는 질문으로 넘어갔다.

(7) 나의 태도로 상대가 할 수 있는 행동

원장님: 자, 이제부터는 한번 아빠 집에서 생각해 보자. 만약 딸이 지금과 같은 태도를 취하면 아빠는 어떻게 행동할 수밖에 없을까?

내담자: 저랑 똑같이 화가 나고 공격적으로 되겠죠.

(8) 표정

원장님: 자기를 볼 때마다 똥 씹는 표정을 하는 딸을 보면, 아빠는 어떤 표정을 지을 수밖에 없을까?

내담자: 똑같이 표정이 일그러질 거 같아요.

(9) 보여주는 행동

원장님: 딸이 나를 무시하는 행동을 하면, 아빠도 어떤 행동을 할 수밖에 없을까?

내담자: 이것도 똑같이 저를 무시할 거 같아요.

(10) 목소리 톤

원장님: 딸이 날카롭고 공격적인 목소리를 내면 아빠는 어떤 목소리로 표현할 수 밖에 없을까?

내담자: 음… 화내는 목소리를 할 수밖에 없겠네요.

(11) 감정표현

원장님: 딸이 아빠에게 순간 이유 없는 분노를 보일 때, 아빠는 딸에게 어떤 감정 표현을 할 수밖에 없을까?

내담자: 역시 분노가 일어날 거 같아요.

(12) 생각

원장님: 자신을 받아들일 생각이 없는 딸을 보면, 아빠는 어떤 생각이 들 거 같아?

내담자: 아빠도 마음을 열고 싶지 않겠죠.

원장님은 이번에 내담자를 관찰자 입장으로 이 상황을 보게 했다. 제삼자가 볼 때 두 사람이 어떻게 보이냐는 것이었다.

(13) 관찰자 관점에서 바라보기

원장님: 이제 관찰자인 입장에서 두 사람을 객관적으로 바라보자. 알겠지?

내담자: 네.

(14) 나의 전체적 이미지가 어떻게 보이나?

원장님: 자, 1번부터 6번까지 딸이 적은 것들을 읽어봐. 딸은 지금까지 아빠에게 어떻게 했는지… 아빠에게 대응하는 딸의 표정, 행동, 언어표현, 감정표 현, 생각, 등등 당시의 상황을 떠올리면서 읽어봐. 그리고 그런 딸의 모

습이 어떤 이미지로 보이는지 말해봐.

내담자는 잠시 생각하더니 이내 입을 열었다.

내담자: 음… 매우 버릇없어 보이고… 폭력적인 모습인 거 같아요.

(15) 나의 반응에 대응하는 상대방은?

원장님: 말을 걸면 반항적인 태도로 똥 씹은 표정을 하고, 소리 지르고, 목소리가
　　　 매우 날카롭고, 공격적인 딸을 보면 아빠는 어떤 대응을 할 수밖에 없을
　　　 거 같아?

내담자: …딸이랑 똑같이 대응하거나 아예 상대하지 않을 거 같아요.

원장님은 다시 내담자의 입장으로 돌아가 질문했다.

(16) 이유

원장님: 자, 그럼 다시 본래 내 입장으로 돌아가 보자. 다은이는 어떤 이유로 인
　　　 해 이렇게 행동하고 있는 거야?

내담자: 아빠가 과거에 잘못된 행동으로 인해, 제가 떳떳하게 살지 못해서요.

(17) 다른 사람도 알고 있나?

원장님: 다른 사람들도 다은이와 아빠의 관계를 알고 있어?

내담자: 가족만 알고 있어요.

(18) 상대도 알고 있나?

원장님: 그럼 아빠도 다은이가 자기 때문에 떳떳하지 못하다는 걸 알고 있는 거
　　　 같아?

내담자: 네.

(19) 평상시 느끼는 감정

원장님: 평상시 아빠를 보면 어떤 감정이 일어나?

내담자: 더럽고 지저분하다는 감정이요.

(20) 아빠에 대한 내 욕구

원장님: 아빠에게 요구하고 싶은 긍정적 욕구가 있어?

내담자: 네. 인생을 올바르게 사는 아빠가 되었으면 좋겠어요. 지금이라도 성실히 살면서 경비원으로라도 취직했으면 좋겠어요.

(21) 갈등으로 인한 주위 상황

원장님: 나와 아빠의 갈등으로 인해 주위에서 힘든 사람이 있어?

내담자: 네. 엄마가 너무 힘들어해요.

(22) 무엇을 얻을 수 있나?

원장님: 나와 아빠 관계를 보면, 두 사람이 얻을 수 있는 게 있어?

내담자: 아무 것도 없어요.

(23) 미래의 우리

원장님: 지금처럼 아빠와 나의 관계가 지속한다면 미래에 어떻게 될 거 같아?

내담자: 결국엔 원수가 돼서 헤어질 거 같아요.

원장님은 다시 관찰자 관점에서 내담자가 바라보게 했다. 1번 질문부터 23번 질문까지 내담자가 대답한 것을 그대로 다시 한 번 읽어줬다.

(24) 관찰자

원장님: 자, 그러면 선생님이 다시 처음부터 읽어줄 테니까 관찰자 입장으로 봐. 알겠지?

내담자가 알겠다고 대답하자, 원장님은 1번부터 23번 질문까지 그녀가 대답한 것을 읽었다.

원장님: 나랑 갈등인 상태가 누구냐고 물으니까, 딸은 아버지라고 대답했어. 아빠의 어떤 점이 갈등을 일으키냐고 물으니까, 말을 거는 거 자체가 화가 난대. 아빠를 보면 똥 씹는 표정이 되고, 반항적인 태도로 무시하거나 소리를 지르면서 화를 내는 행동을 한대. 목소리 톤은 날카롭고 공격적이고, 아빠만 보면 순간 이유 없이 분노가 올라온대. 그렇게 하는 나에 대해 어떻게 생각하냐고 물으니까, 잘못된 건 알지만 도저히 아빠를 받아들일 수 없다는 생각으로 가득하대.

그래서 딸은 이번에 아빠 입장으로 생각을 했어. 딸이 똥 씹는 표정을 하고 무시하고, 아는 체도 하지 않으면 아빠가 어떤 행동을 할 수밖에 없을 거 같은지 물었어. 그러니까 딸은 자기랑 똑같이 화가 나고 공격적으로 될 거래. 아빠의 표정도 똑같이 일그러지고, 나를 무시하고 화내는 목소리를 할 수밖에 없겠대. 그리고 내가 화를 내면 아빠도 역시 분노가 일어날 거 같고, 딸이 계속 이렇게 행동하면, 아빠도 마음을 열고 싶지 않을 거래.

그래서 딸한테 관찰자 입장으로 두 사람의 상황을 객관적으로 바라보자고 했어. 먼저 딸이 아빠에게 하는 모든 행동이 어떻게 보이는지 물으니까, 매우 버릇없어 보이고 폭력적인 모습이래. 그런 딸을 보는 아빠는 어떤 대응을 할 거 같냐니까, 딸이랑 똑같이 대응하거나 아예 상대하지 않을 거 같대.

다시 딸의 관점으로 돌아가서 물어봤어. 어떤 이유로 인해 이렇게 행동하는 거냐고 하니까, 아빠가 과거에 잘못된 가치관으로 자기가 태어나서 떳떳하게 살지 못해서 그런 거래.

다른 사람들도 이런 내 모습과 아빠의 관계를 알고 있냐니까, 가족만 알고 있대. 그리고 아빠도 내가 떳떳하지 못하다는 걸 알고 있대. 아빠를 보면 더럽고 지저분하다는 감정도 일어난대. 아빠에게 요구하고 싶은 건 아빠가 도덕적으로 올바르게 살았으면 좋겠고, 지금이라도 당장 경비원에 취직해서 인생을 성실히 살면 좋겠대.

나와 아빠의 갈등으로 인해 힘든 사람이 있냐고 물어보니까, 엄마가 너무 힘들어하고 있대. 또 아빠와 나의 관계로 인해 얻을 수 있는 게 있는지 물어보니까, 아무것도 없대. 그래서 결국 미래에는 원수가 돼서 헤어지게 될 거래.

자, 미래에 아버지와 원수가 되어서 헤어지게 될 거라고 말하는 딸. 이렇게 살아가고 있는 딸이, 어떻게 보이는지 제삼자 입장에서 말해보자. 딸이 어떻게 보여?

내담자가 고민하더니 입을 뗐다.

내담자: 불쌍하지만 매우 이기적인 거 같아요.
원장님: 자, 다시 관찰자 입장으로 생각해 보자. 이게 나라고 생각하지 말고 아주 냉정하게 딸의 행동이 어떻게 보이는지 말해봐.

내담자는 처음보다 오래 고민하고는 말했다.

내담자: 음…아주 이기적이고 자기만 생각하는 그런 사람인 거 같아요.
원장님: 관찰자 관점에서 딸에게 대응하는 아빠는 어떻게 보여?
내담자: 자기가 잘못 저지른 인생으로 인해 그 대가를 받는 거 같아요.
원장님: 관찰자는 아까 딸이 아빠에게 하는 행동이 매우 버릇없어 보인다고 했어. 그리고 딸이 폭력적인 행동을 한다면 아빠도 똑같이 대응할 수밖에 없을 거래. 그런 이 두 사람에게 관찰자 관점에서 어떻게 하라고 말해주고 싶어? 먼저 딸에게 말해보자.

내담자는 입술을 매만지며 말했다.

내담자: 음… 아빠도 이제는 딸에게 용서를 구했으니까, 아빠의 인생을 이해하는 딸이 되어보라고 말해주고 싶어요.

원장님: 아까 딸이 아빠의 잘못된 가치관으로 태어나서 떳떳하게 살지 못하겠다고 했는데, 여기에 대해서는 뭐라고 말해주고 싶어?

내담자: …이것도 아빠의 삶으로 인해 영향을 받기보다… 스스로 내 삶을 살아가는 데 중점을 두라고 말하고 싶어요.

원장님: 좋아, 그러면 딸과 항상 부딪히며 살아가는 아빠에게는 어떻게 살아가라고 말할래?

내담자: 먼저 딸의 감정을 충분히 이해하고… 좀 더 인생을 성실하게 그리고 딸이 원하는 올바른 삶을 살아가는 아버지가 되라고 말하고 싶어요.

원장님: 좋아, 그러면 선생님이 다시 정리해 줄게. 아까 딸은 아버지의 인생이 마치 나의 인생을 망가트린 것처럼 생각했어. 그런데 관찰자는 아빠에게 영향을 받기보다 스스로 삶을 사는 데 중점을 두라고 했어. 그렇지?

내담자: 네.

원장님: 그리고 딸은 아빠보고 당장이라도 경비원에 취직이라도 해서 올바르고 도덕적인 삶을 살라고 했고, 관찰자도 아빠에게 인생을 성실하게 살라고 조언했어.

내담자: 네.

원장님: 그러면 다은이가 보기엔 아빠와 내가 이렇게만 살면 문제가 해결될 거 같니?

내담자: 네. 그렇게만 된다면요.

원장님: 좋아, 그러면 이제 답이 나왔어. 다은이는 이제부터 아빠에게 영향 받지 않고 인생을 자기 주도적으로 사는 거고, 아빠는 다른 일을 하면서 성실하게 사는 거야. 그러면 더는 다은이와 아빠가 부딪히는 일은 없을 거야. 맞지?

내담자: 네.

내담자는 그렇다며 고개를 끄덕였다. 원장님은 그녀에게 지금 나온 답을 절대로 잊지 말라고 했다. 앞으로 아빠에게 영향 받지 않고 살기로 했으니 내가 무엇을 할지 고민하는 시간을 가지라고 했다. 그리고 원장님은 아빠에게 오늘 한 인지치료 결과에 대해 문자로 보내주었다. 내담자가 아빠에게 무엇을 바라는지와 아빠가 앞으로 인생을 어떻게 살아갔으면 좋겠다고 했는지 그 답을 보내주었다. 아빠는 인지치료의 결과를 보고 딸이 이야기한 대로 부도덕하지 않고 성실하게 살겠다며 답장이 왔다.

입장 바꿔 생각하기란?

인지치료. 내담자를 상대방의 입장이 되게 만드는 프로그램이다. 상대방의 입장이 되어봄으로써 그 사람의 감정을 느끼게 한다. 그리고 내 행동으로 인해 상대방이 그렇게 말하고 행동할 수밖에 없었던 것을 인지시킨다.

설령 상대방에게 문제의 원인이 있더라도, 내 행동에도 문제가 있었다는 것을 인지해 변화를 가져오게 된다.

3) 아빠 마음 들여다보기

심리치료를 하는 동안 원장님은 내담자가 아빠와 일절 연락을 하지 않도록 했다. 치료를 통해 아버지에 대한 분노가 사그라지긴 했지만, 혹시 모를 위험을 미연에 방지하기 위해서였다.

원장님은 지난주에 했던 '입장 바꿔 생각하기' 인지치료에 이어 명상최면치료를 진행했다. 지난주에 입장 바꿔 생각하기로 아버지에 대한 감정을 알아봤으니, 이번에는 명상최면으로 아버지에 대한 분노를 조절해 보자는 것이었다.

원장님은 내담자가 상담실 의자에 앉자 지난주에 그녀가 썼던 인지치료 도구를 보여주었다.

"지난주에 했던 인지치료 기억하지? 아빠랑 다은이랑 싸울 때 무엇이 잘못됐었는지 한번 다시 읽어보자."

내담자는 질문에 쓴 답을 천천히 읽어 내려갔다. 자기가 아빠를 볼 때마다 어떻게 했는지, 아빠가 나에게 어떻게밖에 할 수 없었는지, 아빠의 입장을 상기했다.

"다 봤어요."

원장님은 내담자를 데리고 명상최면실로 이동했다.

"자, 온몸에 힘을 모두 빼세요. 머리부터 어깨, 팔, 다리까지 힘을 빼고 편안하게 눕습니다. 그리고 코로 깊게 숨을 들이마시고, 천천히 내뱉으세요. 다시 한 번 숨을 깊게 들이마시고 천천히 내뱉으세요. 이제 나는 아주 편안해졌습니다."

원장님은 내담자가 명상최면에 집중할 수 있도록 목소리 강약을 조절했다.

"자, 지금 나는 집 거실에 있습니다. 그리고 내 앞에는 아빠가 있습니다. 아빠가 나를 보더니 나에게 말을 겁니다. 그런 아빠의 모습을 자세히 보세요. 아빠의 표정과 목소리를 하나하나 놓치지 않고 들어보세요. 자… 말을 걸어오는 아빠가 어떻게 보이나요? 그리고 아빠의 목소리가 나의 감정에 어떤 영향을 주나요?"

"그냥 짜증나요…. 제게 말을 거는 게 화가 나요…."

"그런 아빠를 보면서 나는 어떤 표정을 짓고 있는지 보세요. 내 표정이 어떻죠?"

"똥 씹은 표정이에요."

"네…. 지금 나는 똥 씹은 표정으로 아빠를 쳐다보고 있습니다. 그리고 아빠를 무시하는 태도를 취하더니 소리를 지르며 분노를 표출합니다. 아빠에게 매우 날카롭고 공격적이며 반항적인 모습을 합니다. 그런 내 행동과 목소리 톤, 그리고 표정을 바라보시기 바랍니다. 아빠를 보면 분노가 올라오는 내 감정도 느껴보세요. 천천히 하나하나 내 상태를 보시기 바랍니다."

원장님은 잠시 말을 멈춘 뒤 내담자에게 물었다.

"자, 내 목소리 톤과 언어, 감정이 어떻게 생각되죠?"

"그냥 모든 게 불쾌하고… 아빠가 더럽다는 생각뿐이에요."

"좋습니다. 이제 그 상황을 받아들이고 있는 아빠를 보시기 바랍니다."

원장님은 내담자가 아빠를 볼 여유를 주고 말을 이었다.

"딸은 모든 게 불쾌하고 아빠가 더럽다고 생각하고 있습니다. 그리고 아빠를 보고 똥 씹은 표정을 합니다. 아빠는 그런 딸을 보자 똑같이 표정이 일그러집니다. 아빠 역시도 딸을 무시하고, 목소리 톤이 올라가고 분노의 감정이 일어납니다. 딸을 보고 도저히 마음의 문을 열지 못하겠다고 생각합니다. 자, 지금 이 두 사람의 모습이 어떻게 보이나요? 딸과 아빠의 모습이 어떻게 보이죠?"

"답이 없어서… 결국 원수가 될 거 같아요."

원장님은 목소리를 높이며 입을 뗐다.

"자, 이제 선생님이 하나, 둘, 셋 하면 다시 처음부터 돌아갑니다. 그리고 아빠를 대하는 나의 태도에 변화를 가져옵니다. 자, 하나, 둘, 셋! 다시 아빠를 처음 보는 장면으로 돌아갔습니다! 아빠가 나에게 말을 겁니다. 그 상황에서 편안한 상태로 복식호흡을 하세요. 마음을 편하게 가라앉히고 천천히 호흡하세요."

내담자는 원장님이 시키는 대로 아빠를 바라보며 천천히 복식호흡을 했다.

"자, 나는 이제 마음이 아주 편안해졌습니다. 그 차분한 상태로 아빠가 하는 말을 그대로 서서 들어보세요. 아빠의 목소리는 부드럽고 따뜻합니다. 그런 아빠의 말을 가만히 들어보세요. 그리고 하나, 둘, 셋 하면 아빠가 하는 말을 듣고 나도 똑같이 아빠에게 부드럽게 말합니다. 자. 하나, 둘, 셋! 아빠에게 말하세요!"

"……."

"아빠에게 뭐라고 말했죠?"

"뭐 하고 있었는지 물어봐서 그냥 음악 듣고 있었다고 했어요."

"잘했습니다."

원장님은 부드러운 목소리로 이어 말했다.

"내가 따뜻한 목소리로 아빠에게 대답하자, 아빠의 표정도 굉장히 따뜻합니다. 아빠의 목소리는 매우 차분하며 안정되어 있습니다. 아빠를 바라보는 내 감정도 안정되고 편안합니다. 그 상태에서 나를 바라보세요. 예전에 아빠에게 느꼈던 감정과 지금의 감정이 어떻게 다른지 느껴보세요. 아빠만 보면 화가 나서 참을 수가 없었던 것과는 달리 지금은 어떤가요?"

"편안하고 사이좋은 모습이에요…."

"자, 이제 하나, 둘, 셋, 하면 용기를 내서 아빠에게 다가갑니다! 그리고 아빠의 품에 안겨 보시기 바랍니다! 하나, 둘, 셋-! 아빠에게 안겼습니다! 안겼나요?"

"네…."

"좋습니다. 그 느낌을 온몸으로 느껴보세요. 아빠의 감정과 내 감정이 서로를 이해하고 배려하고 따뜻하게 감싸주고 있음을 느끼세요. 아빠를 향한 날카로운 감정은 하나도 느껴지지 않습니다. 이제 내 가슴으로 아빠를 느끼고 조용히 아빠에게 하고 싶은 말을 해보세요. 아빠에게 뭐라고 말하고 싶나요."

"미안해, 아빠…."

"좋습니다. 아빠도 그런 나에게 어떤 말을 하는지 마음으로 느껴보세요. 아빠가 나에게 꼭 하고 싶었던 말이 무엇인지 느껴보시기 바랍니다. 그리고 그 마음의 소리를 들여다보세요. 아빠가 나에게 어떤 말을 하죠?"

내담자는 울먹이는 목소리로 말했다.

"미안하고… 사랑한다고 했어요…."

"네…. 둘의 마음이 확인되었군요. 자! 이제 그렇게 하는 아빠와 나. 두 사람의 모습이 하나, 둘, 셋, 하면 내 눈앞에서 아주 컬러풀하고 엄청나게 커집니다! 하나, 둘, 셋-! 아주 커졌습니다! 커졌나요?"

"네…."

"잘하셨어요. 이제 편안히 복식호흡을 하고 눈을 뜨세요."

내담자는 만감이 교차하는 얼굴로 눈을 떴다.

4) 목표 설정하기

내담자는 심리치료를 통해 많은 변화가 왔다. 아빠 입장을 생각하게 되면서 조금씩 용서하기 시작했다. 또 부도덕했던 아빠의 삶에 영향을 받기보단, 스스로 삶을 개척하기로 했다. 아빠도 다단계에서 벗어나 새로운 직장을 구해 성실히 일했다. 이렇듯 심리치료와 더불어 환경치료가 개선되자 내담자는 잃어버린 꿈을 찾았다. 다시 공부해 과학자가 되겠다는 것이었다. 원장님은 그런 그녀의 동기부여를 더욱 강화하기 위해 '목표 설정'이란 인지치료를 진행했다. 내담자가 바라는 진정한 목표가 무엇인지 구체화하는 작업이다.

내담자가 상담실 의자에 앉자 원장님은 그녀에게 목표 설정 도구를 건네주었다. 내담자에게 질문하고 그에 대한 답을 적게 했다.

목표 설정하기

(1) 지금부터 00(시점, 기간) 후, 내가 바라는 목표는 무엇인가?

원장님: 다은이가 원하는 목표는 무엇이고, 언제까지 이걸 해낼 거야?

내담자: ○○○○년 ○월부터 ○○○○년 ○월까지 물리학과에 입학해서 물리학 박사가 될 거예요.

(2) 목표를 달성했다는 것을 나는 어떻게 알 수 있을까?

원장님: 지금 말한 목표를 달성했다는 걸 무엇을 통해 알 수 있어?

내담자: 대학교 입학 증명서와 박사학위로 알 수 있어요.

(3) 목표는 언제 어디서 누구와 만들 것인가?

원장님: 그 목표는 언제 어디서 누구와 만들 생각이야?

내담자: ○○○○년에 대학교에서 저와 교수님의 도움을 얻어서 만들 거예요.

(4) 내가 가지고 있는 4)자원은 무엇인가?

원장님: 목표 달성을 위해 내가 가지고 있는 자원은 어떤 거야?

내담자: 수학을 잘하고 물리에 대한 관심과 지식, 호기심 그리고 뒤처지지 않는 열정이요.

(5) 결과를 얻기 위해 더욱 필요한 나의 자원은 무엇인가?

원장님: 결과를 달성하기 위해 현재 나에게 필요한 또 다른 자원이 있어?

내담자: 음… 물리학에 대한 정보와 직업으로서의 현실적인 문제와 부가가치를 알아야 할 거 같아요.

(6) 목표를 이뤄나가는 과정에서 두렵거나 목표를 이루지 못하도록 하는 어떤 제한이나 장애물이 있는가? 있다면 그것은 무엇인가?

원장님: 다은이가 목표를 이루는 데에 있어서 두렵거나, 목표를 이루지 못하게 하는 제한이나 장애물이 있어? 있다면 어떤 거야?

내담자는 고민하기 시작했다. 목표를 달성하기 위한 계획만 생각해 봤지 나를 방해하는 장애물에 대해서는 생각해보지 않았기 때문이었다. 목표를 설정하는 데 있어서 이 부분은 아주 중요하다. 우리는 계획을 세울 때 반드시 마주하게 될 장애물을 미리 생각해 둬야 한다. 그리고 대비를 해야 한다.

내담자: 경제적인 문제가 제일 클 거 같아요. 현재 부모님이 저를 지원해줄 능력이 부족해 보여요.

(7) 목표를 이루지 못하도록 제한하는 것을 해결할 방법은?

원장님: 그러면 경제적인 문제를 해결할 방법이 있을까?

---

4) 재능, 지식, 돈, 멘토 등등 목표를 달성하기 위한 모든 것들을 말함

내담자: 네…. 열심히 노력해서 장학금을 받아야 해요. 그리고 알바를 하면서 등록금을 충당해야 하고요.

[8] 목표를 이루는 데에 있어서 생각하지 못한 또 다른 장애물이 발생하면 나는 어떻게 대처할 것인가?

원장님: 목표를 달성하는 데 있어서 경제적인 장애물 말고도, 다은이가 생각하지 못한 또 다른 장애물이 발생하면 어떻게 대처할 거야?

내담자는 또다시 고민에 빠졌다. 당장 눈에 보이는 장애물만 생각해 봤지, 보이지 않는 장애물에 대해서는 생각해 보지 못했다.

내담자: 그게 뭐가 될지는 모르겠지만… 우선 포기하지 않는 집념과 간절함이 있어야 할 거 같아요. 그리고 감정에 치우치지 않고 이성적 판단을 통한 해결 능력을 항상 장착하고 있어야겠어요.

원장님은 흡족한 얼굴을 한 뒤 다음 질문을 이었다.

[9] 목표를 달성하는 것은 내 삶에 어떤 의미가 있는가?

원장님: 다은이가 목표를 달성하는 건, 삶에 어떤 의미가 있어?

내담자: 물리는 제가 가장 흥미로워하는 분야이고 즐겁게 일할 수 있으니까 행복할 거 같아요. 또 제가 원하는 걸 이룰 수 있어, 이보다 좋은 의미는 없어요.

[10] 그러면 내가 지금부터 시작해야 할 행동은 무엇인가?

원장님: 그러면 다은이가 지금 당장 시작해야 할 행동은 무엇이라고 생각해?

내담자: 당장 수능 공부부터 해야 하고, 물리에 관한 포괄적인 지식을 쌓아야 해요.

(11) 처음부터 시작해야 할 행동을 하나씩 순서에 따라 적어보아라.

원장님: 그럼 지금부터 시작해야 할 행동을 순서에 따라서 하나씩 적어보자.

내담자는 어떤 것부터 시작해야 할지 고민을 한 후 번호를 매기기 시작했다.

내담자: ① 열정 ② 공부 ③ 운동 ④ 물리에 대한 현장 경험 ⑤ 돈 모으기

내담자는 먼저 무엇보다 열정이 필요하다 했고, 그다음이 수능 공부를 해야 한다는 것이었다. 또 목표를 이루기 위해서는 건강해야 하므로 운동을 하겠다고 말했다. 그리고 물리에 대한 이론도 중요하지만 현장 경험도 무시할 수 없다고 했다. 그래서 현장을 경험할 기회만 있다면 어디든 찾아가겠다고 했다. 마지막으로는 대학교에 입학하기 위해 지금부터라도 미리 돈을 모으겠다고 말했다.

원장님은 내담자에게 계획을 잘 세웠다며 그녀를 칭찬했다. 그리고 질문이 모두 끝나자 그녀와 함께 명상최면실로 이동했다. 내담자가 지금까지 세운 계획들이 얼마나 가치 있고 행복한 것인지 명상을 통해 보여주기 위해서였다.

내담자가 침대 위에 눕자 원장님이 명상최면을 시작했다.

"자, 천천히 숨을 들이쉬고 내쉬세요. 다시 한 번 숨을 들이켜고 천천히 내뱉으세요. 이제 내 몸은 아주 편안합니다…"

내담자는 편안한 상태로 복식호흡을 한 뒤 트랜스 상태에 빠졌다.

"지금부터 선생님이 하는 말을 듣고 그대로 이미지를 떠올려 보세요."

원장님은 부드러운 목소리로 말을 이었다.

"이제 당신은 열심히 노력해서 드디어 대학 입학통지서를 받았습니다. 대학 입학통지서를 받은 내 모습을 그대로 떠올리세요. 그리고 입학통지서를 받는 내 얼굴을 봅니다. 나는 지금 어떤 표정을 짓고 있고 어떤 생각을 하고 있는지 들여다보세요. 또 입학통지서를 받는 내 감정 상태가 어떤지도 봅니다. 지금 나는 어떤 상태죠?"

"너무 감정이 벅차올라 소리도 내지 못하면서 기뻐하고 있어요."

"좋습니다. 이제는 나를 축하해 줄 사람이 있다면 그 사람이 누구고 어떻게 축하를 해주고 있는지 떠올려 보세요. 나를 축하해주는 사람이 누구죠?"

원장님이 묻자 내담자가 대답했다.

"엄마가 축하해 주고 있어요."

"엄마의 표정이 어떤가요?"

"굉장히 기뻐하고 있어요. 저를 끌어안고 좋아서 어쩔 줄 몰라요."

"그런 나에게서 나는 어떤 감정을 느끼나요?"

"너무 뿌듯해하고 있어요. 모든 걸 이뤄냈다는 생각이 들어요."

"좋습니다. 엄마와 내가 끌어안고 기뻐하는 모습과 입학통지서를 받은 나의 모습. 그 두 장면을 내 눈앞에 그대로 가져다 놓습니다. 그 기분과 감정을 온몸으로 느끼세요. 그리고 선생님이 하나 둘, 셋 하면 내 눈앞에서 엄청나게 커집니다."

원장님은 힘 있는 목소리로 말했다.

"자, 하나, 둘, 셋! 오우- 이미지가 엄청나게 커졌습니다. 커졌나요?"

"네."

원장님은 이제 내담자가 박사학위를 받는 장면으로 넘어갔다.

"자, 이제 당신은 그간의 모든 학업을 끝내고 박사학위를 받고 있습니다. 모든 과정을 마치고 박사학위를 받는 당신의 모습을 떠올리세요."

원장님은 잠시 시간을 준 뒤 입을 뗐다.

"박사학위를 받는 모습을 떠올렸나요?"

"네."

"어떤 모습이죠?"

"제가, 박사모를 쓰고 학위증을 받는 모습이에요…."

"좋습니다. 그런 내 모습을 자세히 바라보세요. 내 표정과 학위증을 주는 총장의 모습을 보세요. 그리고 내 생각과 감정을 강하게 느껴봅니다. 학위증을 받는 내 모습이 어떻게 느껴지죠?"

"사람들이 모두 박수쳐주고 축하를 하는 게… 제가 노력했던 걸 인정해주는 느낌이에요…."

원장님은 내담자가 잠시 감정을 느낄 수 있도록 한 뒤 입을 뗐다.

"좋습니다. 지금 당신은, 목표로 하던 것을 모두 이뤄낸 상태입니다. 박사모를 쓰고 학위증을 받는 당신의 모습을 천천히 바라보도록 하세요. 그리고 내가 해냈다는 감정을 온몸으로 느끼세요. 그 느낌이 내게 어떻게 다가오죠?"

"너무나 감격스럽고… 가슴이 두근거리고… 온 세상이 제께 된 거 같아요…."

원장님은 힘 있는 목소리로 말했다.

"여기 이 자리에 서 있는 나는! 지난날 힘들었던 모든 시간을 딛고 일어선 나입니다! 그 힘들었던 시간이 지금, 이 순간 어떻게 느껴지는지 모든 감각을 통해 느껴보고 말하세요."

내담자는 생각에 잠겼다가 입을 뗐다

"모든 힘들었던 일들이 파노라마처럼 지나가요…. 그리고 최종적으로 박사학위를 따고 있는 장면으로 들어온 거 같아요."

"좋습니다. 이제 박사학위를 딴 내 모습을 눈앞에 두도록 하세요. 그리고 선생님이 하나 둘, 셋 하면 눈앞에서 아주 컬러풀하고 크게 보일 것입니다."

원장님은 힘 있는 목소리로 외쳤다.

"자, 하나, 둘, 셋! 오우~ 어떻게 되었죠?"

"장면들이 커지고, 선명하고 생동감이 넘쳐요."

"좋습니다. 그 느낌을 온몸으로 하나하나 느끼도록 하세요. 끝까지 놓치지 않고 모든 세포가 기억하게 하세요. 그리고 하나, 둘, 셋. 하면 천천히 호흡하며 눈을 뜹니다. 하나, 둘, 셋, 눈을 뜨세요."

내담자는 미래에 펼쳐질 자신의 모습을 느낀 뒤 감았던 눈을 떴다.

'목표 설정' 인지치료는 내담자의 심리치료가 모두 끝났을 때 하는 도구이다. 내담자가 꿈을 펼치기 위해 나아갈 수 있도록 강력한 동기부여를 선사한다. 마지막에 명상최면으로 마무리한 것은, 내담자가 힘들어도 포기하지 않도록 하기 위함이다. 성공한 미래의 모습을 각인해 역경 속에서도 미래를 보고 계속 나아갈 수 있도록 한 것이다.

내담자는 약 35회기의 심리치료를 통해 모든 심리증상을 없앴다. 목표 설정대로 수능을 보기 위해 공부에 매진했다. 그리고 그 결과 수능에서 좋은 점수를 얻었다. 기대 이상으로 높은 점수가 나왔고, 내담자는 결국 자신이 원하는 명문대에 입학했다. 목표 설정한 대로, 명상한 대로, 이루어진 것이다.

아빠와는 가까워졌다고는 할 수 없으나. 내담자는 더는 아빠를 생각해도 분노가 일어나지 않았다. 아빠를 있는 그대로 받아들였다. 내담자와 아빠가 서로를 위해 어떻게 살아가느냐만 남은 것이다. 만약 아빠가 다시 예전처럼 다단계에 빠지고 바람을 피운다면 내담자는 또다시 분노로 차오를 수도 있다. 원장님은 이 부분을 부모님에게 확실히 전달했다. 부모님이 인생을 성실하게 사는 모습을 내담자에게 지속해서 보여줘야 한다고 말했다. 만약 갈등을 일으키고 싸우는 일이 발생하면, 최악의 경우 내담자가 모든 걸 포기할 수 있다고 했다. 부모님은 명심하겠다고 대답했다.

내담자는 지금 목표를 위해 열심히 대학교에 다니는 중이다. 명상최면에서 보았던 것처럼 박사모를 쓰고 모든 사람이 축하하는 그날을 기약하고 응원한다.

목표설정이란?

내담자의 모든 상처를 치료하고, 사회의 건강한 일원이 될 수 있도록 하는 프로그램. 자신이 원하는 꿈을 찾게 하고, 목표를 설정함으로써 삶에 대한 동기부여를 갖게 한다.

분노조절장애 치료를 마치며

분노조절장애가 생기는 원인도 역시나 환경과 관련이 있다. 아무 때나 화를 내는 게 아니라, 포인트가 있다. 이 포인트는 내담자가 겪은 부정적 환경마다 다르다.

또 인터넷을 보면 선택적 분노조절장애라는 말을 쓰는데, 이는 사실이 아니다. 분노조절장애는 대개 물불 가리지 않고 분노하기 때문에 이성적으로 사람을 가리지 않는다.

분노는 스트레스로 인해 발생하는 거라 스트레스를 풀 나만의 방법을 찾는 것이 좋다. 자는 게 스트레스가 풀린다면 자면 되고, 친구와 만나서 대화하거나, 운동, 영화감상, 음악감상, 산책, 게임 등등 자기에게 맞는 걸 하면 된다.

다만 게임이나 술 같은 경우는 반드시 주의해야 한다.

게임은 다른 유저와 함께 하는 플레이는 오히려 스트레스를 주고 분노를 더 축적하는 요인이 될 수 있다.

과한 음주도 독이 된다. 취하게 되면 잠재되어 있던 분노가 수면 위로 올라오면서 화가 발현되기 때문이다. 그래서 술만 먹으면 화를 내는 사람들이 있는 것이다. 맥주 한 잔을 하며 영화 보는 게 스트레스가 풀린다면 딱 거기까지 하는 것이 좋다. 절제해야 한다.

분노를 계속 터트리면 그것이 패턴화 된다는 것을 유념하길 바라며, 분노조절장애 사례를 마치도록 하겠다.

제 6 장
피해의식과
피해망상

피해의식과 피해망상의 차이는 다음과 같다. 피해의식은 내가 피해를 보고 있다고 생각, 예측하는 것이라면 피해망상은 내가 피해를 보고 있다고 아예 확정하는 증상이다. 피해의식을 오랫동안 방치하면 더 큰 병으로 발전하는 게 피해망상이다. 여기까지 증상이 나타나면 심각한 상태라고 할 수 있다. 창문과 커튼을 치고 누가 쳐다보고 있다던가, 사람들이 날 욕한다거나, 가족이 음모를 꾸미고 있다는 등 상식적으로 이해할 수 없는 이야기를 한다. 내가 피해를 보고 있다고 생각하는 형태는 꼭 신체, 재산, 명예, 정신 등 다양하고 포괄적이다.

그러다 보니 가족은 네가 착각하는 거라고 말하는데, 그렇게 하면 오히려 더 악영향만 끼친나. 특히 피해망상에 걸린 사람은 자신에게 일어나는 일이 현실이고 실제 상황이기 때문이다. 그의 눈에는 정말로 누군가가 나를 지켜보고, 욕하는 소리를 듣는다.

원장님은 피해망상이 심한 경우에 정신과 병원에서 약물치료를 받게 한다. 심리치료의 효과를 보기 전까지 내담자가 무척 괴로워하기 때문이다. 이를 지켜보는 가족도 마찬가지이다.

혹 가족이나 주변에 피해망상에 걸린 사람이 있다면, 그의 말에 반대하지 않기를 바란다. 신뢰를 얻은 다음 반드시 상담소에 데려가기를 권한다. 가족이 도와주거나 스스로 치유할 상황이 아니기 때문이다. 이제부터 피해의식과 피해망상은 왜 나타나는 것이고, 어떤 심리치료를 하는지 사례를 통해 알아보도록 하겠다.

'피해의식'으로 인해
내 아들이 아니라고 하는 여자

젊은 여성이 문의전화를 했다. 상담료와 상담이 어떻게 진행되는지 물었다. 원장님은 성심성의껏 대답했다. 하지만 여성은 상담사를 믿지 않는다고 했다. 세상에 아무도 믿는 사람이 없고, 나도 나를 믿지 못하는데 누굴 믿느냐고 말했다. 그러면서 정말로 상담을 받으면 나아질 수 있는지 의심에 의심을 거듭했다.

원장님은 상담사에게 신뢰가 없는데 무슨 이유로 전화했는지 물었다. 그러자 여성은 죽을까 하다, 그냥 죽느니 한 번만 더 상담해보자는 생각으로 전화했다고 말했다. 그리고 다른 데서 여러 번 상담 받았지만, 효과를 보지 못하고 돈만 날렸다고 했다.

원장님은 여성을 달래기 시작했다. 상담에 효과를 보지 못했다면, 그런 의심은 당연하다고 했다. 또 당신은 물에 빠진 사람처럼 살려 달라며 누군가의 손을 잡았는데 그 사람이 당신을 구해주지 못했고, 또 다른 사람의 손을 잡았는데 그 사람마저도 당신을 구해주지 못했으니 당연히 내 손을 잡기도 힘들 것이라고 말했다. 하지만 나를 믿고 오면 나아질 수 있으니 마지막으로 내 손을 잡아 보라고 했다. 그리고 왜 극단적인 생각을 하는지 물었다.

여성은 자신이 이 세상을 살아야 할 필요도 없고, 가치도 느끼지 못하고, 있으나마나한 유령과 같은 존재라고 했다. 혼자 사느냐고 묻자, 여성은 남편과 아이가 둘 있다고 대답했다. 딸은 유치원을 다니고 있고 아들은 4학년이라고 했다. 그런데 아들이 친아들이 아니라 너무 밉고 화가 나고 꼴 보기 싫다고 했다. 그래서 오로지 딸에게만 마음을 주고 있다고 말했다. 원장님은 상담소에 와서 그 이야기를 하자고 했다. 하지만 여성은 몇 번을 망설이고 이것저것을 꼬치꼬치 물으며 의심하기를 반복했다. 원장님도 사람인지라 오지 말라는 말이 목구멍까지 차올랐지만, 억누르며 여성을 위로했다. 그러자 그녀는 지금까지 이렇게 진지하게 대답해주는 상담사는 없었다며, 밑져야 본전이라는 생각으로 상담소에 오겠다고 했다. 그렇게 4일 후, 여성이 상담소를 방문했다.

"오셨어요."

"네. 안녕하세요….."

원장님이 반갑게 맞이하자, 내담자는 쭈뼛거리며 인사했다. 예민하게 이것저것 물어보던 것과는 달리 화장기 하나 없이 선한 인상이었다. 나는 내담자에게 차를 내어다 주었다. 원장님은 내담자를 상담실 의자에 앉힌 뒤 검사지를 진행했다. 검사 결과 내담자는 외상 후 스트레스가 높은 것으로 나타났다. 불안증이 심했고, 과거에 상처받은 것들이 반복적으로 떠올라 그녀를 괴롭히고 있었다.

환경프로파일 검사도 좋지 않게 나왔다. 검사지 문항에 체크한 것만 보더라도 어린 시절의 환경이 매우 불우했다. 원장님이 검사지 문항을 보며 입을 뗐다.

"부모님이 이혼한 뒤 아버지랑 사셨네요?

"네."

"아버지랑 어떻게 사셨는지 이야기해보시겠어요?"

내담자는 마른 침을 삼킨 뒤 자신의 성장과정을 이야기하기 시작했다.

그녀가 초등학생 4학년 때였다. 부모님이 이혼하고 내담자는 아버지와 함께 인적이 드문 시골에서 살았다. 그녀는 부모님이 왜 이혼을 했는지 그 이유에 대해서는 제대로 알지 못했다. 아버지가 일도 안 하고 알코올 중독자처럼 술만 먹어 엄마가 자길 버리고 갔다고 생각했다. 그 후 그녀는 아버지와 함께 살면서 힘든 날을 보냈다. 학교도 걸어가기에 너무 멀어 결석하기가 일쑤였고, 아버지는 늘 술에 취해 새벽에 집에 들어왔다. 집에는 먹을 게 하나도 없어서 며칠씩 굶은 적도 많았다. 아버지가 먹을 걸 던져놓고 가면 그것을 주워 먹으며 하루를 버텼다.

그러던 어느 날이었다. 하늘에 구멍이 뚫린 듯 비가 쏟아졌다. 그녀는 너무 무서워 집에서 이불을 뒤집어썼다. 벼락이 떨어지는 소리에 깜짝 놀라며 부들부들 떨고 있을 때였다. 문밖에서 술 취한 아버지의 소리가 들렸다. 그는 딸에게 문을 열라고 했다. 하지만 그녀는 아버지의 그림자를 보고 덜컥 겁을 먹었다. 자기도 모르게 창호지로 된 문을 숟가락으로 걸어 잠갔다. 아버지가 문을 열라며 소리쳤지만 딸은 절대로 문을 열지 않았다.

딸이 문을 잠근 데에는 이유가 있었다. 며칠 전, 잠을 자고 있는데 아버지가 술 먹고 집에 들어오더니 자기 몸을 마구잡이로 더듬었기 때문이었다. 아버지가 자기를 사랑하는 것도 아니고 그렇다고 예뻐해 주거나 아껴주는 것도 아닌데, 몸을 더듬는 게 너무 이상했다. 그러던 중 비가 세차게 내리고, 아버지가 술 먹고 들어오는 소리가 들리자 겁이 났다. 아버지가 또다시 자신을 성추행할 거라는 생각이 들었다.

아버지 손가락이 창호지 문을 뚫고 나왔다. 그는 문을 열라며 소리쳤다. 딸은 아버지에게 살려달라고 울부짖었다. 그리고 얼마간 시간이 흘렀을까, 아버지가 문 앞에서 술에 취한 채 잠이 들자 딸은 그대로 도망쳤다. 비 오는 새벽에 산골을 뛰어가 헛간에 숨어 잠을 잤다. 그리고 아침이 되자 죽어도 집으로는 가지 못할 거 같아 며칠간을 떠돌며 고모네 집을 찾아갔다.

이후 고모에게 전후 사정을 이야기했다. 아버지가 무섭다며 여기서 살게 해달라고 부탁했다. 고모는 사정이 딱해 조카를 데리고 살기로 했다. 그리고 동생(내담자의 아버지)에게 전화해 자식한테 어떻게 그럴 수 있냐며 자기가 키우겠다고 했다. 아버지는 생활비를 주겠다고 약속했지만, 단 한 번도 고모에게 돈을 준 적이 없었다.

시간이 흘러 내담자는 어느덧 중학생이 되었다. 하지만 그녀는 고모네서 눈치를 보기 시작했다. 시간이 흐르면서 고모가 자기한테 집안일을 모두 맡겼기 때문이었다. 학교에 다녀오면 고모는 설거지, 빨래, 청소를 모두 그녀에게 하라고 했다. 그리고 그 집에는 그녀보다 한 살 어린 사촌동생(여자아이)이 있었는데, 사촌동생은 꼭 고모의 돈을 훔치면 언니가 훔쳤다고 하라고 시키곤 했다. 내담자는 사촌동생이 이 집의 주인이고 자기는 얹혀사는 처지라 동생의 말을 들었다. 자기가 돈을 훔쳤다고 해 고모에게 혼나기도 여러 차례였다. 그렇게 부당한 일을 겪자, 결국 참을 수 없어 가출했다. 다른 집 빌라 계단에서 자거나, 공원에서 자거나, 간간이 친구 집에서 잤다. 더군다나 돈도 없어 밥도 제대로 먹지 못하며 거리를 배회했다.

그러던 중, 친구로부터 고모가 자기를 찾고 있다는 소리를 들어 다시 고모 집으로 갔다. 하지만 아무도 없어 바깥으로 나왔다. 며칠 후 다시 고모 집으로 갔다. 현관문을 두드리자 고모와 사촌동생이 있었다. 고모는 안으로 들어오라고 한 뒤, 심각한 얼굴로 솔직히 말하라고 했다. 며칠 전에 고모 집에 왔을 때, 금반지를 훔쳐갔냐는 말이었다. 내담자는 황당해하며 아무것도 모른다고 했다. 반지가 어디에 있는지조차도 몰랐다고 했다. 그러자 고모는 이웃집에서 네가 집에 왔다가 갔다는 걸 봤다면서 네가 아니면 훔쳐갈 사람이 없다고 말했다. 내담자가 억울해하며 아니라고 하자, 사촌동생이 말했다.

"언니, 예전부터 엄마 돈 막 훔쳐가고 그랬잖아."

그 소리를 들은 내담자는 어처구니가 없었다. 사촌동생이 시켜서 어쩔 수 없이 거짓말한 거였는데, 정말로 자기가 범인인 것처럼 말하니까 배신을 당하는 기분이었다. 고모에게 있는 그대로 이야기했다. 예전에 돈을 훔쳤던 것도 사실 사촌동생이 시켜서 어쩔 수 없이 그랬다고 하소연했다. 하지만 고모는 그녀의 말을 듣지 않았다. 이게 어디서 거짓말을 하느냐고 했다. 반지를 훔쳐간 것도 모자라 동생에게 죄를 덮어씌우냐며 손찌검을 했다. 지금껏 키워줬으면 감사해도 모자랄 판에 도둑년이 됐다면서 폭력을 멈추지 않았다. 고모는 다시는 내 집에 오지 말라고 하며 그녀를 내쫓았다. 그녀는 너무 큰 충격을 받았다. 슬프고 비참했다. 세상에 내 편은 하나도 없고, 아무도 내 말을 믿지 않았다.

내담자는 밖에서 날을 지새우며 엄마를 찾아야겠다고 마음먹었다. 수소문 끝에 결국 엄마가 사는 곳을 알아냈다. 주소를 보고 간신히 엄마가 사는 집에 당도했다. 현관문을 두드리자, 초등학생 4학년 이후로 한 번도 보지 못했던 엄마가 나타났다. 딸은 내가 서연이라며 엄마에게 자기 이름을 말했다. 하지만 엄마의 반응은 냉담했다. 어떻게 여기를 찾아왔느냐는 것이었다. 그리고 자기는 이미 결혼했으니 그만 가라고 했다. 딸은 너무 어이가 없어 울먹였다. 나한테 왜 이러는 거냐며 내가 어떻게 살았는지 아느냐고 목청을 높였다. 하지만 엄마는 네가 고생했을 건 짐작하지만, 나는 이미 다른 남자와 살고 있어 어쩔 수 없다고 했다. 그리고 남편에게 딸이 있다는 이야기를 한 번도 하지 않았다고 했다. 그러니 그냥 가라는 엄마의 말이었다. 딸은 그때 충격을 넘어서 말도 못할 상처를 받았다. 갈 데도 없고 돈도 없는데 엄마라는 인간은 나를 죽으라고 내보내는구나, 라는 생각만 들었다.

마지막으로 믿었던 엄마에게서조차 버림을 받으니 이제 무얼 해야 할지 아무 생각도 들지 않았다. 엄마에게 잘 먹고 잘 살라며 다시는 찾아오지 않겠다고 했다. 그리고 그녀는 완전히 혼자가 되어 아무것도 없이 떠돌이 생활을 했다.

내담자는 자신이 살아온 이야기를 하면서 눈물을 흘렸다. 나를 지켜줄 사람은 아무도 없고, 이 세상에 홀로 덩그러니 버려진 느낌이었다고 말했다. 원장님은 그런 그녀를 위로했다. 그 어린 나이에 정말 많이 힘들었겠다며 지금까지 버틴 것만도 참으로 대견하다고 말했다.

내담자가 그나마 상황이 나아지기 시작한 건, 공장에 다니면서부터였다. 학교는 더는 다닐 수가 없었고 먹고살기 위해서는 일을 하는 수밖에 없었다. 내담자는 재봉틀 공장 기숙사에서 숙식하며 일하기 시작했다. 그녀는 그때 처음으로 행복이라는 걸 느꼈다고 말했다. 바로 먹고 잘 수 있는 공간이 생겼다는 것이었다. 거기다 돈도 벌 수 있으니 그녀에게는 이보다 좋은 조건이 없었다.

그렇게 공장 사람들과 친해지면서 일하고 있던 날, 친하게 지내던 언니가 자기가 아는 남자가 있는데, 그 남자 집에 놀러 가자고 했다. 그녀는 언니와 함께 남자가 있는 집으로 갔다. 남자는 내담자보다 13살이나 많았는데, 집에 가보니 혼자 살면서 방을 3개나 가지고 있었다. 거기다 인상도 푸근하고 매너 있는 게 착해 보였다. 그녀는 그 남자에게 월세를 줄 테니 방 하나만 주면 안 되냐고 물었다. 남자는 흔쾌히 그 제안을 받아들였다. 그 후로부터 내담자는 그곳에서 살았다. 그리고 오랜 시간이 지나 그 남자는 지금의 남편이 되었다.

그렇게 내담자는 결혼하고 남편과 한동안 행복하게 지냈다. 하지만 아들을 낳으면서 문제가 생겼다. 내담자는 아들과 딸 하나를 낳았는데, 이상하게도 아들이 남편의 아이 같지가 않다는 것이었다. 내담자는 그때부터 불안에 떨었다. 만약 이 사실을 남편이 알게 되면 어떻게 해야 할지 혼란스러웠다.

또 시댁에서 첫째(아들)가 남편을 닮지 않았다고 하면 그녀는 식은땀을 흘리며 긴장했다. 그러다 보니 초등학교 4년이 된 지금까지도 그녀는 아들에게는 일절 사랑을 주지 않았다. 볼 때마다 꼴 보기가 싫고 사라졌으면 좋겠다는 마음이었다.

반면 딸은 과잉보호를 했다. 학교만 갔다 오면 일체 밖으로 나가지 못하게 했다. 그리고 시아버지가 딸을 안기라도 하면 정색을 하며 빼앗고, 딸이 남편 무릎 위에도 앉지 못하게 했다. 초등학생 때 아버지에게 성추행을 당한 트라우마 때문에, 다른 남자들도 내 딸에게 똑같이 그럴 수 있다는 생각이 지배적이기 때문이었다.

또 내담자는 사촌동생과 고모에게 받은 트라우마도 강하게 남아있었다. 당시에 반지를 훔쳤다는 억울한 누명을 씌워서, 물건을 사기만 하면 사람들이 나에게 훔쳤다고 할까 봐 불안에 떨었다.

예를 들면 백화점에서 사람들이 물건을 고를 때였다. 뒤에서 이거 어디서 샀냐는 소리가 들리면, 내담자는 나에게 한 말이 아닌 데에도 나를 의심한다고 생각했다. 지금 나한테 물어본 거냐고 묻고, 그 사람이 아니라고 하면, "뭐가 아니에요. 나 돈 주고 샀거든요. 영수증 봐요! 왜 사람을 의심하고 그래!"라며 꽥 소리를 질렀다. 또 시장을 보러 나갈 때마다 사람들이 물건을 훔쳤다고 할까 봐 벌벌 떨었다.

이처럼 내담자는 피해의식과 피해망상의 경계를 왔다 갔다 하고 있었다. 중요한 건 그녀에게 나타나는 증상이 이게 다가 아니라는 것이었다. 그녀는 과거에 부당한 일을 많이 겪어 누군가가 조금이라도 심기를 건드리면 화부터 냈다. 그래서 주차 문제로 이웃과도 자주 다퉜고, 운전하다가도 누군가가 조금이라도 운전을 이상하게 하면 내리라고 욕을 하면서 남녀 가리지 않고 싸웠다. 이는 분노조절장애 증상이었다.

그러던 어느 날 그녀는 쓰레기를 버리려고 하던 중 누군가가 자신을 칼로 찌를 수도 있다는 생각이 들었다. 쓰레기를 버리고 후다닥 집으로 들어갔는데, 계속해서 그런 생각이 지워지지 않았다. 그때부터 밖에만 나가면 누군가가 자신을 죽이려 한다는 생각이 들었다.

엎친 데 덮친 격으로 남편과도 사이가 좋지 않았다. 남편은 사업을 하는데 경기가 좋지 않아 힘든 상태였다. 그런데 내담자가 집안 살림도 제대로 하지 않고, 자꾸 힘들다고 투정을 부리자 화를 낸 것이었다. 심심하면 이웃과 싸우고, 첫째도 자기 아들이 아니라고 하니 미칠 노릇이었다. 남편은 이제부터 당신 신경 쓰지 않고 살겠다며 엄포를 내렸다. 그녀는 그때 세상에 홀로 남겨진 기분이었다.

이렇듯 내담자는 아빠, 엄마, 고모, 사촌동생에게 당한 상처로 인해 다양한 심리적 질환을 일으키고 있었으며, 가장 대표적인 게 피해의식과 피해망상이었다. 또 자녀에게도 그대로 부정적 영향을 끼치고 있었다. 아들은 차별, 딸은 억압과 구속이었다.

내담자는 남편이 자기를 신경 쓰지 않겠다는 말을 듣고는 역시 믿을 사람은 아무도 없다고 생각했다. 차라리 이럴 바에야 죽는 게 낫다고 생각해, 자살하려고 마음먹었다. 그러던 중 마지막으로 상담소에 전화해보자고 하고 원장님과 통화를 한 것이었다.

원장님은 모든 이야기를 들은 후 내담자를 진심으로 위로했다. 아버지에게 성추행을 당하고, 사촌동생은 누명을 씌우고, 고모는 도둑년이라는 소리를 하고, 힘들게 엄마를 찾아 갔는데 그냥 가라고 하니 얼마나 큰 상처를 받았겠냐며 그녀를 위로했다. 또 내 편이라고는 오직 남편뿐이었는데, 그 남편과도 싸웠으니 당연히 홀로 남겨지는 기분일 거라며 공감하고 위로했다.

내담자는 이 세상에 왜 태어났는지 모르겠다며 눈물을 흘렸다. 원장님은 그녀의 손을 잡고 나를 믿으라고 했다. 심리치료를 받으면 지금과 같은 괴로움에서 벗어날 수 있으니 걱정하지 말라며 용기를 주었다. 다만 치료를 잘 받기 위해서는 자신의 말을 전적으로 들어 달라고 요구했다. 내담자는 현재 누구도 믿지 못하는 상황이므로 원장님은 이 부분을 특히 강조했다. 그리고 무엇보다 환경치료가 시급하다고 생각했다.

1) 내담자 증상 진단

내담자의 심리적 증상은 과거 환경으로부터 기인했다. 어린 시절 아버지에게 성추행을 당해 딸을 과잉보호했다. 그리고 무슨 이유에서인지 아들이 남편의 아들이 아니라고 생각하고 있었다. 사촌동생과 고모로부터 반지를 훔쳐갔다는 억울한 누명을 쓴 경험 때문에 물건을 살 때마다 사람들이 훔친 거냐고 물어볼까 불안에 떨었다.

과거에 부당한 일을 많이 당해 누군가가 심기를 건드리면 소리 지르고 덤벼들었다. 이웃과 자주 싸우고, 보복운전을 하는 경우도 있었다. 검사 결과 여상은 분노조절장애 증상이 있었다. 이렇듯 밖에만 나가면 사람들과 자주 싸우다 보니, 여성은 누군가가 나를 칼로 찔러 죽일 수도 있다는 피해의식에 빠졌다. 최근에는 남편과 부부싸움을 해 자기 편이 없다고 생각해 죽고 싶다는 우울증도 있었다.

내담자의 각종 심리적 증상과 환경문제를 진단한 결과 이런 상황이 지속할 경우 내담자는 피해의식을 넘어 피해망상으로 발전할 여지가 있었고, 극단적인 선택을 할 우려도 강했다.

심리증상

딸 과잉보호 / 자기 아들이 아니라는 의심 / 물건을 살 때 나타나는 불안증 / 피해의식 / 분노조절장애 / 우울증

신체증상

물건을 살 때 긴장하며 식은땀을 흘림 / 밖에서 누군가가 나를 죽일까, 주변 사람을 살펴봄

환경문제

딸 과잉보호 / 아들을 딸과 차별하는 문제 / 남편과 부부싸움

2) 내 엄마가 아니라고 하는 아들

원장님이 가장 먼저 한 것은 환경치료였다. 남편과 관계 회복이 우선이었고, 그 다음 자녀들의 문제로 넘어가야 했다. 원장님은 먼저 남편을 상담소에 불렀다. 아내가 과거에 어떤 삶을 살았는지 모두 설명한 후, 그로 인해 어떤 심리증상이 생겼는지 하나하나 이야기해 주었다. 남편은 아내(의 삶)에 대한 이야기를 듣고 놀란 얼굴을 했다. 아내가 힘들게 살았다는 건 알았지만, 이 정도일 줄은 몰랐기 때문이었다.

원장님은 아내가 부부싸움을 한 뒤 자살하려고 했다는 얘기를 했다. 그리고 현재 아내가 믿고 의지할 사람은 남편뿐이니 지금 상황이 힘들더라도 인내하고 아내를 받아주라고 했다. 아내가 치료를 받으면 모든 증상이 사라질 테니 그때까지 힘이 되어달라는 것이었다. 남편은 노력하겠다고 약속했다.

원장님은 남편과의 관계를 개선한 후에 아들 문제로 넘어갔다. 아들만 보면 화나고 꼴 보기 싫다고 하니, 어떻게 대할지 눈에 훤했다. 내담자가 아들을 대하는 방식은 이랬다. 아들이 실수로 준비물을 챙기지 못하면 넌 이것도 제대로 못하냐면서 자존감을 깎아내렸다. 거기서 그치면 그나마 다행인데 내담자는 "다른 애들도 너 같냐?" "어떻게 하다가 이런 애가 태어난 거냐?" "너 어디서 왔냐?" "난 네 엄마 아니다."라며 화를 냈다.

또 아들이 밥을 늦게 먹으면, "넌 누굴 닮아서 밥을 그렇게 늦게 먹냐." "네 아빠는 늦게 먹지 않는다." "너는 도대체 어디서 그런 행동을 배워 온 거냐."라며 말도 안 되는 소리를 했다.

이렇듯 아내가 아들한테만 너무 뭐라고 하자 남편은 도대체 왜 첫째한테만 그러냐고 물었다. 그러자 내담자는 그제야 고백했다. 사실 아들이 당신 자식이 아닌 거 같다는 것이었다. 남편은 그 이야기를 듣고 충격을 받았다. 아내가 외도를 한 줄 알았기 때문이었다. 하지만 아내는 지금까지 그런 낌새를 단 한 번도 보인 적이 없었고, 아내도 외도한 적이 없다고 말했다. 남편은 가슴을 쓸어내리며 그런데 왜 그런 의심을 하느냐고 묻자, 내담자는 모르겠다며 계속 그런 생각이 든다고 했다. 남편은 어처구니가 없었다.

세 번째 상담은 아들과 진행했다. 원장님은 아들에게 엄마가 어떻게 대하는지 물었다. 그러자 아들은 엄마가 나를 너무 미워한다고 말했다. 동생만 예뻐하고 자기가 하는 건 뭐든지 싫어한다고 했다. 그러면서 꼭 우리 엄마가 아닌 거 같고, 다른 엄마가 있는 거 같다고 말했다. 엄마가 매번 넌 내 아들이 아니라고 하니, 아들도 엄마가 자기 엄마가 아니라고 생각하고 있었다.

원장님은 기가 막혔다. 아들과 상담을 마치고, 내담자를 불러 당장 친자확인을 하라고 했다. 그녀는 남편의 아들이 아닌 거로 판명되면 쫓겨난다면서 불안해했다. 하지만 원장님은 떳떳하면 하루빨리 친자 검사를 통해 내 아들임을 확인하고 불안을 떨쳐내라고 했다. 남편에게도 친자검사를 하라고 했다.

검사 결과 아들은 너무나 당연하게도 친자가 맞는 거로 확인되었다. 내담자는 친자확인서를 보며 남편의 아들이 아니라고 생각했던 것에 대해 황망해했다. 모든 불안이 그제야 씻겨나갔다. 원장님은 친자확인서를 들고 있는 내담자에게 말했다.

"오늘 가서 아들에게 사과하세요. 친자확인서 보여주면서 너는 네 아들이 맞다고 말해주고요. 그리고 이제부터 아들이 못하는 게 있어도 잘할 수 있다고 응원해 주고, 무조건 칭찬해 주세요. 그래야 아들이 엄마에 대한 원망이 없어져요. 아셨죠?"

내담자는 알겠다며 고개를 끄덕였다. 그때부터 아들에게 잘해주려 노력했다. 아들이 준비물을 못 챙겨도 엄마가 챙겨주겠다며 혼내지 않았다. 아들이 먹고 싶은 요리도 해주고, 친구들과 잘 지내고 있는지 학교생활에도 관심을 가졌다. 아들은 엄마가 갑자기 잘해주자 얼떨떨했다. 하지만 이내 적응했고, 그동안에 서러웠던 감정을 모두 풀게 되었다.

자기 아들이 아니라고 생각한 이유

원장님에게 물어보고 싶은 게 있었다. 바로 내담자가 남편의 아들이 아니라고 생각한 것에 대해서였다. 그 원인을 생각해 봐도 도저히 알 수 없었다. 그것에 관해 묻자 원장님이 답했다.

"자신에 대한 확신이 없어서 그래."

"확신이요?"

"그래."

나는 선뜻 이해가 가지 않았다. 과거에 상처를 많이 받았다지만, 어떤 상황에서 자신에 대한 확신이 없어졌는지 예측하기 어려웠다.

"어떤 부분에 상처를 받아서 그런 거예요?"

고개를 갸웃거리며 묻자 원장님이 대답했다.

"모든 부분이야."

"모든 부분이요?"

"그래. 아버지한테 성추행당하고, 고모랑 사촌동생한테 반지를 훔쳤다고 의심받고, 또 엄마한테 버림당했잖아. 이 모든 것들이 자신을 부정하게 만드는 원인이었어. 아버지가 딸로 봐주지 않고, 어머니가 자식으로 받아주지 않고, 고모랑 사촌동생은 도둑으로 생각하고, 버림받고 의심받고 그러다 보니까 나에 대한 확신이 없어진 거야. 나는 누구고 왜 사는 것이며 내가 하는 모든 행동이 옳은 건지 혼란스러웠던 거지. 그래서 임신을 하고서도 이게 내 남편의 아이인지, 확신이 들지 않았던 거야."

"아….."

나는 공감이 간다며 고개를 끄덕였다. 그러니까 [사례11]처럼 내담자가 역사 선생님을 자기 아버지로 생각했던 원인이, 자신이 꿈꾸던 아버지상이라 그랬다면, 이번 내담자는 사람들에게 온갖 상처를 받아 자기 스스로에 대한 확신이 없어졌다는 것이었다.

똑같이 내 아버지가 아니다. 내 아들이 아니다. 라고 하더라도, 상황에 따라 이처럼 증상이 달라질 수 있음을 새롭게 알게 되었다.

"그러면 보통 나에게 확신이 없는 사람들은 주로 어떤 생각을 가져요?"

"일단, 자신을 절대로 믿지 못해. 내가 옳은 행동을 해도 이게 옳은 일인지 잘 몰라. 자신을 믿지 못하니까 스스로 계속 의심해. 그러다 보니까 남도 믿지 못하는 상황이 오는 거지."

나는 내담자가 처음에 원장님에게 전화했던 때를 떠올렸다. 그녀는 분명 원장님에게 이렇게 말했다, 나도 나를 못 믿는데 어떻게 남을 믿느냐는 것이었다. 그리고 전화하는 내내 의심에 의심을 거듭했다. 사람이 상처를 받으면 눈으로 보이는 심리증상이 아니더라도, 내담자처럼 보이지 않는 마음의 병이 쌓인다는 걸 알게 되었다.

원장님은 4회 차부터 내담자가 과거에 받은 상처들을 하나씩 치료하기 시작했다. 그중에서 가장 먼저 시작한 건, 딸을 과잉보호하는 것에 대한 치료였다. 모든 남자가 아버지처럼 성추행하지 않는다는 걸 인지치료로 깨닫게 했다. 또 지금처럼 딸을 구속하고 과잉보호하면, 딸이 친구도 제대로 사귀기 어려울 뿐더러 소외당할 수도 있음을 알려주었다. 내담자는 그 부분에 대해 확실히 인지하고 딸이 밖에서 놀 수 있도록 해주었다. 딸에 대한 불안감이 다 없어진 건 아니지만, 조금씩 적응해 가기로 했다.

이후 내담자는 명상최면치료, 인지치료, 미술치료, 원예치료, 연기치료 등등 다양한 치료를 받았다. 이 중에서 원장님이 가장 중점으로 한 치료는 바로 '연기치료'였다. 연기치료란, 연기를 통해 자신의 감정을 외부로 표출하는 것을 말한다.

내담자는 연기치료로 아빠, 엄마, 고모, 사촌동생에게 가지고 있는 분노를 푸는 작업을 했다. 소파 위에 큰 인형을 하나 놓고, 이건 아빠라고 생각하고 성추행을 당했을 때 하지 못했던 말과 행동을 하라고 했다. 내담자에게 솜방망이도 쥐어줘 하고 싶은 대로 하라고 했다. 그러자 그녀가 몰입하며 아빠에게 말했다.

"미친놈아. 네가 아빠야? 맨날 술만 처먹고! 내가 뭘 하든 신경도 안 쓰고, 한 번도 따뜻한 얘기도 안 해주고, 유령 취급이나 하고, 그러면서 내 몸을 더듬어? 네가 인간이야? 쓰레기지! 내가 그날 너 때문에 얼마나 무서웠는지 알아!"

내담자는 솜방망이로 인형을 때리면서 말했다. 아빠에게 분노를 표출한 후, 원장님은 이번에 다른 인형 두 개를 소파 위에 놓았다. 당시 고모와 사촌동생으로부터 반지를 훔쳤다는 억울한 일을 당했을 때, 하지 못했던 말과 행동을 하라고 했다. 내담자는 주저하지 않고 말했다.

"내가 너희들 때문에 얼마나 힘든지 알아? 지금도 자다가 너희들한테 모함당하는 꿈 꿔! 금반지 그딴 걸 내가 왜 훔쳐가! 훔쳐갔다는 증거라도 있어?! 있지도 않으면서 욕하고 때리고 엄마 아빠 없다고 나를 도둑년 취급해?! 하루하루 너희들 눈치 보면서 사는 게 내가 얼마나 괴롭고 힘들었는데! 그리고 박윤주! 너, 내가 돈

훔쳐간 거로 해달라고 해서, 내가 몇 번이나 고모한테 대신 혼났는데! 나를 끝까지 이용해 먹어?! 금반지 그것도 네가 가져간 거잖아!!"

내담자는 소리를 지르며 방망이로 인형 두 개를 마구잡이로 때렸다. 이후 인형을 하나 두고 엄마 집에 찾아갔던 날, 하고 싶었던 말을 하라고 했다. 내담자는 호흡을 가다듬은 뒤 아빠와 고모, 사촌동생에게 했던 톤과는 달리 차분한 목소리로 말했다.

"넌 엄마도 아니야. 무섭다고… 두렵다고… 혼자 그렇게 도망가? 그리고 내가 찾아갔을 때 내가 문을 두드리기 전에 몇 번이나 망설였는지 알아? 날 보고 좋아할까, 싫어할까, 내가 얼마나 두려웠는데 나한테 그런 말을 해? 네가 낳은 자식이면, 네가 책임져야지. 태어나고 싶어서 태어난 것도 아닌데 매몰차게 나보고 가라고 하고! 오갈 데도 없는 나한테 돈 하나도 주지 않고! 그러고도 엄마야! 너만 살려고 하는 이기주의자지!"

내담자는 이번엔 솜방망이를 버리고 인형을 잡고 흔들었다. 죽어, 죽으라면서 인형의 목을 졸랐다. 내담자는 어느새 눈물범벅이 된 채였고, 원장님은 그 모습을 보며 만감이 교차했다.

연기치료란?

상담사가 상황설정을 해주고, 내담자가 연기를 통해 외적감각(V, A, K)을 치료하는 프로그램. 부당한 일, 상처받았던 일에 대한 상황을 설정해 '억눌린 감정'을 풀어주는 심리치료이다.

외적 감각 치료와 내적 감각치료

　나는 연기치료를 하는 내담자를 보았을 때, 마치 명상최면과 흡사하다고 생각했다. 명상최면에서도 당시의 상황을 떠올려 그때 하지 못했던 말이나 행동을 하게 만들기 때문이었다. 그래서 표면적으로 보기엔 '억눌린 감정'을 푸는 작업을 명상최면으로 하느냐, 연기치료로 하느냐의 차이만 있는 것 같았다. 그 외에는 어떤 차이가 있는지 원장님에게 물었다.

　"우리가 스트레스라고 하면 보통 스트레스를 하나로 생각하는데, 사실 두 개로 구분돼. 내적 스트레스와 외적 스트레스야."

　"그 두 개가 어떻게 구분되는데요?"

　"부당한 일을 당하면 자꾸 속으로 두고두고 생각나는 것들이 있잖아? 그게 바로 내적으로 스트레스를 받아서 그런 거야. 바깥으로 표현하지 못하고 속에서 끙끙 앓는 거야. 반면 외적인 스트레스는 부당한 일을 당하면 바로 바깥으로 감정이 표출되는 걸 말해. 그래서 치료를 할 때, 내담자 상태에 따라 내적 스트레스와 외적 스트레스를 함께 풀어줘야 해."

　"아… 그래서 명상최면이랑 연기치료를 같이 하는 거구나."

　나는 명상최면과 연기치료의 차이점을 확실히 알았다. 그리고 원장님은 외상 후 스트레스가 심한 내담자를 치료할 때, 명상최면도 중요하지만 특히 연기치료도 중요하다고 했다. 내적 스트레스와 더불어 외적 스트레스를 얼마나 잘 풀어 주느냐에 따라 내담자의 부정적 감정이 빠르게 없어진다고 했다. 나는 원장님의 말을 듣고 다음과 같이 정리했다.

사람은 스트레스를 어떻게 받는가? 그리고 치료는 어떻게 해야 하나?

① 사람은 스트레스를 받을 때, '내적 스트레스'와 '외적 스트레스' 두 가지를 받는다.

② 그래서 심리치료를 할 때도 이 두 가지 스트레스를 해소해 줘야 한다. 그것이 바로 명상최면치료와 연기치료이다.

③ 명상최면으로는 내담자가 의식한 상처와 무의식의 상처를 파악해 내적 감각(V, A, K)으로 내적 스트레스를 치료한다.

④ 연기치료는 현실에서 상담사가 상황 설정을 해주고 당시의 기억과 감정을 떠올리게 해 외적 감각(V. A. K)으로 외적 스트레스를 치료한다.

4) 보복운전을 하는 이유

현재 내담자에게 남은 심리적 증상은 '밖에 나가면 사람들이 나를 칼로 찌를 거같다는 두려움과 물건을 사면 사람들이 내게 훔쳤냐고 따질까 봐 불안에 떠는 것'이었다. 두 증상은 모두 피해의식으로부터 파생된 것이었다.

원장님은 먼저 내담자가 밖에 나가면 왜 사람들이 나를 칼로 찌를 것 같다고 느끼는지 원인을 찾았다. 이유는 밖에 나가면 사람들과 부딪히고 싸우는 일이 비일비재해 그런 것이었다. 이웃과 주차문제로 싸우고, 친구와 대화하다 조금이라도 갈등이 일어나면 화내고, 아주 작은 견해 차이에도 자기 뜻대로 되지 않으면 욕부터 하곤 했다. 그중에서 가장 심한 건 운전할 때였다. 내 앞으로 차가 끼어들면 끝까지 따라가 욕하며 보복운전을 했다.

그러다 보니 내담자는 밖에만 나가면 나와 싸운 사람들이 나를 미행하는 건 아닌지, 칼로 찌르려고 숨어 있는 건 아닌지, 늘 긴장하고 두려워했다. 원장님은 내담자에게 이번만큼은 강하게 말했다. 그렇게 사람들과 매번 싸우고 다니니 보복당할까 봐 두려움에 떨지 않을 사람이 어디 있겠냐고 했다.

하지만 원장님은 돌이켜보면 이것은 잘못된 상담이라고 했다. 상담사는 절대로 내담자를 혼내서는 안 된다. 내담자가 스스로 잘못된 점을 깨달을 수 있도록해야 한다. 실제로 내담자는 원장님에게 혼난 후, 무섭다고 했다. 여기서 무섭다는 건 '원장님이 무서운 게 아니라', '잘못된 행동을 한 걸 말하면 혼날까 봐' 무섭다는 것이었다.

그 뜻은 곧 내담자가 상담사에게 모든 걸 오픈하지 못하게 되는 결과를 초래한다. 그러면 상담과 치료가 어긋난다. 1번 이유로 심리적 증상이 온 줄 알았는데, 알고 보니 말하지 않은 2번 이유로 심리적 증상이 온 것이기 때문이다.

이는 상담사가 가장 많이 하는 실수 중 하나다. 특히 피해의식이 강한 내담자를 상대할 때는 절대로 강하게 말해서는 안 된다. 원장님은 내담자와 라포르가 형성되어 서로 친밀한 사이라고 생각해 이번만큼은 강하게 말한 것이었다. 하지만, 이것은 잘못된 것이라고 인정했다.

그렇게 원장님은 내담자의 내면의 두려움을 없애기 위해 심리치료를 진행했다. 이번치료는 '타임라인'이었다. 이 프로그램은 가족치료의 어머니라 불리는 버지니아 사티어(Virginia Satir)가 만든 이론이다. 가족간에 갈등이 생길 시, 상대방의 입장이 되어 생각해 보자는 것이다. 예컨대 내가 '나'라면, 엄마의 입장에서는 나를 어떻게 바라볼지, 아빠의 입장에서는 나를 어떻게 바라볼지 생각해 보는 것이다.

버지니아 사티어는 '자녀, 엄마, 아빠' 이렇게 세 가지 항목을 만든 후 프로그램을 진행했다.

원장님은 이 이론을 토대로 새로운 항목을 만들었다.

문제 상태 / 마음 상태 / 원하는 상태 / 과거 / 현재 / 미래 / 관찰자 / 멘토

이렇게 여덟 가지를 만들었다. 이 기법은 바닥에 카드를 놓고 각 내담자가 상담사의 말에 따라 자리를 옮겨가며 진행한다. 그럼 심리치료 과정을 통해 어떻게 치료하는지 알아보겠다.

타임라인

(1) 문제 상태 & 마음 상태

원장님: 자, 먼저 '문제 상태'와 '마음 상태'라고 쓰여 있는 카드 앞에 서 봐.

내담자가 '문제 상태' 카드 앞에 서자, 원장님이 이어 말했다.

원장님: 서연이가 가지고 있는 문제 상태는 뭐야?
내담자: 사람들과 갈등이 생길 때 욕하고 싸우는 거예요. 그 후에는 두려움이 밀려와서 사람들이 꼭 저를 죽일 것만 같아요.
원장님: 좋아. 그러면 그 앞에서 눈을 감고 사람들이랑 싸울 때 모습을 떠올려봐.

원장님은 잠시 내담자에게 시간을 준 뒤 말했다.

원장님: 떠올랐어?

내담자: 네.

원장님: 어떤 상황이 떠올라?

내담자: 운전을 하던 중에, 상대방이 끼어들면서 그때부터 그 사람을 따라가고 있는 모습이에요. 경적을 울리면서 그 차를 앞질러가 주행을 방해하고 있어요. 그리고 앞문 유리창을 내리고 소리를 지르고 있어요.

원장님: 그렇게 분노를 조절하지 못하고 있는 서연이가 어떻게 보여?

내담자: 막무가내처럼 보여요.

원장님: 그럴 때, 서연이의 마음 상태는 어때?

내담자: 순간 에너지가 넘쳐서 제가 굉장히 세 보여요. 하지만 싸움이 끝나면 두려움이 밀려와요.

원장님: 어떤 두려움이 밀려와?

내담자: 밖에만 나가면 저랑 싸운 사람들이 미행을 해서 칼로 찌르려고 하거나 죽이려고 숨어 있는 거 같아요.

원장님: 좋아, 이제 눈을 뜨고 '현재'의 자리로 이동해.

내담자는 바로 옆에 있는 '현재'라고 써진 카드로 한 발짝 이동했다.

[2] 현재

원장님: 서연이는 내 문제 상태가 사람들과 갈등이 있을 때, 욕하면서 싸우는 거라고 했어. 특히 운전을 할 때 앞차가 끼어들면 참지 못하고 보복운전을 한대. 이때 내 마음 상태가 어떠냐고 물어보니까, 순간 에너지가 넘쳐서 자기가 굉장히 세 보인대. 근데 싸움이 끝나면 두려움이 밀려온대. 밖에 가면 나와 싸웠던 사람이 미행하거나 칼로 찌르려고 숨어 있는 거 같대. 현재 이렇게 살아가고 있는 서연이를 보면 어때? 이런 상황이 편해?

내담자: 아니요. 전혀 편하지 않아요.

원장님: 좋아, 그럼 그 옆에 있는 '원하는 상태' 앞에 서 봐.

내담자가 '원하는 상태' 카드 앞으로 자리를 옮기자, 원장님이 말했다.

[3] 원하는 상태

원장님: 그렇다면, 서연이가 바라는 원하는 상태는 뭐야? 사람들과 싸우고 나면 나를 미행하고 죽일 거 같아 두렵다고 했는데, 서연이가 정말로 원하는 것은 뭐야? 사람들과 갈등이 생길 때, 서연이는 어떤 상태가 되기를 원해?

내담자: 어떤 상황에서도 감정적이지 않고 대화로 풀어가고 싶어요.

원장님: 감정적이지 않고 대화로 풀어 가면 내 마음은 어떨 거 같아?

내담자: 마음이 안정되고 더 이상 밖에 나갈 때 불안해하지 않을 거 같아요.

원장님: 좋아. '과거'로 이동해봐.

내담자는 '과거' 카드 앞으로 이동했다.

[4] 과거

원장님: 자, 지금부터 눈을 감아. 그리고 과거를 떠올려 볼 거야. 과거에도 내가 현재처럼 갈등이 생길 때마다, 사람들과 싸우고 욕하고 그랬는지 한번 확인해보자. 눈을 감고 내가 사람들과 갈등이 있을 때, 어떻게 했는지 천천히 떠올려봐.

원장님은 잠시 시간을 준 뒤 말했다.

원장님: 떠올렸어?

내담자: 네.

원장님: 몇 살 때를 떠올렸어?

내담자: 20살 때요.

원장님: 20살 때는 어땠어?

내담자: 그때는… 갈등도 거의 없었고, 있어도 차분히 대화로 풀어갔어요. 그리

고 항상 웃으면서 끝났고요.

20살은 내담자가 재봉틀 공장에 들어가 일했던 시절이었다. 그녀는 지금도 그 시절이 가장 행복했다고 했다.

원장님: 좋아. 20살의 서연이는 사람들과 갈등이 있을 때, 감정적이지 않았고 차분히 대화를 풀어가는 사람이었어. 마지막에는 항상 웃으면서 끝났어. 그런 '20살 때 모습'으로 '현재의 나'를 보도록 해. 현재의 나는 사람들과 갈등이 생기면 감정적으로 변하고 있는 나야. 마음에 들지 않는 일이 발생하면 욕부터 하고, 보복운전을 하고, 심지어 이웃집과 주차 문제로도 자주 싸우고 있어. '그런 현재의 나'를, '20살 과거의 나'가 보았을 때, 어떤 모습으로 보여?

내담자는 잠시 생각하더니 입을 뗐다.

내담자: 왜 저렇게 변했지? 무슨 일이 있어서 저렇게 변한 걸까. 정말 이상하게 보여요.
원장님: 그러면 '20살의 나'가 '현재의 나'에게 어떻게 하라고 말해주고 싶어?
내담자: 차분하게 생각하라고 말해주고 싶어요. 너무 감정적으로 대응하지 말고 예전처럼 좋게 해결하라고 말하고 싶어요. 그리고 넘어갈 수 있는 일은 긍정적으로 넘어가라고 하고 싶어요.
원장님: 좋아, 이제는 눈을 뜨고 '미래'의 자리로 옮겨가 봐.

내담자는 눈을 뜨고 '미래'라고 써진 카드 앞으로 자리를 이동했다.

(5) 미래
원장님: 자, 다시 눈을 감고, 지금부터 선생님이 말하는 걸 그대로 이미지로 떠올

려봐.

내담자는 선 채로 눈을 감았다.

원장님: 이제 나는 나이를 먹고 황혼을 바라보고 있는 나이가 되었어. 흔들의자
에 아주 편안하게 앉아 있고, 저 앞에는 석양이 눈부시게 빛나고 있어.
나는 그 자리에서 지나간 시간을 회고하고 있는 거야. 나는 지금 매우 여
유로운 상태이고, 그 무엇도 나를 괴롭게 하는 일들이 없어. 그렇게 흔들
의자에 앉아 있는 내 모습을 떠올려봐. 떠올렸니?

내담자가 떠올렸다고 대답하자 원장님이 말했다.

원장님: 좋아. 그러면 '미래의 나'에서, '현재의 나'를 보도록 해봐. 사람들과 갈등
이 생길 때마다 부딪히고, 싸우고, 도전적으로 말하는 '현재의 내 모습'을
봐. 그 모습이 어떻게 보여?
내담자: 아무것도 아닌 거에… 과도하게 감정을 쏟고 있는 것처럼 보여요.
원장님: '미래의 나'가 '현재의 나'에게 뭐라고 말해줄래?
내담자: 무언가… 갈등이 엄청나게 큰 상처로 다가오는 것 같은데… 높은 곳에
서 바라보면 아무것도 아니라고 말해주고 싶어요. 그렇게 싸워봤자 남
는 것도 없다고 하고 싶고요. 그리고… 남은 인생을 두려움과 불안에 떨
지 말고 편안하고 여유롭게 시간을 보내라고 하고 싶어요.
원장님: 좋아. 이제 눈을 뜨고 '관찰자' 자리로 옮겨가자.

(6) 관찰자
원장님: 자, 지금부터 원장님이 이 사람에 대해 말할 테니까, 관찰자 입장으로 들
어봐. 알았지?
내담자: 네.

원장님: 이 사람이 가지고 있는 문제 상태는, 사람들과 갈등이 생길 때, 욕하고 싸우는 거래. 그렇게 싸울 때 내 마음 상태가 어떤지 물어보니까. 순간 에너지가 넘쳐서 자기가 굉장히 세 보인대. 하지만 싸움이 끝나면 자기랑 싸운 사람들이 미행하거나 칼로 찌르려고 숨어 있는 거 같아 바깥에 나갈 때마다 무섭대. 그렇게 살아가고 있는 현재 내 상황이 편하냐고 물어보니까, 전혀 편하지 않대.

그래서 원하는 상태가 무엇인지 물어보니까. 어떤 상황에서도 감정적이지 않고 대화로 풀어가고 싶대. 그러면 마음이 안정되고 더 이상 밖에 나갈 때 불안해하지 않을 거래. 과거에도 이런 경험이 있는지 떠올려 보니까, 20살에는 그런 경험이 거의 없었대. 있어도 차분히 대화로 풀었고, 항상 웃으면서 끝났대.

20살 시절의 내가, 현재의 내 모습을 보고 든 생각은, 왜 저렇게 변한 건지 자기 모습이 이상해 보인대. 그래서 차분하게 생각하고 감정적으로 대응하지 말고 예전처럼 좋게 해결하라고 말하고 싶대. 그리고 넘어갈 수 있는 일은 긍정적으로 넘어가 주래.

미래의 내가 현재의 나를 보고 든 생각은, 아무것도 아닌 것에 과도하게 감정을 쏟아내고 있대. 그래서 뭐라고 말해주고 싶은지 물어보니까, 높은 곳에서 바라보면 아무것도 아니라고 말해주고 싶대. 싸워봤자 남는 것도 없고, 남은 인생을 불안과 두려움에 떨지 말고 편안하고 여유롭게 시간을 보내래.

자, 서연이가 관찰자 관점에서 이 사람을 보았을 때, 내가 이 사람의 멘토라면 뭐라고 말해주고 싶어?

내담자는 이번에 고민 없이 입을 뗐다.

내담자: 사람들과 싸우는 행동이 너무나도 보잘것없는 일이라고 말해주고 싶어요. 싸우지만 않으면 지금처럼 두려움에 떨 일도 없다고 말하고 싶고요.

그런 것에 신경 쓰지 말고 가족과 행복한 시간을 보내라고 하고 싶어요.

원장님: 좋아. 이제 마지막으로 서연이가 싸우지 않고 대화로 잘 해결하는 명상 최면을 하자.

내담자: 네.

원장님은 내담자를 명상최면실로 데리고 들어갔다. 그리고 명상최면을 통해 그녀가 갈등에 놓였을 때 감정적으로 대응하지 않고, 차분히 이야기하는 모습을 만들어 주었다. 분노조절장애 치료 때와 같은 방식의 명상최면이었다. 내담자는 이렇게 타임라인 치료기법을 통해 자신을 객관적으로 바라봤다. 내가 무엇 때문에 밖에 나갈 때마다 두려웠는지 원인을 알게 되었고, 이것을 해결하려면 내가 사람들과 갈등이 생길 때 어떻게 대처해야 하는지 확실히 인지했다.

타임라인이란?

문제 속에 있는 '현재의 나'를 '과거'와 '미래'를 통해 재조명하는 프로그램. 문제 속에 살고 있는 '현재의 나'를, 문제가 없던 '과거의 나'와 비교해 변해버린 내 모습을 인지시킨다. 이후 황혼에 끝에 있는 '미래의 나'가 '현재의 나'를 보게 함으로써 과연 내가 가진 문제가 정말로 중요한 것인지 여유를 갖고 보게 한다. 이렇게 '과거'와 '미래'가 괴로워하는 '현재의 나'를 조명해 문제 속에서 벗어나게 한다.

내담자는 꾸준한 심리치료를 통해 더는 사람들과 갈등이 생겨도 욕하며 싸우지 않았다. 운전할 때도 앞차가 깜빡이를 켜고 들어오면 양보했다. 자신이 무엇 때문에 밖에 나갈 때마다 두려워했는지 알게 되었다. 자신의 문제에 대해 정확한 인지를 해 오게 된 변화였다.

이제 남은 건 물건을 살 때마다 사람들이 훔친 게 아니냐고 말할까 봐 불안에 떠는 증상만 남은 상태였다. 이에 대한 원인은 고모와 사촌동생 때문이었다. 당시에 훔치지도 않은 반지를 훔쳤다고 한 게 내담자에게는 큰 트라우마로 남았다. 원장님은 명상최면으로 이 트라우마를 없애는 치료를 했다. 하지만 이상하게도 좀처럼 진척이 없었다. 분명 명상최면으로 트라우마를 없앴는데도, 내담자는 여전히 물건을 살 때 불안에 떨었다.

그러던 중 어이없는 상황이 발생했다. 약 15회기를 치료받는 동안 내담자가 느닷없이 원장님에게 말하지 못한 비밀이 있다는 것이었다.

"뭘 말하지 못했다는 거야?"

원장님이 묻자 내담자가 대답했다.

"저… 사실은 어렸을 때 막 물건도 훔치고… 돈도 훔치고 그랬어요…. 그래서 경찰서에도 많이 갔고… CCTV에 물건을 훔친 장면이 찍힌 적도 많았고요."

원장님은 황당한 얼굴로 말했다.

"그 이야기를 왜 지금에야 하는 거야?"

내담자는 기어들어가는 목소리로 대답했다.

"이 이야기를 하면… 원장님이 제 말을 믿어주지 않을 거 같아서요."

"어떤 말을 믿지 않는다는 거야?"

"제가 고모네서 반지 훔치지 않았다는 거요…."

원장님은 한숨을 푹 쉬었다.

"말 잘했어. 예전에 비슷한 케이스가 있었어. 심리치료를 하는데 도대체가 치료가 안 되는 거야. 그래서 왜 치료가 안 될까 늘 고민했는데, 애가 느닷없이 사실은 원장님한테 하지 않은 말이 있다고 하는 거야. 그래서 뭐냐고 하니까. 자기가 예전에 성추행을 당했었대. 그걸 상담한 지 1년이나 됐는데 말한 거야. 그래서 내가 말했어. 너 나랑 지금 무슨 짓을 한 거냐. 1년 동안 헛다리 잡고 치료한 거 아니냐. 벽에서 자꾸 사람 소리 들린다는 게, 그거 때문에 그런 거 아니냐. 그 뒤로 몇 번 치료하니까 또 증상이 금방 사라졌어. 너도 지금 똑같은 거야. 고모하고 사촌동생한테 받은 트라우마가 다 치료됐다고 생각했는데, 왜 자꾸 네가 물건을 살 때마다 불안에 떠나 싶었어. 그런데 그걸 이제야 말하면 어떡해."

"죄송해요…."

내담자는 상담할 때마다 이 말을 하지 못해 답답했는데, 이젠 속이 시원하다고 했다. 실제로 이 고백을 할 때 숨을 크게 헐떡였다. 그만큼 부담이 큰 모양이었다. 하지만 내심 불안한지 원장님에게 자기 말을 믿느냐며 재확인했다. 원장님이 내담자를 똑바로 바라보고 말했다.

"선생님은 서연이가 한 말을 100% 믿어. 서연이가 머무를 곳 없이 밖을 돌아다니던 시절에 도둑질한 것도 사실이고, 고모네서 반지를 훔치지 않은 것도 100% 사실이야."

내담자는 다행이라며 안도의 한숨을 쉬었다. 이처럼 상담 중 내담자가 뒤늦게 고백을 하는 경우가 있다. 특히 성추행, 성폭력이 그렇다. 내담자로서는 말하기가 조심스럽기 때문이다. 그래서 원장님은 내담자에게 반드시 과거에 성추행, 성폭행을 당한 사실이 있는지 확인을 한다.

원장님은 내담자의 고백을 듣고 증상을 재조명했다. 그녀가 물건을 살 때마다 두려움을 느낀 것은 고모의 트라우마 때문만이 아니었다. 학생 때 물건을 여러 번 훔치면서 생긴 증상이었다.

원장님은 내담자를 명상최면실로 데리고 들어갔다. 그녀가 물건을 훔치는 장면을 떠올리게 한 후 훔치지 않고서는 살 수 없었던 절박한 마음을 위로해주기로 했다.

이번 명상최면은 '현재의 나'가 물건을 훔치던 '과거의 나'에게 위로를 해주는 시간이었다. 원장님은 내담자가 침대 위에 눕자 명상최면을 시작했다.

"자, 편안한 자세로 온몸에 힘을 빼. 그리고 코로 숨을 들여 마시고, 천천히 내뱉어. 다시 한 번 코로 숨을 들여 마시고, 천천히 내뱉어. 이제 원장님이 하나 둘 셋 하면, 서연이는 아주 높은 계단 위에 서 있는 거야. 자— 하나, 둘, 셋! 나는 지금 아주 높은 계단 위에 서 있습니다. 높은 계단 위에 서 있나요?"

"네."

내담자가 대답하자 원장님이 이어 말했다.

"자, 당신이 내려다보고 있는 저 아래는 타원형의 계단이 펼쳐져 있습니다. 그 계단 끝으로 내려가면 과거로 향할 수 있는 문이 있습니다. 이제부터 천천히, 계단을 밟고 한 걸음씩 내려가 보세요."

내담자는 계단을 밟고 내려가기 시작했다. 원장님은 낮은 목소리로 이어 말했다.

"좋습니다. 천천히 과거를 향해 내려갑니다. 천천히, 천천히, 내려가세요. 그리고 계단 끝으로 가면 하나의 문이 보입니다. 그 문 앞에는 '과거 경험 불안'이라는 글씨가 쓰여 있습니다. 그 문을 향해 계속 내려가세요."

내담자는 이내 '과거 경험 불안'이라는 문 앞에 다다랐다.

"자, 그 문이 무슨 색깔로 보이죠?"

"빨간색으로 보여요."

"좋습니다. 이제 문손잡이를 잡고 문을 열도록 합니다. 그리고 안으로 들어가면 온통 안개가 자욱합니다. 자, 문을 열고 안으로 들어가세요. 들어갔나요?"

"네."

"안이 어떻게 보이죠?"

"안개 때문에 아무것도 보이지 않아요."

"좋습니다. 이제 하나, 둘, 셋 하면, 안개가 걷히고 내가 물건을 훔치고 있는 장면이 나타납니다. 하나, 둘, 셋! 안개가 걷혔습니다. 무엇이 보이죠?"

내담자는 잠시 시간을 둔 뒤 대답했다.

"쇼핑센터에서 물건을 훔치고 있는 제가 보여요."

"잘했습니다. 당신은 과거에 물건을 훔치고 있는 장면 속에 들어왔습니다. 이제 그 안에 들어온 '현재의 나'가 물건을 훔치고 있는 '과거의 나'를 자세히 관찰하세요. 과거의 나는 지금 무엇을 하고 있죠?"

"쇼핑센터를 두리번거리고 있어요."

"주변에 다른 사람들도 있나요?"

"네."

"그 사람들은 무얼 하고 있죠?"

"모두 분주해 보이고 다른 사람을 전혀 신경 쓰지 않고 있어요."

"거기서 나는 무엇을 하고 있나요?"

"옷을 훔치기 위해서 빠르게 주변을 살펴보고 있어요."

"그 상황에서 '과거의 나'는 무슨 생각을 하고 있나요?"

"아무도 모르게 빨리 옷을 훔쳐서 나가야겠다고 생각하고 있어요."

"좋습니다. 그럼 그때의 내 감정을 깊게 들여다보세요. 옷을 훔치려고 하는 과거의 내 감정 상태가 어떤지, 깊게 들여다보도록 합니다. '과거의 나'는 감정 상태가 어떻죠?"

원장님이 묻자 내담자가 대답했다.

"엄청난 불안감을 느끼고 있어요."

"그 불안 속에서도 물건을 훔치려 하고 있나요?"

"네. 기회가 생기면 빨리 물건을 훔치고 나가야겠다는 생각만 하고 있어요."

내담자는 원장님이 물어보는 질문에 모두 대답했다. 이 장면은 그녀가 과거에 고모에게 쫓겨난 후, 입을 옷이 없어서 쇼핑센터에 들어가 옷을 훔치려던 장면이었다. 원장님이 내담자에게 다음 질문을 했다.

"좋습니다. 그다음 과거의 나는 어떤 행동을 하나요?"

"재빨리 옷을 훔쳐서 가방에 쑤셔 넣고 있어요."

"그때 내 마음 상태는 어떻죠?"

"누군가가 내가 옷을 훔치는 걸 본 건 아닐지 불안해하고 있어요."

"그다음 행동은요?"

"대충 싼 거 아무 물건이나 하나 집어서 카운터에서 계산을 하고 있어요. 그리고 바로 쇼핑몰을 나가서 발걸음을 재촉하고 있어요."

"그때 내 감정 상태는 어떤가요?"

"식은땀이 나고 너무나 불안해하고 있어요. 뒤에서 누군가가 나를 부를 것만 같아 빨리 걷고 있어요."

"좋습니다. 이제 하나, 둘, 셋, 하면 '현재의 나'가 물건을 훔친 '과거의 나'에게 가까이 다가가도록 합니다. 자, 하나 둘, 셋! 현재의 내가 과거의 나에게 가까이 다가갔습니다! 다가갔나요?"

"네."

원장님이 이어 말했다.

"과거의 나는 지금 어떤 표정이죠?"

"깜짝 놀라서 얼어붙은 상태예요."

"왜 얼어붙은 거죠?"

"내가 옷을 훔친 게 걸렸다고 생각한 거 같아요."

"좋습니다. 그 깜짝 놀란 나를 '현재의 나'가 꼭 안아주세요. 그리고 등을 토닥이며 말해주세요. 서연아, 괜찮아. 너 지금 많이 불안하구나, 괜찮아. 나는 너를 알아. 네가 무엇 때문에 이러는지 모두 알아. 네가 어려서부터 갖고 싶은 걸 제대로 갖지 못했고, 원하는 걸 얻지 못해서 이런 행동을 하는 거야. 그리고 너는 밖을 돌아다니면서 몇 주 동안 계속 같은 옷을 입었잖아. 그래서 그런 거야. 괜찮아, 괜찮아. 서연아 불안해하지 마."

원장님은 나지막하게 말한 뒤 내담자에게 지금처럼 똑같이 과거의 나를 위로해 주라고 말했다. 내담자는 원장님의 말대로 현재의 내가 과거의 나를 끌어안고 위로해 주기 시작했다. 원장님은 잠시 시간을 준 뒤, 내담자에게 말했다.

"과거의 나를 위로해 주었나요?"

"네…."

"좋습니다. 계속 과거의 나를 끌어안은 채로 말해주세요. 서연아, 나는 너의 모든 걸 이해해. 고모네 집에서 반지를 훔치지 않았는데, 억울하게 훔쳤다는 누명을 씌운 것도 알아. 사촌동생이 고모 돈을 훔치고 너한테 훔쳤다고 하라고 한 것도 사실이야. 하지만 서연아, 이건 아니잖아. 물건을 훔치는 건 아니잖아. 그래도 불안해하지 마. 이제 그러지 않아도 될 거야. 이걸로 이제 다 끝내자. 나는 너의 모든 걸 다 이해해. 너에겐 모든 것들이 다 부족했고, 네가 이렇게 하지 않으면 넌 아무것도 소유할 수가 없었고 살아갈 수도 없었어. 그래서 그런 거야. 괜찮아. 서연아, 괜찮아. 불안해하지 마. 이제 우리 함께 돌아가서 다시 훔친 옷을 놓고 나오자. 서연아, 그렇게 하자."

원장님은 잠시 시간을 둔 뒤 말했다.

"자, 과거의 있는 나를 꽉 껴안아 위로해주세요. 그리고 물건을 되돌려 놓자는 말에 과거의 나도 동의를 하는지 대답을 들어보세요. 과거의 나도 훔친 옷을 되돌려 놓겠다고 하나요?"

원장님의 물음에 내담자가 대답했다.

"네… 갖다 놓겠다고 했어요."

"좋습니다. 그럼 이제 현재의 내가 과거의 나의 손을 잡아 주세요. '과거의 나'는 '현재의 나'를 그 누구보다도 신뢰하고 의지하고 있습니다. 함께 손을 꼭 붙잡고 물건을 훔쳤던 장소로 걸어갑니다. 그리고 물건을 제자리에 놓고 오도록 합니다."

원장님은 내담자가 옷을 제자리에 되돌려 놓을 시간을 주었다.

"옷을 제자리에 놓고 왔나요?"

원장님이 묻자 내담자가 그렇다고 대답했다.

"잘했습니다. 물건을 놓고 나온 '과거의 나'는 마음 상태가 어떻죠?"

"아주 편안해요. 이제는 불안해하지 않고 있어요."

"그렇다면 다시 한 번 해보겠습니다. '과거의 나'가 가지고 있는 가방에는 훔친 옷이 들어가 있습니다. 이번에는 과거의 내가 혼자 쇼핑센터 안으로 들어가 훔친 물건을 제자리에 놓고 오는 겁니다. '현재의 나'는 그런 '과거의 나'를 멀리서 지켜보고 있습니다. 자, 과거의 나만 홀로 쇼핑센터로 들어가세요. 이때, 과거의 나는 마음 상태가 아주 편안하고 어떤 긴장도 하지 않고 있습니다. 자… 물건을 제자리에 놓고 오세요."

이번에는 과거의 내가 혼자 훔친 물건을 되돌려 놓는 작업을 했다. 원장님이 이

읔고 입을 뗐다.

"쇼핑센터에 들어가 훔친 옷을 제자리에 놓았나요?"

"네."

"옷을 놓고 나오는 내 마음 상태는 어떤가요?"

"처음에는 긴장했지만… 옷을 놓고 나오니까 마음이 편안해요."

"혹시 누군가가 뒤에서 나를 부를 거 같은 느낌이 아직도 드나요?"

"아니요."

"좋습니다. 이제는 훔친 옷을 놓고 나오는 '과거의 나'를 '현재의 나'가 꼭 안아 줍니다. 그리고 잘했다고 칭찬해 줍니다. 서연아, 잘했어. 아주 잘했어. 이제부터 네가 물건을 살 때마다 마음이 불안하고 긴장되는 일은 없을 거야. 잘했어. 서연아, 아주 잘했어."

원장님은 내담자에게 과거의 나를 계속 칭찬하라고 했다. 과거의 내가 불안감을 떨칠 수 있게 응원해 주라고 했다. 내담자는 원장님 말대로 똑같이 따라했다.

"어떤가요? 현재의 나에게 안긴 채 위로받고 있는 과거의 내가 아직도 불안해하나요? 아니면 편안해하나요?

"편안해하고 있어요."

"좋습니다. 이제 둘이 손을 꼭 붙잡고 과거의 문을 빠져나가도록 합니다. 하나, 둘, 셋 하면 들어왔던 과거의 문을 열고 밖으로 나갑니다. 하나, 둘, 셋! 밖으로 나왔습니다. 나왔나요?"

"네."

원장님이 이어 말했다.

"이제 다시 내가 내려왔던 타원형의 계단을 밟고 올라가도록 합니다. 현재의 나와 과거의 내가 함께 손을 잡고 다시 꼭대기로 천천히 올라가세요. 우리는 이제 과거를 벗어나 새로운 환경, 그리고 변화된 삶의 환경, 미지의 세계로 올라가는 중입니다. 계단을 하나씩 밟고 올라가세요."

원상님은 내담자에게 계단을 올라갈 시간을 준 뒤 말했다.

"자, 이제 현재의 나와 과거의 나는 함께 손을 잡고 계단 꼭대기에 섰습니다.

그리고 앞에는 아주 커다란 문이 보입니다. 하나 둘, 셋, 하면 함께 손을 잡고 문을 활짝 열도록 합니다. 그러면 드넓은 들판이 보이고 아름다운 꽃과 새들이 지저귀는 소리, 시원한 바람과 태양이 밝게 비춥니다. 하나, 둘, 셋, 하면 문을 엽니다. 자– 하나, 둘, 셋! 문을 열었습니다! 열었나요?"

"네…."

"이제 그 들판으로 들어가세요. 시원하게 호흡하면서 들판을 향해 신나게 뜁니다. 그리고 외치세요. 이제 모든 건 끝났어! 나를 불안하게 했던 모든 일은 끝났어! 라고 외치면서 현재의 나와 과거의 내가 즐거운 얼굴을 하고 뛰세요. 즐겁고 행복한 마음이 드나요?"

"네."

"좋습니다. 이제 하나 둘 셋 하면 그렇게 즐거워하고 행복해하는 과거의 나와 현재의 내가 아주 컬러풀하고 엄청나게 커질 겁니다. 하나 둘 셋~ 으음~! 엄청나게 커졌습니다. 느낌이 어떻죠?"

"편안하고 개운해요. 정말 모든 게 끝난 거 같아요."

"좋습니다. 이제 편안히 호흡하고 눈을 뜨세요."

내담자는 기나긴 명상최면을 마치고 눈을 떴다.

내담자는 물건을 훔친 것에 대한 죄책감이 매우 컸다. 자신이 아무리 힘든 상황이었던들, 다른 사람에게 피해를 주는 일은 평생 용서받을 수 없는 일이라고 여겼다. 그래서 물건을 살 때마다 불안에 떨었다. 하지만 명상최면치료로 현재의 내가 과거의 나를 위로해 주면서, 내담자는 변화하기 시작했다.

그 당시에 살고자 했던 내 마음을 누구보다 잘 아는 게 바로 나 자신이기 때문이었다. 이렇게 자신을 스스로 위로해 주자, 내담자는 물건을 살 때마다 불안했던 마음이 사라졌다. 이제는 편히 물건을 살 수 있었고, 사람들의 눈치를 보지 않게 되었다. 내담자는 심리치료를 받은 뒤, 모든 증상을 완치하면서 가족과도 화목하게 지냈다.

　내담자의 사례를 통해 한 가지 알게 된 사실이 있다. 피해의식은 대부분 내가 누군가로부터 피해를 봤기 때문에 나타나는 현상이라고 생각할 수도 있는데, 꼭 그것만은 아니라는 것이다. 내가 남에게 피해를 줌으로써, 그것이 도덕적으로 옳지 않다는 것을 깨닫는 순간 도리어 내가 피해의식에 빠질 수 있다.

　내담자는 학창 시절 물건을 훔치며 도덕적이지 못한 행동을 많이 했고, 그로 인한 죄의식으로 피해의식에 빠졌다. 스스로가 떳떳하지 못한 삶을 살면 내가 나를 나락으로 빠트리는 것이다.

　내담자에게 앞으로 즐거움과 행복만이 가득하기를 바라며 이만 사례를 마친다.

현재의 나가 과거의 나를 위로하고 행동교정하기란?

'행동교정하기 명상최면 치료'와 같은 프로그램이다. 설명을 따로 하는 이유는 내담자의 상태와 상황에 따라 치료과정을 달리해서다. 위 내담자는 물건을 훔친 것에 대한 죄책감을 가지고 있는 상태였다. 또 자신이 이런 행동을 할 수밖에 없다는 현실을 비관하고 있었다. 그런 내담자를 위로해줄 존재가 필요해 '현재의 나'를 명상최면에 넣은 것이다. '현재의 나'가 '과거의 나'를 위로해줌으로써 비관을 하지 않게 하고, 훔친 물건을 다시 되돌려 줌으로써 죄책감을 없애주었다. 이처럼 명상최면은 내담자의 상태와 상황에 따라 얼마든지 변화가 가능하다.

시누이로 인한
'피해망상'

30대 후반 부부가 상담소를 방문했다. 이유는 아내가 이해할 수 없는 말을 하기 때문이었다. 예컨대 밖에만 나가면 누군가가 자기를 감시하고 있다던가, 사람들이 따라온다던가, 집에 누가 몰래 들어왔다가 나갔다며, 자꾸 벌어지지도 않는 말을 했다.

그렇게 아내를 감시하고 따라다닌다는 대상은 바로 '시누이'였다. 남편 위로 누나가 5명, 여동생이 1명 있었는데, 그중 첫째 시누이가 자기를 계속 괴롭힌다는 말이었다. 첫째 시누이는 아내와 20살 차이가 났는데, 아내는 첫째 시누이를 큰고모라 불렀다.

아내는 이 큰고모가 늘 자신을 괴롭힌다고 했는데, 남편은 지금 당장 보이지도 않는 큰고모가 어떻게 당신을 괴롭히냐고 따졌다. 그럴 때마다 아내는 "왜 내 말을 믿지 못하냐?"고 소리쳤다. 매일 이런 식으로 싸움이 벌어지니 남편은 아내에게 상담을 받자고 했다. 하지만 아내는 거부했다. 큰고모가 자기를 괴롭히고 사람들을 통해 감시하는 걸 어떻게 상담소가 해결해 주냐는 말이었다. 하지만 남편은 전문가 이야기를 들으면 도움이 되지 않겠냐고 아내를 지속해서 설득했고, 그 결과 겨우 상담을 받을 수 있었다.

상담소에 온 내담자(아내)는 한눈에도 굉장히 지쳐 보였다. 원장님은 내담자에게 각종 검사지를 건네주었다. 잠시 후, 결과가 너무나 심각하게 나왔다. 한마디로 내담자는 이미 조현병이 강하게 온 상태였다. 피해망상은 물론이거니와 환시로 큰고모를 보는가 하면, 자신을 감시하는 불특정 다수를 보기도 하고, 환청은 당연하고 주변 사람들이 자신을 음해하거나 음모를 꾸미고 있다고 생각했다. 이 모든 것은 큰고모의 주도하에 이루어지고 있으며, 모든 사람이 자신을 골탕 먹이려 합세하고 있다고 말했다.

원장님은 지금까지 수많은 내담자를 보아왔지만, 그중에서도 손에 꼽힐 정도로 증상이 심각하다는 걸 느꼈다. 환경프로파일 검사지를 보며 과거에 내담자에게 어떤 일이 있었는지 하나하나 물었다. 그 결과 내담자는 남편과 결혼을 하고 시집살이를 하면서부터 증상이 나타나기 시작했다는 걸 알 수 있었다.

지금으로부터 십몇 년 전이었다. 내담자와 남편은 대학교 선후배 사이였다. 서로 호감을 느끼고 사귀다가 결혼을 했다. 하지만 둘 다 사회 초년생이라 경제적으로 형편이 좋지 않아 시댁에 들어가게 되었다. 시댁에는 시부모님과 막내 시누이가 함께 살았고, 근처에 몇몇 시누이들이 살고 있었다. 그런 상태에서 남편이 회사에 취직했는데, 지방으로 발령이 나고 말았다. 그래서 주말에만 집에 오게 되었는데 도저히 신혼생활을 즐길 시간이 나지 않았다. 이유는 주말만 되면 근처에 사는 시누이들이 시댁에서 다 같이 놀기 때문이었다.

그러다 보니 내담자로서는 남편과 단둘이 보낼 시간이 나지 않았고, 주말이 끝나면 남편은 또 일하러 지방으로 내려갔다. 그러던 중 서서히 문제가 불거지기 시작했다. 첫째 시누이인 큰고모가 아침만 되면 시댁에 찾아와 사사건건 내담자를 간섭하기 시작한 것이었다. 예컨대 아침을 차려서 시부모와 함께 밥을 먹고 있으면, 큰고모는 이걸 먹으라고 차린 거냐며 타박했다. 넌 공부만 했지 음식을 차릴 줄도 모른다며 음식을 그 자리에서 버리거나 자기가 다시 만들었다. 또 시누이는 엄마에게 왜 말도 안 하고 그런 걸 먹냐며 엄마가 이런 걸 먹으니까 쟤가 일부러 더 그러는 거라고 모함했다.

그럴 때면 내담자는 큰고모에게 최선을 다했는데 죄송하다고 했다. 또 일부러 그러는 건 아니니 오해하지 말아 달라고 했다. 큰고모는 그럴 때마다 얻다 대고 말대꾸냐며 말을 하지 못하게 했다.

큰고모가 간섭하는 건 밥뿐만이 아니었다. 매일 아침 집에 와서 장롱을 열었다.

특히 시어머니 장롱을 보며 "너는 시어머니 옷도 정리를 하나도 안 하냐?"며 잔소리를 했다. 내담자는 어머니 옷인데 어떻게 함부로 정리하냐면서 실례가 될까 봐 하지 않았다고 하면 큰고모는 빽! 목청을 높였다.

"너는 지금 장난하는 거냐. 한집에 살면 당연히 어머니 옷을 정리해줘야지, 대학교만 나오면 다냐. 친정에서 뭘 배운 거냐. 안 배운 사람도 이 정도는 다 안다."

또 내담자가 잠깐 찜질방이나 목욕탕이라도 가면 큰고모는 시어머니를 모시고 가야지 혼자 가면 되겠냐며 핀잔을 줬다. 그렇게 큰고모가 난리를 치면 근처에 사는 둘째와 셋째 시누이도 합세해 내담자에게 면박을 줬다. 바람 난 거 아니냐며 왜 혼자 찜질방에 가냐고 말도 안 되는 소리를 했다.

그러다 보니 큰고모가 아침에 올 때마다 내담자는 밥도 제대로 넘기지 못했다. 밥을 조금만 먹으면, "너 지금 시집살이해서 핼쑥해졌단 이딴 소리 들으려고 그러냐. 아니면 고생한다는 티를 내려고 안 먹는 거냐."며 사사건건 시비였다.

큰고모는 집안에서 제왕 같은 존재였는데, 이유가 잘 살았기 때문이었다. 가족의 모든 경제권을 쥐고 있었고, 남동생이 결혼할 때도 몇 천만 원을 주었다. 또 필요한 대로 경제적 지원을 했다. 그러다 보니 큰고모는 돈 받은 대가를 톡톡히 치르게 했다. 하지만 그녀가 단순히 돈 때문에 위세를 부리는 건 아니었다.

그녀는 초등학교밖에 못 나왔는데 내담자가 대학교를 나와 열등감이 있었다. 그래서 그녀가 눈에 밟히는 행동만 하면, "넌 대학교까지 나온 게 그것밖에 안 되냐."며 온갖 인격모독을 했다. 너무도 힘겨운 시집살이에 내담자는 남편에게 힘들다고 하소연을 한 적도 있었다. 하지만 남편은 큰누나가 그럴 사람이 아니라며 누나 편을 들었다.

내담자는 친정에 가서도 큰고모 때문에 힘들다고 했다. 그러자 엄마와 언니는 그런 집에서 왜 바보처럼 살고 있냐며 이혼하라고 했다. 특히 친정엄마도 시집살이 때문에 이혼했는데, 딸까지 그런 상태에 놓이자 이혼을 종용했다. 하지만 내담자는 도저히 이혼할 수가 없었다. 왜냐하면 남편과는 아무런 문제가 없었고, 그를 너무나 사랑했기 때문이었다. 그렇게 내담자는 참고 살기로 한 후, 임신을 하고 아기까지 낳게 되었다. 하지만 큰고모의 잔소리는 하루도 멈추지 않았다.

내담자는 집에만 있다간 미칠 거 같아 일하기 시작했다. 하지만 그 일도 오래가지 못했다. 조금만 집에 늦게 들어와도 큰고모의 불호령이 떨어졌기 때문이었다. 야근을 하거나 회식을 하면 다른 남자와 바람피우는 거 아니냐며 음해했다. 결국 그녀는 회사를 그만두고 다시 집에 있게 되었다. 집에만 있으니 큰고모의 간섭과 잔소리가 더 심해졌다.

하루는 내담자가 아기 옷을 사오자 큰고모는 무슨 이런 촌닭 같은 옷을 샀냐며 그녀를 나무랐다.

"너는 무슨 대학을 발가락으로 나왔냐. 대학 나온 애들은 세련됐다고 하던데, 너는 왜 그렇게 촌스럽냐. 친정이 가난해서 그러냐. 너도 네 엄마 닮아서 오래 못 살겠다. 우리 동생은 세련된 애야. 너처럼 촌스러운 애하고는 오래 못산다."

이런 식으로 내담자에 대한 인격모독을 넘어서 친정 비하까지 했다.

아기 옷뿐만이 아니었다. 아침마다 장롱을 들춰보다가 새로운 옷이 보이면, 고작 산다는 게 이런 걸 샀냐며 지적을 했다. 그리고 옷을 사줄 테니까 따라 나오라고 했다. 내담자가 어쩔 수 없이 쫓아가면 큰고모는 바짝 오라고 목소리를 높였다.

또 밖에 나왔는데 너는 맨얼굴이냐며, 쪽팔려 죽겠으니 빨리 화장하고 오라고 했다. 내담자는 화장을 안 해도 예쁜 얼굴이었는데, 큰고모는 열등감에 젖어 이처럼 하나부터 열까지 다 시비를 걸었다.

백화점에서 옷을 골라도 문제였다. 내담자가 마음에 드는 옷을 고르면 큰고모는 "너는 보는 눈이 어쩜 그러냐."며 마음에 드는 구석이 없다고 결국 자기가 좋아하는 옷을 골랐다. 그러다보니 내담자는 옷도 자기 마음대로 입지 못했다. 자기가 가지고 있던 옷을 입기만 하면 왜 또 그런 옷을 입느냐며 벗으라고 했다.

내담자에게는 하루하루가 큰 스트레스이자 불행이었다. 그중에서 가장 힘든 시간은 큰고모와 함께 둘째와 셋째 시누이가 집에 올 때였다. 그녀들은 아침에 집에 와 점심까지 머물곤 했는데, 밥을 먹으면 절대로 내담자와 겸상을 하지 않았다. 자기들이 먹는 밥상이 있고 그녀가 먹는 밥상이 따로 있었다. 그래서 자기들끼리 즐거워하며 밥을 먹을 때, 저만치에서 내담자가 밥을 깨작거리고 있으면 안 먹는다고 뭐라고 하고, 또 잘 먹으면 넌 눈치도 없냐며 시비를 걸었다.

내담자는 점점 바보가 돼갔다. 입을 닫고 말을 하지 않는 사람이 되었고, 우울증까지 왔다. 가장 대표적인 증상은 큰고모만 집에 오면 귀퉁이에 쭈그려 앉아 있는 거였다. 그럼에도 시어머니는 며느리의 보호막이 전혀 되지를 못했다. 시아버지도 몸이 아파 며느리를 도와주지 못했다.

내담자가 기죽어 있는 모습을 보면 큰고모는 그 모습이 불쌍할 만도 한데 전혀 그렇지 않았다. 되려, "너 왜 그러냐?" "이제 완전히 맛이 갔구나?" "너 그렇게 앉아 있으니까 꼭 원숭이 같아."라며 웃고 떠들었다. 그때부터 내담자는 큰고모만 보면 벌벌 떨었고, 시누이들이 갈 때까지 구석에 앉아 있기만 했다. 물 떠 오라고 하면 자리에서 일어나 물을 떠주는 노예와도 같은 삶을 살았다.

그럼에도 남편이 이 일을 알아차리지 못한 건 내담자가 초창기에 큰고모 때문에 힘들다고 말한 뒤로는 아예 입을 닫았기 때문이었다. 내담자는 남편이 힘이 되어주지 못한다는 걸 알았고, 그를 사랑하는 이상 참고 살 수밖에 없다고 생각했다. 그로 인해 자신이 병들고 있다는 사실은 전혀 알아차리지 못했다. 우울증이 오기 시작하면서 인생을 포기한 채로 살았다.

남편은 늘 그렇듯 주말에만 집에 왔는데 어느 날부터인가 아내가 이상하다는 생각이 들었다. 말도 잘 안 하고 넋이 빠진 사람처럼 있었기 때문이었다. 남편은 안 되겠다 싶어 아내를 데리고 정신과 병원에 갔다. 그 결과 우울증이라는 진단이 나왔다. 남편은 이때까지만 해도 우울증이 누나들 때문이라고 생각하지 못했다. 자기가 오랫동안 집을 비워 그런 거라고 여겼다.

엎친 데 덮친 격으로 남편이 2년 동안 해외에 나가 일해야 하는 상황이 발생했다. 남편은 아내의 우울증이 걱정돼 해외에서 같이 살자고 했다. 하지만 그녀는 일언지하에 거절했다. 큰고모 때문이었다. 만약 자기가 남편과 같이 해외에서 살겠다고 하면 어떤 일이 벌어질지 불 보듯 뻔했다. 감히 입 밖에 꺼낼 수도 없었고 만약 간다고 하면 자기는 큰고모한테 죽은 목숨이라고 생각했다. 남편은 결국 하는 수 없이 혼자 2년간 해외 출장을 가게 되었다.

그때부터 지옥 같은 삶이 시작되었다. 남편이 해외로 출장을 가자 시누이들은 내담자를 더 압박했다. 대개 큰고모(첫째 시누이)가 내담자를 모함하면, 둘째가 거

들고 셋째는 아래 동생들을 조종하는 형식이었다. 하지만 막내 시누이만은 내담자를 안타깝게 여겼다. 내담자보다 한 살이 더 어려 나이대도 비슷했고, 집에서 함께 살다 보니 눈 뜨고 보지 못할 꼴을 많이 봤기 때문이었다. 그래서 한동안은 막내 시누이가 내담자를 챙겼는데 또 그 꼴을 못 보는 큰고모였다. "너 우리 막내랑 같이 다니더라?" "내가 너 어떻게 하는지 다 보고 있어." "내가 집에 시시티브이 단 거 알지?"라며 결국 내담자와 막내 시누이 사이를 갈라놓았다.

막내 시누이도 결혼을 하면서 돌변했다. 그녀도 시집살이로 인해 친정에 와 시어머니를 욕했는데, 그러면서 안면몰수하고 내담자를 괴롭혔다. 그나마 정을 나눴던 막내 시누이마저 다른 시누이들처럼 행동하자 그녀는 마음 둘 곳이 하나도 없었다.

내담자를 가장 힘들게 했던 건 시아버지가 돌아가셨을 때였다. 큰고모는 내담자에게 "아버지가 돌아가신 게 네 탓"이라고 했다. 네가 아버지를 잘 보살피지 못해 죽었다는 말이었다. 내담자는 그 이야기에 충격을 받아 유산을 했다. 남편이 해외로 출장 가기 전 임신한 상태였는데, 끝없는 스트레스를 줘 결국 유산까지 하게 만든 것이었다. 더 가관인 건 병원에 입원했을 때 시누이들이 한 명도 병문안을 오지 않았다는 점이었다. 내담자는 그런 이야기도 남편에게 일절 하지 않았다. 그렇게 2년이라는 지옥 같은 시간이 흐른 후 남편은 다시 한국에 오게 되었다.

남편은 아내를 본 후 우울증이 더 심각해졌다는 걸 느꼈다. 자기를 봐도 본체만체하고 영혼이 없는 사람처럼 보였다. 그래서 남편은 아내에게 운동할 것을 권했다. 집에만 있으면 더 우울해지니 에어로빅을 하는 게 어떠냐고 물었다. 그녀는 에어로빅 학원에 다니기 시작했다. 그런데 그때부터 그녀는 이상한 말을 하기 시작했다.

에어로빅 학원에만 가면 사람들이 자기랑 똑같은 옷을 입고 있다는 것이었다. 그게 한두 번이 아니라고 했다. 또 신기한 건 자기는 뒤에서 에어로빅을 하는데 어느 순간 보면 맨 앞에서 에어로빅을 한다고 했다. 나는 분명 뒤에서 하고 있었는데 왜 앞에 있는지 도저히 이해하지 못하겠다고 했다.

내담자의 이상한 소리는 여기서 그치지 않았다. 에어로빅을 마치고 집으로 가는데 어떤 남자가 나를 보고 좋아한다고 고백을 했다는 것이었다. 나는 조금도 그 남자를 좋아하는 마음이 없는데, 왜 날 좋아한다고 그러는지 모르겠다고 했다. 그리고 이상한 건 큰고모가 그 사실을 알고 있다는 것이었다. 큰고모가 자기를 보더니 너 바람피우는 거 안다며 조심하라고 경고했다고 말했다.

내담자가 말한 건 모두 '망상'이었다. 에어로빅 학원에서 사람들은 각자 옷을 입고 있는데 내담자는 똑같은 옷을 입고 있는 거로 보였고, 학원에서도 맨 뒤에서 에어로빅을 함에도 어느 순간 맨 앞에서 에어로빅을 하는 거로 착각했다. 남자가 내담자에게 고백한 일도 마찬가지였다. 실제로는 그런 일이 전혀 벌어지지 않았는데 내담자는 그런 일이 벌어졌다고 여겼고, 이 사실을 큰고모가 알고 있다고 생각했다.

하지만 남편은 내담자가 조현병 증상이 있어서 그런 거라는 걸 알지 못했다. 오히려 '아내가 진짜 바람을 피우는 건가?' 하고 생각했다. 왜냐하면 한국에서 돌아온 뒤 자기한테 일절 관심을 주지 않고 있었기 때문이었다.

하지만 결국 바람난 사람은 남편이었다. 아내는 남편의 휴대폰 메시지와 여자가 쓴 편지를 보고 그 사실을 알았지만, 역시 말하지 않았다. 남편도 큰고모와 한통속이라 생각하고 있었기 때문이었다. 큰고모의 지휘 하에 모든 사람이 자신을 감시하고 괴롭힌다고 생각했다.

그러던 어느 날 사건이 터지고 말았다. 명절에 가족이 큰고모 집에 모였을 때였다. 큰고모는 동생들(시누이들)에게 자기한테 절을 하면 50만 원을 주겠다고 했다. 시누이들은 돈을 받기 위해 모두 엎드려 세배했다. 그리고 큰고모는 올케인 내담자에게도 세배하라고 했다. 그녀는 어쩔 수 없이 꾸물거리며 큰고모에게 세배를 했다. 그리고 저녁을 먹은 뒤 집에서 헤어질 때였다. 내담자가 고개를 숙여 신발을 신는데, 큰고모가 발로 그녀의 머리를 툭툭 치며 말했다.

"야. 너, 왜 세배 제대로 안 해? 누가 그렇게 세배하래? 어? 어?"

내담자는 그저 쭈그려 앉아 신발만 신었다. 남편은 그 모습에 이상함을 느꼈다.

'어? 저게 뭐지? 큰누나가 왜 저렇게 하는 거지?'

남편은 밖으로 나온 뒤 아내에게 물었다. 큰고모가 그런 행동을 하는데도 왜 가만히 있냐고 물었다. 하지만 아내는 제대로 말하지 못했다. 그 순간 남편은 무언가 잘못됐다는 생각이 들어 큰누나에게 말했다.

"누나, 잠깐 말 좀 해."

"왜?"

"누나, 아까 소윤이한테 한 행동이 뭐야?"

"뭐가?"

"아니 앉아서 신발 신는 애를 발로 머리를 쳤다는 건… 난 이해가 안 가는데? 그게 무슨 행동이야? 내가 볼 땐 한두 번 한 거 같지 않은데?"

"왜? 그렇게 하면 안 되니?"

오히려 당당한 큰누나 모습에 남편은 기가 찼다.

"아니, 누나 당연히 안 되지. 사람 머리를 발로 차는 게 말이 돼?"

"얘가 미쳤나. 너 지금 뭔 소리 하는 거야. 네 마누라 편 드냐? 지금 네 마누라 때문에 나한테 덤비는 거야?"

"누나, 아닌 건 아니지."

그렇게 말싸움이 붙었다. 큰고모가 소리치고 남편도 목소리를 높였다. 가족이 모두 말려서야 남편은 화내며 차를 탔다. 그리고 운전을 하며 내담자에게 물었다.

"소윤아, 아까 누나가 머리 발로 찼잖아? 평소에도 그랬어?"

그러자 아내는 두려워하며 입을 뗐다.

"나… 말할 수 없어… 내가 말하면 오빠랑 살지를 못해…."

"그게 무슨 말이야? 너 왜 그동안 나한테 말 안했어?"

"오빠, 내가 말하면 살 수가 없어…."

"살 수가 없다니. 왜 살 수가 없다는 거야?"

"봐봐! 저기 또 따라오잖아!"

"뭐가?"

"고모, 고모가 따라오고 있잖아! 나 너무 무서워!"

양손으로 귀를 막더니 벌벌 떠는 내담자였다. 남편은 혼란스러웠다. 이게 도대체 무슨 상황인지, 아내가 왜 이러는 건지, 이해가 가지 않았다. 갓길에 차를 세우고 그녀를 다독였다.

"왜 그래. 정신 차려. 고모가 어디 있다는 거야? 어?"

"고모 여기 있잖아! 제발 그 얘기 하지 마!"

아내는 꽥 소리 지르며 눈물을 흘렸다. 남편은 그 순간 무언가 크게 잘못됐다는 걸 느꼈다. 그리고 아내가 지금까지 왜 이상한 행동을 한 건지 이해가 갔다. 다시 차를 돌려 큰누나에게 향했다. 차에서 내리자마자 큰누나 집에 쳐들어가 말했다.

"누나, 우리 이제 분가할 겁니다. 여기서 안 살아요."

"분가? 그래. 그렇게 해라."

팔짱을 끼고 콧방귀를 뀌는 큰누나였다. 남편은 다시 차를 타고 집으로 향했다. 하지만 아내가 지금까지 큰누나에게 당했던 걸 생각하니 다시 화가 치밀었다. 남편은 큰누나에게 사과를 받아내기 위해 또다시 차를 돌렸다. 아내를 데리고 큰누나 집에 쳐들어가 사과하라고 입을 떼려는 순간이었다.

짝!

큰누나가 다짜고짜 아내에게 귀싸대기를 날렸다. 그것도 한 대가 아닌 여러 대였다.

"시발, 뭐 하는 거야!"

남편이 소리치자, 큰누나는 남편에게도 귀싸대기를 날렸다.

"시발년아! 소윤이한테 사과해! 사과 안 해?!"

남편은 차마 큰누나를 때리지 못하고 욕을 퍼부었다. 온 가족이 큰누나와 남편을 말렸다. 한편 그 광경을 본 내담자는 의아했다. 남편이 갑자기 왜 그러지? 왜 내 편을 들지? 큰고모 편이 아니었나? 지금까지 모두 한 패라고 생각했던 남편이 자기를 옹호해주고 있자, 내담자는 이상하다고 생각했다.

피해의식과 피해망상의 차이

나는 내담자가 피해의식이 아니라 피해망상에 걸렸다는 걸 확신할 수 있었다. 원장님이 피해의식과 피해망상의 차이를 말해준 적이 있었기 때문이다.

"피해의식은 사람들이 날 욕하는 거 같다, 저 사람이 날 싫어해서 저런 행동을 한 거 같다, 라고 예측을 하는 거야. 그런데 피해망상은 아예 그게 맞다고 확정을 하는 거야."

"확정이요?"

"응. 사람들이 날 보고 욕한다. 저 사람이 내게 피해를 주려고 무언가를 꾸미고 있다고 확신을 하는 거야. 그래서 길에서도 어떤 사람과 눈을 마주치면 보통 사람은 아무 생각 없이 그냥 지나가는데, 피해망상에 걸린 사람들은 저 사람이 날 보고 비웃었다고 하면서 폭력을 행사하기도 해."

"아… 그래서 뉴스에 묻지마 폭행 같은 거 보면, 저 사람이 먼저 시비 걸었다고 말하는 거네요. 피해자는 눈만 마주쳤을 뿐이라고 하는데."

"그렇지."

"그럼 가족이나 친구가 피해망상에 걸렸으면 어떻게 말해야 해요?"

그럴 때 원장님은 이렇게 말하라고 했다.

"그래서 당신이 화가 났구나. 여보, 화 풀어. 당신이 너무 힘들면 우리 다른 방법을 찾아보자."

여기서 포인트는 통장에 돈을 내가 빼갔다고 말해서도 안 되지만, 맞다고 해서도 안된다는 것이다. 곧 남편의 감정만 받아주고 달래줘야 한다.

"그래. 당신 많이 힘들지? 나도 당신을 도와주고 싶어."

이렇게 해야만 피해망상을 가진 사람에게 신뢰를 얻을 수 있다. 후속 조치는

정신과 병원에서 약물치료를 하고, 상담소에서 근본적인 원인을 없애고 심리치료를 받아야 한다.

"일단 절대로 설득해서 안 돼. 네가 착각하는 거다, 그런 일은 없다. 아무도 널 해치려 하지 않는다. 이런 식으로 그 사람의 말을 부정해서는 안 돼. 왜냐면 그 사람 시점에서는 실제로 일어나는 일이거든."

다른 상담사례에서도 이런 경우가 있었다. 남편이 피해망상에 걸려 통장에 있는 돈을 아내가 다 인출해 갔다고 하는 사례였다. 아내는 기막혔다.

그러면 이때 설득은 어떻게 해야 할까?

"여보, 많이 힘들면 당신에게 일어나는 일에 대해 상담소에 가서 이야기해보는 건 어때? 도움을 받을 수 있지 않을까?"

"여보, 정신과 병원에 가서 의사한테 말해보고 해결방법을 찾아보자. 나도 같이 도와줄게."

이때 말의 뉘앙스를 조심해야 한다. 마치 너에게 문제가 있는 거 같으니 가보자, 라는 식으로 느끼게 해서는 안 된다.

심리상담소에서도 피해망상 내담자는 연계된 정신과 병원에서 무조건 약물치료를 받게 한다. 그래야 심리치료를 할 때 가장 효과적이기 때문이다. 내담자가 약물치료를 거부할 때는 심리치료만 한다. 하지만 상담을 할 수 없을 정도로 심리증상이 심하고, 감정 조절이 되지 않으면 반드시 약물치료를 받도록 설득한다. 이렇게 약물치료와 심리치료를 동반해 내담자를 최종적으로 치료하는 게 조현병이다. 조현병은 약물치료도 아주 중요함을 잊지 말자.

남편은 큰누나와 싸운 후, 그날부로 짐을 싸고 집을 나가버렸다. 나가면서 엄마에게도 한마디 했다. 지금까지 아무것도 모르고 있었던 자기도 한심하지만 모든 걸 다 알면서도 아내를 보호해주지 못한 엄마도 필요 없다고. 분가해 내담자의 친정엄마가 있는 근처로 이사를 했다. 그리고 아내에게 그간 있었던 이야기를 들었다. 자신이 없는 사이 누나들이 아내를 어떻게 괴롭혔는지 하나도 빠짐없이 들었다. 충격이었다. 어떻게 그런 일들이 벌어질 수가 있는지 말이 나오지 않았다. 하지만 누나들이 왜 그런 행동을 했는지 짐작할 수 있었다.

"원장님, 저는 우리 누나들이 왜 그런지 압니다. 백 프로 열등감이었을 거예요. 누나들은 초등학교밖에 안 나왔는데, 우리 집사람은 대학교까지 나왔고, 고상하고 인품이 좋으니까 그랬던 겁니다. 아내를 건드릴 때마다 대들고 싸웠어야 했는데, 집사람이 안 그러고 참고 인내하니까 어디 얼마나 네가 배운 것이 있냐 하고 끝까지 괴롭힌 거예요. 우리 누나들 그런 사람들 맞아요. 나는 그렇게까지 할 줄 몰랐는데, 너무 몰랐던 내 잘못이네요."

남편은 자책했다. 남편은 아내의 친정 근처로 이사를 하고는 면목 없는 얼굴로 장모와 처형에게 그간 있었던 일을 말했다. 장모와 처형은 기가 막혔지만 사위에게 따지지 못했다. 내담자가 너무 망가져 버려 뭐라고 했다가는 사위까지 도망갈까 걱정됐기 때문이었다.

하지만 친정에서도 내담자의 문제는 지속해 나타났다. 어느 순간부터 내담자의 눈에 남편과 엄마, 언니가 이상하게 보이기 시작했다. 예컨대 이런 경우였다.

'남편이 왜 우리 식구들하고 한편이 되지?'

'시댁에 있었던 장면이 왜 우리 친정에서 똑같이 연출이 되지?'

'저 사람(남편)이 왜 우리 엄마하고 언니하고 한 패가 됐지?'

'왜 친정 식구들과 저 사람이 뭉쳐서 저러는 거지?'

한마디로 내담자는 시댁에서 시누이에게 당했던 것들이 친정에서도 똑같이 일어난다고 생각했다. 남편과 엄마, 언니가 모이기만 하면 자기 흉을 보고 문제가 있는 사람처럼 말하고 있다는 것이었다. 상담소에 왔을 때도 내담자는 원장님에게 이렇게 말했다.

"원장님, 우리 친정도요. 시댁과 한 패예요. 시누이들이 했던 행동을 엄마랑 언니가 아주 똑같이 행동해요."

내담자가 이와 같은 말을 한 것에는 이유가 있었다. 내담자는 친정 근처로 이사를 온 후, 무기력증에 빠진 상태였다. 딸도 제대로 보지 못하고 온종일 잠만 잤다. 그러다 보니 언니는 내담자에게 잔소리했다. 일어나서 뭐라도 하라는 것이었다. 언니 입장에서는 동생이 이러고 있는 게 너무나 싫었기 때문이었다. 친정엄마도 마찬가지였다. 내담자가 기운을 차리지 못하자 잔소리 아닌 잔소리를 하게 됐다. 결혼하기 전까지는 셋이서 행복하게 잘 지냈던 가족인데, 저러고 있는 게 싫었기 때문이었다. 게다가 언니는 화가 나 내담자에게 함부로 말하기까지 했다. 그것이 내담자에게는 공격적으로 들렸다. 언니와 친정엄마가 하는 행동은 시누이들이 내게 했던 행동과 별반 다르지 않아 보였다.

그러다보니 내담자는 친정엄마와 언니가 조금이라도 듣기 싫은 소리만 해도 시누들과 친정이 한 패고, 그런 한 패와 어울리는 남편도 한 패라고 생각했다. 남편과 언니가 사소한 전화를 하면 둘이 바람을 피운다고 왜곡했다.

그러다보니 내담자는 엄마, 언니, 남편도 다 싫다. 나 혼자 있겠다. 아무도 필요 없고 가족도 필요 없다며 대책도 없이 혼자 있고 싶다고 했다. 내담자가 너무 완강하게 나오자 결국 남편은 친정과도 떨어져 이사하자고 제안했다. 남편은 자기가 생각한 것보다 아내가 훨씬 더 심각하다는 걸 깨달았다.

우리는 종종 친구나 지인이 잘못된 행동을 하면 조언을 한다. 내가 잘못된 행동을 할 때도 마찬가지다. 내가 상대방에게 피드백을 하는가 하면, 나도 상대방으로부터 피드백을 받는다. 이것은 너무나도 자연스러운 일이다.

하지만 심리증상이 있는 사람에게는 절대로 이처럼 해서는 안 된다. 예컨대 우울증 때문에 무기력에 빠진 사람에게 잠만 잔다고 잔소리를 해서는 안 된다는 것이다.

눈으로 보이는 외상만 없을 뿐, 실제로는 내담자처럼 중환자나 다름없을 수 있다. 만약 내담자의 상처가 눈에 보였다면 언니는 동생에게 왜 맨날 누워만 있냐고 절대로 말하지 않았을 것이다. 하지만 사람들은 마음의 상처를 눈으로 볼 수 없기 때문에 함부로 말한다.

"너 왜 그러고 있냐."

"나가서 운동이라도 해라."

"정신 좀 차려!"

라고 강하게 말하기도 한다. 그런데 그 사람도 그렇게 있고 싶어서 그런 게 아니다. 보이지 않는 상처가 너무 커 일어설 수 없는 것이다.

그러므로 상처받은 사람들이 무기력하게만 있다고 뭐라고 하지 말자. 오히려 그 사람의 말을 들어주고 위로해주며, 응원을 해줘야 한다. 다리가 부러진 사람에게 빨리 일어나 걸으라고 하는 건 너무나도 가혹한 말이다.

3) 첫째 시누이에게 고통받는 아내

　내담자와 남편은 멀리 이사를 했다. 그리고 친정에 절대로 집이 어딘지 알리지 않았다. 남편에게도 말하지 말라고 신신당부했다. 친정엄마와 언니는 어이가 없었다. 힘들어해서 물심양면으로 도와줬는데 시댁과 똑같은 취급을 하는 것도 모자라 아예 연락을 차단하니 괘씸했다. 하지만 그렇다고 해서 내담자의 증상이 나아지는 건 없었다. 오히려 시간이 가면 갈수록 더 알 수 없는 말을 했다.

　엘리베이터를 탈 때 같이 타는 사람들이 있으면, 큰고모가 보낸 첩자라고 생각했다. 또 남편과 외출을 한 뒤 돌아오면 큰고모의 향수 냄새가 난다며 고모가 집에 왔다 갔다고 했다. 그런가 하면 옷장에서 옷 하나를 가져오더니 고모가 자기 옷을 내 옷장에 두고 갔다고도 했다.

　밥 먹을 때도 마찬가지였다. 갑자기 내담자가 반찬을 하나 빼자 남편이 왜 그러냐고 물으면, 그녀는 금방 고모가 나 몰래 반찬을 여기에 뒀다고 했다. 남편이 네가 방금 놓은 거라고 하면, 내담자는 고모가 갖다 놓은 거라며 소리쳤다

　이런 일이 매일 반복되자 남편은 미칠 지경이었다. 큰누나가 있지도 않은데 자꾸 있다고 하고, 작은누나들이 사람들을 시켜 자기를 감시한다고 하고, 끊임없이 누나들이 들어왔던 흔적이 있다고 해 도저히 살 수 없었다. 또 드라마에서도 자기 상황이 그대로 재현되고 있다며 있을 수 없는 말을 했다. 남편은 결국 이대로는 살 수 없어 심리상담소를 검색했다. 그리고 아내를 설득해 상담을 받게 되었다.

　내담자는 상담소에 오자마자 시댁에서 있었던 일, 지금 자신에게 벌어지는 모든 일을 원장님에게 쏟아 부었다.

　"원장님, 며칠 전에는요. 남편이랑 차를 타고 가는데 검은색 세단이 우리 차 옆에 서는 거예요. 그러더니 창문을 열고 세단에 탄 사람이랑 저희 남편이랑 웃고 떠들면서 막 이야기를 해요. 이게 있을 수 있는 일이에요? 세단에 탄 사람이 누군지 보이지도 않고, 남편이 익숙한 듯 이야기를 하는데, 이게 있을 수 있는 일이냐고요."

　남편은 어이가 없다며 고개를 절레절레 흔들었다. 자기는 절대로 그런 적이 없

다는 뜻이었다. 내담자가 검은색 세단을 말한 이유는 큰고모가 타는 차량이 검은색 세단이기 때문이었다. 시댁에 있을 때 큰고모가 아침마다 검은색 세단을 타고 내리는 걸 지켜보는 게 트라우마가 돼 일어나는 망상이었다. 원장님은 내담자의 이야기를 듣고 고개를 끄덕이며 입을 뗐다.

"소윤 씨, 오늘 상담을 통해 제가 다 알아들었어요. 소윤 씨에게 일어난 일들 모두 인정해요. 사람들도 인정하지 않고 남편도 인정하지 않아서 그동안 많이 힘들었겠어요. 그런데 저는 소윤 씨에게 일어나는 일에 대해 이해하고, 받아들이고, 공감하고, 어떤 건지 다 알아요. 그러니까 소윤 씨, 나를 믿고 신뢰해요. 그 긴 13년 동안 어떻게 참고 살았어요? 정말 이건 바보 상을 줘야 할지, 훌륭한 상을 줘야 할지, 상을 주긴 줘야 하는데 무슨 상을 줘야 할지 모르겠어요. 그 긴 시간 동안 소윤 씨에게 일어나는 상황에 대해 아무도 이해해 주지 않았을 텐데 나는 다 알아요. 그러니까 나를 신뢰해요."

내담자는 조용히 원장님 말을 듣기만 할 뿐이었다. 원장님의 시선이 남편에게 향했다. 남편이 알아야 할 게 있었기 때문이었다.

"남편분은 이제부터 아내가 어떤 이야기를 하든 무조건 공감하고 이해하세요. '그런 일이 일어났어?' '얼마나 힘들었어?' '내가 도와주지 못해서 미안해.' 이렇게 반응하세요. '자꾸 이상한 소리 할래?' '그런 일은 없어.' '왜 없는 일을 만들어?' 이런 이야기를 해서는 절대 안 돼요."

그러자 가만히 듣고 있던 아내가 앙칼진 목소리로 말했다.

"그럼 원장님, 제가 없는 걸 있다고 했단 말이에요?"

원장님은 단호한 목소리로 대답했다.

"소윤 씨, 없는 걸 있었다고 하는 게 아냐. 소윤 씨한테는 모든 게 진실이야. 다 진실이고 현실이야. 그런데 남편은 그게 진실이고 현실이라는 걸 모르잖아. 남편이 소윤 씨를 공감해야 하는 게 일번이라 말한 거야."

조용히 듣던 남편이 입을 뗐다.

"그럼 무조건 공감해줘야 합니까?"

"네, 맞아요. 왜? 소윤 씨한테는 모든 게 현실이고 진실이니까. 가상이 아니에요. 그 현실과 진실 속에서 얼마나 많은 고통을 당하고 있는데, 그걸 아니라고 하면 어쩌란 말이에요. 그러니까 남편분은 무조건 이해하고 공감하세요. 아니라고 절대로 말하지 마세요. 왜? 아내에게는 현실이고 진실이니까."

"그쵸, 원장님? 현실이고 진실이죠?"

"네, 맞아요. 현실이고 진실이에요. 그리고 소윤 씨."

원장님이 내담자를 쳐다보며 말을 이었다.

"소윤 씨에게 일어난 모든 일 내가 다 정리해 줄 수 있어. 누가 몰래 카메라를 달아 놓은 건지, 진짜 차들이 나를 따라서 온 건지, 고모가 왜 약속 장소에 나타난 건지, 고모가 정말 옷을 갖다 놓은 건지, 향수를 뿌리고 간 건지, 다른 사람들은 아무도 모르지만 나는 알아. 그동안 얼마나 힘들었겠어. 그거 다 소윤 씨한테 일어난 현실이고 진실이야. 오늘은 이야기를 오래 들어서 시간이 됐으니까 돌아가고, 다음에 오면 내가 잘 설명을 해줄게. 이걸 내가 어떻게 이해할 수 있는지. 또 다른 사람들은 왜 이해를 못 하는지. 설명해 줄 테니까 다음에 와서 다시 이야기해요."

"네, 그럴게요. 원장님."

내담자는 처음보다 생기 있게 대답했다. 나는 내담자와 눈이 마주치자 조심히 가라며 인사를 했다.

"거봐, 내 말이 맞잖아."

내담자가 남편 등을 치며 말했고,

"그래. 당신 말이 맞아."

남편은 내담자 말에 동조했다.

4) 내담자 증상 진단

내담자는 우울증, 피해망상, 환시, 환청을 듣고 있었다. 이 증상은 모두 시집살이에서 기인했다. 시누이들에게 10년이 넘도록 괴롭힘과 무시, 억압, 폭언을 들으면서 나타난 증상이었다. 그중 큰고모라 부르는 첫째 시누이에게 지속해서 괴롭힘을 당하면서 증상이 악화했다. 현재는 시누이들과 떨어져 있는데도 피해망상으로 인해 지속해서 괴롭힘을 당하고 있다고 생각했다.

또 친정이나 남편이 자신에게 조금이라도 듣기 싫은 소리를 하면, 처제들과 한편이라는 망상을 일으켰다. 수시로 자기 집에 시누이들이 감시하며 집에 들어온다고 생각하고, 누군가를 시켜 자기를 미행한다고 여기고, 드라마에서도 내 상황을 그대로 재현한다고 생각했다. 내담자는 이미 피해망상이 강하게 일어난 상태로, 환경치료와 각종 심리치료가 절실한 상태였다.

심리증상

피해망상 / 환시 / 환청 / 우울증 / 친정과 남편이 한 패라는 망상 /
드라마에서 내 상황을 재현

신체증상

시누이들을 보면 극도로 긴장함

환경문제

내담자의 증상을 이해하지 못하는 친정과 남편 /
시누이들이 잘못한 것에 대해 사과를 받지 못한 문제

5) 시누이들 환경치료

　원장님은 환경치료를 위해 시누이들을 불러야 한다고 생각했다. 남편에게 다음 상담 때 시누이와 시어머니를 모두 데리고 오라고 했다. 하지만 내담자는 시누이들을 보는 게 너무 무섭다며 상담이 끝나고 가면 안 되는지 물었다. 원장님은 그건 안 된다고 말했다. 원장님이 시누이들에게 하는 이야기를 내담자가 들어야만 '억눌린 감정'이 풀리기 때문이었다. 결국 내담자와 남편은 상담 시작 후 30분 있다가 들어오기로 했다.

　예약된 시간에 시누이들과 시어머니가 우르르 상담소를 방문했다. 원장님은 상담실 의자에 가족들을 모두 앉힌 뒤 이야기했다. 현재 내담자가 어떤 상태고, 어떤 심리적 증상이 나타나고 있는지 처음부터 끝까지 세세하게 설명했다. 내담자는 현실과 이상을 분간하지 못하고, 하루에도 수십 번씩 환시와 환청을 듣고 있다고 말했다. 그리고 그 대상이 여기에 앉아있는 시누이들이라고 말했다. 자기가 가는 곳에 늘 시누이들이 따라오고, 지켜보고, 제삼자를 통해서도 자기를 감시하는 거로 생각한다고 말했다.

　또 엄청난 불안증도 가지고 있다고 했다. 사람들을 만나면 모두 어떤 의미를 부여하고 시누이들의 계획으로 사람들이 내게 온 것이고 음모를 꾸미는 것처럼 말한다고 전했다. 그로 인해 내담자의 남편도 죽을 지경이라고 했다. 일하는 중에도 전화해서 큰고모가 왔다 갔다고 하질 않나, 자고 있는데 둘째 고모가 지켜보고 있다고 하질 않나, 셋째 고모가 있다고 하질 않나, 남편을 잠도 자지 못하게 만든다고 했다. 원장님은 시누이들에게 이 정도면 완전한 조현병이라고 말했다.

　"이게, 다 누구 때문에 그런 거 같아요?"

　원장님은 시누이들 한 명 한 명을 바라보았다. 그녀들이 입을 떼지 않자, 이어 말했다.

　"다 시누이들 때문이에요. 생각을 해봐요. 올케가 결혼해서 시댁에 들어왔는데 남편이 일주일에 한두 번 들어오고, 신랑이랑 있을 시간도 주지 않고, 가족끼리 맨날 어울리기만 하고, 신랑이 없을 때는 아침마다 와서 시집살이시키고, 이것저것

트집 잡고, 있지도 않은 일 있다고 하고, 화장을 하느냐 마느냐 촌닭 같다고 그러고, 옷도 마음대로 입지 못하게 하고, 밥도 같이 못 먹게 하고, 인격모독도 모자라 친정 욕까지 하고, 구석에 쭈그려 앉아있으면 낄낄거리면서 웃고, 세배하라고 하고, 머리를 발로 차고, 귀싸대기를 때리고, 당신들 정말 이럴 수 있어요? 견디다 견디다 못해 오는 게 조현병인데, 올케가 여기까지 올 정도면 당신들은 정말 인간이라면 하지 못할 짓을 한 거예요. 입이 있으면 이야기를 해봐요."

아무 말도 못하고 조용히 있는 시누이들이었다. 원장님이 큰시누이를 쳐다보며 말했다.

"큰시누. 큰시누는 이 집에서 제일 큰언니로 동생들에게 본이 될 사람이 어떻게 그럴 수가 있어요? 올케가 대학 나온게 무슨 죄예요? 세상에 아무리 못 배웠다고 해도 이건 아니죠. 요즘 세대에 누가 이렇게 하고 살아요. 어떻게 10년이 넘도록 괴롭혀서 사람을 이 지경으로 만들고, 계속 올케를 모함하고, 사람이 할 짓이에요?"

원장님이 목소리를 높여도 찍소리도 내지 못하는 큰시누이였다. 원장님이 나머지 시누이들을 쳐다보며 말했다.

"당신들도 마찬가지예요. 큰언니한테 경제적으로 도움 좀 받는다고, 비겁하게 동조하고 여섯 명이 한데 뭉쳐서 사람을 이 지경으로 만들어요? 조현병이라는 게 그냥 아무렇게나 쉽게 생기는 병인 줄 아세요?"

원장님이 나무라도 시누이들은 한마디도 반박하지 못했다. 자기들이 그간 올케에게 한 행동이 하나도 틀리지 않았기 때문이었다. 마지막으로 원장님이 시어머니를 쳐다보며 말했다.

"어머님도 마찬가지예요. 나이 드셔서 어른 노릇 하나 못하고, 어떻게 딸들을 이렇게 키우셨어요?"

시어머니가 기어들어 가는 목소리로 입을 뗐다.

"그러니까… 저는 뭐, 말할 자격도 없고, 내가 말해봐야 듣지도 않고…."

"그런 게 어디 있어요. 어른이 바로 서지 않으니까 집이 이 모양 이 꼴이 나는 거죠. 어른이 똑바로 서면 딸들이 이러겠어요? 갑질도 이런 갑질은 없어요. 세상에 누가 이런 짓을 해요. 학벌이 없으니까 그런 거 아녜요."

그러자 처음으로 시누이들이 반박했다.

"아니, 원장님 왜 자꾸 학벌 가지고 그러세요?"

"그럼 표시 낸 거 아니에요? 당신들이 인격적으로 배운 사람들이면 이렇게 했겠어요? 스스로 못 배운 걸 올케한테 표현한 거 아녜요."

"그거랑 이게 무슨 상관이에요!"

"그래요, 왜 자꾸 우리보고 못 배웠다고 그러세요!"

"이보세요. 시누이들. 당신들도 건드리니까 화나죠? 자기들 약점 찌르니까 화나지요? 당신들도 그러는데 세상에 올케는 혼자서 여섯 명을 상대했어요. 한 사람을 바보 만든 게 하루 이틀도 아니고, 10년이 넘게 그랬는데 제 한마디가 그렇게도 화가 나요?"

"그럼 다 우리 잘못이라는 거예요? 원장님은 올케가 잘못된 게 다 우리 잘못이라는 거예요?"

"지금 그걸 말이라고 해요? 그럼 올케가 시집을 오기 전부터 그랬어요? 대학교 졸업하고 건강하고 젊은 여자가 이 집에 와서 이렇게 됐지, 올케가 언제 딴 데 가서 살았어요? 친정도 못 가게 하고, 친정엄마가 와도 살살 눈치 보고 하루도 못 자고 갔다고 하던데, 해도 해도 너무한 거 아녜요?"

"그래서 우리가 올케를 그렇게 만든 증거가 있냐고요."

"그래요, 이게 다 우리 탓이라는 증거가 어디 있어요!"

"증거가 어디 있긴, 당신들이 한 짓이 다 증거지!"

그때였다. 똑. 똑. 상담실 문을 두드리는 소리가 들리더니 이내 문이 열렸다. 내담자와 남편이었다. 실은 조금 전부터 상담소에 들어와 시누이들의 이야기를 듣고 있었던 그들이었다. 원장님은 부부에게 시누이들 뒤쪽에 앉으라고 했다. 남편은 아내를 생각해 더 뒤로 가라고 했지만, 그녀는 괜찮다며 사양했다. 무언가 확고한 의지를 다잡은 듯한 표정이었다. 그런데 그때, 황당한 일이 벌어졌다.

"나도, 죽겠다고! 나도 죽겠다고…!"

갑자기 울음을 터트리는 큰시누이였다.

"나도 내 남편 죽고 혼자 사업 이어받고… 살기 힘들어…!"

내담자가 들어오자마자 엉엉 우는 큰시누이였다. 알고 보니 그녀는 7년 전에 남편을 사고로 잃었다. 하지만 원장님은 조금도 흔들리지 않았다.

"아니, 큰시누. 남편이 죽어서 힘든 거하고, 올케를 못살게 군 게 도대체 뭔 상관이에요? 왜 갑자기 남편 죽은 이야기를 해요? 아니, 남편이 죽어서 올케를 괴롭혔어요?"

"그건 아니지만요…."

"이봐요. 남편 죽어서 힘든 건 당신 문제고, 당신이 올케를 이렇게 만들어 놓은 건 아무 상관없는 일이에요. 만약에 당신이 힘들다면, 당신이 남한테 그렇게 하니까 벌 받은 거야. 당신 지금 괴로워? 당신도 괴로운 걸 아네? 그런 행동을 해놓고 당신이 인생을 평탄하게 살 줄 알았어?"

"원장님 악담하시는 거 아녜요!"

"그래요, 무슨 말을 그렇게 하세요."

"말을 그렇게 하는 게 아니라, 현실을 얘기하는 거예요. 사람을 이 지경으로 만들어 놓고 앞으로 당신들이 행복하게 살길 바라요? 그리고 막내 시누. 올케하고 1살 차이라며. 맞아요?"

막내 시누이가 고개를 끄덕이자 원장님이 말했다.

"막내 시누도 시집살이했다면서요?"

막내 시누이가 입을 떼려 하자, 갑자기 입을 여는 내담자였다.

"원장님, 저 할 말 있어요."

내담자가 심호흡하곤 말했다.

"아가씨, 내가 시집왔을 때, 그래도 제일 의지했던 사람이 아가씨인 거 알죠? 그런데 아가씨 결혼하더니 어떻게 했어요? 자기도 시집살이 때문에 힘들다고 시어머니 욕하고 흉보고 그러더니, 어쩜 싹 돌아서서 언니들이랑 한편이 될 수 있어요? 난 정말 아가씨만큼은 좋은 사람이라고 생각했는데, 징말 실망했어요."

원장님이 내담자의 말을 거들었다.

"그래요, 막내 시누. 세상에 한 살 차이면 동병상련인데, 거기다가 자기도 시집

살이했다면서 어떻게 올케한테 그럴 수가 있어. 당신 정말 나빠. 그렇게 하면 안
돼. 당신 벌 받아. 그리고 다섯째 시누. 다섯째 시누도 마찬가지야. 아무리 언니
가 돈 있어서 도움을 받고 산다고 비겁하게 어떻게 그럴 수가 있어. 원래부터 나
쁜 사람이었던 거야, 아니면 돈에 눈이 멀어서 그런 거야? 도대체 왜 그렇게 비겁
하게들 살아요."

그러자 셋째 시누이가 입을 열었다.

"우리도 할 말 있어요!"

"뭔데요?"

"우리 신랑한테 물어보세요. 우리 신랑도 올케 좋아하지 않는다고요."

원장님은 기가 차 대답했다.

"아니 셋째 시누. 말은 바로 하죠? 신랑이면 제삼자인데, 뭐 때문에 올케를 싫어
해? 당신이 입으로 떠들어 대니까 남편이 그걸 듣고 그런 거겠지. 남편이 올케랑
살아를 봤어, 경험을 해봤어. 직접 눈으로 본 게 있어요?"

원장님은 큰시누이들이 반성하는 기미가 보이지 않자 목소리를 높이며 말했다.

"내가 볼 때 첫째, 둘째, 셋째 당신들이 제일 나빠. 큰언니들이 되어서 동생들에
게 본도 되지도 못하고 말이야. 사람 한 명을 병자 만들고 혼란 속에 살게 만들고,
분열이라는 게 쉬운지 알아요? 도저히 정상적으로 살 수 없어서 일어나는 게 조
현병이야! 도저히 반성의 기미가 없네! 당장 올케한테 잘못했다고 빌어요! 빨리!
첫째 시누부터 빌어요!"

가뜩이나 큰 원장님의 목소리가 상담소 안을 쩌렁쩌렁하게 울렸다. 시누이들은
쥐 죽은 듯 조용했고 큰시누이가 훌쩍이며 말했다.

"미안해, 소윤아. 사실은 내가 너를 좋아했는데, 나도 어떻게 하다가 그렇게 됐
어. 미안해."

"미안하다고 하지 말고! 내가 너한테 뭘 잘못했는지 구체적으로 말해요. 그냥
두루뭉술하게 넘어가지 말란 말이에요. 그 힘든 시간을 보내온 올케한테, 그냥 입
으로 미안해, 하면 끝인 줄 알아요?"

"원장님 저도 힘들었다고요…."

큰시누이가 다시 서럽게 울려고 하자 원천봉쇄를 하는 원장님이었다.

"내가 아까 말했죠? 당신 힘든 거 말하려고 온 거 아니라고. 그건 차후의 문제고 올케한테 잘못했다고 빌어요."

"그래 소윤아, 내가 미안하다."

"뭘 어떻게 잘못했는지 구체적으로 말하라니깐요."

큰 시누이가 아무 말도 못 하자, 원장님이 둘째 시누이를 쳐다보며 말했다.

"둘째 시누가 먼저 말해요."

이때부터 시작이었다. 둘째 시누이도 그냥 미안하다고 하더니, 셋째, 넷째, 다섯째, 여섯째도 앵무새처럼 미안하다고만 했다. 그러자 남편이 자리에서 벌떡 일어났다. 상담실 책상 위에 있는 책을 내려치더니 목에 핏대를 세우며 입을 뗐다.

"지금 뭣들 하는 거야!"

남편이 누나들을 쳐다보며 말했다.

"지금 장난해? 너희들 뭐 하는 거야? 지금까지 소윤이한테 어떻게 했어? 큰누나! 나한테 메시지로 그랬지? 소윤이가 아버지한테 밥 한 끼도 안 차려준다고. 나한테 저런 거 들여와서 집안 망신이라고. 그때부터 이상했어! 내가 지금 사는 게 사는 줄 알아?! 하루에 한 시간도 제대로 못 자고 소윤이는 매일 시누이들한테 시달리고! 지금 우리가 어떻게 살고 있는데, 뭐 미안해? 장난해?! 빨리 사과해! 큰누나, 당장 잘못했다고 말해!"

남편의 목소리가 상담실 안을 가득 메웠다. 아무도 꼼짝하지 못했다. 큰시누이가 우물쭈물하더니 입을 열었다.

"그래 소윤아… 내가 그동안 살면서 너한테 잘한 게 없다. 다 잘못했다."

"뭘 잘못했는지 말하라고!"

큰시누이를 죽일 듯이 노려보는 남편이었다. 큰시누이가 다시 입을 열었다.

"…내가 너를 인격적으로 무시하고… 없었던 일을 있었다고 말하고, 너한테 살쪘다고 그러고… 여러 가지로 다 잘못했어…."

"둘째 누나 말해! 뭘 잘못했는지 말해!"

"소윤아… 미안해… 큰언니 따라서 같이 웃고… 괴롭히고… 도와주지 못해서 미안해… 잘못했어….”

“너희들 다 무릎 꿇고 빌어. 당장 소윤이한테 무릎 꿇고 빌어!”

“오빠, 너무 한 거 아냐?”

막내 시누이가 입을 떼자 그녀를 노려보는 남편이었다.

“뭐라고? 넌 입 다물고 있어. 소윤이가 막내라고 제일 의지했는데, 네가 할 말이나 있어? 큰누나 작은 누나, 셋째 누나, 빨리 무릎 꿇어, 넷째, 다섯째, 막내, 너희들은 그냥 쓰레기 같은 것들이야! 빨리 무릎 꿇고 빌어. 다 죽여 버리기 전에!”

결국 큰시누이가 먼저 무릎을 꿇자 나머지 시누이들도 덩달아 무릎을 꿇었다. 큰시누이가 두 손을 모으고 내담자에게 말했다.

“소윤아, 미안해. 용서해줘.”

그러자 내담자는 싹싹 빌고 있는 큰시누이의 손등을 손바닥으로 세차게 치며 말했다.

“뭐? 용서요? 제가 고모를 용서할 거 같아요?! 큰고모 저 데리고 옷가게 갈 때 어떻게 했어요? 고모는 돈 있는 것처럼 하고 나는 그지 새끼 데려온 것처럼 행동하고 매일 고모가 입으라는 거 입고 걸치라는 거 걸치고 그지 새끼도 아니고 완전 노예였어요! 또 회사나 에어로빅 다닐 때 뭐라고 했어요? 걸핏하면 남자 만나고 다닌다. 바람피운다. 밥을 많이 먹어서 살이 찐다. 어머니 아버지한테 밥상 차리면 다시 차려오라고 몇 번이나 그러고, 아침마다 와서 내 옷장 뒤지고, 맘에 안 든다고 내 옷 다 버리고, 고모가 원하는 옷 채워 넣고, 제가 어떤 삶을 살았는지 아세요? 지금 생각해도 도저히 이해가 안 돼요!”

그러고선 둘째 시누이를 쳐다보며 말했다.

“둘째 고모는 저한테 어떻게 했어요? 큰고모가 저한테 뭐라고만 하면 뒤에서 낄낄거리고 저를 인격적으로 무시하고 비웃고, 쟤는 원래 병신이라고 그런 말을 수도 없이 했어요! 그런데 그거 아세요? 저는 좋은 대학 나왔고 작은고모는 초등학교야! 초등학교 나온 게 창피하면 공부하지! 왜 공부를 안 해! 어머니도 마찬가지예요! 왜 자식들을 못 가르쳐서 열등감에 나를 이렇게 만들어요! 전부 다 무식한 것들만 낳아놓고!”

처음 보는 내담자의 모습에 다들 놀랐다. 내담자는 끝나지 않았는지 거친 숨을 쉬면서 계속 말을 이었다.

"큰고모 돈 있다고 유세했죠? 돈 그게 큰고모의 인격을 만들어 줄 거 같아요? 아무리 돈이 많아도 큰고모는 초등학생이야. 초등학교 졸업밖에 안 돼! 그리고 왜 고모 맨날 우리 집에 와? 뭐 때문에 우리 집에 몰래 기어들어 와? 살금살금 들어와서 왜 집을 다 뒤지고 가? 아직도 부족해? 뭐가 그렇게 부족해? 또 둘째 고모는 왜 큰고모 따라서 망보는 거야? 왜 망보면서 뒤에서 낄낄거려? 셋째 고모도 왜 사람 시켜서 자꾸 나 감시해? 내가 모를 거 같아? 난 다 알아! 다 알아!"

내담자의 말에 시누이들은 어리둥절했다. 갑자기 집에 몰래 들어온다느니, 망을 본다느니, 감시한다느니, 있지도 않은 이야기를 하기 때문이었다. 셋째 시누가 무슨 말이냐고 묻자, 내담자는 세단으로 계속 자길 감시하는 거 안다며 소리쳤다. 분위기가 격앙되자 원장님이 부드러운 목소리로 말했다.

"보셨죠? 올케가 저렇게 산다고요. 당신들 같으면 저렇게 살 수 있을 거 같아요? 아무도 못살아요. 그런데 저 고통을 누가 당하겠어요? 당신들 동생이 당해요. 매일 누가 왔다 갔다고 그러고, 지금도 문 열어 봤다고 그러고, 옷이 바뀌었느니 반찬이 바뀌었느니 저녁에는 잠도 못 자게 하는데 지옥 아니겠어요? 이러면 애까지도 힘들어요. 그러니까 당신들 지금부터라도 동생한테 잘해야 하고, 올케한테도 잘해야 해요."

"잘할 거 필요 없어요! 영원히 보지 않아야 해요!"

내담자가 소리쳤다. 원장님이 동조했다.

"그래 맞아. 영원히 보지 말아야 해. 당신들은 동생을 잃어버렸고, 어머니는 아들을 잃어버렸어요. 당신들은 그동안 올케에게 했던 것들에 대한 대가를 받아야 해요."

시누이들은 이때부터 진심으로 빌었다. 올케의 상태가 심각하다는 걸 인지했기 때문이었다. 하지만 내담자는 죽어도 용서 못 한다고 소리쳤다. 그렇게 무릎 꿇고 빈 뒤에야 원장님은 시누이들을 자리에 앉히고 다시 말했다.

"이제부터 절대로 동생이나 올케한테 연락하지 마세요. 어머님도 마찬가지예요. 절대로 아들한테 연락하지 마세요."

쥐 죽은 듯이 있던 시어머니가 고개를 끄덕였다. 남편도 다시는 가족들과 마주할 생각 없으니 연락하지 말라고 했다. 그렇게 모든 이야기가 끝나서야 시누이들과 시어머니가 상담소를 나갔다. 내담자는 가족들이 다 나간 걸 확인한 뒤에서야 숨을 크게 내쉬었다.

"휴– 이제 살 거 같아. 원장님 저 살 거 같아요."

"잘했어요. 하고 싶은 말 다 하고 나니까 마음이 편하죠?"

"네."

내담자는 신기하다며 남편을 쳐다보았다.

"와– 당신 그런 거 처음 봤어. 내 편이었네?"

"그럼 네 편이지."

"당신이 그러니까 속이 다 시원하고, 원장님 덕분에 속이 다 후련해."

내담자는 지금까지 참고 살았던 울분을 토해낸 듯 개운한 얼굴을 했다. 원장님은 환경치료를 성공적으로 마쳤다고 생각했다. 시누이들이 무릎을 꿇고 싹싹 빌었고, 무엇보다 내담자에게 있던 '억눌린 감정'이 풀어졌기 때문이었다. 원장님은 앞으로 어떤 심리치료를 진행할 건지 설명한 후 다음 상담을 기약했다.

6) '어린 나' 만나기

예약된 시간이 되자 내담자가 상담소를 방문했다. 원장님이 어떠냐고 묻자, 환경치료를 통해 속이 시원해졌지만, 아직도 고모들이 집을 몰래 들여다보는 것 같다고 했다. 원장님이 입을 열었다.

"지금부터 왜 나에게 자꾸 알 수 없는 현상이 일어나는지 설명해 드릴게요. 잘 들어보세요. 알았죠?"

내담자가 고개를 끄덕이자 원장님이 말을 이었다.

"먼저 소윤 씨는 검사 결과 피해망상과 함께 심각한 조현병이 왔어요."

내담자는 다소 충격적인 얼굴이었다.

"이 조현병이라는 건, 현실과 가상을 이해하지 못하는 거예요. 그러니까 실제로 일어난 일이 아닌데 실제로 일어났다고 생각하거나, 드라마를 볼 때도 그냥 드라마일 뿐인데, 소윤 씨처럼 자기 상황을 재현했다고 생각하는 거예요. 쉽게 말하면 뭐가 진짜고 가짜인지 구분을 하지 못하게 된 거예요. 이해하기 어렵죠?"

원장님의 말대로 내담자는 이해할 수 없다는 표정을 지었다. 그녀의 입장에서는 지금 일어나는 모든 일이 가상이 아니라 현실이기 때문이었다.

"지금 당장은 이해하기가 어렵지만, 내 상태에 대해 받아들이려고 노력해야 해요. 그래야 치료를 할 때도 효과가 있어요."

내담자는 말없이 고개를 끄덕였다. 원장님은 그녀에게 피해망상에 관해 설명하기 시작했다.

"피해망상은 말 그대로 피해망상. 내가 피해를 받고 있지 않은데, 피해를 받고 있다고 망상을 하는 증상이에요. 그런데 생각해봐요. 이런 건 일반 사람들에게서도 많이 나타나요. 예를 들어 어떤 사람이 저녁에 골목에서 치한을 만났다고 해봐요. 그 사람이 다음날도 편하게 그 골목을 지나갈 수 있을까요?"

"아니요."

"그렇죠? 계속 신경 쓰이겠죠? 아마 다른 동네의 골목을 걸어도 또 치한이 나타날까 봐 두려울 거예요. 그런데 여자가 이런 식으로 치한을 많이 만났다고 쳐봐요. 그럼 어떻게 변하는지 아세요? 자기 뒤에 남자만 있어도 신경 쓰이고 치한이라고 생각해요. 소윤 씨도 마찬가지예요. 10년 넘게 시누이들한테 피해를 받고 괴롭힘을 당하다 보니까, 시누이들과 떨어져 사는데도 계속 날 괴롭힌다고 생각하는 거예요."

내담자는 이제야 이해되는지 숙연한 표정을 지었다. 하지만 동시에 지금 자신에게 나타나는 일이 가상이라고 하니 받아들이기가 힘들었다.

"당장은 나에게 일어나는 일이 가짜라는 걸 받아들이려고 하지 않아도 돼요. 지금은 나에게 나타나는 심리증상이 뭔지, 그리고 이 증상들이 왜 나타나는지, 딱 여기까지만 알고 있으면 돼요. 이제 조현병이란 무엇이고, 피해망상이 뭔지 이해되세요?"

내담자는 그렇다며 고개를 끄덕였다.

"좋아요. 그러면 오늘은 세부감각 지우기를 해볼게요."

원장님은 내담자에게 세부감각 지우기에 관해 설명했다. 명상최면으로 내담자가 괴로워하는 것들을 없애 주겠다는 말이었다. 그런데 나는 이때 세부감각 지우기가 다른 때와는 달리 순서가 있다는 걸 발견했다. 보통 다른 내담자들은 실제로 겪은 과거의 기억을 떠올리게 하지만, 이 내담자는 피해망상이 있다 보니 가상으로 겪은 기억부터 떠올리게 했다. 나중에 내가 묻자, 원장님이 대답했다.

"그 이유는, 이건 현실이 아니라 가상이라는 걸 인식시켜주기 위해서야. 당신이 실제로 겪은 일은 아니지만, 실제라고 생각하고 힘들어하니까 치료를 해주겠다. 라고 하는 거야."

원장님은 그렇게 내담자에게 일어난 가상의 모든 일에 대해 세부감각 지우기를 했다. 그다음 실제로 일어난 일에 대한 세부감각 지우기를 했다. 내담자는 세부감각 지우기 치료를 받으며 자신이 착각하고 있던 것이 뭔지 알게 되었고, 실제로 겪은 일이 뭔지 다시금 상기하게 되었다.

이후 진행한 심리치료는 '억눌린 감정 풀어주기'였다. 내담자가 시누이에게 실제로 겪은 일을 명상최면으로 떠올리게 했다. 지혜롭고 현명한 '또 다른 나'를 그 안에 넣어 시누이들을 나무라게 했다. 그리고 '그 안에 있는 나'가 시누이들을 욕하고 때리게 하며 감정을 풀어주었다. 지난날에는 아무것도 못했지만, 지금은 다르다는 것을 보여주었다. 내담자는 감정 풀어주기 명상최면을 마치고 10년 묵은 체증이 내려가는 것 같다고 했다.

내담자는 매주 올 때마다 다양한 명상최면치료를 받았다. 그중에서 역시나 가장 슬픈 명상최면치료는 '부정적 분아 내보내기'였다. 내담자는 침대 위에 누운 뒤 왼손에는 부정적 분아와 오른손에는 긍정적 분아가 있다고 생각하며 명상최면을 진행했다. 그리고 왜 실제로 일어나지도 않은 일을 일어났다고 생각하는지, 왜 내가 나를 힘들게 하는지, 분아끼리 대화를 했다. 그리고 내담자는 그 이유가 부정적 분아 때문이라는 것을 알게 되었다. 부정적 분아가 자꾸 피해망상을 일으키는 것이었다. 하지만 부정적 분아가 힘들어하는 나를 지키기 위해 그럴 수밖에 없었다는 것을 알았다. 끊임없이 의심하고 예민하게 굴어야 나를 보호할 수 있기 때문이었다.

내담자는 그런 부정적 분아에 대한 감정을 이해했다. 그리고 고맙다고 했다. 비록 너 때문에 힘들고 괴로웠지만, 네 덕에 난 버틸 수 있었고 살 수 있었다며 부정적 분아를 인정했다. 하지만 나에게는 예전처럼 지혜롭고 현명하며 자신감이 넘치는 긍정적 분아가 있으니 그만하고 떠나도 좋다고 말했다. 부정적 분아는 결국 떠나기로 했다. 내담자와 마지막으로 작별인사를 했다. 내담자는 부정적 분아에게 그동안 지켜줘서 고맙고 사랑한다고 했다. 내담자는 눈물을 흘렸다. 부정적 분아가 자신을 지켜주기 위해 그 긴 시간을 어떻게 버텨왔는지 알고 있었기 때문이었다. 부정적 분아가 떠난 후, 내담자는 이제 남은 긍정적 분아와 함께 살아가기로 했다. 가슴에 긍정적 분아를 품고 예전처럼 자신감이 넘치는 모습으로 새로운 삶을 살겠다고 다짐했다.

부정적 분아 내보내기를 한 후 내담자는 급속도로 좋아지기 시작했다. 하루에도 수십 번씩 나타났던 시누이들이 이제는 손가락으로 꼽을 정도로 잦아들었다. 설령 시누이들이 눈에 보이더라도, 이것은 가상이라는 것을 완벽히 인지했다. 또 긍정적 분아와 함께 있기 때문에 두려움이란 존재하지 않았다. 그렇게 내담자는 치료를 받으며 더는 시누이들이 환시로 보이지 않게 되었다. 15회기 만에 이룬 성과였다.

하지만 시누이들이 눈에 보이지 않는다고 상담을 마치기에는 너무 일렀다. 내담자는 아직 아물지 못한 상처가 있었으며 위로를 더 받아야 하는 상태였다. 또 새로운 목표를 가져야 할 필요도 있다. 그래서 원장님은 '나를 위로하기'라는 명상을 진행했다. 과거의 '어린 나'와 '현재의 나'가 서로 대화하고 위로를 하는 시간이었다. 원장님은 내담자를 명상최면실로 데려갔다. 침대 위에 눕힌 뒤 천천히 호흡하게 했다. 내담자가 트랜스 상태로 접어들자 본격적으로 명상을 시작했다.

"자, 지금부터 제가 말하는 걸 듣고 천천히 머릿속에 그려보세요? 아셨죠?"

"네…."

내담자가 대답하자 원장님이 말했다.

"나는 지금 아주 넓은 들판 위에 서 있습니다. 들판은 초록색으로 잔디를 깎아놓은 거 같이 아주 깨끗합니다. 들판 주위에는 예쁜 꽃들이 펼쳐져 있고, 나무들이 들판을 에워싸고 있습니다. 하늘은 맑고 푸르며 태양이 들판을 환하게 비춥니다. 나는 그 들판 한가운데에 있습니다."

내담자는 자신이 들판 한가운데에 있다고 생각했다.

"나는 들판 한가운데서 오른쪽으로 고개를 돌립니다. 고개를 돌리면 빌딩처럼 큰 나무 한 그루가 있습니다. 그 나무는 어떤 나무보다도 크고 잎이 무성해 시원한 그늘을 만들어 냅니다. 나무 아래에는 예쁜 돗자리와 푹신한 이불과 베개가 놓여 있습니다. 나는 그 나무가 있는 곳을 향해 천천히 걸어갑니다."

내담자는 나무 밑에 있는 돗자리를 향해 걸어갔다.

"자, 이제 신발을 벗고 돗자리 위에 눕습니다. 포근한 이불 위에 편안하게 베개를 베고 눕습니다. 그리고 눈을 감고 들판을 느끼도록 합니다. 이 들판은 나를 위해 준비된 곳입니다. 나는 지금 아무 방해도 받지 않고 편안하고 아늑하기만 합니다. 하늘은 구름 한 점 없이 맑고, 들판 주위에는 예쁜 꽃들과 튼튼한 나무들이 있습니다. 나는 지금 평화로운 마음으로 돗자리에 누워 있습니다."

원장님은 목소리를 높여 말했다.

"자! 이제 그 상태에서 내 마음을 나에게로 옮겨 봅니다. 이곳에 누워 있는 나는! 과거로부터 지금까지 아주 힘든 시간을 지나 여기에 있는 '나'입니다. 그 긴 시간 동안 아픔과 상처를 견디고 이곳에 안식해 있습니다. 그런 나를 위로해 주세요. '소윤아, 그동안 힘들었지? 여기까지 오느라 수고했어. 잘 왔어.'라고 위로해 주세요. '내가 너를 다 알고 있고, 넌 참 잘 견뎠어.'라고 얘기해 주세요."

내담자가 입을 뗐다.

"소윤아, 그동안 힘들었지… 여기까지 오느라 수고했어. 잘 왔어…."

"자, 이제 하나, 둘, 셋 하면 누워있는 내 왼팔에 어린 내가 누워 있을 겁니다. '어린 나'는 아주 먼 과거부터 고통을 견디며 '지금의 나'를 있게 해준 고마운 나입니다. 이제 하나, 둘, 셋 하면 내 왼팔에 어린 내가 눕습니다. 자- 하나, 둘 셋! 어린 내가 왼팔에 누웠습니다! 누웠나요?"

"네…."

"좋습니다. 그러면 이제 왼팔에 누운 '어린 나'를 안아주세요. 그리고 따뜻한 눈빛으로 어린 나를 쳐다보세요. 어린 나는 상처로부터 자유롭게 해 달라는 표정입니다. 이제는 상처받지 않고 고통이 없는 세상에서 살고 싶다고 합니다. 어린 나의 간절함이 느껴지나요?"

"네…."

"어린 나를 가슴으로 꼭 끌어안아 주세요. 그리고 위로의 말을 건네세요. '그동안 많이 힘들었지? 너에게 아무것도 해주지 못해서 미안해. 내가 해준 게 아무것도 없었어. 정말 미안해.'라고 말하세요. 그리고 이어서 말합니다. '네가 지금까지 고통을 안고 견디며 살아줘서 내가 존재할 수 있었어. 하지만 지금 나도 많이 아파. 미안해.'"

내담자는 입을 열어 어린 나를 위로하기 시작했다.

"그동안 많이 힘들었지? 미안해… 너에게 아무 것도 해주지 못해서 미안해… 고통을 견디며 살아줘서 고마워…. 그래서 내가 존재할 수 있었어… 하지만 지금 나도 많이 아파…."

"어린 나를 끌어안고 위로의 시간을 가지세요."

원장님은 서로 위로할 시간을 주었다. 내담자는 어린 나를 끌어안고 마음으로 그의 아픔을 느꼈다.

위로의 시간이 끝나고 원장님이 힘 있는 목소리로 말했다.

"자! 이제부터 어린 나에게 힘 있는 목소리로 말합니다. '지금까지 잘 견뎌온 내가 희망이 되어줄게! 이제 앞으로 나도 노력해 너를 상처로부터 자유롭게 해 줄게! 네 소망을 이루어 줄게!'라고 하세요."

내담자가 입을 떼 말했다.

"이제부터 내가 희망이 되어줄게. 나도 노력해서 너를 자유롭게 해줄게. 네 소망을 이루어줄게."

"이제 너도 아픔에서 벗어나 자유롭게 살라고 용기를 불어 넣어주세요."

"이제 너도 아픔에서 벗어나 자유롭게 살아! 나도 그렇게 살게!"

"네가 원했던 꿈도! 내가 꼭 이루어 주겠다고 하세요."

"네가 바랐던 꿈도 내가 꼭 이룰게! 그러니까 아파하지 마!"

내담자는 마지막에 목소리를 높여 말했다. 감정이 복받친 모양이었다.

원장님은 잠시 시간을 준 뒤 입을 뗐다.

"자, 그 이야기를 들은 어린 내가 뭐라고 하나요?"

"자기가… 원하는 꿈을 꼭 이루어 달래요… 지금까지 꾹 참고 견뎌왔던 걸 보상받고 싶대요."

"좋아요. 그렇게 해주겠다고 말하세요. 네가 원하는 걸 이루어 줄 테니 너도 함께 앞으로 나아가 달라고 말하세요."

내담자는 어린 나에게 그대로 말했다. 네가 간절히 바라는 꿈을 꼭 이루어 주겠다고, 그러니 너도 용기를 갖고 함께 앞으로 나아가자고 했다.

원장님이 내담자에게 물었다.

"내 이야기를 들은 어린 나가 뭐라고 하죠?"

"저를 응원하고 지지하겠대요…."

원장님이 힘 있는 목소리로 말했다.

"좋습니다! 이제 가슴에서 떨어져 돗자리에서 일어나세요. 어린 나의 손을 붙잡고 넓은 들판을 향해 뜁니다. 이제 어린 나는 꾕장히 밝은 모습입니다. 나도 밝은 얼굴을 하고 있습니다. 우리에게는 희망이 있고, 소망이 있고, 자유가 있습니다. 나도 이제 할 수 있다는 생각으로 가득 찹니다. 어린 나와 손을 붙잡고 아주 신나게 들판을 뛰세요. 시원한 바람이 불어와 마음도 아주 상쾌합니다. 그리고 크게 외치세요! 우리는 자유로워! 이제는 무엇이든 할 수 있어! 우린 자유로워!"

내담자는 어린 나와 손을 잡고 들판을 뛰었다. 그리고 무엇이든 할 수 있다는 마음으로 자유롭다고 외쳤다.

"좋습니다. 주변에 펼쳐진 자연들도 당신들에게 할 수 있다며 용기를 북돋아 줍니다. 하늘과 땅 그리고 나무와 잔디, 아름다운 꽃들이 모두 당신들을 위해 할 수 있다고 합니다. 그 긍정의 에너지를 온몸으로 느끼세요. 그리고 하나, 둘, 셋 하면 우리가 뛰고 있는 그 이미지가 엄청나게 커집니다. 자- 하나, 둘, 셋! 커졌습니다! 음- 커졌나요?"

"네, 커졌어요."

"좋습니다. 천천히 호흡하고 눈을 뜨세요."

내담자는 명상을 마치고 눈을 떴다.

내담자는 10년이라는 긴 세월 동안 고통스러운 삶을 견뎠다. 그런 내담자를 위로할 사람이 필요했고, 그것은 바로 '나 자신'이었다. 또한 고통의 삶을 살았지만, 이제는 어둠에서 벗어나 밝고 희망찬 미래를 향해 나아가야 할 필요가 있었다. 그래서 내담자에게 할 수 있다는 자신감을 실어주기 위해 한 명상이었다. 누구와 함께? 바로 '어린 나'와 함께. 상처받은 어린 나를 위해서라도 농기부여를 갖고 새로운 삶을 개척할 수 있도록 힘을 실어준 명상이었다.

명상치료 과정

① 자연보다 내담자를 존귀하고 강한 존재로 만들어 '자존감 높여주기.'
② 명상으로 결핍된 부모님의 사랑을 채워주기.
③ '어린 나'를 위로함으로써 나를 위로하고, 새로운 삶을 살 수 있도록 힘을 실어 주기.

이외에도 다양한 명상이 있다.

'어린 나' 만나기란?

명상치료. 상처가 많은 내담자에게는 위로받고 싶어 하는 '어린 나'가 있다. 당시에 보호받고 위로받지 못한 '어린 나'를, 누구보다 상처를 잘 아는 '현재의 나'가 위로를 해주는 프로그램이다. '현재의 나'가 '어린 나'를 위로해줌으로써 나도 위로를 받고, 미래지향적인 삶에 대한 동기부여를 갖게 한다.

7) 영웅의 여정

내담자는 '나를 위로하기'란 명상을 통해 상처를 위로받았다. '지금의 나'와 '어린 나' 모두 자기 자신이기에 과거부터 현재까지 모두 위로를 받은 셈이었다. 그리고 어린 나와 약속했다. 이대로 주저앉지 않고 밝은 미래로 나아가기로. 그 약속을 지키기 위해 원장님은 목표 설정하기란 인지치료를 했다. 앞으로 나는 어떤 목표를 가지고 살아갈 건지 설계를 했다. 내담자의 목표는 '가정의 평화와 행복'이었다.

하지만 우리는 알아야 한다. 목표를 향해 나아가면 시련이 온다는 사실을. 목표를 달성하는 데 있어서 아무런 장애가 존재하지 않는 경우는 없다. 그리고 내담자는 이미 그것을 경험한 상태였다. 결혼이라는 부푼 꿈을 가지고 행복한 신혼생활을 기대했지만, 상황은 전혀 달랐다. 견딜 수 없는 고통이 도사리고 있었다.

상담소에 오는 대다수 내담자가 이런 생각을 한다. 다른 사람들은 행복하게 사는데 나만 그렇지 않다는 것이다. 그러나 진실은 그렇지 않다. 사람은 누구나 시련과 고통을 동반하며 산다. 행복만 존재하는 삶은 없다. 시련을 극복한다고 하더라도 언젠간 또다시 불행이 닥쳐올 수 있다. 하지만 그럼에도 무너지지 않는 사람은 그것에 숙련된 사람이기 때문이다. 어떻게 헤쳐 나가면 되는지 아는 사람이다. 그러므로 반드시 알아야 한다. 우리의 인생은 시련의 연속이라는 것을. 그것이 우리의 삶이며 '영웅의 여정'이다. 지금부터 영웅이 되기 위해서 어떤 단계를 거쳐야 하는지 심리치료 프로그램을 통해 알아보겠다.

원장님은 내담자에게 '영웅의 여정'이라는 도구를 꺼내놓고 입을 뗐다.

"소윤 씨는 내 목표가 가정의 평화와 행복이라고 했죠?"

"네."

"그러면 아셔야 할 게, 모든 사람은 목표를 이루기까지 순탄하게 가는 법이 없어요. 중간에 수많은 장애물과 시련이 들이닥쳐요. 그걸 참고 인내하며 포기하지 않아야 영웅이 될 수 있는 거예요. 오늘은 소윤 씨가 겪은 결혼생활에 대한 영웅의 여정을 해 볼 테니까, 나는 지금 어느 위치에 있는지 한번 알아보기로 해요."

"네."

내담자가 고개를 끄덕이자 원장님이 말했다.

🌀 영웅의 여정

(1) 부르심

원장님: 자, 우리는 영웅이 되기까지 총 13단계를 거쳐야 해요. 먼저 첫 번째로 부르심인데 부르심이란, 미션처럼 내가 수행해야 할 것을 말해요. 소윤 씨는 대학교를 졸업하고 어떤 부르심을 받았죠?

내담자: 결혼이요.

(2) 소명

원장님: 결혼이라는 소명은 누구로부터 받은 거예요?

내담자: 남편으로부터요.

(3) 출발

원장님: 그러면 그 소명을 받아서 출발했겠네요?

내담자: 네.

원장님: 출발을 할 때 충분한 준비를 했나요? 아니면 그러지 못했나요?

내담자: 전혀 준비하지 못한 채로 결혼을 했어요.

(4) 문지방

원장님: 좋아요. 그럼 출발을 하고 결혼이라는 문지방을 넘었어요. 문지방은 아무것도 모르는 미지의 세계가 열리는 걸 말해요. 그곳에 들어갔을 때 어땠나요?

내담자: 전혀 알지 못한 세계였고, 넘자마자 고통을 겪었어요.

[5] 부르심 거절

원장님: 소윤 씨는 부르심이 결혼이라고 그랬죠? 부르심 거절이라는 건, 내가 이 걸 거절하고 싶다, 결혼을 되돌리고 싶다. 이렇게 생각하는 걸 말해요. 소 윤 씨는 이런 생각을 해본 적이 있나요?

내담자: 네. 대단히 큰 후회를 했고 갈등을 겪었어요. 그러다가 결국 오도 가도 못 하는 상황이 되어버린 거 같아요.

[6] 문지방 넘어 시련

원장님: 좋아요. 그래서 문지방을 넘어 시련이라는 자리에 오게 됐네요?

내담자: 네.

원장님: 결혼을 하고 나니까 시련이 있었나요?

내담자: 시누이들 괴롭힘으로 인해 너무 힘들었어요. 제가 처절해 보였고요. 남 편은 주말에만 집에 오고, 시어머니는 방관만 했으니까요.

[7] 천사

원장님: 그다음에는 천사가 기다리고 있거든요? 천사가 뭐냐면 사람은 죽으라는 법이 없어서 시련이 닥치면 노력하고 이겨내려고 해요. 소윤 씨는 시누 이들에게 괴롭힘을 당할 때 무엇으로 이 상황을 이겨내려고 했나요?

내담자: 집에만 있으면 안 될 거 같아서 직장에 다녔어요. 그래서 조금은 숨통이 트이나 했는데, 결국 시누이들 때문에 그만두게 됐어요.

[8] 고아

원장님: 좋아요. 다음 단계는 고아입니다. 고아는 철저하게 혼자가 되는 걸 말해 요. 이때는 주변에 내 편이 아무도 없는 상태가 돼요. 소윤 씨는 이런 과 정을 거쳤나요?

내담자: 네. 가족도 남편도 친구도 모두 저를 떠나 철저히 혼자가 됐어요. 시누이 들이 올 때면 구석에 쭈그려 앉아 있던 때가 많았고요.

남편이 2년 동안 외국으로 출장을 갔을 때였다. 내담자는 이때 유산까지 하며 극심한 스트레스를 받았다.

(9) 희생자

원장님: 희생자는 뭐냐면, 가장 고통스러울 시기예요. 여기서 어떤 사람은 너무 힘들어서 자살을 하기도 하고, 아예 다른 사람으로 변하기도 해요. 그 정도로 인생에서 가장 힘들 때인데 소윤 씨는 어땠나요?

내담자: 지금 생각해 보면 제가 사라지는 시간이었어요. 본래의 제 모습이 아니라 전혀 다른 사람이 돼서 비참하고 처절하고 우울하고 정신적으로도 이상한 사람이 됐었던 거 같아요.

(10) 방랑자

원장님: 좋아요. 사람은 희생자 자리에서 죽을 수도 있지만, 이 자리를 지나고 나면 방랑자라는 자리에 오게 돼요. 아, 인생을 살아봤더니 별것 없구나. 결국에는 내가 바라던 파랑새도 없고 꿈도 없고 아무것도 없구나. 열심히 살 필요도 없고 인생이라는 게 참 허무하네. 라며 방랑자가 되는 시기예요. 그래서 어떤 사람은 이때 알코올 중독자가 되거나 도박을 하기도 하고 바람도 피우고 돈도 막 쓰고 그러면서 방황을 해요. 소윤 씨는 이런 상황으로 접어든 적이 있었나요?

내담자: 저는 이때 욕심이 사라졌던 거 같아요. 남편과 사는 욕심도 사라지고 아이도 제대로 돌보지도 않고 무기력해지기만 했어요. 예전에는 남편이랑 어떤 집에서 살고 이런 가정을 꾸려야겠다는 생각이 있었는데, 그런 욕심이 다 사라지고 멍하게만 있었던 거 같아요.

남편이 해외 출장에서 돌아왔을 때였다. 이 시기에 내담자는 남편이라는 존재 자체도 포기해 넋이 나간 사람처럼 있었다.

(11) 자원

원장님: 좋아요. 그렇게 방황을 해도 사람은 중심을 잡을 시기가 또 와요. 무엇을 통해? 자원을 통해서요. 소윤 씨가 다시 본래의 나로 돌아가고 중심을 잡게 된 건 어떤 자원이 있었기 때문인가요?

내담자: 제가 이상한 말을 하고 그래도 꿋꿋이 참아준 남편이 있었기 때문에 그런 거 같아요. 그리고 상담소에 와서 원장님을 만나면서부터 다시 본래의 저로 돌아올 수 있었어요.

원장님: 그럼 소윤 씨의 자원은 남편이랑 저인가요?

내담자: 아, 아이도 할게요. 아이를 위해서라도 열심히 살아야겠다는 생각도 했어요.

원장님은 흡족한 미소를 지었다.

(12) 마법사

원장님: 자, 이제 마법사의 단계에 왔네요. 마법사란 이 모든 고통을 초월한 사람을 말해요. 그래서 어떤 고통이나 시련이 와도 마법을 부리면서 내 삶을 자유롭게 살아가는 걸 말해요. 소윤 씨는 마법사의 단계까지 온 거 같나요?

내담자는 신중하게 생각했다. 내가 정말 시누이들의 괴롭힘에서 모든 걸 뛰어넘고 내 삶에 집중할 수 있는지 자신을 돌아봤다. 한참 동안 생각한 내담자가 입을 열었다.

내담자: 솔직히 아직은 모르겠어요…. 이제 피해망상이나 그런 건 없어진 거 같은데… 제가 정말로 제 삶을 자유롭게 살 정도로 모든 걸 뛰어넘은 사람이 된 건지 모르겠어요….

원장님은 솔직하게 잘 이야기했다며 말했다.

원장님: 잘하셨어요. 억지로 마법사가 된 척하는 것보다, 앞으로 마법사가 되려고 노력하는 게 중요한 거예요. 지금의 소윤 씨라면 충분히 마법사가 될 수 있을 거예요.

내담자: 네 꼭 그러고 싶어요.

내담자는 노력해 보겠다는 얼굴을 했다.

[13] 영웅

내담자: 원장님, 그럼 영웅은 어떤 사람이 되는 거예요?

원장님: 영웅이라는 건 내가 부르심 받은 걸 완벽히 마스터한 사람을 뜻해요. 그래서 또 똑같은 시련이나 고통이 몰려와도 굳건하게 맞설 수 있고 절대로 무너지지 않아요. 그리고 나와 같은 상황에 처해있는 사람들을 보면 영웅이 되어서 피드백을 줄 수 있는 위치에 있는 사람을 말해요.

내담자: 아….

원장님: 그런데 여기서 중요한 게, 영웅이 됐다고 해서 모든 게 끝난 게 아니에요.

내담자: 네? 왜요?

원장님: 왜냐면 사람은 인생을 살면서 매순간 부르심을 받는 일이 생기거든요. 예를 들면 서윤 씨가 새로운 도전을 하면 어떻게 될까요? 문지방을 넘는 순간 시련이 시작되겠죠? 그러면 또 아까와 같은 험난한 과정이 들이닥치게 되는 거예요. 그 과정들을 인내하고 견디며 싸워 이겨야 다시 영웅이 되는 거죠.

내담자: 아…. 이해했어요.

내담자는 고개를 끄덕였다.

우리는 알아야 한다. 인생을 살아가는 동안 매순간 부르심을 받는다는 것을. 그리고 시련을 견뎌내며 영웅이 되는 과정을 거친다. 이것이 '영웅의 여정'이다. 이로써 내담자는 영웅의 여정이란 무엇인지, 내가 지금 어느 단계에 와 있는지 알게 되었다. 장애물과 끝까지 맞서 싸워 영웅이 되기로 다짐했다.

내담자는 영웅의 여정을 마지막으로 심리치료를 마쳤다. 그녀에게 있던 모든 심리증상이 완치됨은 물론, 앞으로 인생을 살아가기 위해 나는 무엇을 해야 하는지 완벽히 알게 되었다.

비록 아직은 영웅이 되지 못했지만, 나는 그녀가 머지않아 영웅이 될 것을 의심하지 않는다. 그리고 또 다른 부르심을 받아 영웅의 여정을 위해 힘차게 나아갈 것도 의심치 않는다. 그녀의 가정의 평화와 행복을 위해 격려와 응원을 보낸다.

영웅의 여정이란?

인지치료. 우리가 삶을 성공적으로 삶아가기 위해서는 영웅들이 그러했던 것처럼 수많은 고난과 역경이 있다는 것을 인지하는 프로그램이다. 다가올 고난과 역경이 무엇인지 미리 파악하고 위험에 대비를 할 수 있게 한다. 또 삶이라는 것은 우리가 어떤 일을 성공적으로 마치면, 살아 있는 동안은 끝이 아님을 알게 한다. 새로운 미션을 받고 다시 영웅의 여정을 떠나며, 똑같은 시련을 견뎌야 한다는 것을 인지시킨다. 그렇게 우리는 수많은 어려움을 극복해 또 한 번 영웅이 되는 것이다.

피해의식과 피해망상 치료를 마치며

피해의식과 피해망상은 피해를 봄으로써 나타나는 증상이다. 피해의식은 내가 잘못을 저지르고 그로 인한 죄책감으로 인해 나타나기도 한다. 피해의식이나 피해망상이 강한 내담자는 피해를 크게 받았거나, 오랜 시간 부정적 환경에 노출되었기 때문이다.

이런 상처들은 시간이 지난다고 해서 사라지지 않는다. 시간이 지나면 지날수록 더 크게 다가온다. 잊었다고 생각했는데 어느 날 갑자기 폭발한다. 그 예가 온라인에서 대두되고 있는 학교폭력이다. 나는 다 잊은 줄 알았는데, 이제 겨우 괜찮아졌는데, 폭력을 행사했던 사람이 방송에 나오는 모습을 보곤 감정의 소용돌이에 빠진다. 피해망상이 심한 내담자는 저 사람이 나를 또 괴롭히려고 방송에 나왔다고 생각할 수도 있다.

이처럼 피해의식을 넘어 피해망상까지 간 경우는 내가 계속 피해를 보고 있다고 생각해 정상적인 대화를 하기 힘들다. 때문에 그런 사람이 있다면 반드시 그의 이야기를 부정하지 말고, 공감하고 받아주고 달래주도록 하자. 그리고 정신과 병원을 통해 약물치료를 받고 상담소에서 '근본적인 원인'을 없애고 심리치료를 받자.

제 7 장

부부상담

부부상담은 신혼부부부터 노부부까지 연령 폭이 넓다. 그리고 대부분이 단발성 상담이다. 단발성이 될 수밖에 없는 이유는, 상담을 하면 서로를 이해할 수 있고 문제점도 인지할 수 있기 때문이다. 상담사는 부부에게 어떻게 나아가면 되는지 길을 제시해주고 부부는 그 길을 따라가겠다고 약속하며 상담을 마친다.

그런데도 갈등이 여전하다면?

그런 부부가 상담소에 다시 찾아오는 경우는 굉장히 드물다. 드문드문 문제가 발생때만 찾아오거ㅏ 대다수가 스스로 해결한다. 득별한 심리승상이 없이는 상담 비용이 경제적으로 부담되기 때문이다. 그래서 단순 성격 차이로 상담을 받는 경우도 거의 없다.

　부부가 상담소를 찾게 되는 경위는 대부분이 이혼 위기에 처했을 때다. 예컨대 배우자가 바람을 피웠거나, 도박으로 인해 가정이 무너졌을 때, 고부갈등이 극심할 때다. 이중 특히 고부갈등은 남편의 역할이 무엇보다 중요하다. 남편이 대처를 어떻게 하느냐에 따라 부부가 행복한 결혼생활을 이어나가는가 하면, 이혼 위기까지 초래한다. 이번 상담사례는 고부갈등과 부부갈등으로 나눴다. 그럼 부부상담은 어떻게 이루어지는지 보도록 하겠다.

'고부갈등'으로
이혼 위기에 처한 부부

30대 후반의 신혼부부가 상담소를 찾았다. 결혼한 지 1년도 되지 않아 이혼 위기가 왔다는 것이었다. 원장님이 이유를 묻자, 아내는 혼자 사는 시어머니 때문이라고 했다. 결혼한 후 시어머니가 시도 때도 없이 전화한다는 말이었다. 며느리가 회사에 있는 걸 알면서도 굳이 전화해 20~30분 동안 의미 없는 말을 했다. 예컨대 이런 경우였다.

"얘야, 오늘은 저녁에 뭐 먹니?"

"네, 어머니 오늘은 제가 늦게 끝나서 남편이랑 외식하려고요."

"으이구, 외식을 왜 하니. 집에서 밥을 해 먹어야지. 외식하면 건강에도 안 좋고 돈도 나가잖아."

또는 이러기도 했다.

"얘야, 오늘 저녁에는 뭐 하니?"

"네, 어머니. 친구들 만나려고요."

"친구는 왜 만나니. 친구들 만나면 괜히 시간만 뺏기고, 다 쓰잘데기 없어."

이처럼 시어머니는 며느리가 무슨 말만 하면 반대의견이나 부정적인 말만 했다. 그리고 사람들 흉을 보곤 했다. 내 친구 아무개는 싹수가 없다는 둥, 옆집 누구는 여우같이 행동한다는 둥, 욕까지 섞으며 휴대폰을 놓지 않았다. 아내가 끊어야 한다고 조심스럽게 말하면, 너는 시어머니가 말하는데 어디서 전화를 끊느냐며 잔소리를 했다.

그러다 보니 아내는 일부러 전화를 받지 않기도 했다. 그러면 시어머니는 또 뭐

하길래 전화를 받지 않느냐고 따졌다. 아내가 일하느라 그랬다고 하면, 거긴 무슨 회사길래 전화 받을 시간도 없냐면서 회사 욕을 했다.

이처럼 시어머니 전화에 시달리자, 아내가 남편에게 말했다. 시어머니 때문에 너무 힘드니 전화 좀 하지 않게 해 달라는 것이었다. 하지만 남편은 어머니가 좋아서 그런 건데 왜 그러냐는 말만 하고 별다른 행동을 취하지 않았다.

아내를 힘들게 하는 건 그뿐만이 아니었다. 시어머니는 며느리에게 평일에 김치를 가지러 오게 했다. 그러면 1시간 30분 동안 차를 운전해 김치를 받아오는데, 예의상 김치만 받을 수는 없으니 10만 원씩 드렸다.

그런데 이게 계속 반복되다 보니 아내는 너무 힘들었다. 회사에서 퇴근하고 쉬고 싶은데 쉴 수가 없었다. 또 그냥 사서 먹어도 될 걸 왜 시어머니한테 10만 원씩 주고 먹는지 이해할 수 없었다. 김치만 받고 집으로 가는 것도 아니었다. 주야장천 시어머니의 옛날 고리짝 이야기를 들은 후, 녹초가 돼 집에 돌아가는 게 부지기수였다.

이런 상황이 지속되다 보니 아내는 남편이 결혼 전에 시어머니랑 통화할 때마다 왜 인상을 박박 썼는지 이해할 수 있을 것 같았다. 잔소리와 부정적인 이야기가 너무 듣기 싫었던 거였다.

그러던 어느 날, 또 김치를 가지러 시어머니댁에 갔을 때 아내는 참을 수 없어 말했다.

"어머니, 저 어머니 이야기 사실 재미없어요."

시어머니는 이야기하던 도중 놀라 두 눈을 동그랗게 떴다.

"무라고? 너는 우째 그런 말을 하냐?"

"그동안 힘들었어요. 어머니가 자꾸 저한테 전화하는 것도 힘들고, 김치 가지러 1시간 30분씩이나 차타고 오는 것도 힘들었어요. 회사 끝나면 저도 쉬고 싶은데 쉬지를 못하잖아요. 그리고 김치 가져갈 때마다 10만 원씩 드리는데, 저번에 어머니가 돈 아깝게 왜 외식하냐고 그러셨죠? 저는 어머니한테 드리는 돈이 더 아까워요. 차라리 이 돈으로 사 먹는 게 낫죠."

시어머니는 얼굴이 시뻘게지더니 결국 눈물을 터트렸다. 내가 지금까지 인생을 누구보고 살았는데, 세상에 며느리한테 이런 무시를 당하냐면서 울고불고 난리가 났다. 남편이 놀라 거실로 나오자 시어머니가 고자질했다. 그 얘기를 듣곤 남편이 말했다.

"왜 그래? 당신, 너무한 거 아냐?"

아내가 반박했다.

"당신 옛날에 연애할 때 어머니한테 전화 오면 인상 박박 쓰고 그랬지? 그때는 내가 왜 그러는지 몰랐는데 이제 알겠어. 당신도 어머니랑 통화하기 싫어서 그랬던 거잖아."

시어머니가 남편 보고 소리쳤다.

"내가 전화하면 인상 박박 쓰고 그랬냐!"

남편은 말문이 턱 막혔다. 아내는 이때다 싶어 똑같이 고자질했다.

"어머니, 결혼하기 전에 저 사람 어떻게 한지 아세요? 어머니가 전화하면 휴대폰 귀에다 대지도 않고 머리 위까지 올리고 그랬어요. 그래서 왜 저러나 싶었는데 이제 이유를 알겠어요. 항상 어머니가 전화로 부정적인 이야기만 하시고, 잔소리하시고, 전화를 끊을 생각하지 않으시니까 그렇죠."

집은 난장판이 됐다. 남편은 내가 언제 그랬냐며 언성을 높였고, 아내는 매일 그러지 않았냐며 소리를 질렀다. 그렇게 대판 싸우고 아내는 집으로 돌아갔다. 하지만 싸움은 이게 끝이 아니었다. 시어머니가 딸들에게 고자질한 것이었다. 시누이들은 그 이야기를 듣고 아내에게 전화했다. 시집온 지 얼마 되지도 않은 게 싸가지 없이 어머니에게 그런 말을 하느냐고 돌아가며 몰아붙였다.

전화를 받은 아내는 남편을 쏘아붙였다. 태어나서 처음으로 시누이들에게 귀에 담지도 못할 모욕적인 말을 들었다는 것이었다. 그러면서 당신 식구들은 대책이 안 선다고 소리 질렀다.

남편은 바로 누나들에게 전화했다. 왜 이 일에 끼어들어서 더 시끄럽게 만드냐는 것이었다. 그러자 누나들이 적반하장으로 나왔다. 바보 같은 새끼가, 너는 여자가 어머니한테 그렇게 하는데 누가 잘못한 지도 모르냐며 맞받아쳤다. 남편은 엄마가 전화하면 말 많이 하는 거 모르냐고 목청을 높였다. 알고 보니 시어머니는 오직 아들에게만 전화를 자주 했지 딸에게는 일절 전화를 하지 않고 있었다.

그렇게 시어머니와 며느리의 싸움은 온 집안 식구들이 다 알게 되었다. 그리고 얼마 후, 명절이 되었다. 가족들은 시어머니 집에 모이기로 했다. 하지만 아내가 편히 시어머니 댁에 갈 수 있을 리가 만무했다. 남편이 아내를 설득했지만, 아내는 끝내 가지 않았다. 결국 어쩔 수 없이 남편만 명절을 쇠러 갔다.

집에 도착했을 때, 남편은 식구들에게 온갖 욕이란 욕은 다 먹었다. 특히 고모가 남편을 나무랐다. 결혼하고 난 후 첫 명절인데, 어떻게 새댁이 오지 않을 수가 있냐며 괘씸하다고 했다. 식구들이 돌아가며 아내 흉을 보고 남편에게 한마디씩 했다. 그럼에도 남편은 자세한 전후 사정을 이야기하지 못했다. 엄마가 아내에게 어떻게 했는지, 그로 인해 아내가 얼마나 힘들었는지, 변호도 하지 못한 채 홧김에 집으로 돌아왔다. 집에 혼자 있는 아내에게 쏘아붙였다. 당신이 오지 않아서 가족들에게 개망신당하고 욕만 먹었다며 화를 냈다. 그리고 아내에게 선전포고를 날렸다. 계속 이렇게 하면 더는 같이 살 수 없다고 말했다. 아내도 가만히 있지 않았다. 자기도 이런 집안이랑은 살 생각이 없다고 했다. 그렇게 둘은 대판 싸우고 나서야 상담소에 찾아온 것이었다.

원장님이 이 모든 이야기를 듣고 입을 뗐다.

"두 분 시댁 문제 말고 싸운 적 있나요?"

"없습니다."

남편이 대답했다.

"그럼 남편분은 아내가 시어머니 때문에 힘든 거 공감하세요?"

남편은 짧게 "네."라고 대답했다. 자기도 결혼하기 전 엄마한테 시달린 적이 있었기 때문이었다.

"그런데 명절에 식구들한테 아내가 왜 그런 행동을 한 건지 이야기하지 않으셨어요?"

원장님이 묻자 남편은 쉽사리 대답하지 못했다. 원장님은 남편이 왜 설명을 하지 못했는지 이미 알고 있었다. 감각검사(V, A, K)를 해보니, 남편은 청각이 현저히 떨어져 말을 조리 있게 하는 사람이 아니었다.

"두 분, 아까 검사지 했던 게 뭔지 설명해 드릴게요."

원장님은 부부에게 감각검사지에 관해 설명했다.

"사람에게는 타고나는 감각이라는 게 있어요. 시각, 청각, 신체감각(느낌감각)이에요. 여기서 청각은 무엇인가 하면, 깊은 학식을 논하는 걸 좋아하는 사람을 뜻해요. 말하는 걸 좋아하고, 논리적이고 이성적인 사람이에요. 그런데 지금 남편은 신체감각은 높은데, 청각이 현저히 떨어지는 사람이에요. 그러다 보니까 명절에 가족들한테 아내가 왜 그런 건지 제대로 설명을 하지 못한 거예요. 신체감각(느낌감각)만 높아서 분위기가 너무 좋지 않으니까 감정에 치우쳐서 그냥 집으로 돌아온 거죠."

아내가 공감했는지 입을 뗐다.

"맞아요. 이 사람은 집안일을 결정할 때도 대화를 통해 결정하는 게 아니라 그냥 감으로 결정해요."

"그게 신체감각이 높고 청각이 낮은 사람들의 특징이에요. 그러면 반면 아내분은 어떠냐?"

원장님이 아내를 쳐다보며 말을 이었다.

"아내분은 청각이 매우 높게 나왔어요. 이런 사람은 자기중심이 정확하게 잡혀 있는 사람이에요. 소신이 있고 목소리도 낼 줄 알고 매사에 정확한 사람이란 뜻이에요. 아니면 아니다, 기면 기다를 말하는 사람이에요. 또 중요한 이야기가 아니면 길게 말하고 싶지도 않은 사람이에요. 그런데 그런 사람에게 시어머니가 자꾸 전화해서 쓸데없는 말만 하면 어떻겠어요? 그냥 전화 받는 것도 힘든데, 당연히 더 힘들겠죠?"

그렇다면 시어머니는 왜 이렇게 말이 많은 것일까? 청각이 높아서 그런 것일까? 아니었다. 청각은 말하는 것을 좋아하고 논리적인 것이지, 무조건 말을 많이 하는 사람이 아니다. 시어머니는 검사 결과 청각은 낮고 시각이 매우 높은 것으로 나타났다. 그러니까 말이 많은데, 오로지 눈으로 보이는 현상에 대해서만 말했다. 내가 봤는데, 이 사람은 어때, 저 사람은 어때, 라며 눈으로 보고 사람들을 평가하는 식이었다. 그러니 진중한 이야기는 하지 못하고 푼수 같은 말만 했다.

원장님은 감각검사지에 대한 이야기를 마친 후 남편을 쳐다보며 입을 뗐다.

"그러면 남편분이 생각해 보세요. 이제 어떻게 해야겠어요?"

"제가 알아서 어머니를 잘 제어해야겠네요."

"맞아요. 아내가 처음에 힘들다고 했을 때 어머니를 자제시켰으면 상황이 이렇게까지 가지 않았겠죠. 그런데 회피하고 아무것도 하지 않으니까, 어떻게 됐어요? 더 안 좋아졌죠?"

남편은 어두운 얼굴로 고개를 끄덕였다.

"그러면 이제 이혼할지 말지도 남편이 정하세요."

남편이 고개를 들고 원장님을 쳐다봤다. 왜 내가 정해야 하는지 묻는 얼굴이었다.

"지금부터라도 내가 남편 역할을 제대로 할 거면 결혼생활을 이어나가는 거고, 못할 거 같으면 이혼하라는 말이에요. 남편이 중간에서 시어머니를 자르지 못하면 계속 싸우게 될 거니까요."

원장님의 말에 남편은 심각하게 고민하더니, 알겠다고 대답했다. 자신의 대처가 얼마나 미흡했는지 깨닫는 순간이었다. 그렇게 부부는 서로에 대한 감각과 남편이 해야 할 일에 대해 알고는 상담을 마쳤다.

　2개월 후 부부가 다시 상담소를 방문했다. 남편이 식구들을 불러 오해를 풀고 시어머니도 더는 전화하지 않기로 했는데, 다른 문제가 생겼다는 것이었다. 이야기는 이렇게 시작됐다. 아내의 생일이 다가올 무렵이었다. 시어머니에게서 전화가 왔다. 전화를 안 하려고 했는데, 그래도 처음 맞는 생일이니 축하를 위해 집으로 오라는 말이었다. 아내는 못미더웠지만 남편이 그녀를 설득했다. 이참에 시어머니에게 대접 좀 받으라는 것이었다. 결국 아내는 어쩔 수 없이 생일날 시댁으로 향했다. 그리고 시누이도 하루 차이로 생일이라 함께 축하하기로 했다.

　그런데 아내는 시어머니 집에 들어서자마자 어처구니없는 상황을 목격했다. 생일이니 오라고 해서 왔는데, 시어머니가 아무것도 해놓은 게 없었기 때문이었다. 남편이 아무 요리도 하지 않았느냐고 묻자, 시어머니는 너희 생일을 왜 나 혼자 차리냐며 오히려 반문했다. 아내는 머리가 지끈거렸다. 당황스럽기는 남편도 마찬가지였다. 그는 엄마에게 생일인 사람이 밥하고 요리하면 그게 생일이냐고 따졌다. 하지만 엄마는 지금부터 하면 된다며 천하태평한 소리를 했다. 남편은 이 시간에 언제 시장 보고 밥하냐며 나가서 먹자고 했다. 결국 남편이 고깃집을 예약하고 시누이와 함께 식당으로 향했다.

　이때 아내는 이미 시어머니에게서 마음이 떠난 상태였다. 생일이니 챙겨줄 것처럼 오라고 하더니, 경우가 없어도 너무 없었다. 문제는 고깃집에서도 연달아 터졌다. 시어머니는 생일인 아내에게 뭐 먹을 거냐고 한마디도 묻지도 않고, 시누이가 좋아하는 돼지갈비만 시켰다. 문제는 아내가 돼지고기를 전혀 먹지 못한다는 것이었다.

　돼지갈비가 나오고 아내가 먹지 않자 시어머니는 왜 먹지 않느냐고 물었다. 아내가 돼지고기를 먹지 못한다고 하자, 식구들은 세상에 돼지고기를 못 먹는 사람이 어디 있냐며 오히려 아내에게 핀잔을 줬다. 남편이 옛날부터 먹지 못했다고 변호하자, 그제야 시어머니는 소고기 1인분만 달랑 시켰다. 아내는 그게 너무 서운했다. 생일인데 뭐 먹을 거냐고 묻지도 않고 시누이가 좋아하는 돼지갈비만 시키고 나는 1인분만 달랑 주문하는 게 마치, '옛다 먹어라.' 하는 듯한 느낌이었다.

거기다 식구들 그 누구도 아내에게 생일 축하한다는 말조차도 꺼내지 않았다. 한쪽 구석에서 소고기가 나오는 게 보이는데, 아내는 꼭 왕따 당하는 기분이었다. 이미 마음이 상할 대로 상해 도저히 소고기가 목구멍에 넘어가지 않았다. 남편이 왜 먹지 않느냐고 물어도 대답하지 않았다. 너무나도 괘씸해 시누이에게 선물도 주지 않았다. 그래도 생일이고 하니 선물을 챙겼는데 주고 싶은 마음이 한순간에 사라졌다.

아내는 쫄쫄 굶은 채 아무것도 먹지 않고 식당에서 일어났다. 그리고 카운터를 봤는데 황당하게도 남편이 계산하고 있었다. 아내는 그 모습을 보고 자괴감이 일어났다. 시어머니가 전화로 생일이라고 챙겨줄 것처럼 말하더니 막상 집에는 아무것도 없고, 고깃집에서 뭐 먹고 싶은지 한 번도 묻지 않고, 시누이가 좋아하는 것만 시키고, 기껏 소고기를 시켜준다는 게 달랑 1인분만 시키고, 심지어 계산까지도 남편이 하는 것을 보고 내가 뭐가 부족해서 이런 대접을 받고 살아야 하는지 존재감이 바닥을 쳤다. 아내는 차에 탄 뒤 너무 서러워 조수석에서 눈물을 흘렸다. 남편이 시큰둥하게 왜 우냐고 묻자, 아내가 소리쳤다.

"야! 이게 대접받은 거냐! 너네만 잘 처먹고, 나는 쫄쫄 굶고 가는데 이게 대접받은 거냐!"

"네가 안 먹었잖아!"

"너 같으면 거기서 먹겠냐!"

"왜 못 먹는데!"

남편도 참지 못해 소리쳤다. 남편은 아내의 마음을 전혀 이해하지 못했다. 소고기를 시켜줬는데 왜 먹지 않는지 남편도 화가 난 상태였다. 원장님은 부부의 이야기를 듣고 아내에게 물었다.

"어떤 점이 제일 섭섭했나요?"

"처음부터 끝까지 다요. 생일이라고 오라고 하더니 같이 시장을 보자고 하질 않나, 고깃집에서 생일인 제 의견은 묻지도 않고 자기들이 좋아하는 돼지갈비만 시키지 않나, 먹지 못한다고 하니까 달랑 1인분만 시켜주면서 먹으라고 하는데, 원장님 같으면 섭섭하지 않겠어요?"

"섭섭하죠. 충분히 섭섭하고 말고요."

원장님은 아내의 말에 공감했다. 남편이 그래도 가족들끼리 모인 자리인데 좋게 먹을 수도 있는 거 아니냐고 묻자, 아내가 벌떡 일어서더니 남편에게 소리쳤다.

"너? 또라이야? 머리가 어떻게 된 거 아냐? 나보고 거기서 고기를 먹으라고?"

아내는 이때부터 완전히 변한 상태였다. 첫 상담 때는 조곤조곤 조리 있게 말했는데, 이번에는 그렇지 않았다. 이런 수준 낮은 사람들이랑 있느니 차라리 이혼하는 게 낫겠다고 했다. 남편은 차분했던 아내가 욕하는 걸 보고 놀라 더는 아무 말도 하지 못했다.

"원장님, 저희 이혼하게 해주세요. 네? 저는 절대로 이렇게 못 살아요."

아내는 간절히 부탁했다. 이혼을 완전히 결심한 듯한 모습이었다. 하지만 원장님 입장에서는 부부가 시어머니 때문에 이혼한다는 게 너무나 안타까웠다. 그래서 한 번 더 아내를 설득했다.

"저는 아내분이 얼마나 큰 상처를 받았겠는지 이해 가요. 이야기를 들어보면 시어머니가 잘못한 게 맞아요. 그리고 아까 한 검사지 결과를 보니까 지금 우울증도 있고, 자존감도 많이 떨어졌어요. 그런데 제가 부부상담을 하면서 제일 안타까운 게 이런 상황이에요. 부부는 아무런 문제가 없는데, 고부갈등 때문에 이혼하는 거예요. 그러니까 한 번만 시어머니를 상담소로 데리고 오세요. 시어머니 오면 제가 아내분이 힘든 거 이야기하고 해결해 드릴게요."

"원장님, 저는 정말로 살 생각이 없어요….""

아내는 모든 걸 체념하듯 말했고, 남편은 옆에서 연신 한숨만 쉬었다. 결국 원장님은 시어머니를 데려오라고 한 뒤 상담을 마쳤다. 시어머니의 행동만 교정시키면 부부 사이가 다시 좋아질 수 있다는 걸 그 누구보다도 잘 알고 있기 때문이었다.

시어머니가 며느리에게
전화를 자주 한 이유

나는 의문이 하나 있었다. 시어머니가 며느리에게 왜 그렇게 전화를 하냐는 것이었다. 시어머니 노릇을 하고 싶어서? 남편 없이 혼자 산다고 했으니까 외로움이나 무료함을 달래기 위해? 하지만 결혼하기 전에는 아들에게 전화했는데, 왜 갑자기 며느리에게 하는 거지?

시어머니의 의도를 파악하기 위해 생각이 꼬리에 꼬리를 물었다. 하지만 전혀 파악이 되지 않았다. 원장님에게 이유를 묻자 이렇게 대답했다.

"아들이 보고 싶어서 그런 거야."

나는 고개를 갸웃거렸다.

"그러면 아들에게 전화하면 되잖아요?"

"평소에 아들이 전화를 받아주지 않아서 그래. 아들이랑 대화가 잘 통하고 친하면 며느리한테 전화할 이유가 없지. 바로 아들한테 전화하지."

"그러네요."

아들도 자기 엄마의 전화를 받는 걸 그토록 싫어했던 걸 떠올렸다. 그러니까 한마디로 아들도 엄마를 피하고 있다는 뜻이었다. 그렇다면 시어머니는 과연 아들로부터 무엇이 결핍된 것일까? 그러던 중 정답이 뇌리를 스쳤다.

"아까 시어머니가 며느리한테 계속 전화한 이유가 아들이 보고 싶어서라고 했잖아요?"

"응."

"그렇다는 건 시어머니가 아들로부터 관심의 욕구가 충족되지 않았기 때문이겠네요?"

"웬일이야? 그런 거까지 맞추고?"

나는 의기양양했다. 원장님이 보충설명을 했다.

"맞아. 부모와 자식이 서로 친하면 며느리한테 전화하지도 않아. 오히려 반대로 전화 오는 걸 귀찮아하지. 왜? 이미 관심에 대한 욕구가 충족되고도 남았으니까. 그런데 지금처럼 부모와 자식이 서로 친하지 않으면, 부모가 자식에게 애착을 갖게 돼. 괜히 아들을 며느리에게 빼앗긴 마음이 들어서 집착하고 간섭해서 고부갈등이 일어나는 거야."

물론 원장님은 고부갈등이 다 이런 유형은 아니라고 했다. 또 가장 보편적인 고부갈등은 엄마가 아들과 친해서 아들에게 집착하는 것이라고 했다. 그로 인해 며느리가 고통 받는다. 이외에도 시아버지로 인해 고통 받는 며느리도 있다. 며느리를 너무 좋아해 연락을 자주 하거나, 며느리를 극진히 챙기면서 며느리에게는 남편을 더 챙기게 만든다.

이런 시부모의 특징은 외부와 단절된 생활을 한다는 것이다. 주변 사람과 관계가 원활하지 않고 특별히 하는 일이 없어 며느리에게 자주 연락한다. 또 자녀의 결혼생활을 마치 자신의 권한 안에 있는 것처럼 생각한다. 독립된 것으로 보지 않는다.

이럴 때 남편이 중재를 못할 경우, 아내의 원망이 남편에게 전가되며 결혼생활에 금이 가는 것이다. 이번 사례도 마찬가지다. 시어머니가 아들에 대한 관심을 '며느리'라는 매개체를 통해 받으려 했고, 남편은 이를 중재하지 못했다.

2) 원장님 VS 시어머니

두 번째 상담 후, 부부는 한동안 연락이 없었다. 석 달이나 지나서야 남편이 홀로 상담소를 찾아왔다. 원장님이 어떻게 지냈냐고 묻자, 남편은 아무래도 이혼을 하게 될 것 같다고 말했다. 석 달 동안 아내랑 말도 섞은 적이 없고 각방까지 쓰고 있는 상태라는 것이다. 원장님이 답답해 말했다

"어머니 모시고 오라니까, 왜 안 모시고 오셨어요?"

"상처를 받을 거 같아서…."

"이혼을 하든 안 하든, 어차피 어머니가 아셔야 해요. 어머니가 아시지 않고서는 아내랑 둘이 상담해봤자 아무 소용없어요. 그러니까 어머니하고 아내 둘 다 데리고 상담소에 오세요."

남편은 고민하더니 알겠다고 했다. 그리고 일주일 후 다시 상담소를 찾아왔다. 하지만 문을 열고 들어온 사람은 남편과 시어머니뿐이었다. 왜 아내는 오지 않았냐고 묻자, 남편이 대답했다.

"무조건 이혼하겠다고 하네요…."

"…에효. 우선 이쪽으로 앉으세요."

원장님은 남편과 시어머니를 상담실에 앉혔다. 시어머니는 한눈에 봐도 보통 사람이 아니었다. 우직하면서도 앙다문 입술과 각진 턱을 보면 자기주장이 무척이나 강할 것 같았다. 하지만 원장님 또한 수많은 사람을 상대한 베테랑이 아닌가. 둘 사이에 팽팽한 긴장감이 느껴졌다.

"그래, 뭐 땜시 날 불렀대요?"

시어머니가 먼저 말을 뗐다.

"어머님, 지금 아드님이 아내와 이혼 위기에 있는 거 아시죠?"

"알죠, 그람."

"그게 누구 때문인 거 같으세요?"

"누구 때문이긴, 지랄 맞은 며느리 때문이지. 싸가지 없는 것."

"어머니, 며느리한테 지랄 맞다느니 싸가지가 없다느니 그게 뭐예요."

"하는 짓이 그러니까 그라죠."

역시나 강한 시어머니였다. 하지만 원장님도 지지 않고 말했다.

"어머님이 그렇게 말씀을 하시니까, 며느리가 시어머니 대접을 안 하는 거예요. 여기 며느리 제가 봤지만, 보통 여자 아니에요. 매사에 정확하고 확실하고 가벼운 사람은 질색해요. 그런데 시어머니가 품행이 그러는데 며느리가 어떻게 시어머니를 인격적으로 대하겠어요."

"아니, 시방 내가 뭘 잘못했다고 그란다요."

원장님은 그때부터 시어머니가 한 일에 대해 말하기 시작했다. 시도 때도 없이 전화한 거, 김치 가지러 오라고 한 거, 생일 때 며느리는 챙기지 않고 딸이 좋아하는 돼지갈비만 시킨 거, 생일축하 한다는 말은 한마디도 안 하고 고깃값도 아들이 계산하게 만든 거, 등등 잘못한 부분에 대해 모든 걸 말했다. 그러자 시어머니는 어이가 없다며 말했다.

"내 참, 그거 얼마나 한다고. 아니 그리고 내가 시어머니인데 시어머니 노릇도 못한다요?"

"어머니, 지금 세상이 어느 땐데 시어머니 노릇을 해요. 그리고 시어머니 노릇을 하려면 아들이 결혼할 때 경제적으로 지원해 준 거 있으세요? 지원해 준 거야 있으면 모를까, 그런 것도 없이 무슨 시어머니 노릇을 한다는 거예요."

실은 결혼할 때도 거의 모든 자금을 아내 쪽에서 부담했다. 집도 아내가 샀고, 아들은 그에 비해 상대적으로 적은 금액을 가지고 결혼을 했다. 그 이유는 아들은 고등학교 졸업 이후 직장을 다니면서 혼자 사는 엄마를 경제적으로 지원했기 때문이었다. 아들은 대학교도 엄마한테 아무 지원도 못 받고 아르바이트를 하며 다녔다.

원장님이 시어머니에게 말했다.

"결혼할 때 며느리는 이미 어머님에 대한 평가를 내렸어요. 아니, 아들이 결혼하는데 돈 백만 원도 안 해줬다면서요. 시어머니 노릇을 하려면 그에 맞는 지원이라도 하던가. 그리고 이건 시어머니 노릇도 아니에요. 잘살고 있는 며느리 괜히 못살게 구는 거죠. 해준 것도 없으면서."

시어머니는 말문이 턱 막혔다. 안 그래도 찔리는 구석을 원장님이 그대로 파고 들었기 때문이었다. 물론 결혼을 한다고 해서 꼭 부모님이 경제적으로 지원을 해줘야 하는 것은 아니다. 결혼할 때 시어머니가 경제적으로 지원을 했다고 해서 시어머니 노릇을 해도 된다는 가정도 성립하지 않는다. 하지만 원장님이 이 이야기를 한 이유는, 시어머니의 콧대를 꺾을 필요가 있었기 때문이었다. 며느리에게 해준 것이 없다는 걸 직시하지 못하고 그저 자기 편한 대로만 하니, 당신이 과연 그렇게 해도 될 자격이 있느냐는 것이었다.

"그럼 못 해준 시어머니는 시어머니도 아니래요!"

"며느리 힘들게만 하지 말라는 거잖아요."

"지랄 쌈 싸 먹고 자빠졌네. 그럼 이혼하라고 그라죠!"

급기야는 원장님에게까지 에둘러 욕하는 시어머니였다. 원장님은 상담하다 보면 이런 식으로 에둘러 욕을 하거나 아예 상담사에게 욕을 하는 경우가 많다고 했다. 이때 중요한 건 똑같이 싸워서는 안 된다는 것이다. 주장을 강하게 어필하기 위해 목소리를 크게 낼 수는 있지만, 상담사는 절대로 감정싸움으로 치달아서는 안 된다.

원장님은 이번엔 차분한 목소리로 말했다.

"어머님, 어머님은 남편 여의고 혼자 사시니까 좋으세요? 이 부부는 어머님만 아니면 행복하게 사는데, 왜 아들의 삶에 껴들어서 서로 싸우게 만들어요. 자식은 결혼하면 그걸로 끝이에요. 감 내놔라. 배추 내놔라. 그런 게 아니라고요."

"얘네가 나만 아니면 안 싸운다고 그라요?"

"예, 둘은 서로 사랑하며 잘살고 있대요. 어머니가 껴들어서 문제가 생긴 거지."

"진짜냐?"

아들에게 묻는 시어머니였다.

"그럼 우리가 싸울 일이 뭐가 있어요. 다 엄마 때문에 그렇지."

아들은 그 말을 하고 한숨을 푹 쉬었다. 시어머니가 원장님을 쳐다보고 말했다.

"그람. 선상님 말로는 결혼하면 부모와 자식은 땡이네야?"

"네, 맞아요. 땡이에요."

"하고야… 그럼 모든 부모가 다 그렇게 산다요?"

"부모와 자식이 다 그러진 않죠. 자식과 친하게 지낸 부모면 자식들이 알아서 부모에게 잘할 것이고, 친하지 않으면 그만큼 자식의 도리를 하겠죠. 그리고 들었는데 아들이 고등학교 졸업하고 명절에 집도 잘 안 갔다면서요. 그런데 왜 결혼하니까 자꾸 불러들이고 그래요."

"아들 보고 싶어서 그랬죠."

그 마음을 모르는 원장님이 아니었다. 시어머니의 긍정적 의도를 이미 오래전부터 파악하고 있었다.

"그러니까 가만히 좀 계세요. 가만히 계시면, 자식이 알아서 잘할 거예요. 결혼한 후에는 자식이 부모에게 스스로 다가가는 거지, 부모가 이래라저래라 억지로 그러면 안 돼요."

원장님의 말을 듣고 한숨을 푹푹 쉬는 시어머니였다.

"…너네, 정말 싸운 적 없냐…?"

"그렇다니깐요. 우리가 왜 싸워요."

"그라면 선상님 말씀대로라면 내가 사라지면 되것네요? 너도 그러면 되것냐?"

"사라지면 되는 게 아니라 가만히 계시라는 거죠."

"그래? 너희들끼리 살겠다 이거지. 나는 있으나마나다 이거지?"

"그게 아니라, 엄마가 가만히 계시면 우리가 알아서 잘할 건데 엄마가 너무 설치니까 그런 거잖아요."

"이건 장가가기 전에도 싸가지가 없더니, 장가가더니 우째 더 싸가지가 없어졌냐."

"아후…!"

아들은 몸서리를 쳤다. 설득되나 싶더니 싸가지가 없다는 이야기를 듣고 한계가 온 모양이었다.

원장님이 입을 뗐다.

"어머님 가만히만 계시면 잘 산다잖아요. 아들이 지금까지 혼자 객지에서 고생하다, 좋은 여자 만나서 알콩달콩 잘 사는데, 어머니 때문에 이혼하면 어떻게 하실래요. 아들한테 평생 그 소리 들으며 살 자신 있으세요? 그리고 아들도 이제 나이가 마흔인데 만약 아들이 장가 못 가면 어떡할래요? 아들이 돈이 있어 뭐가 있어. 지금까지 어머니 도와주느라 돈도 모으지 못했다는데, 아들이 장가가지 못하고 혼자 사는 걸 바라셔요?"

갑자기 시어머니가 펑펑 울기 시작했다. 자기가 남편을 여의고 지금까지 혼자 살아 봤으니 그 고통이 무엇인지 알기 때문에 우는 것이었다.

"선상님… 그럼 선상님 생각에는 내가 가만히만 있으면 되것소?"

"어머니, 그게 아니라 며느리에게 가서 사과하셔요."

"우째 내가 사과를 한다요!"

울다가 버럭 소리를 높이는 시어머니를 원장님은 침착하게 설득했다.

"그래도 사과하셔요. 며느리가 지금 안 산다고 이혼을 요구하고 있는데, 어머님이 사과 안 하면 두 사람 못살아요. 특히 생일 때 며느리가 얼마나 존재감을 잃고 집에 왔는데요. 어머님 생각해 보세요. 생일에 시어머니가 대접해준다고 해서 갔는데, 대접은커녕 쫄쫄 굶고 왔잖아요. 고기도 며느리한테 뭐 먹을 거냐고 묻지도 않고, 어머니 딸이 좋아하는 돼지갈비만 시키셨다면서요. 소고기는 달랑 1인분만 시켜주고. 그런 상태에서 고기가 넘어가겠어요? 가서 사과하셔요."

"그래도 나는 못 한다요!"

절대로 사과는 할 수 없다는 시어머니였다. 그러자 원장님이 남편에게 말했다.

"남편, 들으셨죠? 이만큼 했는데도 어머님이 사과를 못한다고 하면 틀린 거예요. 그러니까 이제 남편이 선택하세요. 아내를 정말 사랑하고 이혼할 마음이 없으면, '나 가족이랑 연 다 끊는다.' '명절에도 아무 데도 안 가고, 엄마랑도 연락 안 하고 당신만 보고 살 거다.' 그렇게 말하세요."

"우째 아들이랑 연을 끊으라는 거래요! 평생 절교하고 살란 말이여!"

원장님이 냉철하게 말했다.

"어머님이 방금 말씀하셨잖아요. 절대로 사과는 못 한다고. 그러면 방법은 두 가지뿐이죠. 아들이 엄마와 연을 끊던가, 아니면 이혼을 하던가. 아드님, 어떻게 하실래요?"

남편은 오랫동안 고민하더니 입을 뗐다.

"엄마랑 연 끊겠다고 할게요."

"뭐?! 너 미쳤냐!"

"그럼 어떡해요! 지금 엄마 때문에 이 난리가 났는데, 나보고 이혼하라고 종용하는 거예요, 뭐예요?!"

아들과 시어머니의 말싸움이 이어졌다. 아들은 엄마가 절대 사과 못하면 나도 이혼할 생각 없으니까 가족과 연을 끊겠다고 다시 말했다. 그 말을 들은 시어머니는 또다시 한 바가지 눈물을 흘렸다. 마음이 아픈 건 남편도 마찬가지였다. 가족과 연을 끊는데 마음이 편할 리가 없었다. 더군다나 지금까지 몇 십 년을 혼자 산 어머니가 아닌가.

"알겠다…. 내가 사과하마…. 그럼 되지…?"

"그래 어머님, 한 번만 꾹 참고 사과하세요. 그러면 나중에 자식들이 다 잘할 거예요."

"선상님 믿고 합니다…."

결국 대장정 끝에 사과하기로 한 것이다. 원장님은 시어머니가 잊어버릴까 봐 사과할 목록을 적어주었다.

"어머니, 가서 쓸데없는 소리 하지 마시고 사과만 하세요? 네? 첫째, 우리 애 고등학교 이후 잘 돌보지 못한 거 미안하고, 둘째 결혼할 때 돈 백만 원 지원해주지 못해서 미안하고, 셋째 결혼해서 허구한 날 쓸데없는 소리에 참견하고 일하는 데 시간 뺏어서 미안하고, 넷째 생일에 뭐 좋아하는지 뭐 먹을 건지 물어보지도 않고, 딸이 좋아하는 돼지갈비 시켜서 미안하고, 다섯째 쫄쫄 굶고 갔는데 전화 한 통 안 한 것도 미안하고, 여섯째 생일 축하한다는 말 한마디 안 해서 미안하고, 앞으로 명절이나 큰일 있을 때만 와라. 이렇게 말씀하세요. 아셨죠?"

원장님은 목록에 적은 걸 그대로 읽은 뒤 시어머니에게 넘겨줬다. 사과 목록을 한참이나 들여다보던 시어머니가 말했다.

"진짜 힘드네요, 진짜 힘들어. 내가 살다 살다 며느리한테 이런 것도 다하고…. 남한테 사과 한 번 한 적 없는데 내가 참 문제가 많은 시어머니네요. 그죠잉?"

그러고서는 아들을 보고 말했다.

"내가 꼭 이래야 쓰것냐?"

아들이 대답하지 않자 시어머니가 다시 물었다.

"네 생각에는 내가 이거 다 해야 쓰것냐고."

"엄마 마음대로 해요."

"그래, 어머니 마음대로 하세요."

아들에 이어 원장님이 말했다.

"알겠수다. 상담소 온 김에 지금 가지, 뭐."

그렇게 하고 시어머니는 자리에서 벌떡 일어났다. 원장님은 누구든지 잘못하면 사돈이든 팔촌이든 임금님이든 대통령이든 다 사과하는 거니까, 자존심 상해하지 마시라고 했다. 시어머니는 듣는 둥 마는 둥 했지만, 사과한다고 했으니 그 후를 지켜봐야 할 일이었다.

며칠 후 부부가 상담소에 방문했다. 원장님은 부부를 밝게 맞이했다. 특히 완강하게 이혼하겠다고 한 아내가 상담소를 찾아오자 원장님은 다행이라는 표정이었다. 부부가 상담실 의자에 앉자 원장님이 물었다.

"그래, 시어머니가 사과 잘하던가요?"

아내는 복잡 미묘한 얼굴로 말했다.

"메모지에 원장님 글씨가 쓰여 있더라고요."

"네, 시어머니가 잊어버릴까 봐 제가 적어준 거예요."

아내는 시어머니가 집에 찾아온 걸 보고 자기한테 따지려고 온 줄 알았다고 했다. 그런데 메모지를 펼치고 사과를 하는데, 상상도 하지 못한 일이라 정말 당황했다고 말했다.

"그래서 마음은 좀 편해지셨어요?"

"네… 조금은요."

아내가 고개를 끄덕였다. 다는 아니더라도 시어머니가 직접 찾아와 사과했으니 어느 정도는 풀린 듯했다. 하지만 그러면서도 아내는 마음 한편 걱정이 가득했다. 이러다가 나중에 더 크게 싸우는 게 아니냐는 거였다. 원장님이 입을 뗐다.

"제가 시어머니한테 충분히 설명했고, 사과한 다음날에도 시어머니한테 전화해서 절대로 아들 집에 먼저 연락하지 말고, 오라 가라도 하지 말라고 당부했어요. 이제는 알아들으셨을 테니까 너무 걱정하지 마세요."

그렇다면 다행이라는 아내의 말이었다. 하지만 그게 얼마나 지켜질지는 원장님도 장담할 수 없었다. 아니, 원장님은 길어야 6개월이라고 판단했다. 이유는 자기로 인해 며느리가 힘들다는 걸 100% 공감하지 못했기 때문이었다. 하지만 행동은 예전과는 달리 조심할 게 분명했다.

"이혼은 어떻게 하시기로 했나요?"

원장님이 묻자 아내가 대답했다.

"조금 더 지켜보기로 했어요."

남편은 가만히 앉아있기만 할 뿐이었다. 원장님은 근심 가득한 남편과 걱정이 한 바가지인 아내를 보고 말했다.

"두 분이 아셔야 할 게 있어요. 결혼이라는 건, 나와 배우자 '둘이' 하는 거지만, 결혼생활은 '가족'이 하는 거예요. 여기서 가족이라는 건 상대 배우자의 '식구'까지 뜻해요. 부모와 자식이 연을 끊는다면 모르겠지만, 그렇지 않은 이상은 부딪힐 수밖에 없어요. 남편도 처가에서 처가의 도리를 해야 할 테고요. 그쵸?"

부부는 가만히 듣기만 했다.

"시어머니가 잘못된 행동을 한 건 틀림없어요. 그런데 시어머니가 왜 며느리에게 그런 행동을 한 건지, '긍정적 의도'를 아셔야 해요. 아내분이 보기에는 시어머니가 며느리 괴롭히려고, 오라 가라 하고 연락한 거 같으세요?"

아내는 고개를 가로저었다. 악의를 가지고 한 행동이 아니라는 것은 알고 있었다.

"그러면 두 분이 보기에는 왜 어머니가 그렇게 자주 연락한 거 같으세요?"

원장님의 물음에 부부는 쉽사리 대답하지 못했다. 원장님이 정답을 알려줬다.

"관심이에요, 관심. 남편분, 고등학교 졸업하고 결혼하기 전까지 몇 번이나 어머니 찾아갔어요?"

"열 번도 안 되는 거 같습니다."

"그럼 10년이 넘는 세월 동안 홀로 있는 어머니 보면서 외롭겠다는 생각은 안 해보셨어요? 더군다나 남편도 일찍 여의셨던데."

"……"

"시어머니가 상담소에 오셨을 때, 제가 일부러 어머니만 혼낸 거지만, 사실은 이집 가족 남편하고 누나들 다 혼나야 해요. 세상에, 혼자 사는 어머니를 두고 10년도 넘는 세월 동안 열 번도 안 찾아 갔다는 게 말이 돼요? 그게 자식으로서의 도리예요? 그냥 매달 어머니한테 돈만 주면 땡이냐고요."

남편은 눈물을 글썽이기 시작했다. 상담소에 데려오지 못한 것도 사실 엄마가 상처받을까 봐 걱정되어서였다. 그간 홀로 외롭게 살다가 아들이 결혼을 해 그게 좋아서 연락했던 거 같은데, 그걸 하지 못하게 하는 게 너무 미안했다.

원장님이 남편을 보고 말했다.

"제가 어머니한테 지난번에 물었죠? 왜 그렇게 며느리한테 연락해서 오라 가라 하냐고. 그러니까 어머니 하시는 말씀이 무엇인지 기억하세요?"

"저 보고 싶다고⋯."

"그래요. 아드님 보고 싶어서 그런 거예요. 결혼하기 전에도 연락을 잘 안 했는데, 결혼하고 나니까, 아들을 며느리한테 뺏긴 것 같아서 그런 거예요. 그럼 왜 뺏기는 것 같은 느낌이 들었을까요? 아들이 평소에 연락하지 않으니까요. 평소에 어머니한테 연락 잘하는 아들은 어머니가 절대 며느리한테 전화 안 해요. 아들한테 전화하면 되니까요. 이제 아시겠어요? 어머니의 긍정적 의도가 뭔지?"

아들은 눈물을 애써 삼키곤 알겠다며 고개를 끄덕였다.

원장님은 이쯤이면 됐다 싶어 이번에는 아내에게 말했다.

"아내분도 마지막으로 말씀 드릴게요. 일단은 뭐가 됐든 시어머니가 며느리에게는 잘못한 게 백번 맞아요. 그거는 어떤 거로도 포장할 수 없어요. 그리고 그런 시어머니의 잘못된 행동을 이해하려고 하면 얼마나 힘들겠어요."

"네, 맞아요."

아내는 그렇다며 고개를 끄덕였다.

"그러니까 아내분은 지금부터 시어머니를 이해하려고 노력하지 마세요. 그냥 있는 그대로 받아주세요. '아~ 우리 시어머니는 이런 사람이니까 이렇게 행동하는구나.' 이렇게요. 시어머니가 왔을 때, 제가 며느리가 어떤 사람인지 다 이야기해줬어요. 며느리는 정확하고 머리 회전도 빠르고 진중한 대화를 선호하지 시시콜콜한 얘기는 싫어한다고요. 그러니까 시어머니가 뭐라고 대답했는지 아세요? 입 뒀다 그런 얘기 안 하고 무슨 재미로 사냐 해요."

실제 시어머니와 상담 중에는 앞서 보여준 장면보다 더 많은 이야기가 오고 갔었다.

"그러면 이 시시콜콜한 이야기를 하는 시어머니의 긍정적 의도는 뭘까요? 아내분이 한번 생각해 보실래요?"

아내는 고민하더니 자신 없는 투로 말했다.

"…그냥 이야기하는 걸 좋아해서요?"

"맞아요, 그거예요."

원장님은 역시나 아내분은 청각이 높아 핵심을 잘 짚는다며 말했다.

"시어머니는 그냥 아무 이야기나 하는 걸 좋아하는 사람이에요. 그러니까 그 스타일을 있는 그대로 받아주세요. 받아주기 전에는 어떻게? 시어머니의 긍정적 의도를 생각하고. 그러면 받아들이는 게 한결 나을 거예요."

아내는 알겠다며 고개를 끄덕였다. 이로써 시간이 다 되자, 원장님은 상담을 마치기로 했다. 남편은 앞으로 엄마에게 어떻게 대해야 하고, 아내는 시어머니를 어떻게 받아들여야 하는지 원장님이 제시해준 길을 알게 되었다. 이제 부부는 그 길을 잘 따라가기만 하면 되는 것이었다.

이후 오랜 시간이 흘렀다. 원장님은 부부가 어떻게 지내는지 궁금해 6개월 후에 아내에게 전화했다. 아내는 잘 지내고 있다고 말했다. 명절이나 집안에 행사가 있을 때 말고도 가끔 시댁에 간다고 했다. 하지만 그러면서도 시어머니가 또 예전처럼 돌아올까 봐 경계도 하고 있다고 했다. 원장님은 잘됐다며 기뻐했다. 더도 말고 덜도 말고 지금처럼만 하라고 조언했다.

Q&A

고부갈등은 시댁만의 문제?
처가갈등은 어떨까?

　고부갈등으로 인해 상담을 받는 부부를 많이 봤다. 요사이에도 한 젊은 부부가 고부갈등으로 인해 상담을 받고 있었다. 그런데 조금 의아했다. 몇 주 전부터 아내만 상담을 받고 있었기 때문이었다. 상담을 마치고 돌아가자 나는 원장님에게 물었다.

　"저번부터 왜 아내만 상담을 받는 거예요?"

　"아내가 잘못 생각하고 있는 게 있어서."

　"어떤 게요? 고부갈등이면 보통 시어머니가 잘못해서 상담받는 거 아녜요?"

　"그렇지 않은 경우도 있어. 이번 상담은 아내가 왜곡을 한 부분이 있어서 그런 거야."

　"어떤 왜곡이요?"

　고개를 갸우뚱거리자 원장님이 대답했다.

　"시어머니가 자기를 싫어한다고 생각하고 있어. 실제로는 전혀 그렇지 않은데."

　내용인즉슨, 시댁 식구들은 모두 외향적인 사람들이었다. 특히 시어머니는 보험 일을 하는데, 보험왕을 할 정도로 활동적이고 에너지가 넘쳤다. 반면 며느리는 내성적인 사람이었다. 그러다 보니 시댁과 모일 때 섞이지 못하는 경우가 빈번했다. 시댁과 여행을 갈 때도 마찬가지였다. 다른 식구들은 즐겁게 노는데, 아내만 겉돌았다. 아내는 거기서 소외감을 느꼈다. 또 시어머니 회사에서 가족 운동회를 할 때였다. 시어머니가 올해의 보험왕이라 아내가 소감을 말하는 자리가 있었다. 그런데 그녀는 거기서도 머뭇거리며 기어들어가는 목소리로 말도 제대로 하지 못하고 단상에서 내려왔다. 그러다 보니 아내는 시어머니가 동서만 예뻐하고 자기에게는 말도 걸지 않는다고 생각했다.

　또 남편은 어떠한가? 남편은 꼭 중요한 일이 생기면 아내보다 어머니와 상의를

한 후 무언가를 결정했다. 그런 상황이 반복적으로 발생하다 보니, 아내는 남편이 자기보다 시어머니를 더 신뢰한다고 생각했다. 그리고 갈수록 시어머니는 자기에게 뭔가를 시킨 적이 없고 동서만 찾으며 차별한다고 여겼다. 그러나 시어머니와 상담한 결과 입장이 달랐다. 시어머니는 첫째 며느리에게 뭔가를 시키면 주저하고 부담스러워하니까 둘째 며느리에게 시키는 것이라고 했다.

원장님도 첫 상담 때부터 아내에게 문제가 있을 수도 있다는 생각을 했다. 아내가 이야기할 때 목소리도 너무 작고 말끝을 흐리는 것이 보기에 답답했기 때문이었다. 또 남편의 이야기를 들어보니 시댁은 아내가 가족이 되기 전부터 이미 즐겁게 지내는 사람들이었다. 동서가 먼저 들어와 시댁의 가족이 됐고, 그다음이 아내였다.

남편이 중요한 일이 있을 때 아내에게 상의하지 않은 이유도 아내랑 이야기하면 확실한 의견이나 피드백이 없기 때문이었다. 항상 어중간하고 두루뭉술했다. 반면 어머니는 확실한 피드백을 줘서 무언가를 결정하는 데 편하다는 것이었다.

원장님은 이 모든 이야기를 듣고 아내에게 문제점을 이야기했다. 이것은 시어머니가 나를 싫어하고 차별한다고 할 게 아니라는 것이었다. 이미 잘 지내고 있던 시댁의 무리 속에 내가 들어가야 하는데, 소극적이라 들어가지 못한 거라고 말했다. 또 목소리도 개미 소리 같은데, 그렇게 하면 어떤 사람도 편히 대화하지 못할 거라고 했다.

원장님은 아내의 소극적 언행을 바꿔주기로 했다. 앞으로 아내만 혼자 상담소에 오라고 했다. 그리고 시어머니에 대한 왜곡된 인식도 치료하며 성공적으로 상담을 마쳤다.

"아…이런 경우도 있네요…."

　나는 고부갈등이면 무조건 시댁이 문제일 거라 생각했는데, 편견이었다. 그렇다면 만약 며느리가 외향적이고 시어머니가 내성적이어도 고부갈등이 생길까? 이에 관해 묻자 원장님이 대답했다.

　"그럴 때는 거의 문제없어."

　"왜요?"

　"시어머니가 며느리를 귀찮게 할 일이 없지. 내성적인데 간섭을 하겠어?"

　"그러네요."

　이번에는 남편 쪽의 경우를 생각해봤다. 고부갈등이 있는 만큼 처가갈등도 있지 않겠느냐는 것이었다.

　"그러면요, 처가 문제로 상담소에 온 경우도 있어요?"

　"있지."

　"오– 어떤 경우예요?"

　나는 눈을 빛내며 물었다. 고부갈등만 많이 들었지 처가갈등은 거의 들은 적이 없었다.

　"처가 문제도 똑같아. 시댁이랑 반대로 생각하면 돼. 부부끼리 잘살게 놔두면 되는데 간섭하고, 잔소리하고, 자꾸 오라 가라 하는 거야. 특히 경제적으로 처가 쪽에서 지원을 더 많이 하면 보상받으려는 심리도 있고."

　"으음, 그렇구나…."

　"또 장인어른과 장모님을 한집에 모시고 살 때도 갈등이 생겨. 생활습관이나 가치관이 맞지 않아서."

　　당연히 그럴 수 있다는 생각이 들었다. 친구와 함께 살아도 의견이 맞지 않아

싸우는 경우가 많은데, 어른과 한집에 살면 당연히 트러블이 생길 수밖에 없어 보였다.

"그러면, 그럴 때는 어떻게 조치해요?"

"상담을 통해서 장인어른과 장모님을 이해시키지. 서로 생활습관에 차이가 있으니까. 같이 산다고 하더라도 간섭하거나 침범해서는 안 된다고."

"그래도 안 되면요?"

"그땐 분가시키는 수밖에 없어. 따로 살게 해야지."

내가 생각해도 그 방법밖에 없어 보였다. 서로 피곤하게 같이 사느니 따로 사는 게 낫다는 거였다. 이처럼 처가갈등도 고부갈등과 별반 다르지 않았다. 그리고 고부갈등 때 남편의 역할이 중요한 것처럼 처가갈등도 아내의 역할이 중요했다.

나는 부부상담 사례를 쓰며 한 가지는 확실히 알게 되었다. 자녀가 결혼하면 완전히 독립했다고 생각해야 한다는 것. 그들의 삶은 그들이 결정하게 놔둬야 한다는 것.

'성격 차이'로 인해
다른 남자가 생긴 아내

젊은 부부가 상담소를 방문했다. 이유는 아내가 바람이 났다는 것이었다. 아내가 바람이 난 걸 알게 된 경위는 다음과 같았다. 남편은 평소에 워낙 깔끔한 성격인데, 집에서 정리정돈을 하다 장롱 안에서 편지 한 통을 발견했다. 뭔가 하고 편지를 펼쳤다가 남편은 그 자리에서 굳어버렸다. 어느 남자가 아내에게 고백하는 내용의 편지였기 때문이었다.

'그대가 내 곁에 있어도 그립다.' 'ㅇㅇ 씨 사랑합니다.' '어제는 더 행복해 보여 좋았습니다.' 남편은 그 편지를 보고 지구가 무너지는 거 같은 느낌을 받았다. 바로 찜질방에 간 아내를 찾으러 나섰다. 하지만 어디에도 아내는 보이지 않았다. 거기다 휴대폰도 꺼져 있었다. 남편은 심장이 멈출 것만 같았다. 어떻게 해야 할지 방법을 궁리한 결과 모른 척하기로 했다. 다음날, 회사에 연차를 쓰고 아내를 미행했다. 그리고 외도 장소에서 아내는 남편에게 모든 걸 들키고 말았다.

남편은 상담소에서 흥분한 목소리로 말했다.

"그때 제가 돌지 않은 게 다행입니다! 다른 사람이었으면 눈 뒤집혀서 살인이라도 났을 겁니다!"

그 와중에도 아내는 조용했다. 남편이 무슨 말이라도 해보라고 해도 전혀 자신의 입장을 말하지 않았다. 그런 아내의 모습에 남편은 더 답답해 죽으려고 했다. 원장님은 남편에게 나가 있어 달라고 했다. 남편은 아내가 무슨 말을 할 줄 알고 나가 있으라고 하느냐며 항변했지만, 원장님은 설명을 다 해 줄 테니 대기실에서 기다려 달라고 했다. 남편은 씩씩거리며 어쩔 수 없이 상담실을 나갔다.

아내와 단둘이 상담실에 남자 원장님이 말했다.

"아내분, 이제 말씀해 보세요. 외도하는 데에는 다 이유가 있거든요? 남편과 사이가 좋지 않으니까 외도를 하는 거지, 세상에 어떤 부부도 관계가 좋은데 외도하는 경우는 없어요. 그러니까 편하게 말씀해 보세요. 저는 아내분을 비난할 의도가 전혀 없어요."

"…그냥 남편과 이야기하는 게 너무 답답해요."

"어떤 면에서 그런 걸 느끼시죠?"

"그냥 이야기를 듣고 있으면 머리가 아프고 숨이 막히는 느낌이라고 할까요…."

아내는 말끝을 흐렸다. 아내의 말을 들어본 결과 그녀는 지금까지 남편이랑 살면서, 단 한 번도 편했던 적이 없었다고 했다. 남편은 항상 갈등이 있을 때면 수만 가지 말을 쏟아냈다. 듣고 있으면 무슨 말인지도 이해하기가 힘들뿐더러, 말을 꺼낼 타이밍조차 잡을 수 없었다. 그런 시간이 지속되다 보니 이제는 말 자체도 섞는 게 싫었다. 남편의 말을 듣고 있으면 머리가 아프고 숨이 막힌다는 것이었다.

그러던 중 한 남자를 만났는데, 그는 조용하고 배려가 깊고, 무엇보다 따뜻한 사람이었다. 거기에 아내의 마음이 동요된 것이었다.

"그러니까, 그 남자분이 남편보다 내 마음을 더 알아주고 따뜻한 걸 느꼈다는 거죠?"

"네…."

"그러면 지금 어떻게 생각하고 계신가요? 남편과 계속 사실 건지, 아니면 이혼을 할 건지 결정을 한 게 있나요?"

"저도 마음이 편한 건 아니라… 되돌릴 수만 있다면 되돌리고 싶어요…."

아내는 외도를 한 게 잘못되었다는 걸 충분히 인지하고 있는 상태였다. 원장님은 아내가 왜 외도를 하게 된 건지 원인 파악을 한 다음 남편을 다시 불러들였다. 그리고 남편에게 아내가 외도한 이유에 대해 말했다.

결혼한 이후 남편이 하루도 편한 적이 없었고 대화를 할 때면 머리가 아프고 갑갑하다는 것이었다. 남편은 어이가 없었다. 자기가 말을 걸면 아내는 한 번도 진지하게 들은 적이 없다고 했다. 집안에 해결해야 할 문제가 생기면 아내는 매우 귀찮아하며 항상 대수롭지 않게 생각했다. 논리적인 대화로 답을 도출하고 싶어도 아내는 한 번도 응한 적이 없었다. 그런 사람이 대화할 때마다 머리 아프다고 하니 이해할 수 없었다.

부부의 감각검사(V, A, K) 결과 남편은 '청각'이 가장 높았고, 아내는 '신체감각'이 높은 것으로 나타났다. 원장님은 감각검사지 결과를 보고 왜 서로 대화가 통하지 않는지 알 수 있었다. 감각부터가 서로 맞지 않기 때문이었다. 원장님은 부부에게 감각검사지 결과에 대해 말했다.

"먼저 남편부터 말씀드릴게요. 남편분은 청각이 가장 높고 그다음으로 시각인데, 이 시각도 높은 편이에요. 반면 신체감각은 현저히 떨어져요. 이런 사람은 완벽주의자에 가까운 사람이에요. 그러니까 청각이 발달해 논리적인데, 시각까지 높아 조금이라도 흐트러진 모습을 보면 그냥 넘어가지 않아요. 눈으로 본 걸 바로 말로 지적해야 하고, 집안도 항상 깨끗하게 정리정돈이 되어 있어야 해요. 예쁘고 날씬한 여자를 선호하고, 외모 관리도 잘 되어 있는 사람을 좋아해요. 이건 자신도 마찬가지고요. 자기관리를 열심히 하고, 분위기도 잘 읽을 줄 알고 처세도 정확해요. 사회생활도 잘하시고요."

하지만 원장님이 앞서 말했듯 남편에겐 치명적인 단점이 있었다. 눈으로 보이는 걸 바로 말로 지적한다는 것이었다. 남편은 아내가 청소를 해도 자기 눈에 차지 않으면 잔소리를 했다. 아내와 외출할 때도 마찬가지였다. 잠깐 바깥에 나가는 건데도 아내가 화장을 하도록 권유했다. 아내가 조금만 자기관리를 못하면 다이어트를 하라고 했고, 옷 하나도 대충 입고 나가지 못하게 했다. 남편으로서는 아내가 연애할 때는 곧잘 잘 꾸미고 다녔는데, 집에서는 왜 저렇게 있는지 답답했다.

반면 아내는 신체감각(느낌감각)이 매우 높고 청각이 아주 낮았다. 시각은 평균이었다. 아내처럼 신체감각이 높은 사람은 대화보다 따뜻한 스킨십을 더 좋아한다. 조용히 손을 잡아 주거나 말없이 지그시 바라봐 주는 것에 충족감을 느낀다. 그런데 남편은 신체감각이 떨어져 스킨십이 일절 없거니와 따뜻한 말 한마디도 건넬 줄 몰랐다. 아내가 기분이 어떤지 감정이 어떤지도 전혀 헤아리지 못했다. 아내의 감정은 조금도 알아주지 않고 이성적인 대화만 하려고 하니, 청각이 떨어지는 아내로서는 대화를 하고 싶다는 생각이 들지 않은 것이었다.

부부는 왜 그들이 그토록 맞지 않았던 건지 이번 기회에 알게 되었다.

"이렇게 달라도 너무 다른데, 두 분이 어떻게 결혼생활 동안 부딪히지 않을 수가 있겠어요. 남편은 아내랑 다양한 대화를 하고 싶은데 아내는 들어주지 않고, 아내는 남편에게 따뜻한 말이나 다정한 스킨십을 받고 싶은데 잔소리만 해대고, 이런 두 사람이 행복할 수 있을까요?"

부부는 입을 떼지 못했다. 자기들이 봐도 서로의 욕구만을 채우려고 했을 뿐, 상대방의 특성을 전혀 고려하지 못했기 때문이었다.

"만약 두 분이 직장 상사라면, 서로 어떻게 다른지 예를 들어 볼까요?"

원장님이 말했다.

"아마 남편은 부하직원이 조금만 잘못하면 지적하고 고치라고 할 거예요. 그런데 이게 매일 반복된다? 그러면 부하직원도 지쳐 나가떨어지죠. 위로의 말은 한마디도 안 하고 계속 지적만 하니까요. 그래서 이런 상사를 둔 부하직원은 스파르타식으로 배워서 엄청나게 유능해지거나 그대로 주저앉거나 둘 중 하나예요. 반면 아내분 같은 사람이 직장 상사면 어떨까요?"

원장님은 아내를 쳐다보고 말했다.

"마음이 엄청 편하겠죠. 힘들면 힘들다고 위로도 해주고, 자기 마음도 잘 알아주니까요. 그런데 그 직원이 아내에게 무언가를 배운다고 하면, 남편에게 배운 것보다 더 잘 배울까요? 그건 또 아닐 거예요. 스스로 크거나 그냥 평범하게 배우면서 회사생활 하는 거예요."

부부는 공감된다는 얼굴로 고개를 끄덕였다. 원장님이 남편을 보고 입을 뗐다.

"남편분, 아내가 아까 상담 때 이혼할 생각 없다고 했어요. 그러니까 이제는 두 분이 잘 맞추면서 살아야 해요. 그런데 이게 머리로 이해가 된다고 해도 지금까지 했던 행동 패턴들이 하루아침에 바뀌는 건 아니잖아요. 그죠? 그러니까 다음 주에 한 번 더 상담소로 오세요. 오셔서 내가 그동안 아내에게 무엇을 주었고, 아내는 남편에게 무엇을 주었는지 알아보는 인지 프로그램을 해봐요."

부부는 대답하며 고개를 끄덕였다.

배우자가 외도를 하는 이유

나는 이번 상담을 보며 배우자가 외도를 하는 데에는 이유가 있다는 것을 알게 되었다. 심리상담을 배우기 전까지만 하더라도 바람을 피우면 무조건 핀 사람이 잘못했다고만 생각했는데, 아닐 수도 있다는 생각이 들었기 때문이었다. 그래서 원장님에게 물었다.

"궁금한 게 있는데요. 배우자가 외도를 하는 데는 이유가 있어요?"

"그렇지. 지금까지 이유가 없는 사람들이 없었어."

"어떤 경우에 그런데요?"

내가 묻자 원장님이 대답했다.

"사람마다 천차만별인데, 축약하면 상대방으로부터 욕구 충족이 안 돼서 그래."

"욕구 충족이요?"

"응. 사람마다 배우자로부터 원하는 욕구가 있잖아? 그게 충족이 안 되면 외도를 하게 되는 거야."

"예를 들면요?"

너무 포괄적이라 예시를 들어달라고 했다.

"예를 들면, 결혼한 후 가정은 뒷전으로 하고, 회사나 미션에만 치중하는 사람이 있어. 그러면 배우자가 외로움을 타서 외도를 하게 되는데, 그 사람은 억울하다고 하는 거야. 나는 힘들게 회사생활을 열심히 했을 뿐인데, 상대방이 바람을 피웠다고 하는 거야. 자기가 가정을 돌보지 않은 건 생각 안 하고."

"아…."

나는 이해된다며 고개를 끄덕였다.

"이것 말고도 많이 있어. 배우자가 담배를 너무 자주 피워서 냄새 때문에 성적 매력이 떨어진다거나, 아내가 집에서 늘 후줄근하게만 있어서 성적 매력이 없다거나, 배우자가 도박이나 게임, 다단계 같은 거에 중독돼서 자기가 할 일을 하지 못해도 외도를 하게 돼. 가정폭력도 마찬가지고."

나는 모두 일리 있는 말이라고 생각했다. 그러니까 외도라는 결과 뒤에는 항상 원인이 있었다. 하지만 그렇다고 해서 어떤 상황에서도 외도를 옹호하는 건 안 된다. 어쨌든 외도는 배우자에게 씻을 수 없는 상처를 주기 때문이다.

1] 부부가 서로에게 담아준 것

예약된 시간이 되자 부부가 상담소를 방문했다. 두 사람 다 처음보다는 편안해 보이는 얼굴이었다.

"잘 지내셨어요?"

원장님의 인사에 남편은 짧게 "네"라고 대답했고 아내는 고개를 끄덕였다. 원장님은 부부가 별다른 말이 없는 걸 보니, 첫 상담 이후 다른 갈등이 생기지 않았다는 걸 알 수 있었다. 보통 갈등이 생겼을 경우, 자리에 앉자마자 이때다 하고 속에 담아둔 이야기를 하기 때문이었다.

"지난주에 말했던 걸 해보도록 할게요."

원장님은 바구니가 그려져 있는 종이 두 장을 부부에게 건넸다.

"바구니 보이시죠? 여기에 두 분이 지금까지 결혼생활을 하면서 상대방에게 무엇을 주었는지 담아보는 거예요. 남편은 지금까지 결혼생활을 하면서 아내에게 무엇을 줬고, 아내도 결혼생활을 하면서 남편에게 무엇을 줬는지, 단어로 써보세요. 그리고 내가 긍정적인 걸 줬다고 하면 노란색 색연필로 적고, 부정적인 걸 줬으면 검은색으로 적는 거예요. 아셨죠?"

부부는 알겠다며 고개를 끄덕였다. 원장님은 부부에게 펜과 색연필을 나눠주었다. 부부는 각자 그동안 상대방에게 무엇을 줬는지 고민했다. 이내 단어를 적었다. 얼마간의 시간의 지나자 다 했다며 색연필을 놓았다. 부부가 바구니에 담은 건 다음과 같았다.

아내	남편
사랑, 관심, 건강, 미움, 외도 회피, 무기력	관심, 연락, 정리정돈, 경제, 잔소리, 내말만 하기, 화내기

원장님은 남편의 바구니를 보고 말했다.

"남편분부터 시작할게요. 긍정적인 것부터 이야기해볼까요? 아내에게 관심을 줬다고 하는데, 어떤 관심을 준 거죠?"

"아내가 오늘 뭘 했는지, 무엇을 했는지 항상 관심을 가지고 물어봤습니다."

"아내분, 남편의 관심이 긍정적으로 느껴졌나요?"

"아니요."

고개를 가로젓는 아내였다.

"그게 왜…."

남편이 억울하다며 입을 열자 원장님이 막았다.

"자, 남편분은 관심을 줬다고 했는데, 아내가 그걸 못 느꼈으면 준 게 아니에요. 억지로 강요하시면 안 돼요. 아셨죠?"

원장님은 다음으로 넘어가 '연락'에 관해 물었다.

"아내한테 연락을 자주 했나요?"

"네. 회사에서 점심시간이나 퇴근할 때면 항상 연락했습니다. 이것도 관심이 있어서 한 거였고요."

"아내분, 연락이 자주 오는 게 좋으셨나요?"

"아니요…. 오히려 싫었어요. 그래서 일부러 받지도 않았고요…."

"이유가 뭐예요?"

"전화만 오면 청소했냐, 빨래했냐, 설거지했냐, 집에 어느 물건 있는데 그것 좀 치워라. 그러면서 자꾸 귀찮게 물어보고 간섭하는 게 싫어서요."

"그럼 연락도 아내에게는 부정적이었던 거네요?"

"네."

원장님은 남편을 쳐다보고 말했다.

"들으셨죠? 남편은 긍정적인 생각으로 관심을 주고 연락도 한 건데, 아내는 전혀 그렇게 생각하지 않고 있었어요. 그러니까 저 단어들을 엑스(×) 표시하세요."

남편은 황당하다는 얼굴을 했다. 어쩔 수 없이 '관심'과 '연락'에 × 표시를 했다. 그리고 '정리정돈'도 마찬가지였다. 남편은 집안일을 돕는다는 긍정적인 생각으로 정리정돈을 했지만, 아내는 못마땅했다. 자기가 이미 한 걸 다시 하니 기분이 좋지 않다는 말이었다. 하지만 '경제'만큼은 인정했다. 지금까지 돈에 쪼들리거나 시달린 적이 없었기 때문이었다. 이 부분에서는 남편이 능력이 있고 직장생활을 잘했음을 인정했다.

"이제 부정적인 걸 볼게요. 잔소리, 내 말만 하기, 화내기가 있네요? 아내에게 어떤 잔소리를 했고, 언제 내 말만 했으며 어떻게 화를 냈는지 이야기해보시겠어요?"

남편은 집안일을 하는 것에 대해 잔소리를 했다고 말했다. 그리고 집에 중요한 일이 생기면 내 이야기만 하고 아내의 말을 경청하지 않았다. 또 아내가 입을 열지 않으면 답답해 화부터 냈다고 말했다. 원장님은 그 이야기를 듣고 종합적으로 진단했다.

"남편분, 아까 그러셨죠? 내 말만 하고 아내의 말은 귀 기울이지 않았다고요. 그럼 지금은 어떠세요? 귀 기울이고 있는 거 같나요?"

남편이 아무 말도 하지 않자 원장님이 이어 말했다.

"잘 들으세요. 내가 아무리 긍정적인 의도를 가지고 어떤 행동을 했다고 하더라도, 그건 상대방이 판단할 일이지 내가 판단하는 게 아니에요. 나는 재미있으라고 상대방을 놀렸는데, 상대방이 불쾌해하면 사과해야 하는 것처럼요."

원장님은 남편이 생각할 시간을 주기 위해 이야기를 멈췄다가 다시 말했다.

"자, 이제 제가 남편분에게 한 가지 질문해볼게요. 남편분은 아까 긍정적 의도를 갖고 아내에게 관심도 주고 연락도 하고, 정리정돈을 했다고 했잖아요? 그런데 아내는 왜 싫다고 했던 걸까요?"

남편이 곰곰이 생각하더니 입을 열었다.

"바구니에 있는 부정적인 것들 때문에요?"

"맞아요."

원장님이 대답했다.

남편은 이제 무엇이 잘못되었는지 깨달아갔다. 남편이 아내에게 준 관심과 연락은 모두 부정적인 것들에 기인하고 있었다. 전화만 하면 집안일에 관해 확인하고 간섭하고, 청소나 정리정돈이 잘 안 돼 있으면 잔소리하고, 아내가 청소를 다했다고 해도 듣는 시늉도 하지 않았다. 특히 집안일을 도와준다며 정리정돈을 한 것은 아내를 위한 배려가 아니었다. 아내의 입장은 전혀 고려하지 않고 나 자신의 답답함을 없애기 위한 행동이었었다.

"이제 왜 내가 긍정적이라고 생각했던 것들이 아닌지 아시겠죠?"

"네, 알겠습니다."

남편은 인정하겠다며 고개를 끄덕였다.

원장님이 아내를 쳐다보며 말했다.

"그럼 이번엔 아내분 바구니를 볼게요. 사랑, 관심 건강을 남편에게 긍정적으로 줬다고 했네요? 남편에게 사랑을 준 게 맞나요?"

아내가 머뭇거리며 대답했다.

"네… 이런 말하기 남편에게 미안하지만 사랑해요."

"남편은 아내에게 사랑을 느꼈나요?"

원장님이 묻자 남편이 대답했다.

"…아니요."

당연한 이야기였다. 아내가 외도한 걸 알게 된 마당인데, 남편이 사랑을 느낄 리 만무했다.

"남편은 사랑을 못 느꼈다고 하네요. 아내분은 신체감각이 발달해서 상대방에 대한 감정을 잘 헤아리니까, 이유는 말씀 안 드려도 아시겠죠?"

아내는 그렇다며 말없이 고개를 끄덕였다. 사랑이라고 적었지만, 적고 보니 말이 안 되는 이야기라는 걸 느꼈다.

"다음은 관심과 건강에 대해서 말씀해 보시겠어요?"

원장님이 묻자 아내가 대답했다.

"그래도 남편이 하는 이야기가 있으면, 관심을 두고 들으려고 노력했어요. 그리고 남편 건강을 챙기기 위해서 건강 식단을 짜서 요리하기도 하고, 어디 몸이 안 좋으면 제가 먼저 알아보고 병원이나 한의원에 데려가기도 했고요"

"남편, 아내가 말한 게 맞아요?"

남편은 고민하더니 입을 뗐다.

"관심이라는 건… 상대방에게 애정을 갖고 물어보는 거잖아요. 예를 들면 먼저 말을 건다던가, 오늘 회사에서 무슨 일 있었는지 물어보는 거요. 그런데 아내는 어느 순간부터 그런 게 아예 없었어요. 형식적인 질문만 했어요. 예를 들어 오늘 회사 몇 시에 끝나는지, 밥은 먹고 들어오는지. 이런 것들뿐이라… 관심이라고 표현하기에는 맞지 않는 것 같아요."

역시나 남편은 청각(언어감각)이 발달해서 정확히 이야기했다. 원장님이 아내를 보고 입을 뗐다.

"아내분, 남편이 이야기한 것 중에 포인트가 있는데 뭔지 아시겠어요?"

아내는 모르겠다는 표정을 지었다. 청각이 떨어지는 사람한테는 이처럼 길게 말하면 듣다가도 한쪽 귀로 흐르는 상황이 발생한다.

"남편이 말하길, 관심은 애정을 갖고 물어보는 거래요. 그런데 아내가 자기한테 물어본 건 아내로서가 아니라, 그냥 밥하는 사람이 물어볼 법한 질문만 했다는 말이에요. 밥 먹었는지, 밥 먹고 들어오는지, 회사 몇 시에 끝나는지. 이런 것들 말이에요."

아내는 이해된다며 고개를 끄덕였다. 정말 생각해보니 어느 순간부터 남편을 알고 싶어서 관심을 두고 대화해 본 적이 없었다. 아내는 관심에 × 표시를 했다. 하지만 남편은 건강만큼은 인정했다. 아내가 건강을 무척 챙겨서 건강과 관련된 건 100% 신뢰한다고 했다.

"다음은 부정적인 거 볼게요. 미움, 회피, 무기력, 외도네요? 왜 이런 게 생겼죠?"

원장님이 묻자 아내가 답했다.

"아까 말했던 것처럼 남편이 집안일을 자꾸 간섭하고 잔소리하니까… 어느 순간부터 미워지기 시작했어요. 그래서 남편이 말을 걸어도 회피했고요. 또 제가 취미생활도 없이 무기력하게 집에만 있다 보니까… 그런 저를 보는 남편도 무기력한 걸 느낀 적이 있었어요. 외도는 말할 것도 없이 잘못했고요."

아내는 시종일관 자신감 없는 목소리로 말했다. 원장님이 힘 있는 목소리를 냈다.

"아내분! 잘못한 걸 알았으면, 앞으로 안 그러면 되는 거예요. 그렇죠?"

"네…."

"그러면 이제 두 분 모두 다시 내 바구니를 보세요. 그리고 이제 나는 상대방에게 무엇을 더 주면 될지 고민해 보세요. 그리고 생각나는 게 있으면 초록색으로 적어보세요."

부부는 다시 고민했다. 깨달은 게 있다면 상대방에게 주어야 할 게 무엇인지 바로 나오는 순간이었다. 부부는 상대방에게 주어야 할 것들을 초록색으로 적었다. 그리고 다음과 같은 결론이 나왔다.

아내   남편

아내는 '다가가기', '대화하기'를 썼고, 남편은 '사랑'을 썼다. 원장님이 아내에게 먼저 물었다.

"왜 다가가기랑 대화하기를 쓴 건가요?"

"지금까지 먼저 다가선 적이 없어서 다가가기를 적었어요. 그리고 남편이 말을 걸어도 회피만 해서 대화하기를 적었고요."

"남편은 왜 사랑이라고 적었나요?"

"사랑을 주지 않아서 사랑이라고 적었습니다."

아내와 비교해 남편은 아직 아내가 필요한 걸 잘 모르는 느낌이었다.

원장님이 남편에게 말했다.

"남편분, 아내가 가끔 말귀를 못 알아들어서 답답하다고 그랬죠? 그래서 제가 그게 무엇 때문에 그런 거라고 했죠?"

"청각이 떨어져서 그런다고 했습니다."

"맞아요. 그런데 남편은 뭐가 떨어지는지 아세요? 신체감각이에요. 신체감각이 떨어지는 사람은, 사람의 감정을 잘 헤아리지 못한다고 했죠? 그러다 보니까 지금 아내의 마음을 완전히 이해하지 못한 거 같아요. 아내가 원하는 게 뭔지 다시 한 번 생각해 보실래요?"

남편은 고개를 갸웃거리며 다시 생각했다. 도대체 아내에게 뭘 더 줘야 할지 모르겠다는 얼굴이었다. 그렇게 시간이 가던 중, 남편이 화색을 띠며 단어를 적기 시작했다. 바로 '스킨십'과 '마음 읽어주기'였다.

"아내분, 만족스러우세요?"

"네."

아내가 미소를 지으며 고개를 끄덕였다. 원장님이 부부를 쳐다보며 말했다.

"이제 내가 상대방에게 무엇을 더 줘야 하는지 확실히 깨달았죠? 아내는 남편에게 먼저 다가가야 하고, 이야기를 들어주면서 말동무가 돼 줘야 해요. 그리고 또 하나. 취미생활 하나는 무조건 만드세요. 집에서 무기력하게 있으면 절대 안 됩니다. 아셨죠?"

"네."

원장님의 시선이 남편에게 옮겨졌다.

"남편도 끝까지 잘 생각하셨어요. 이제부터 너무 대화만 하려고 하지 마시고, 때론 아무 말 없이 안아주고 쓰다듬어 주면서 아내와 스킨십을 하도록 하세요. 아내는 그런 걸 좋아하는 사람이니까요. 그리고 한 가지 주의할 점은 눈에 뭐가 밟힌다고 바로 말로 뱉으면 안 돼요. 말을 하기 전에 내가 이런 말을 하면 아내가 어떨지 반드시 한번 생각하고 하세요. 아셨죠?"

"네, 알겠습니다."

남편이 고개를 끄덕였다.

"좋아요. 그럼 상담은 이걸로 마치도록 할게요. 오늘 한 거 가져가시고, 서로 갈등이 생기면 내가 어떻게 행동해야 하는지 바구니 보고 꼭 답을 찾도록 하세요."

부부는 알겠다며 환하게 대답했다. 부부는 상담을 마치고 바구니 그림을 들고 나갔다. 나는 이들에게 인사하며 행복한 결혼생활을 하기를 마음으로 응원했다.

서로에게 담아준 것이란?

미술치료와 인지치료가 결합된 프로그램. 부부, 연인, 가족 등 인간관계 갈등을 풀 때 사용한다.

서로 상대방에게 해준 것이 무엇인지 명확하게 알 수 있고, 그것이 긍정적이었는지 부정적이었는지도 알 수 있다. 부정적이었다면 서로 그것을 인정하고, 행동교정에 들어간다. 그리고 서로에게 필요한 것을 채워 줌으로써 관계 개선을 한다.

사례 16 '서로 다른 가치관과 욕구'로 인해 이혼 위기에 처한 부부

삼십 대 초반의 아내가 상담소를 방문했다. 너무 화가 나 남편과 이혼을 하려는데, 어떻게 했으면 좋겠냐는 말이었다. 이야기는 이렇게 시작했다. 결혼한 후 신혼 초기에는 남편과 여행도 다니고 맛집도 찾아다니며 데이트를 즐겼는데, 몇 년 전부터 남편이 쉬는 날 밖에 한 번을 나가지 않는다는 말이었다. 주말에 씻지도 않은 채 잠만 자고 애들과도 놀아주지 않고 뒹굴거리다, 때 되면 "밥 줘!"라는 말만 한다는 것이다. 그러다 보니 아내는 주말만 되면 삼시 세끼 밥만 차려주는 사람이 되는 기분이었다. 또 집안일도 일절 도와주지 않아 남편이 차라리 회사에서 일하는 게 더 낫다고 했다.

문제는 이것만이 아니었다. 아이들이랑 여행을 가려고 하면 또 밥은 누가 차려 주냐고 하면서 못 가게 막기도 했다. 남편은 혼자서 일절 밥을 차려 먹을 줄 모르는 사람이었다. 그게 괘씸해 남편을 두고 아이들이랑 여행을 갔다 온 적도 많았는데, 문제는 다녀와서 여행 이야기를 하려고 하면 일체 들으려 하지 않는다는 것이었다. 왔으면 밥이나 달라고 하면서 소파에 누워 티브이를 봤다.

그러던 어느 여름에 사건이 터졌다. 몇 달 전부터 여름휴가를 괌으로 가기로 하고 모든 예약을 마쳤는데, 갑자기 남편이 일 때문에 가지 못한다고 했다. 아내는 어이가 없었다. 분명히 날짜를 잡아놓고 가기로 하지 않았냐고 묻자, 남편은 간다고만 했지 언제 구체적으로 계획을 짰냐고 말했다. 또 그깟 여행 안 가면 그만이지 뭐가 중요하냐고 하는 것이다. 아내는 그때부터 며칠 동안 남편과 말을 하지 않았다. 그리고 여행 당일, 남편만 두고 아이들과 함께 괌으로 떠났다. 남편은 일을 마친 뒤 아내에게 전화를 해서야 그 사실을 알게 되었다. 아내의 휴대폰이 해외로 연결되어 있었다. 황당했다. 아내가 여행을 취소한 후, 삐진 줄 알았는데 그게 아니었기 때문이었다. 전화를 연거푸 해도 아내는 전화를 받지 않았다.

문제는 여기서 끝이 아니었다. 아내가 나중에 남편에게 전화했는데, 그도 똑같이 전화를 받지 않는다는 것이었다. 그러다 우연히 전화가 연결됐는데, 남편의 휴대폰에서 노래방 소리가 들렸다. 아내는 열불이 터졌다. 그렇게 주말에 놀러 가자고 해도 집에만 처박혀 있더니, 우리가 여행을 가자마자 밖에서 신나게 놀고 있냐는 거였다. 그때부터 여행이 여행 같지 않았다.

꽝 여행을 마치고 아이들과 집에 돌아온 것은 저녁 시간이었다. 그런데 집안의 불은 다 꺼져있고, 남편은 보이지 않았다. 밥도 안 해 먹었는지 살림살이도 모두 그대로였다. 아내는 남편에게 전화했다. 하지만 여전히 받지 않았다. 가족이 돌아오는 줄도 모르고 남편은 그날 외박을 했다. 그다음 날도 마찬가지였다. 아내가 열 번이나 전화를 걸었는데, 받지 않더니 또 외박을 했다. 아내는 화가 나 다음날 아침 남편 회사로 달려갔다. 하지만 남편은 이미 현장에 나간 상태였고, 직원들은 현장 위치가 어딘지 헷갈려 했다. 아내는 남편을 비난하는 카톡을 보냈다. 일 때문에 여행도 못 간다고 하더니 아주 혼자 신나서 외박까지 하느냐며 욕을 해댔다.

남편은 카톡을 읽고도 일절 답장하지 않았다. 그리고 저녁이 돼서 집에 오더니 오히려 화를 냈다.

"내가 일 때문에 어쩔 수 없이 못 간 거지. 그래 나만 두고 가서 좋았냐? 집에서 할 일이 없어서 밖에서 논 게 무슨 죄야?"

그때부터 부부는 고성이 오가며 이혼 이야기가 나왔다. 너랑 못 산다면서 대판 싸운 후 아내가 상담소를 찾아온 것이었다.

원장님은 아내의 이야기를 듣고, 다음 주에 남편만 상담소를 찾아오라고 했다. 남편의 이야기를 듣고 객관적으로 판단을 한 다음에 아내에게 무엇이 잘못되었는지 말해주겠다고 말했다.

예약된 시간이 되자 남편이 상담소를 방문했다. 예쁘게 꾸민 아내와는 다르게 남편은 털털한 차림새였다. 원장님은 남편에게 아내 이야기를 했다. 아내가 어떤 경위로 상담을 하러 왔으며, 남편에 대한 불만은 무엇이고 어떤 이야기를 했는지 말했다. 남편은 어이없어하며 자기 입장을 피력했다. 그러니까 신혼 초기에는 최대한 아내를 맞춰줬다는 게 그의 말이었다. 자기는 밖에 나가서 돌아다니는 걸 싫어하는데, 아내가 활동적이라 나갔다는 말이었다. 그런데 문제는 밖에만 나가면 소비가 너무 심하다는 것이었다. 한 끼에 10만 원 이상을 쓰는 건 기본이고, 몇 시간씩 쇼핑하고, 한번 백화점에 가면 두 손에 바리바리 물건을 사서 집으로 온다는 것이었다.

남편은 그럴 때마다 회의감이 왔다. 그는 하루빨리 돈을 모아서 좋은 집으로 이사를 하고 싶은데, 아내는 놀고, 먹고, 즐기는 데 목적을 둔 여자처럼 보였다. 또 최근에는 아내가 인터넷 쇼핑을 너무 많이 해서, 하루도 빠짐없이 택배가 오고, 박스조차 뜯지도 않은 상품들이 쌓여갔다. 집에만 앉아 있어도 이렇게 소비가 심한데, 밖에 나가면 어떻겠는가. 아내는 눈에 보이는 것들은 일단 모조리 사고 보는 사람이었다. 그 모습을 볼 때마다 아끼고 있는 자신을 보면 이게 뭐 하는 짓인가 싶어 허망했다. 집안 살림에 있어서도 그랬다. 남편은 인테리어 일을 하다 보니 일주일 내내 육체적으로 움직여야 했다. 그래서 쉬는 날이 되면 움직이기 싫고 편히 쉬고 싶다는 생각만 들었다. 그런데 주말에 조금만 오래 자면 아내가 잔소리하고, 뒹굴거린다고 뭐라 하고, 집안일을 시켜도 명령조로 말하니 하고 싶은 생각이 뚝 떨어졌다. 아내가 아이들을 데리고 꽘으로 여행을 떠났을 때도 황당했다. 일 때문에 어쩔 수 없이 못간 건데, 자기만 두고 떠난 게 너무나도 괘씸했다. 집에 혼자 있고 싶지 않아 친구들과 놀았을 뿐인데, 그게 뭐가 잘못된 것인지 이해할 수가 없었다.

원장님은 이 모든 이야기를 듣고, 다음 주에 아내와 함께 상담소를 찾아오라고 말했다. 둘이 왜 그렇게 성향이 다른지, 그리고 서로 무엇을 맞춰주며 살아가야 하는지 이야기해 주겠다고 했다.

2) 부부가 서로 다른 이유

예약된 시간이 되자 부부가 상담소를 방문했다. 원장님이 두 사람을 맞이했다.

"잘 지내셨어요?"

"네…."

"네, 뭐….."

어색하게 대답하는 부부였다. 원장님이 부부를 상담실 의자에 앉힌 뒤 말했다.

"지금까지 두 분에 대한 이야기를 돌아가면서 들었어요. 종합해 보면, 아내분은 남편이 밖에 나가지 않고 집에만 있는 게 불만이고, 남편은 집에서 쉬고 싶은데 아내가 자꾸 밖에 나가자고 하는 게 불만이에요. 그러면 두 분이 왜 서로 하고 싶은 게 다른지 이제부터 설명해 드릴게요."

원장님은 부부의 감각검사지(V, A, K)를 보고 말했다.

"이건 처음에 상담소에 오실 때 했던 감각검사지예요. 이 검사지가 뭐냐면, 사람에게는 타고나는 세 가지 감각이 있는데, 이 세 가지 중 어떤 감각이 발달했느냐에 따라 내 행동 패턴이 달라져요. 그럼 두 분이 어떻게 다른지 설명을 해드릴게요."

원장님은 먼저 아내의 감각검사지를 보며 말했다.

"아내분은 감각검사 결과 시각과 청각이 발달한 거로 나왔어요. 이 시각과 청각은 욕구로도 표현할 수 있는데, 욕구라는 건 이 세상을 살면서 자기가 가장 하고 싶은 걸 말해요. 그런데 아내분은 시각이 발달하다 보니까 눈으로 보이는 거는 다 취하고 싶고, 갖고 싶은 욕구가 내재해 있어요. 또 집안도 정리정돈이 되어 있어야 하고 어지럽혀져 있으면 자꾸 신경을 건드려요. 남편이 꾸질꾸질하게 있으면 애정도 떨어지는 사람이에요. 또 청각은 말하기를 좋아하는 사람을 뜻하는데, 이 감각도 높다 보니까 눈으로 보이는 걸 그대로 말로 지적하는 사람이에요. 남편이 씻지 않고 있으면 씻으라고 하고, 오래 자면 오래 잔다고 하고, 애들이랑 놀아주지 않는 게 보이면 놀아주라고 하는 거죠."

아내는 공감하며 가만히 들었다.

"아내가 밖을 돌아다니는 것도 시각이 발달해서 그래요. 시각이 발달한 사람들은 영화도 보고 싶고, 좋은 경치도 보고 싶고, 쇼핑도 하고 싶은 게 욕구인데, 남편이 이걸 해주지 않으니까 욕구 충족이 안 되는 거예요. 또 사람은 욕구 해결을 하지 못하면 어떤 방식으로든 풀게 돼 있어서 인터넷 쇼핑을 하는 거예요. 그런데 인터넷 쇼핑을 해도 막상 살 때뿐이지 이 상품을 사서 사용하는 것도 혼자 써야 하고 누구랑 재미있게 쓰는 것도 아니고 남편에게 공유도 할 수 없으니까 자꾸 물건만 쌓이고 의미가 없게 되는 거예요."

"맞아요. 어떨 때 보면 저도 모르게 결제를 하고 있을 때도 많아요."

아내는 원장님의 말이 맞다며 동조했다.

"남편분은 아내가 인터넷 쇼핑 중독이라고 하셨죠? 그런데 문제는 이것마저도 못하게 하면 아내는 불행한 삶을 산다고 생각해서 우울증에 걸릴 수도 있어요. 무기력해질 수도 있고요."

남편은 가만히 듣기만 했다. 원장님이 계속 이어 말했다.

"또 아내가 청각이 발달했다고 했잖아요? 그러면 눈으로 보는 대로 말하는 걸 좋아하는 사람이에요. 같이 주고받는 대화를 좋아해요. 그런데 남편은 대화도 귀찮아하고, 밥만 달라고 하고, 어떤 문제를 제시하면 알아서 하라고 하고, 아내와 같이 뭘 하려고 하는 게 없어요. 티브이만 보고, 휴대폰만 보니까 아내 입장에서는 결혼이 의미 없는 거죠. 이 부분에 대해서 남편은 어떻게 생각하시는지 말씀해 보시겠어요?"

남편은 한참 동안 생각하더니 입을 뗐다.

"…저는 아내가 가만히 있지 못하고 매일 싸돌아다니고, 말이 많아서 사람을 귀찮게 한다고만 했지 이게 욕구랑 관련돼 있다고는 생각해 본 적이 없어요. 만약 욕구랑 관련돼 있다면 아내 입장이 이해는 됩니다."

"그러면 쉬는 날 아내랑 같이 산책도 하고, 영화도 보고, 나가서 쇼핑도 하고, 그럴 의향이 있으세요?"

원장님이 묻자 남편이 대답했다.

"욕구 해결의 문제라면 노력은 해볼 거 같습니다."

"좋아요. 그러면 이제 남편의 감각에 대해 말씀드릴게요."

원장님이 아내를 쳐다보며 말했다.

　"아내분은 원하는 욕구가 충족되지 않아서 힘드시죠? 그런데 남편도 욕구라는 게 있어요. 남편은 시각도 떨어지고 청각도 떨어지고 오로지 신체감각(느낌감각)만 높은 사람이에요. 이런 사람들은 예술성이 있고 감이 좋은 사람인데, 남편은 현재 이 감각을 모두 일하는 데 쓰는 중이에요. 그러니까 자신의 욕구를 위해 쓰는 게 아니라 직업을 위해 쓰는 중이에요. 그래서 휴일만 되면 피로감이 몰려오는 거고요. 신체감각이 높은 사람들은 편안한 것과 안정된 걸 좋아하거든요? 그래서 쉬는 날에는 오랫동안 자고도 싶고 뒹굴거리고 싶은 거예요. 또 시각과 청각이 발달하지 않다 보니까, 눈치도 없고 사고력도 떨어져서 씻지 않고 있어도 아내가 나를 지저분하게 볼 거라는 생각을 전혀 생각하지 못해요. 내가 이러고 있는 게 상대방에게 불편을 제공한다거나 이게 문제라는 걸 인식하지 못하는 거예요."

　아내는 가만히 원장님이 하는 이야기를 들었다.

　"또 남편은 청각이 떨어져서 짧은 대화를 하는 건 좋아하지만, 논리적이고 복잡한 문제를 가지고 오면 선천적으로 피로감을 느껴요. 그래서 남편과 대화를 할 때도, 아내분이 긴장감을 가지고 다가온다던가, 어떤 문제를 제시하려고 한다던가, 감정을 담고 이야기를 시작하면 남편은 바로 회피를 할 거예요. 긴장하거나, 아 머리 아파, 라고 하면서 마음의 문을 닫기도 하고요."

　이 이야기를 듣자마자 남편이 말했다.

　"맞아요. 저 사람이 그래요. 저 사람이 다가오면 이상하게 마음이 무겁고, 항상 어떤 문제를 가지고 오고, 저를 지적하고, 이걸 해결 못하는 제가 마음에 안 드는 것처럼 하니까 대화가 항상 불편해요."

　원장님이 이어서 말했다.

　"그래서 아내분은 대화를 할 때 기분 좋은 느낌으로 다가가야 하고, 저 멀리서 이야기하지 말고 가까이 와서 대화하고, 남편분이 신체감각이 높으니까 스킨십도 하면서 이야기를 해야 해요."

　굳은 얼굴로 아무 말이 없는 아내에게 원장님이 질문했다.

　"그러면 남편의 욕구는 편안히 쉬는 건데, 아내분은 이 부분에 대해 어떻게 생각하세요? 남편의 욕구를 인정해 줄 수 있으세요?"

아내는 한숨을 쉬며 입을 뗐다.

"휴… 그럼 이 사람은 신체감각이 높아서 제가 원하는 건 하나도 안 되는 거네요?"

"안 되는 게 아니라 못하는 거죠. 아내분이 집에서 쉬는 걸 중요하다고 느끼지 못하는 것처럼 남편도 돌아다니는 게 중요하다고 생각하지 못하는 거예요. 그렇지만 결혼을 했으니 서로가 어떤 사람인지는 알고 있어야 하잖아요. 사랑하니까 맞추기 위해 노력도 해야 하고요."

그녀는 원장님의 말을 듣고 잠시 고민을 하더니 말했다.

"네. 그 부분에 대해서는 이해했어요. 그런데 남편이 집안일도 안 하고 이 나이될 때까지 혼자서는 밥도 차려 먹지 못하는데, 이건 잘못된 거 아니에요?"

그러자 남편도 한마디 거들었다.

"그렇게 따지면 당신도 돈 막 쓰는 건 어떻게 할 건데?"

"내가 쓰긴 얼마나 쓴다고 그래. 당신이 안 쓰는 거지."

"밖에 한 번 나가면 10만 원은 기본인데 그게 적게 쓰는 거라고?"

"잠시만요, 두 분."

불이 붙기 전에 원장님이 황급히 제재했다.

"그냥 봐도 상대방이 명백히 잘못해 보이는 것들이 있어요. 아내는 돈을 많이 쓰는 게 잘못됐다. 남편은 집안일도 안 하고 밥도 못 차려 먹는 게 잘못됐다. 그런데 아무리 잘못됐다고 하더라도 이런 것들을 비난해서는 안 돼요."

그게 무슨 말이냐는 듯 부부는 원장님을 바라보았다. 원장님이 침착하게 말을 이었다.

"왜 그러냐면, 상대방은 나와 결혼을 하기 훨씬 전부터 그게 행동패턴이었고 본인의 가치관이 되었기 때문이에요. 어떤 집은 남자가 일하는 걸 반대하고, 어떤 집은 남자도 살림을 해야 한다고 해요. 또 어떤 부모는 딸이 뭘 사 오면 좋아하고, 어떤 부모는 그만 좀 사라고도 해요. 그래서 사람은 어떤 가정에서 성장했는가가 굉장히 중요해요. 그런데 그걸 무시하고 무조건 잘못된 행동만 지적하고 나쁘다고 해서는 해결이 되는 게 없어요. 먼저 첫째, 서로의 행동에 대해 받아 들여줘야 해요. 이 사람은 원래 이런 사람이라는 걸요. 그리고 둘째, 서로 고치려고 노력하는 게 있어야 해요. 나는 지금까지 이렇게 살았으니까 결혼해서도 이렇게 살 거야, 라는 건 잘못된 거예요. 그러면 상대방이 너무 고통스럽잖아요. 그러니까 앞으로 두 분은 상대방을 비난하기보다, 서로를 지지하고 인정해 준 다음에, 이야기를 통해 맞춰가도록 하세요."

상담실은 한바탕 뜨거워지려 했다가, 숙연한 분위기가 되었다. 원장님이 마지막으로 부부에게 말했다.

"자, 그럼 상대방의 감각과 욕구에 대해 이제 알았죠? 알았으면 서로 어떻게 맞춰줘야 할지 합의도 봐야 하고요. 일주일 동안은 그 부분에 대해서 서로 이야기를 하도록 하세요. 다음 주에는 서로의 마음을 알아보는 인지치료를 할게요. 인지치료를 하면 상대방 입장에 대해 더 자세히 알 수 있으니까 그때 또다시 이야기하도록 해요."

부부는 알겠다고 대답한 뒤 자리에서 일어났다. 처음 상담소에 왔을 때는 서로 내가 옳다는 주장을 하려고 했는데, 이제 그런 것들은 의미가 없다는 걸 깨달았다. 내가 원하는 것과 상대방이 원하는 게 욕구와 관련돼 있다는 이야기를 듣는 순간, 넌 왜 그러냐고 비난할 수도 없었다. 욕구라는 건 사람이 살아가는 데 있어서 만족감과 행복감을 느끼는 아주 중요한 대목이라는 사실을 부부도 알고 있었기 때문이었다.

3) 서로의 문제 알아보기

예약된 시간이 되자 부부가 상담소를 방문했다. 여전히 부부 사이에는 묘한 기류가 흘렀고, 어색한 침묵이 돌았다.

"두 분 모두 일주일 동안 어떻게 생활하셨어요?"

"남편한테 밖에 나가자는 말 입 밖에도 꺼내지 않았어요."

"알아서 살림 같이하고, 애들이랑 놀아주고 그랬습니다."

아내와 남편이 번갈아 대답했다.

"좋아요. 그럼 오늘은 이걸 해볼게요."

원장님이 부부에게 도구(A4)를 하나씩 건네줬다. '문제 상태 알아보기'란 인지치료로, 나에게 어떤 문제가 있는지 알아보는 시간이었다.

문제 상태 알아보기

(1) 충돌 문제 상태

원장: 두 분은 가장 큰 충돌 문제가 뭐죠?

아내: 서로 원하는 욕구가 다르다.

원장: 맞아요. 아내는 밖으로 나가고 싶다. 남편은 집에서 쉬고 싶다죠? 그대로 쓰세요.

부부는 원장님의 말대로 각자의 도구에 문제 상태를 적었다.

(2) 경험

원장: 그럼 두 분은 어떤 경험에 의해서 지금과 같은 행동과 생각을 하게 되었나요?

아내: 저는 스트레스를 받을 때마다 밖에 돌아다니고 쇼핑을 하면서 기분 전환을 했어요.

남편: 저는 옛날부터 학교 다녀와서도 집에서 누워있는 게 편하고 좋았어요.

부부는 이야기한 걸 그대로 도구에 적었다.

(3) 문제행동이 옳다는 증거
원장: 그럼 두 분은 내 행동이 옳다고 생각하는 증거가 뭐예요? 아내는 왜 밖에 나가는 게 옳다고 생각하고, 남편은 왜 집에서 편히 쉬는 게 옳다고 생각하세요?

아내: 일주일 동안 일하고 밖에 나가면 스트레스가 풀리니까요. 그게 저한테는 증거예요.

남편: 저는 집에서 편안히 쉬면 피로가 풀리는 걸 몸으로 느끼는 게 증거예요.

(4) 내 뜻대로 되지 않을 때 내 마음 상태
원장: 아내는 밖에 나가고 싶은데 나가지 못하고, 남편은 집에서 쉬고 싶은데 쉬지 못할 때, 그럴 때 두 분의 마음 상태는 어떠세요?

아내: 남편이 꼴 보기 싫고 마음에 하나도 안 들어요. 말도 하기 싫고요.

남편: 아, 또 싸우겠구나. 또 시작이구나. 쉬지도 못하게 하네. 이런 생각만 들죠.

(5) 남편(아내)에게 보이는 나
원장: 그럼 서로 자기 욕구만 채우려고 하는 그런 내 모습이 상대방에게 어떻게 보일 거 같아요?

아내: 음… 정말 징그럽다거나… 또 귀찮게 한다고 생각할 거 같아요.

남편: 나가자고 하는데 집에만 있으니까, 답답하거나 속 터질 거 같아요.

(6) 상대방이 내 요구를 들어주지 않을 때 나의 감정 상태
원장: 그러면 내가 이렇게 원하는데도 상대방이 들어주지 않을 때 내 감정 상태는 어떤가요?

아내: 저 사람은 내가 뭘 좋아하는지 정말 모르는구나. 이런 생각하고 외롭다는 생각이 들어요.

남편: 나에 대해서 전혀 이해하지 못한다고 생각해요.

(7) 상대방 감정 상태

원장: 그럼 반대로 상대방 감정은 어떨까요? 아내가 밖에 나가서 기분전환 좀 하자는데, 그걸 들어주지 않는 나. 남편이 집에서 편히 쉬고 싶다는데, 자꾸 밖으로 나가자고 하는 나. 이때 상대방의 감정은 어떨까요?

아내: 정말 답답하고 나가기 싫고, 이해받지 못하는 거 같아요.

남편: 속이 터지겠죠. 심심하거나 외로운 감정도 생기겠고요.

(8) 내 행동에 대한 내 생각

원장: 남편은 집에서 편히 쉬는 걸 좋아하는 사람인데, 자꾸 나가자고 보채고 씻으라고 잔소리하는 나를 보면, 아내분은 어떤 생각이 들어요?

아내: 저도 좀 문제가 있는 거 같고… 남편을 맞춰주지 못하고 너무 제 생각만 하고 있는 거 같기도 해요.

원장: 아내는 밖에 나가서 스트레스도 풀고 기분전환을 하고 싶은데, 집에서 뒹굴거리기만 하고 씻지도 않고 밖에 나갈 생각을 전혀 하지 않는 나를 보면, 남편분은 어떤 생각이 들어요?

남편: 지저분한 느낌도 들고… 아내의 기분을 전혀 맞출 생각이 없고… 저 편한 대로만 하려는 거 같아요.

(9) 나의 자존감

원장: 이렇게 서로의 욕구로 인해 부딪혔을 때, 내 자존감은 어떤가요?

아내: 나랑 같이 노는 게 재미없나? 이런 생각이 들면서 자존감이 많이 떨어져요.

남편: 제가 집에만 있는 게 문제가 있는 것처럼 느껴져서, 저도 자존감이 떨어지는 걸 느껴요.

(10) 남편(아내)의 자존심

원장: 서로의 욕구로 인해 부딪혔을 때, 나는 자존감이 떨어지는 걸 느꼈는데, 상대방의 자존심은 어떨 거 같아요?

아내: 감정도 상하고, 제가 자꾸 뭐라고 하니까 자존심이 상할 거 같아요.

남편: 밖에 나가자고 해도 나가지를 않으니까, 무시 받는다는 느낌이 들 거 같아요.

(11) 앞으로 나에게 미칠 영향

원장: 아내분에게 먼저 물을게요. 남편은 계속 나가기 싫다고 하고, 나는 나대로 욕구도 해결되지 않고, 자존감이 떨어지면서 살면 앞으로 나에게 어떤 영향이 미칠 거 같아요?

아내: 삶의 질이 떨어져서 사는 게 사는 거 같지 않을 거 같아요.

원장: 반대로 남편은 집에서 편히 쉬지도 못하고, 아내에게 빨리 일어나라는 잔소리만 듣고, 자꾸 내가 문제가 있는 것처럼 말하면, 앞으로 나에게 어떤 영향이 미칠 거 같나요?

남편: 사는 게 너무 고통스럽고 편하지 않을 거 같아요.

(12) 앞으로 우리에게 미칠 영향

원장: 그럼 앞으로 우리에게 어떤 영향이 미칠까요?

아내: 같이 오래 살지 못할 거 같아요.

남편: 갈등이 갈수록 많아질 거 같아요.

(13) 남편(아내)에 대한 기대

원장: 만약 남편이 내가 원하는 대로 밖에 나가서 맛있는 것도 먹고 영화도 보고 쇼핑도 하고 그러면, 어떤 기대를 할 수 있을 거 같아요?

아내: 행복하고 즐길 줄 아는 멋있는 부부라는 걸 기대할 수 있을 거 같아요.

원장: 반대로 남편은 아내가 날 편히 쉬게 해주고 잔소리도 하지 않으면 어떤

기대를 할 수 있나요?

남편: 꽹장히 편안하고 날 이해해주고 아늑한 여자라고 생각할 거 같아요.

원장: 그러면 현재는 서로에게 어떤 기대를 한 채 살고 있나요?

아내: 기대라는 게 전혀 없는 채로 살고 있어요.

남편: 열심히 살다 보면 달라지지 않을까? 하는 기대가 있어요.

원장님은 다시 남편에게 물었다.

원장: 아무리 열심히 살아도 아내가 하자는 거 하나도 안 해주고, 아내는 계속 나가자고 피곤하기만 할 텐데, 기대를 할 수 있나요?

남편: 네, 그래도 사랑하니까 사랑하는 기대를 하고 살 수 있을 거 같아요.

원장: 아내분은요?

아내: 기대 없어요.

여기까지만 보면 남편은 그래도 사랑하면 기대감을 가지고 살 수 있을 거로 생각했고, 아내는 상황이 변하지 않는 이상은 전혀 기대할 수 없다는 입장이었다.

(14) 상대방을 억지로 끌고 간다면 미래의 내 모습은?

원장: 그럼 상대를 억지로 내가 원하는 방향으로 끌고 가려고 할 때, 과연 미래의 내 모습은 어떨까요?

아내: 이러면서 살아야 하나라는 생각으로 초라할 거 같아요.

남편: 저는 바보가 될 거 같아요. 밖에 안 나가는 게 문제가 있다고 생각할 테니까요.

(15) 미래의 남편(아내)과의 관계

원장: 서로 원하는 게 있는데도 합의가 안 된 채로 살아가면 미래에 두 분의 관계는 어떻게 될 거 같나요?

아내: 남남인 채로 살아갈 거 같아요.

남편: 불행할 거 같아요.

(16) 결과

원장: 그럼 두 분의 결혼생활은 결국 어떤 결과를 낳을까요?

아내: 참지 못하고 이혼할 거 같아요.

남편: 저도 이혼할 거 같아요.

(17) 관찰자

원장: 좋아요. 지금부터 제가 두 분이 말하고 적은 걸 그대로 읽어줄 테니까, 제 삼자, 관찰자 입장으로 들어보세요. 아셨죠?

부부가 고개를 끄덕이자 원장님이 아내가 쓴 걸 먼저 읽기 시작했다.

원장: 이 사람의 문제는 남편이랑 밖에 나가서 같이 놀고 싶은데, 남편이 전혀 들어주지 않는 게 문제예요.

어떤 경험으로 인해서 밖에 나가고 싶었는지 물어보니까, 스트레스를 받을 때마다 밖에 돌아다니고 쇼핑을 하면서 기분전환을 했대요. 밖에 나가는 행동이 옳다고 생각하는 증거가 뭐냐니까, 일주일 동안 일하고 밖에 나가면 스트레스가 풀리는 게 증거래요.

하지만 내 뜻대로 되지 않을 때 내 마음 상태는 어떠냐고 물어보니, 남편이 꼴보기 싫고 마음에 하나도 안 들고 말도 하기 싫대요. 그럼 반대로 내 욕구만 채우려고 하는 내 모습을 남편이 어떻게 볼 거 같은지 물어보니까, 정말 징그럽거나 또 귀찮게 한다고 생각할 거 같대요.

상대방이 내 요구를 들어주지 않을 때 내 감정 상태는 저 사람은 내가 뭘 좋아하는지도 모른다는 생각이 들면서 외롭대요. 반대로 자꾸 나가자고 보챌 때 상대방 감정은 어떨 거 같냐니까, 정말 답답하고 나가기 싫고 이해받지 못한다고 생각할 거래요.

그러면 남편은 집에서 편히 쉬는 걸 좋아하는데, 자꾸 나가자고 보채고 씻으라고 잔소리하는 나를 보면 어떤 생각이 드냐고 물어보니까, 자기도 문제가 있는 거 같고, 너무 내 생각만 하고 남편을 맞춰주지 못하고 있는 거 같대요.

욕구로 인해 부딪혔을 때, 나랑 노는 게 재미없나? 이런 생각이 들면서 자존감이 많이 떨어지고, 남편도 내가 자꾸 뭐라고 하니까 감정도 상하고 자존심도 상할 거 같대요. 앞으로 나에게 미칠 영향은 삶의 질이 떨어져서 사는 게 사는 거 같지 않고, 우리에게 미칠 영향은 오래 살지 못할 거래요.

남편이랑 밖에 나가서 맛있는 것도 먹고 영화도 보고 쇼핑도 하고 그러면 행복하고 멋진 부부라는 걸 기대할 수 있는 데, 현재는 기대라는 게 전혀 없는 채로 살고 있대요.

그렇다면 상대를 억지로 내가 원하는 방향으로 끌고 가면, 내 미래의 모습이 어떨 거 같냐고 하니까, 이러면서 살아야 하느냐며 초라해질 거 같대요. 미래의 남편과 관계는 남남인 채로 살아갈 거 같고 결국 참지 못하고 이혼을 하는 결과가 나타날 거 같대요.

그렇다면 결국 이혼이라는 결과가 나오는데, 지금 이 사람은, 이 결과를 위해 지금도 똑같은 모습으로 살아가고 있어요. 제삼자 관찰자 입장으로 보았을 때, 이 사람이 어떻게 보이나요?

아내는 곰곰이 생각하더니 대답했다.

아내: 음… 너무 자기 생각만 하는 거 같아요. 남편의 입장을 바라보지 않고 있어요.

원장: 그럼 이 사람에게 앞으로 어떻게 하라고 말해주고 싶나요?

아내: 상대방의 입장도 고려해보라고 말하고 싶어요. 그리고 상대를 이해하는

연습을 하라고 말할 거 같아요.

원장: 좋아요. 이번에는 남편이 쓴 거 그대로 읽어볼 테니까, 똑같이 제삼자 관찰자 입장이 돼서 들어보세요.

원장님은 아내에게 한 것처럼 똑같이 남편이 쓴 걸 그대로 읽어주었다. 그리고 이혼이라는 결과를 위해 살아가는 이 사람이 어떻게 보이냐고 묻자 남편이 말했다.

남편: 참 답답하고 한심해 보이네요.

원장: 그럼 이 사람에게 어떻게 살라고 말하고 싶은가요?

남편: 서로 50%씩 양보하면서 살라고 말해주고 싶어요.

원장님은 좋다며 고개를 끄덕였다.

원장: 이제 두 분은 서로의 감각을 충분히 이해하셨죠? 아내가 뭘 원하는지도 알고, 남편이 뭘 원하는지도 알게 되었고요. 또 서로 원하는 게 되지 않았을 때 마음이 어떤지도 알았어요. 맞나요?

아내: 네.

남편: 네.

부부가 고개를 끄덕이자 원장님이 이어 말했다.

원장님: 이제부터 두 분은 오늘 관찰자 관점에서 나온 답을 가지고 살아가세요. 내가 앞으로 남편에게 어떻게 해야 할지, 남편은 아내에게 어떻게 해야 할지, 안 되는 걸 억지로 되게 하지 마시고, 서로를 인정하고 받아들이면서 맞춰나가도록 하세요.

아내: 이거, 사진 찍어도 되나요?

원장: 물론이죠.

아내와 남편은 서로 쓴 인지치료 도구를 휴대폰으로 찍었다. 그리고 앞으로 문제가 생길시 어떻게 대처를 해야 할지 마음에 새겼다. 서로 감각이 달라 갈등이 많았지만 상대방을 인정하고 받아들이자는 생각을 했다. 또 내가 원하는 것만 요구하는 것이 아니라 나도 상대방이 요구하는 걸 받아들이자고 마음먹었다.

서로의 문제 알아보기란?

인지치료. 부부, 연인, 가족 등 인간관계 갈등을 풀 때 사용한다.

질문을 통해 서로가 상대방에게 무엇을 강요하고, 내 욕구대로만 하려고 했는지 알아본다. 서로 원하는 것을 요구하면, 상대방은 어떤 감정 상태가 되고, 결국 어떤 결과가 초래되는지 미래를 보게 한다. 부정적인 미래가 열리지 않기 위해서는 서로 무엇을 양보하고, 배려하며, 받아들여야 하는지 최종적으로 합의점을 찾을 수 있게 한다.

부부상담을 마치며

　사람은 기본적으로 타고나는 감각(V, A, K)이 있지만, 어떤 환경에서 성장했는가에 따라 천자 만별로 달라진다. 부모로부터 어떤 교육을 받았으며, 어떻게 성장했는가에 따라 가치관과 신념이 형성된다.

　그래서 부부들은 반드시 이것을 알아야 한다. 부부는 '감각(V, A, K)의 차이'와 '자라온 환경의 차이'가 있다는 것을. 그러므로 상대방을 억지로 내 기준에 맞춰서는 안 된다. 자기만의 생활방식을 고수하면 갈등이 깊어질 수밖에 없다. 절충안을 통해 결혼생활을 이어나가야 한다.

　이번 사례를 통해 부부란 무엇인지 이해하는 계기가 됐으면 한다.

제 8 장

연애상담

연애상담은 상담 중에서 가장 빈번하고 뜨거운 주제다. 그만큼 많은 사람이 이성 친구에 대한 호기심과 관심이 많다는 뜻이다. 연애상담은 우리의 일상생활에서 많이 접하기도 한다. 내가 친구에게 상담을 요청하는가 하면, 내가 상담을 해주기도 한다. 온라인에서 가장 많은 상담 게시물도 연애상담이다. 연애를 잘하는 법에 대한 글도 SNS에 많이 올라온다. 하지만 유료상담으로 넘어가면 이야기가 다르다. 부부상담과 마찬가지로, 단순 성격 차이로 상담소에 오는 경우는 없다고 해도 무방하다. 온라인이라는 익명을 빌려 다른 사람들의 생각을 물어볼지언정, 돈을 내고 상담을 받으려 하지는 않는다. 있다고 해도 역시나 일회성으로 그친다.

연애상담은 무료인 온라인에서는 수요가 아주 많지만, 유료인 오프라인 상담에서는 수요가 거의 없다. 연인들이 상담을 하러 오는 경우는, 크게 두 가지이다. 첫 번째는 결혼을 하려는데 성격이 너무 맞지 않아 해법을 찾고 싶을 때, 두 번째는 두 사람 중 한 명이 심적으로 너무 힘들 때이다.

전자는 부부상담에서 나온 똑같은 문제로 상담소에 오는 경우이다. '감각의 차이'와 '환경의 차이'를 극복하지 못해 상담소에 온다.

후자는 상대방으로부터 피해를 입었을 때이다. 사귀고 있는 상태인데, 너무 괴로워 죽을 거 같아 상담소의 문을 두드린다. 이번 연애상담은 연예계에서도 이슈가 됐던 '가스라이팅'에 대한 사례를 들어보고자 한다. 연애할 때 왜 가스라이팅이 이루어지는지 알아보도록 하자.

'가스라이팅'을 하는 여자 친구

이십 대 후반의 남자가 상담소를 찾아왔다. 여자 친구가 너무 무섭고 두렵다는 것이었다. 여자 친구로부터 벗어나고 싶지만, 그럴 수 없어 너무 힘들다고 하소연했다. 사연은 다음과 같았다.

내담자는 온라인 커뮤니티에서 한 여자를 알게 되었다. 채팅으로 서로 대화를 하다가 호감을 느끼게 되었고, 오프라인 만남을 가졌다. 실제로 보니 더 마음에 들었다. 여자는 굉장히 활달하고 밝고 얼굴도 예뻤다. 그녀는 20대 중반으로 무역회사에 다니고 있었는데, 어린 나이에 능력을 인정받아 팀장까지 하고 있었다. 두 사람은 서로 깊은 관심을 보이며 결국 사귀기로 했다.

그는 너무 행복했다. 여자 친구랑 너무 잘 맞았다. 이런 여자를 또 만날 수 없을 거라 생각했다. 그런데 100일이 지날 무렵부터 무언가 이상하다는 걸 느꼈다. 어느 순간부터 데이트를 하면 여자 친구가 전혀 비용을 부담하지 않았다. 그가 밥을 사면 커피라도 사야 하는데, 그녀는 모든 비용을 내담자가 내도록 했다. 하지만 데이트 비용은 모두 자신이 내려고 마음먹었기 때문에, 큰 문제가 되지 않았다. 문제는 다른 데 있었다. 바로 카톡이었다. 여자 친구는 카톡을 조금이라도 늦게 보면 감정적인 반응을 보였다.

회사에서 일하다가 겨우 짬이 나서 카톡을 확인하면 5분 간격으로 메시지가 와 있었다.

'뭐 하는 거야? 왜 연락 안 해?'

'내 말 씹어?'

'카톡 보는 거야, 마는 거야.'

'시발, 뭐하냐니까.'

심지어 욕설까지 했다. 일하느라 못 봤다고 하면, 여자 친구는 그렇다고 한 시간 씩이나 휴대폰을 보지 않는 게 말이 되냐고 반문했다. 내담자가 바빴다고 하면 여자 친구는 이런 식으로 따졌다.

'내가 한 시간씩이나 카톡 안 하는 거 봤냐?'

'나는 일 안 하냐?'

'너만 바쁘냐?'

'네가 그 정도로 일을 잘하냐?'

이런 소모적인 싸움이 싫어 결국 사과를 했는데, 문제는 여기서 끝이 아니었다. 여자 친구의 기분을 풀어주려고 맛있는 걸 사주겠다고 하면, 여자 친구는 일부러 비싼 가게만 갔다. 내가 이 정도로 화났으니 당해보라는 심보였다. 또 카톡 문제로 싸우고 횟집에 갔을 때였다. 여자 친구는 이번에도 먹지도 못할 회를 마구 시켰다. 왜 이렇게 회를 많이 시키냐고 물으면, 여자 친구는 이 정도도 못 해 주냐고 따졌다.

먹을 때도 시비를 걸었다. 그가 쌈을 싸 먹으면 여자 친구는 "너만 입이냐?" "너만 쳐먹냐?"라며 감정적으로 말했다. 그가 회를 싸서 주면, 손을 탁! 치면서 "네가 준 거 안 먹는다."며 토라졌다. 도저히 그녀의 기분을 맞출 수 없었다. 거리 한복판에서 소리를 지른 적도 있었고, 어느 때는 선물을 사달라고 강요했다. 카톡부터 시작해서 조금만 자기 비위에 거슬리는 말을 하면, 비난을 했다.

여자 친구가 아파서 회사에 결근한 적이 있었다. 그는 회사를 마치고 전화를 해 오늘 심심하지 않았느냐고 물었다. 그러자 여자 친구는 또 불같이 화를 냈다.

"내가 직장 안 갔다고 심심하겠냐. 내가 일 안 하니까 심심한 것처럼 보이냐. 사람이 아프면 오늘 아팠지. 힘들었지? 이렇게 말하는 게 정상 아니냐. 넌 대가리가 돌이냐, 병신이냐, 생각이 없냐."

그는 도저히 참을 수 없어 헤어지자고 했다. 그러자 더 난리가 났다. "내 피 빨아 먹을 거 다 빨아먹은 다음 헤어지자고 그러냐?"면서 자살하겠다고 협박했다. 심지어 손목을 그은 뒤 철철 피가 나는 모습을 사진으로 찍어 보내기까지 했다. 그는 너무 놀라 잘못했다고 했다. 그렇게 상황은 일단락됐으나, 문제는 끝나지 않았다.

어느 날 여자 친구가 그에게 직장을 그만두라고 했다. 야근이 많고 심지어는 주말까지 일할 때도 있어 데이트할 시간이 부족하다는 게 이유였다. 황당했다. 그는 자신이 좋아서 하는 일이고, 나름 회사에서 인정도 받고 있는데, 이유가 어이없었다. 그가 싫다고 하자 그 순간부터 또 지옥이 열렸다. 여자는 자기 뜻대로 되지 않자 또 다시 못살게 굴기 시작했다. 자기가 다른 회사를 알아봤으니, 거기에 다니라고 강요했다. 근무시간도 짧고 주말에 쉴 수 있는 회사였다.

그는 계속 거절하다가 결국 수락해 버리고 말았다. 여자 친구에게 계속 당하다 보니 자기도 모르게 공포심이 생겼기 때문이었다. 자기 마음에 들지 않으면 화내고, 욕하고, 비난하고, 인격 모독을 하고, 헤어지자고 하면 죽겠다고 겁박하고, 실제로 자해까지 하니 어쩔 수가 없었다. 여자 친구가 알아봐 준 회사에 다니기 시작했다. 하지만 이번에도 이게 끝이 아니었다. 여자 친구는 몇 개월 후 아예 회사를 다니지 못하게 했다. 그리고 자기 자취 집에서 동거하자고 제안했다. 자기가 혼자 돈을 벌 테니까 집에만 있으라는 것이다. 그는 부모님 때문에 동거는 못 한다고 했다. 또 비난의 화살이 쏟아졌다. 그러면 회사만 그만두라고 했다. 부모님에게 용돈을 드려야 해서 못한다고 하자, 여자 친구는 자기가 용돈을 드릴 테니까 그만두라고 괴롭혔다. 결국 그는 회사를 그만두게 됐다. 아침에 회사를 나가는 척하면서 여자 친구 집으로 갔다. 이런 생활을 2개월 동안 하다 보니 회의가 왔다.

'내가 왜 이러고 살지?'

'왜 이렇게 무능하게 이러고 있지?'

'왜 이런 삶을 사는 거지?'

하루하루가 비관적이었다. 여자 친구는 그가 집에 있게 되면서 더 막 대하기 시작했다. 무시는 기본에, 막말에, 욕설에, 모든 감정을 퍼부었다. 예를 들어 방에 뭐가 떨어져 있어서 주우라고 시켰는데, 행동이 굼뜨면 "야 병신아, 빨리 좀 해." "멍청한 새끼야."라면서 막 대했다. 설거지나 청소, 밥을 제때 안 할 때도 마찬가지였다. 회사에 다녀왔다가 자기 마음에 들지 않으면 이런 식으로 욕을 퍼부었다.

"너, 내가 이거 해놓으라고 했지?" "놀면서 뭐 했어?" "병신같이 이럴래?"

언어폭력에 신체적 폭력까지 행사하기 시작했다.

그는 자신이 정말 바보가 되어가는 느낌이었다. 마치 한 마리의 펫이 된 것 같았다. 너무나 무섭고 두려웠다. 그래서 내린 결론은 도피였다. 내담자는 집으로 도망가 나오지 않았다. 그러자 여자 친구는 집 앞까지 찾아와 카톡을 해대며 협박하기 시작했다.

'지금 집 앞이니 좋은 말로 할 때 나와라.' '나 들어가서 니네 부모님한테 난리 칠 수 있다.' '지금 안 나오면 정말로 깽판 칠 거다.'

내담자는 어쩔 수 없이 밖으로 나왔고, 여자 친구의 집으로 끌려갔다. 같은 일이 반복되자, 그는 몰래 여자 친구의 집을 나왔다. 서울에서 부산으로 도망을 갔다. 부산에 있는 회사에 다녔는데, 황당한 일이 벌어졌다. 여자 친구가 3일 만에 일하는 곳에 나타난 것이었다. 소름이 끼쳤다. 그날 또다시 여자 친구에게 끌려갔다. 숨을 쉴 수 없었다. 더는 여자 친구에게 사랑의 감정도 없었고, 공포만 남아 있을 뿐이었다. 계속 이렇게 살다가는 죽을 거 같아, 여자 친구가 회사 간 사이에 상담소에 찾아온 것이었다.

원장님은 내담자의 팔뚝에 할퀸 자국을 보며 입을 뗐다.

"그동안 정말 힘들었겠네요. 얼굴하고 팔뚝에 할퀸 자국이 있는데, 이것도 여자 친구가 한 거예요?"

"…네."

"여자 친구를 사랑하세요?"

"아니요. 그런 감정 이제는 1%도 없어요…."

내담자의 얼굴에는 공포와 두려움만이 가득했다. 원장님이 한숨을 쉬며 말했다.

"이야기를 들어보니까, 여자 친구가 환자네요."

"환자요?"

"네, 여자 친구가 그런 행동을 하는 데에는 이유가 있어요. 우선 기본적으로 애정결핍이 있어요. 애정결핍은 성장 과정 중 부모님에게 사랑받지 못하거나, 폭력적인 가정에서 성장했을 때 나타나요. 아니면 외상 후가 있거나, 감각에 문제가 있을 수도 있어요."

"여자 친구한테서 벗어나고 싶어요. 그런데 제가 없어지면 분명히 죽으려고 하거나, 어떻게 해서든 저를 찾아낼 거예요. 이럴 땐 어떡해야 하죠?"

"일단은 여자 친구를 상담소에 데리고 오셔야 해요."

"네?"

내담자가 눈을 크게 떴다. 몰래 상담소에 왔다는 것을 알면 또 무슨 일이 벌어질지 몰라 두려운 모습이었다. 원장님이 이유를 설명했다.

"아까 진호 씨가 뭐라고 하셨어요? 마치 내가 펫이 된 기분이고, 내 삶이 없는 거 같다고 하셨죠?"

"네."

"바로 그거예요. 그걸 여자 친구가 알아야 해요. 내가 한 행동으로 인해 남자 친구가 지금 어떻게 되어가고 있는지, 또 나의 문제가 무엇인지 바로 알아야 해요. 지금 여자 친구는 자기에게 어떤 문제가 있는지도 모르는 사람이에요. 진호 씨가 여자 친구에게 벗어나려면, 숨는 게 아니라, 여자 친구가 스스로 자신에게 어떤 문제가 있는지 깨닫고 행동에 변화가 와야 하는 거예요. 이게 되지 않으면, 서로 숨고 찾는 게 계속 반복될 거예요. 정말 누가 죽기 전에는 끝나지 않을 거예요."

내담자는 고민에 빠졌다. 여자 친구에게서 도망치는 게 정답이 아니라는 건, 이미 오래전에 깨달은 터였다.

"알겠습니다. 한번 설득해 볼게요."

"그래요. 내가 너무 힘들어서 상담소에 가봤는데, 상담소에서 말하길, 나와 너, 둘 다 문제가 있다고 하더라. 가서 상담을 받고 우리 서로 이해하는 시간을 가져 보자. 이렇게 말해보세요."

"네…."

그렇게 내담자는 첫 상담을 마치고 상담소를 나갔다.

내담자는 여자 친구에게 가스라이팅을 당하고 있었다. 사귀던 시점부터 어떤 갈등이 발생하든 간에 내담자 탓으로 끌고 갔다. 그로 인해 내담자가 억지 사과를 하게 만들어 주도권을 자신에게 가져갔다. 여기에 그치지 않고 강한 억압과 구속을 했다. 잘 다니던 회사를 그만두게 만들어 사회로부터 완전히 고립시켰다. 시도 때도 없이 욕설, 비난, 인격 비하를 하며 내담자의 자존감을 떨어트리고, 심지어 폭력까지 행사했다. 그 결과 내담자는 여자 친구만 보면 긴장과 두려움, 공포로 물들었다. 제대로 된 의사 표현도 하지 못하며, 자신이 동물 같은 존재라고 생각하기에 이르렀다.

내담자의 본래 모습을 찾기 위해서는 반드시 여자 친구의 행동을 교정시킬 필요가 있었다.

심리증상

우울증 / 불안증

신체증상

여자 친구를 보면, 얼굴이 경직 / 심장이 쿵쾅거리는 증상

환경문제

여자 친구로부터 벗어날 수 없는 문제 / 사회와의 단절

2주 후, 내담자가 여자 친구와 함께 상담소에 왔다. 내담자는 긴장한 기색이 역력했고, 여자 친구는 겉으로 보기에는 전혀 문제가 없어 보였다.

"진호 씨는 잠시 기다리고, 여자 친구만 상담실로 들어오시겠어요?"

원장님이 말했다. 여자 친구가 상담실 의자에 앉자 원장님이 입을 뗐다.

"남자 친구가 먼저 상담받은 건 아시죠?"

"네."

"무엇 때문에 상담받았는지 아세요?"

"대충은요."

"제가 상담소에 같이 오라고 한 이유는, 여자 친구 이야기를 듣고 싶어서예요. 먼저 검사지부터 하시고, 이야기해봐요."

원장님은 환경프로파일 검사지랑 감각 검사지를 건넸다. 그녀가 자라온 환경과 감각에 어떤 문제가 있는지 알아보기 위해서였다. 검사 결과 역시나 가정환경에 문제가 있었다는 걸 알게 되었다.

그녀는 어린 시절부터 부부싸움에 노출이 되었다. 매일같이 부모님이 싸워 하루도 조용할 날이 없었다. 엄마는 딸을 사랑한다고 하면서도 아빠랑 싸우면 모든 감정을 딸한테 쏟아냈다. 조금만 심기가 거슬리는 행동을 하면, 화를 내고 체벌을 했다. 그러면서 이중적으로 너무 힘들다며 신세 한탄을 하기도 했다.

그녀는 고등학교 때 기숙사 생활을 했는데, 그게 너무 좋았다. 더는 부부싸움을 보지 않아도 되었고, 어머니의 신세 한탄을 듣지 않아도 되었기 때문이었다. 그런데 엄마는 아빠랑 싸우면 매일 같이 전화를 했다. 전화로 아빠 욕을 하고 내가 너 때문에 산다는 등 몇 시간씩 휴대폰을 놓지 않았다. 일주일에 3~4번은 이런 전화가 오니 미칠 지경이었다. 그녀가 우울증에 걸려 죽고 싶다고 생각한 것도 이즈음이었다. 지금 생각해보면 그녀는 엄마의 감정 쓰레기통이었다고 말했다.

그녀는 절대로 집에 들어가고 싶지 않았고, 부모님을 보는 게 싫었다. 빨리 성인이 되어 독립하고 싶다는 생각뿐이었다. 이런 상황 속에서도 공부를 열심히 했고,

좋은 대학교에 진학했다. 자취를 시작했다. 그런데 문제가 생겼다. 엄마가 부부싸움을 할 때면 딸의 자취 집에 찾아오기 시작했다. 종일 울면서 신세 한탄을 했다. 그녀는 신경쇠약이 걸릴 지경이었다. 어린 시절부터 지금까지 10년도 넘게 이렇게 살다 보니 도저히 참을 수가 없었다. 그녀는 처음으로 엄마가 이러는 게 너무 힘들다고 말했다. 그 순간 엄마의 폭언과 비난이 이어졌다.

"내가 너를 얼마나 힘들게 키웠는데, 나한테 이따위로 대하냐. 딸년이 돼서 엄마를 생각할 줄도 모르냐. 미친년아, 네가 그러고도 잘 될 거 같냐…."

그녀는 아무 말도 할 수 없었고, 엄마가 하는 부당한 소리를 들어야만 했다. 그녀가 자해하기 시작한 건 이즈음이었다. 엄마가 자신의 감정을 이해해주지 않고 받아주지 않다 보니, 스트레스가 쌓였다가 폭발하면 자해를 했다. 또 누군가가 자신의 감정을 받아주지 않는 일이 발생하면 이성을 잃고 감정적으로 나갔다.

더는 엄마를 보고 싶지 않았다. 엄마를 피해 자취방을 몰래 옮겼다. 하지만 엄마는 귀신같이 그걸 알아냈다. 한두 번도 아니고 여러 번이었다. 도저히 엄마 손아귀를 빠져나올 수 없었다. 그녀는 나중에 엄마가 자기를 찾는 방법을 알아냈는데, 아이러니하게도 똑같은 방법으로 내담자를 찾아냈다. 방법은 무엇인지 말하지 않았지만, 어디를 가든 하루면 찾을 수 있다고 말했다.

엄마가 자기를 찾는 방법을 알게 된 후, 그녀는 엄마에게서 완전히 빠져나올 수 있었다. 이후 자취방을 옮겨 회사를 다니며 돈을 모았다. 남자를 여러 명 사귀었지만, 얼마 가지 않아 헤어졌다. 그리고 지금의 내담자를 만나게 된 것이다.

원장님이 그녀 이야기를 듣고 물었다.

"혜미 씨는 남자 친구 사랑해요?"

"네, 이런 남자는 살면서 처음이에요. 너무 좋고, 사랑해요."

"그런데 어떡하죠? 남자 친구는 사랑하는 마음도 없고 헤어지고 싶대요."

"네…?"

여자 친구는 충격받은 얼굴을 했다.

"남자 친구는 혜미 씨가 너무 무섭고 두렵대요. 그거 아세요?"

"네? 왜요?"

"보세요. 남자 친구는 처음에 카톡으로만 자주 연락하라는 줄 알았대요. 그런데 지금 보니까 그게 아닌 거야. 막말은 기본이고, 무시하고, 욕하고, 때리기까지 하고, 심지어 직장도 그만두게 하고, 헤어지자고 하면 죽을 거라고 협박하고 자해까지 하는데, 사랑이라는 감정이 생기겠어요? 남자 친구는 혜미 씨가 너무 무섭대요. 얼굴만 보면 긴장이 되고, 말도 잘 안 나오고, 꼭 자기가 펫이 된 느낌이래요. 주인한테 순종하고 원하는 대로만 하는 동물이요. 이거 이해되세요?"

여자 친구의 얼굴이 굳어졌다.

"어떻게 그럴 수가 있지? 이거 완전 병신 아녜요?"

"그게 문제라는 거예요. 이게 왜 병신이에요. 남자 친구가 원래 이랬던 사람이 아니잖아요. 당당하고 회사생활 잘하고 사회에서 인정받으며 건강하게 생활하는 사람이었는데, 혜미 씨 만나고 나서 이렇게 된 거예요. 남자 친구가 왜 이렇게 변했는지 이해하지는 못할망정 병신이라고 하니, 사랑이라는 감정이 생기겠어요?"

여자 친구는 갑자기 눈물을 흘렸다.

"…그럼 어떻게 해야 하는데요?"

"먼저 스스로를 돌아보세요."

원장님이 말했다.

"지금 혜미 씨는 애정결핍이 아주 심해요. 부모님한테 사랑받았다고 느껴본 적 있으세요?"

"…아니요."

"남자 친구한테서 처음으로 느꼈죠?"

"네….."

"그런데 남자 친구한테 어떻게 했어요? 자신이 어린 시절부터 엄마한테 당했던 거, 똑같이 그대로 하고 있잖아요. 그게 안 느껴지세요?"

여자 친구는 자기가 한 행동을 돌아봤다. 엄마가 자기를 감정 쓰레기통으로 썼던 것처럼, 자신도 남자 친구를 감정 쓰레기통으로 쓰고 있다는 것을.

"엄마랑 똑같다는 건 저도 옛날부터 느꼈어요. 근데 고치려 해도 그게 잘 안 돼요….."

여자 친구가 울먹이며 말했다.

"그거 왜 그러는지 알려줄게요. 잘 들어요."

원장님이 감각검사 결과지를 보여주며 말했다.

"보세요. 지금 혜미 씨는 신체감각이 24개예요. 이건 감각이 다른 사람에 비해 엄청나게 발달한 거예요. 그런데 청각은 어때요? 4개밖에 안 되죠?"

여자 친구가 눈물을 삼키며 고개를 끄덕였다.

"이때 발생하는 문제가 뭔지 하세요? 남자 친구랑 갈등이 생기면, 이성적으로 바라봐야 하는데, 청각이 낮아서 그걸 전혀 하지 못하고 있어요. 신체감각만 높으니까, 무조건 감정적으로 표현해요. 한마디로 이성은 사라지고, 조금만 내 마음에 들지 않으면 왁! 하고 감정만 나오는 거예요. 이거 반드시 고치셔야 해요. 그리고 또!"

원장님은 단호한 얼굴로 이어 말했다.

"남자 친구가 무조건 혜미 씨의 감정을 받아주고 모든 걸 이해하고 내가 하자는 대로 해야 한다고 생각하면 안 돼요. 사람은 각자 자기만의 개성이 있어요. 원하는 욕구도 다 다르고요. 그런데 그걸 깡그리 무시하고 무조건 내 기분에 맞춰서, 내가 원하는 대답이 나올 때까지 행동하면 되겠어요? 남자 친구는 애초에 혜미 씨랑은 완전히 다른 사람인데?"

그녀는 가만히 듣기만 했다.

"잘 생각해봐요. 우리가 누군가를 만나고 사랑을 하는 건, 내가 행복해지기 위해서 그러는 거예요. 상대방을 행복하게 해주기 위해 사귀는 게 아니에요. 혜미 씨도 스스로를 돌아보세요. 내가 행복해지기 위해 남자 친구를 만난 거지, 남자 친구를 행복하게 해주기 위해 만난 거예요? 아니잖아요."

우리는 누군가를 사귈 때, 그 사람을 사랑하면 내가 행복해져서 사랑하게 되는 것이다. 조건 없는 사랑을 주는 것도 마찬가지다. 그 행위 자체가 나에게 행복을 가져다주기 때문에 조건 없는 사랑을 주는 것이다.

「너는 내 운명」이라는 예능 프로그램에도 공감되는 이야기가 있다. 소이현과 인교진 부부 이야기다. 인교진이 아내를 위해 망가지는 걸 서슴지 않으니까 소이현이 말한다.

"오빠, 자꾸 웃기려 하지 마. 나를 너무 웃기려는 강박이 있어."

그러자 인교진이 진지한 얼굴로 말한다.

"그게 자기를 위한 거 같아? 그건 나를 위한 건데. 그냥 자기가 웃는 모습을 보면 내가 제일 행복하니까 그런 거지."

이처럼 우리가 이성 친구를 사귈 때나, 결혼을 하는 것은 본질적으로 내 행복을 위해 하는 것이다. 불행해지는 것은, 내 행복의 기준을 상대방에게 강요당할 때이다. 그러니 연인과 부부 사이는 이 점을 항상 염두에 두어야 한다. 내 행복을 위해 상대방의 행복을 뺏어서는 안 된다는 것을.

여자 친구는 원장님의 말을 듣고, 자기가 지금까지 잘못 행동했다는 걸 인정했다. 남자 친구에게 사과하겠냐고 묻자, 고개를 끄덕였다. 내담자가 드디어 상담실에 들어왔다. 그는 울고 있는 여자 친구를 보며 놀란 기색이었다.

"자, 이제 남자 친구한테 말해보세요. 내가 지금까지 뭘 잘못했는지."

여자 친구가 호흡을 가다듬고 입을 열었다.

"미안해…. 너한테 막말하고 무시하고 욕해서…. 마음에 안 든다고 때린 것도 미안해. 그러니까 헤어지자고 하지 말아줘…."

내담자는 당황한 얼굴이었다. 화를 내면 냈지, 설마 사과를 할 거라고는 꿈에도 생각하지 못했다.

"진호 씨는 사과받으니까 어떠세요?"

원장님이 묻자, 내담자는 한참 동안 생각에 잠겼다. 이윽고

"그러면… 사귀는 대신 두 가지 조건이 있어요."

"뭔가요?"

"저 원래 다니던 직장 다시 들어갈 수 있으니까, 거기 다니게 해줘야 해요."

원장님의 시선이 여자 친구에게 향했다.

"받아줄 수 있어요?"

여자 친구가 가만히 있자, 원장님이 말했다.

"안 그래도 이 이야기 하려고 했어요. 사람이 돈 버는 것도 중요하지만, 하고 싶은 일을 하면서 자기 삶을 누려야 하는 거예요. 혜미 씨도 보세요. 직장에서 젊

은 나이에 팀장까지 하면서 인정받고 다니니까 얼마나 좋아요? 남자 친구도 자기가 하고 싶은 일 하면서 인정받는 삶을 살아야죠. 집에서 살림이나 하라는 게 말이 돼요?"

"…네 그렇게 할게요…."

여자 친구가 기어들어가는 목소리로 말했다.

"또 하나는 뭐예요?"

원장님이 묻자 내담자가 대답했다.

"여자 친구 집에 가면, 한 방에 있기 싫고 작은 방에 텐트 치고 그 안에 있고 싶어요. 여자 친구랑 같이 이야기하다가도, 제가 텐트 안으로 들어가면 절대로 터치를 안 했으면 좋겠고요. 제가 들어오라고 하기 전에는 절대로 텐트 안으로 들어오면 안 돼요."

원장님은 처음에는 황당했다. 그와 동시에 내담자가 얼마나 여자 친구를 두려워하고, 무섭고, 보기 싫으면 이런 말을 하는 건지 공감도 갔다. 그만큼 여자 친구에게 시달림을 당했기 때문에 제시할 수 있는 조건이었다.

"혜미 씨, 받아들일 수 있어요?"

여자 친구는 안 된다고 하는 걸 간신히 참는 것 같았다. 한숨을 푹, 쉬더니 알았다고 대답했다.

그렇게 2회차 상담을 마쳤다. 3회기 때에는 서로 자기 문제도 알아보고, 상대방 감정도 이해하는 시간을 갖기로 했다.

3) 서로의 환경 알아보기

저녁 8시. 예약된 시간이 되자, 내담자와 여자 친구가 상담소에 왔다. 원장님이 두 사람을 맞이했다.

"어서 오세요. 이쪽에 앉으세요."

두 사람은 굳은 얼굴로 의자에 앉았다.

"일주일 동안 어떻게 지내셨어요?"

예의상 물은 말이었다. 원장님은 두 사람이 싸웠을 거라고 예감했다. 상담을 한 번 받고 교정되는 경우는 거의 없기 때문이었다. 아니나 다를까, 내담자가 입을 열었다.

"여자 친구가 약속을 어겼습니다."

"어떤 약속을 어겼나요?"

"텐트에 억지로 들어오려고 한 것도 모자라 다 부숴버렸어요."

원장님의 시선이 여자 친구에게 향했다.

"혜미 씨. 남자 친구가 한 얘기가 모두 맞아요?"

여자 친구는 대답 없이 고개만 끄덕였다.

"왜 약속을 어긴 거예요?"

여자 친구가 눈시울이 붉어진 채로 대답했다.

"그냥… 남자 친구가 자꾸 저를 거부하는 느낌이 들어서요…."

"거부하는 느낌이 아니라, 거부하고 있는 거 맞아요. 그런데 남자 친구가 처음부터 혜미 씨를 거부했나요?"

"아니요…."

"그래요. 남자 친구는 처음엔 혜미 씨를 사랑했어요. 그런데 왜 지금과 같은 행동을 하게 된 거죠? 혜미 씨가 강압적이고, 지배하려 들고, 무시하고 폭력적이니까 거부하게 된 거예요. 그런데 이런 남자 친구의 마음은 헤아리지 못하고, 거부했다고 또 감정적으로 행동했어요. 맞나요?"

"네…."

"그럼 상담하기 전에 먼저 남자 친구한테 사과하세요."

"미안… 잘못했어…."

여자 친구가 고개를 푹 숙이고 말했다. 원장님이 남자 친구를 바라보고 말했다.

"저는 진호 씨가 왜 텐트에 들어가 있으려고 하는지 공감해요. 그동안 여자 친구에게 당한 게 있으니까 마음의 문을 열기가 힘들어서 그런 거라는 걸요. 그런데 여자 친구 입장도 생각해봤으면 해요. 여자 친구가 텐트에 억지로 들어오고, 부순 건, 남자 친구를 괴롭히고 싶어서 그런 게 아니에요. 남자 친구한테 사랑받고 싶은데, 거부하고 받아주지 않으니까 그런 폭력적인 행동을 한 거예요."

"그럼, 제가 무조건 받아줘야 하는 건가요?"

원장님은 단호하게 고개를 가로저었다.

"아니요. 그러면 절대 안 되죠. 이번에는 여자 친구가 약속을 어겼고 잘못한 것도 맞아요. 다만 여자 친구가 왜 이런 행동을 한 건지 '긍정적 의도'를 알았으면 해서 말한 거예요. 그래야 진호 씨도 여자 친구가 하는 행동이 조금이라도 이해가 갈 테니까요."

원장님은 말을 마친 후, 분위기를 바꾸려는 듯 손뼉을 한번 쳤다. 그리고 두 사람에게 도구를 건네주었다. '나이테로 알아보는 내 인생'이었다.

"자, 오늘은 두 사람이 어떤 삶을 살았는지 서로 알아보는 시간을 가질 거예요. 나무의 나이테에 좋았던 시기는 노란색으로, 상처가 된 시기는 검은색으로 칠해 보세요."

두 사람은 나이테에 색을 칠하기 시작했다. 그리고 과거에 어떤 삶을 살았는지 돌아가면서 말했다. 그 결과 내담자는 특별한 상처가 없었다. 부모님과 잘 지내고, 평범한 가정에서 자랐다. 가장 힘든 건 여자 친구와의 관계뿐이었다.

반면 여자 친구는 5살부터 현재까지 좋았던 시절이라고는 거의 없었다. 어린 시절부터 부모님의 부부싸움으로 인해 너무 힘들었다. 엄마는 매일 아빠랑 싸우기만 하면 자기를 앉혀놓고 하소연을 했다. 하루 이틀도 아니고, 아무것도 모르는 자신에게 매일 울며 신세 한탄을 하니 너무 힘들었다. 또 초등학교 때 잊을 수 없는 기억이 있다고 했다. 수학 시험을 봤을 때였다. 점수가 95점이 나와 엄마에게 바로 시험지를 보여주며 자랑을 했다. 자기가 반에서 1등이기 때문이었다. 그런데 엄마는 시험지를 보자마자 그 자리에서 찢어버렸다.

그리고 하는 말이, 내가 너를 어떻게 키웠는데, 이걸 점수라고 가져왔냐면서 죽어버리고 싶다고 했다. 심지어 울기까지 했다. 그때 그녀는 너무 어이없고 황당했다. 그리고 엄마는 자신이 공부를 못하면 죽어버릴 수도 있는 존재라는 걸 알게 되었다. 그녀가 악착같이 공부를 한 건 그 때문이었다.

이외에도 그녀는 성장하는 내내 엄마의 눈치를 봤다. 만약 엄마의 마음에 들지 않는 행동을 하거나 시키는 걸 하지 않으면, 엄마가 시도 때도 없이 죽고 싶다고 했기 때문이었다. 평생을 그렇게 엄마의 감정 쓰레기통 역할을 하며 살았다. 이 감정을 풀 데가 없어서 중학교 때부터 자해를 했다. 이후 성인이 되어 엄마라는 족쇄에서 풀려났을 때는 자유를 얻은 기분이었다.

"엄마 때문에 정말 많이 힘들었겠어요. 지금도 엄마랑 연락 안 하고 지내는 거죠?"

"네, 지금 생각으로는 당분간 아예 연락을 끊고 싶어요."

"그래요. 그게 혜미 씨가 선택한 가장 좋은 방법이니까, 그렇게 하세요."

원장님은 여자 친구의 선택을 지지한 뒤 내담자를 바라봤다.

"어때요, 진호 씨? 여자 친구가 과거부터 현재까지 살아온 환경을 보니까, 많이 다르죠?"

"네."

내담자가 고개를 끄덕이며 말했다.

"진호 씨는 평범한 가정에서, 부모님에게 사랑받고 자란 사람이에요. 그런데 여자 친구는 어린 시절부터 부모님이 매일 싸우고, 나를 힘들게 하는 가정에서 자랐어요. 부모님한테 사랑이라는 걸 받아본 적이 없는 사람이에요. 이런 사람은 사랑에 대한 욕구 충족이 되지 않아서, 다른 것에서부터 찾으려 해요. 무엇으로? 남자 친구로부터. 그래서 남자 친구에게 애정을 갈구하는 거예요. 연락도 자주 하고, 바빠도 카톡을 해줬으면 하고, 일도 그만두고 함께 살았으면 좋겠고, 언제나 나만 바라봐줬으면 하는 거예요. 사랑에 대한 욕구 때문이에요. 그런데 이게 너무 강하면 남자 친구 입장에서는 어떻게 느껴지겠어요?"

원장님이 대답해 보라며 여자 친구를 바라보았다. 그녀가 망설이더니 입을 뗐다.

"숨 막힐 거 같아요."

"바로 그거예요. 저는 혜미 씨가 왜 남자 친구한테 애정을 갈구한 건지 다 알아요. 알기 때문에 크게 나무라지 않는 거예요. 혜미 씨의 모든 행동과 감정이 이해가 가니까요."

"……."

여자 친구는 눈물을 흘리기 시작했다. 지금까지 자신의 감정을 인정받은 적이 없었기 때문이었다. 애정결핍이 문제라는 건 오래전부터 알고 있었다. 다른 남자와 사귈 때도 똑같은 문제가 발생했다. 그때 남자들은 다 자신을 탓하며 떠났다. 하지만 지금 남자 친구는 달랐다. 해달라는 건 모두 받아주었다. 그래서 더 사랑했다. 그런데 어느 날 문득 보니 남자 친구가 망가져 있었다. 망가져 있어서 왜 바보같이 행동하냐며 더 화를 내고 때렸다. 텐트를 치고 혼자 그 안에 들어가 있겠다고 했을 때도 어이가 없었다. 속으로 저런 멍청한 애가 다 있냐고 욕했다. 그런데 원인을 알았다. 자신이 남자 친구에게 강압적으로 애정을 갈구하는 건, 모두 부모로부터 받지 못한 사랑 때문이었다. 그로 인해 상황이 지금처럼 악화된 것이었다.

"이제 왜 남자 친구 텐트 안에 들어가면 안 되는지 아시겠어요?"

"네…."

"그래요. 일방적인 사랑은 사랑이 아니에요. 사랑이라는 건 서로 주고받는 거예요."

여자 친구는 흐느끼며 고개를 끄덕였다. 이제는 억지로 남자 친구를 집에 오게 하지 않겠다고 했다. 또 연락하는 것도 닦달하지 않고 기다려 보겠다고 약속했다. 원장님은 잘 생각했다며 그녀를 칭찬했다. 내담자를 보고 말했다.

"여기서 가장 힘들었던 사람은 진호 씨가 맞아요. 그동안 여자 친구가 원하는 거 요구하는 거 다 맞춰주느라 얼마나 힘들었겠어요. 그런데 진호 씨도 아무런 문제가 없었느냐? 그건 아니에요. 지난번 감각검사를 했을 때 청각이 2개 나왔더라고요. 그러다 보니까 자기가 하고 싶은 말을 논리적으로 잘하지 못해요. 딱 봤을 때 아니다 싶은 건 아니라고 정확히 말해야 하는데, 그러지 못하다 보니까 이 상황까지 끌고 온 거예요. 그러니까 앞으로 여자 친구가 무리한 요구를 한다는 생각이 들면, 정확하게 의견을 표현하세요. 그래야 나중에 사회생활을 할 때도 정확한 사람이 될 수 있어요."

"네…. 그렇게 하겠습니다."

상담시간이 끝나자, 두 사람은 자리에서 일어났다. 서로가 어떤 환경에서 자랐는지 알 수 있는 시간이었다. 그리고 자신들의 문제가 무엇인지 확실하게 알게 되는 순간이었다.

가스라이팅을 하는 이유와 당하는 이유

가스라이팅은 부모로부터 시작된다. 부모에게 사랑을 받지 못하고, 정신적 학대를 받은 자녀가 결핍이 생겨 가스라이팅을 한다. 자신의 욕구 충족을 하기 위해서다. 그렇다면 사례처럼 여자 친구와 같은 사람을 만나면 모두 가스라이팅을 당하게 되는 걸까?

그건 아니다. 불합리한 일이 생기거나, 부당한 대우를 받았을 때, 자기주장을 확실히 하는 사람은 가스라이팅을 당하지 않는다. 아닌 건 아니라고 정확히 말하기 때문이다. 가스라이팅을 당하는 사람은 불합리한 것을 알면서도 맞춰주는 사람이다.

특히 청각이 떨어지는 사람이 가스라이팅을 당할 확률이 높은데, 말을 논리적으로 하지 못하기 때문이다. 부당하다는 걸 알면서도 대응하는 능력이 떨어져 그냥 상대방의 의견에 따라간다. 그래서 우리는 연애할 때 반드시 이 점을 알아야 한다.

내가 상대방을 배려해 맞춰주는 것과 부당한 요구를 들어주는 것은 전혀 다른 문제라는 것이다. '배려와 부당한 요구를 들어주는 경계'를 확실히 알아야 한다. 예컨대 상대방이 파스타를 좋아해 먹고 싶다고 하면, 당연히 먹어줄 수 있다. 문제는 내가 밀가루 알레르기가 있는데, 파스타를 먹자고 요구할 때다. 이것이 부당한 요구에 해당한다.

그럴 때 우리는 보통 이렇게 대화한다.

"우리 파스타 먹을래?"

"나 밀가루 알레르기 있잖아."

"그래도 한 번만 먹으면 안 돼?"

"못 먹는다니까."

이렇게 대화를 끌고 가는 것보다 더욱 구체적이고 논리적으로 말하는 게 좋다.

"나 밀가루 알레르기 있는 거 너도 알잖아. 먹으면 죽을 수도 있다니까? 그리고 오늘은 둘이 같이 식사하기 위해 만났는데, 너는 내 입장을 전혀 고려하지 않고 있어. 아예 내가 할 수 없는 걸 요구하고 있잖아. 이건 잘못된 거야. 오늘은 같이 먹을 수 있는 거 먹자."

정확한 의사전달이란 이런 걸 말한다. 그냥, "나 밀가루 알레르기 있잖아.""못 먹는다니까."라고 해서는 안 된다.

연애를 하다 보면, 의도치 않게 가스라이팅 하는 사람을 만날 수 있다. 그런 사람을 만난다고 해서 다 당하는 것은 아니다. 언제든지 정확하게 내 의견을 제대로 전달할 수 있으면 된다.

　상담은 계속 이어졌다. 두 사람이 같이 상담하는가 하면, 여자 친구 혼자 심리치료를 받기도 했다. 그중에서 가장 변화가 뚜렷했던 치료는 '생각 바꾸기'와 '행동 교정하기'였다. 그녀는 남자 친구가 연락하는 시간이 조금이라도 길어지면, 자기에게 관심이 없다고 생각해 견디지 못했다. 그 생각을 바꾸는 인지치료를 했다. '아무리 사랑하는 관계라도 자기만의 시간을 가질 수 있다'는 것이다.

　또 '행동 교정하기'를 통해 남자 친구가 내 뜻대로 행동하지 않고, 나를 맞춰주지 않아도 감정적으로 대응하고 폭력적인 행동을 하지 않도록 했다. 명상최면을 통해 남자 친구도 자유의지라는 게 있다는 것을 각인시켰다. 상대방의 입장을 헤아려, 화내기보다는 차분하고 이성적으로 대화를 하는 연습을 시켰다. 그렇게 여자 친구는 자기가 가진 문제점을 인식하고 생각과 행동을 교정해 나갔다.

　내담자도 마찬가지였다. 원장님과의 상담을 통해 여자 친구가 무리한 요구나 말을 하면 확실하게 자기주장을 하도록 했다. 또 이성적으로 정리해서 말하는 연습을 했다. 그로 인해 내담자는 정확하게 자기주장을 펼칠 수 있게 되었고, 여자 친구는 상대방의 입장을 헤아리는 과정을 거쳤다. 물론 이 과정이 순탄치만은 않았다. 잦은 의견 다툼으로 갈등을 일으키는 일이 비일비재했다. 그럼에도 큰 싸움으로 번지지 않은 것은, 여자 친구가 예전처럼 감정적으로 대응하지 않았기 때문이었다. 갈등이 생길 때마다 이성적으로 차분하게 대화를 해 서로를 이해하고 맞춰주는 시간을 가졌다.

　그렇게 상담은 막바지로 흐르고 있었다. 원장님은 내담자는 대기실에 있으라고 하고, 여자 친구만 상담실로 불렀다. 오늘 하는 심리치료 프로그램은 '인생을 살아가는 마음의 길'이었다. 원장님은 그녀가 자리에 앉자, 도화지를 한 장을 건네주었다.

　"오늘은 인생을 살아갈 때 나는 어떤 방식으로 살아가는지 '길'을 통해 알아볼 거예요. 먼저 도화지 아래나 위에 테이블과 의자를 그려보세요. 우리의 길 끝에는 쉴 수 있는 쉼터가 있다는 뜻이에요."

여자 친구는 오른쪽 맨 위에 쉼터를 그렸다. 원장님은 6개의 길이 있는 사진을 여자 친구 앞에 펼쳤다.

"여기 6개 종류의 길이 있죠? 이 사진을 보고 우선순위를 정해 하나씩 길을 이어서 그려보세요. 마지막 길은 쉼터가 있는 쪽으로 길이 이어지게 해서요."

여자 친구는 6종류의 길을 보고 하나씩 도화지에 길을 그리기 시작했다. 따로 말하진 않았지만, 사실 길마다 의미가 있었다. 다음과 같다.

① 곧은 길: 아주 쉬운 길

② 오솔길: 쉬운 길

③ 자갈길: 조금 쉬운 길

④ 낭떠러지 길: 아주 어려운 길

⑤ 울타리길: 두려운 길

⑥ 양갈래 길: 혼란의 길

길의 의미를 말하지 않은 건, 여자 친구가 어떤 욕구로 인생을 살아가는지 알아보기 위함이다. 이내 여자 친구는 퍼즐 맞추듯 6개의 길을 모두 이어 그렸다. 원장님은 길마다 뜻을 쓰라고 했다. 그렇게 그림이 완성됐다.

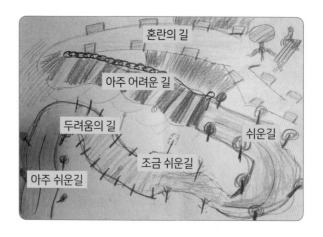

여자 친구가 그린 길을 보고 원장님이 말했다.

"아까 그림을 그리기 전에 말했죠? 인생을 살아갈 때 나는 어떤 방식으로 살아가는지 길을 통해 보겠다고요. 혜미 씨가 처음에 그린 길은 무슨 길이죠?"

"'아주 쉬운 길'이요."

"맞아요, 이건 무엇을 뜻하냐면, 나는 인생을 살아갈 때 쉽게 살고 싶다, 라는 욕구를 뜻해요. 그래서 사람을 만날 때도 쉽게 생각하고 만나려는 경향이 있어요. 이게 관계 패턴인데, 다른 남자 만날 때는 어땠어요?"

"저는 일단 마음에 들면 복잡하게 생각하지 않고 사귀는 스타일이에요."

"좋아요. 혜미 씨는 지금까지 사람을 쉽게 생각하고 만났어요. 그런데 그렇게 사람을 사귀다 보면 그 사람을 제대로 모르기 때문에 두려움의 길에 서게 돼요. 혜미 씨는 남자 친구랑 사귀면서 어떤 두려움이 있었죠?"

"남자 친구가 연락을 잘 안 하거나, 카톡을 1시간 넘게 안 하면, 나한테 관심이 없는 건가 하는 생각이 들어서 답답하고 짜증나고 감정조절이 되지 않고 그랬어요."

"그래서 어떻게 했죠?"

"남자 친구한테 화내고, 욕하고 무조건 제 입장에 맞추도록 강요했어요."

"맞아요. 남자 친구를 억압하고 강압적으로 몰고 갔죠? 왜? 이 사람은 처음부터 쉬웠던 사람이니까. 그래서 얼마든지 이겨낼 수 있다고 생각해서 억지로 끌고 갔어요. 그렇게 하니까 어떤 길이 나왔죠?"

"'조금 쉬운 길'이 나왔고, 그다음에는 '쉬운 길'이 나왔어요."

"맞아요. 잘 다니고 있는 남자 친구 회사를 옮기게 만들고, 심지어는 아예 그만두게 강요했어요. 그리고 어떻게 했죠? 같이 있고 싶다는 이유로 무조건 집에 있게 만들었죠?"

"네…."

"여기까지는 혜미 씨에게 쉬운 길이었어요. 그런데 점차 시간이 지나니까 어떻게 됐죠? 그다음 길이 뭐예요?"

"낭떠러지… '아주 어려운 길'이 나왔어요."

"왜 어려운 길이 나왔죠?"

"남자 친구가 저한테 도망치기 시작해서요."

"맞아요. 혜미 씨가 남자 친구를 억압하는 것도 모자라 무시하고 욕하고 심지어 때리기까지 하면서 못살게 구니까, 결국에는 지방으로 도망치고 말았어요. 그렇게 도망치고 붙잡고 하는 싸움이 반복되다가, 결국에는 어느 길에 접어들었죠?"

"'혼란의 길'이요."

"'혼란의 길'에 접어든 이유는 뭐죠?"

"남자 친구가 제 집에 와도 제 얼굴은 보지도 않고, 계속 혼자 텐트 속에 있으니까, 너무 혼란스러웠어요."

"그래요. 그래서 결국에는 혜미 씨의 길은 뭐로 끝나죠? 혼란의 길에서 끝나버리고 말죠?"

"네…."

"이런 인생을 살고 있는 나의 길을 처음부터 끝까지 다시 바라보세요. 나는 처음에 아주 쉬운 길을 선택해서 갔는데, 결국에 남은 것은 혼란의 길뿐이에요. 혼란스러워서 쉼터에도 가지 못하고 있는 상태에요. 이게 제대로 된 인생의 길이라 할 수 있을까요?"

"아니요…."

여자 친구는 숙연한 얼굴로 대답했다. 자신이 봐도 잘못된 길이라는 게 느껴졌기 때문이었다. 원장님이 새로운 도화지를 그녀에게 주며 말했다.

"자, 지금부터 올바른 인생의 길을 알려줄 테니까, 말하는 대로 그리세요."

원장님은 올바른 길이란 무엇인지, 인생의 길은 어떤 순서로 되어야 하는지 알려주었다. 그 결과 아래와 같은 길이 나왔다.

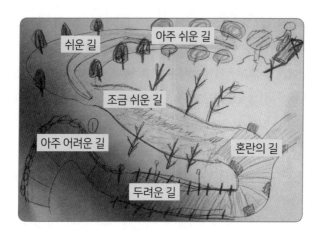

쉬운 길
아주 쉬운 길
조금 쉬운 길
아주 어려운 길
혼란의 길
두려운 길

    원장님은 여자 친구가 그린 '인생의 길' 옆에 자신이 말한 '인생의 길'을 나란히 놓았다.

    "어때요? 혜미 씨가 보기에는 두 길이 어떤 차이가 있는 거 같아요?"

    여자 친구는 그림을 번갈아 본 뒤 입을 열었다.

    "제가 그린 길은… 쉽게 가다가… 두려운 길이 나오다가 다시 쉽게 가다가… 또다시 엄청 힘든 길이 나와서 중간에 포기할 거 같아요. 이제 쉽게 길을 가나 했는데… 아주 어려운 길이 나오고 혼란의 길까지 나오니까 무슨 길이 나타날지 몰라 정말 혼란스러울 거 같아요."

    "반면에 제가 그리라고 한 길은 어떤가요?"

    "처음에는 아주 어렵지만, 결국에는 모든 걸 극복하고 쉬운 길로 나아가고 있어요."

    원장님은 흡족한 얼굴로 입을 뗐다.

    "맞아요. 인생에서 성공했다고 말하는 사람들은 모두 이런 길을 걸어요. 인간관계도 마찬가지예요. 처음부터 어려운 길을 선택하는 사람은, 내가 이성 친구와 사귀었을 때, 분명히 서로 안 맞는 것들이 있고, 그 힘든 상황을 이겨내야 한다는 걸 알고 그 길을 가요. 그래서 심하게 다투거나 싸워도 합의점을 찾고 이해하려하고, 이겨내려고 해요. 왜냐면 이 어려운 길을 극복하면 두려움의 길이 나타난다는 걸 아니까요."

원장님은 두려움의 길을 손가락으로 짚으며 말했다.

"그렇게 두려움의 길이 나타나면, 어떤 상황이 오느냐? 남자든 여자든 내 것을 버리고 상대에게 맞춰줘야 하는 상황이 와요. 내가 상대에게 어떻게 맞춰줘야 이 고비를 넘을까를 생각해요. 그래서 아주 어려운 길보다 덜 힘들게 되지만, 나를 버리는 것에 대한 두려움이 생겨요. 그 두려움을 극복하면 혼란의 길이 나와요."

원장님은 손가락으로 양갈래 길을 가리키며 말했다.

"양갈래 길에 서면 어떻게 해요? 둘 중 하나는 선택해서 앞으로 가야 하죠?"

"네."

여자 친구는 천천히 고개를 끄덕였다.

"혼란의 길은 내가 이 사람과 끝까지 가야 할 것인가, 말아야 할 것인가 고민을 하는 시기예요. 상대방을 맞춰주면서 연애를 하지만, 계속 내면의 갈등이 일어나니까 혼란이 오는 거예요. 그래서 이때 많은 사람이 헤어지거나 이혼을 해요. 그런데 우리가 알아야 할 게 여기까지 온 상태라면, 정말 힘든 건 다 이긴 거거든요? 꾹 참고 앞으로 나아가겠다고 하면 어떤 길이 열리죠?"

"조금 쉬운 길이요."

"네, 여기서부터는 시간이 조금 지나면 쉬운 길이 돼요. 왜? 지금까지 싸우면서 서로의 감정이나, 좋아하는 것, 싫어하는 것, 행동패턴 등 모든 걸 다 알게 되었거든요. 그래서 내가 억지로 맞추려 하지 않아도 자동으로 그 사람에게 맞춰지게 돼요. 이때부터는 관계가 굉장히 좋아져요. 그래서 쉬운 길로 나아가게 되고, 아주 쉬운 길이 열리면서 영원한 동반자가 되어 서로에게 쉼터 같은 존재가 되는 거예요. 우리의 인생이나 인간관계는 다 이렇게 어려운 길을 통해서 쉬운 길로 접어드는 거예요."

여자 친구는 이해했다며 고개를 끄덕였다. 원장님이 그녀에게 물었다.

"그러면 혜미 씨는 지금 어느 길에 있어요?"

"혼란의 길이요."

"왜 혼란의 길에 있는 거예요?"

"예전처럼 크게 싸우지는 않지만… 계속 부딪혀서요."

"그래요. 남자 친구가 예전과 달리 자기주장을 정확하게 하니까 갈등이 오죠? 혜미 씨도 맞춰줘야 하는 상황이 오고요"

"네…."

여자 친구는 힘없이 대답했다. 원장님은 그녀에게 남자 친구를 불러도 되겠는지 물었다. '인생을 살아가는 마음의 길'에 대해 설명을 하겠다는 것이다. 여자 친구가 고개를 끄덕이자, 내담자가 들어왔다. 원장님은 그에게 연애를 잘 헤쳐나가기 위해서는 어떤 길을 가야 하는지 '정석의 길'을 설명했다. 모든 관계는 어려움을 극복하고 쉬운 길로 나아가게 되는 과정을 거친다는 것이다.

하지만 여자 친구는 지금까지 쉽게 길을 가려는 욕구가 있었다고 털어놓았다. 그래서 억압하고 강압적인 요구를 하며 남자 친구를 지배하려 든 것이라고 했다. 그러나 여자 친구는 이것이 잘못된 것이라는 걸 상담 전부터 인지하고 있었고, 상담을 통해서도 더 크게 깨달았다고 했다. 얼마든지 변화할 수 있다고 했다. 내담자는 수긍했다. 예전과 비교하면 많이 달라졌다고 했다. 또 원장님이 내담자에게 어느 길에 있는 거 같은지 묻자, 그는 여자 친구와 똑같이 혼란의 길에 서 있는 거 같다고 대답했다. 원장님은 이 고비만 넘기면 두 사람은 쉬운 길로 나아갈 수 있다고 말했다. 물론 선택은 두 사람의 몫이다.

그렇게 두 사람은 12회기를 끝으로 상담을 종료했다. 서로에 대한 환경도 알았고, 서로 어떤 문제가 있었는지도 알았고, 문제 행동이 상담으로 교정이 되었고, 연애도 어떤 식으로 헤쳐나가야 하는지 방법을 알게 되었기 때문이었다. 남은 건 두 사람이 갈등을 일으키는 관계 속에서 어떻게 서로를 이해하고 배려하고 맞춰주느냐의 문제이다. 이것은 앞으로의 숙제였다.

나는 '인생을 살아가는 마음의 길' 도구를 보며, 나 자신도 반성했다. 사실 여자 친구를 사귈 때, 시답잖은 것들로 싸울 때마다 회의감이 들었기 때문이었다. 그 이유는 다음과 같다.

먼저 나는 주변 사람이 연애문제로 싸울 때 처음부터 이해를 못했다. 이유는 지금까지 나는 인간관계에서 크게 갈등이 일어난 적이 단 한 번도 없었기 때문이다. 그리고 누군가를 미워하거나 싫어한 적도 없다. 대인관계에서 문제가 생기면, 그 사람 소양의 부족이라고 생각했다. 어떻게 보면 인간관계에서 완벽주의를 꿈꾸고 있었다. 그리고 여자 친구를 사귀기 전까지는 실제로 완벽했다.

하지만 여자 친구를 사귀게 되면서 이 모든 게 무너졌다. 정말 사소한 거 하나로 싸웠고, 작은 걸로 의견 다툼을 했다. 나는 분명 연애가 쉬운 길이라 생각했는데, 어려움이 도사리고 있었다. 그로 인한 회의와 자책, 이럴 바에는 헤어지는 게 낫겠다, 라는 생각으로 쉽게 헤어지자는 말을 했다. 사례에 나오는 여자 친구처럼 쉬운 길만 생각했던 것이다. 어려운 길이 나왔을 때마다 극복하지 못한 채 끝을 맺었다. 이게 내 연애관이었다.

하지만 '인생을 살아가는 마음의 길'을 보며 깨닫게 되었다. 인생이든 대인관계든 쉬운 것은 하나도 없다는 것을. 기대하면 실망도 큰 것처럼, 연애라는 것은 쉽지 않은 일이기 때문에 극복하는 법도 배워야 한다는 것을 이번에 깨닫게 되었다.

인생을 살아가는 데 쉬운 길을
선택하는 사람은 왜 그런 걸까?

나는 상담 때 한 가지 의문이 있었다. 여자 친구가 길을 그릴 때 왜 쉬운 길을 먼저 그렸냐는 것이었다. 보통 어린 시절부터 부모님으로 인해 들었다면, 당연히 삶은 힘든 것이라는 걸 자동적으로 알아, 힘든 길부터 그리는 게 맞지 않느냐는 것이었다. 하지만 원장님은 고개를 가로저었다.

"보통 힘들게 산 사람들이, 인생은 힘든 거라는 걸 아는 건 맞아. 하지만 이건 뭐야? 욕구야. 욕구는 내가 힘들게 살았으니까 반대로 쉽게 가고 싶어 해. 그래서 힘든 사람들은 쉽게 가고 싶은 욕구로 인해 쉬운 길부터 그리게 되는 거야. 왜? 우리는 욕구가 삶의 방향이 되니까."

나는 단숨에 이해됐다. 삶이 힘들수록 힘들지 않게 살았으면 좋겠다고 생각하는 건 너무 당연한 수순이다. 원장님은 그래서 힘들게 산 사람들이 노력하지 않고 부자가 되겠다는 허황된 생각을 하거나, 복권 당첨의 꿈을 꾼다고 했다. 쉬운 길을 가려는 욕구가 있기 때문이라는 것이다. 그래서 내가 꿈꾸던 것이 이루어지지 않으면, 좌절도 더 크게 한다고 말했다. 반면 인생이 어렵다는 걸 알고 있는 사람은 힘든 길부터 그린다고 했다. 쉬운 길을 가기 위해서는 반드시 어려운 길을 극복해야 한다는 것을 알기 때문이다. 그래서 어떤 역경이나 고난, 난관이 봉착해도 그것을 이겨내는 힘이 있다고 했다.

'인생을 살아가는 마음의 길'은 인생의 지표라 할 수 있다. 인생에는 연애, 부부관계, 인간관계 말고도 다양한 시련이 있다. 따라서 어려운 길은 언제나 나타나기 마련이고, 그것을 극복해야만 쉬운 길이 나온다는 것을 잊지 말자.

연애상담을 마치며

우리가 인간관계에 있어서 가장 큰 갈등을 겪을 때가 연애를 할 때라고 해도 과언이 아니다. 부부도 마찬가지다. 서로 같이 지내는 시간이 많다 보니 필연적으로 맞지 않는 부분이 생긴다. 때문에 우리는 반드시 사람을 사귈 때, 의견 차이가 생기고 다툴 수도 있다는 것을 염두에 두어야 한다. 그때 나는 어떤 방식으로 자세를 취할 것인지 미리 생각해 두면 좋다.

가장 좋은 건 '차분'하게 말하는 것이다. 그리고 상대방에게도 '차분'하게 대화하자고 제안해야 한다. 내가 아무리 차분하게 말해도, 상대방이 감정적으로 대응하면 나도 거기에 휘말려 이성을 잃기 때문이다. 이성을 잃는 순간 다툼이 시작된다.

다툼이 일어나면 가장 주의해야 할 점은 바로 감정이 일어나는 '그 순간'이다. 화재가 일어났을 때 초기 진압이 중요하듯, 감정이 요동친다면 그 순간 대화를 멈추고 떨어져야 한다. 둘 다 불길이 일어난 상태이기 때문에, 같이 붙으면 더 큰불로 번진다. 반드시 누구 한 명이라도 10분만이라도 감정을 식히고 대화를 하자고 제안해야 한다. (화난다고 아무 말 없이 나가거나 그래서는 안 된다. 오해가 생기지 않게끔 감정을 누그러트리고 오겠다고 해야 한다.)

서로 간에 감정싸움으로 번졌을 때 가장 필요한 것이 바로 '차분'해지는 것이다. 차분한 상태여야만 상대방이 이야기가 귀에 더 잘 들어오고, 상대방도 내 이야기에 귀를 기울일 수 있다는 것을 꼭 알아두자. 이만, 연애상담을 마치도록 하겠다.

진심 어린 사과가
가장 효과적인 심리치료

최고야

안녕하세요. 최고야입니다. 『벼랑 끝, 상담』을 접하신 모든 분께 감사드립니다. 사례집을 발간할 수 있도록 도와주신 내담자분들께도 고개 숙여 감사드립니다. 저는 상담 초기에 많은 임상 실패를 거듭했습니다. 문제를 벗어나기 위해 최선을 다하였고, 그 결과 다양한 심리치료 프로그램을 만들었습니다. 대화식 상담에서 탈피해 치료에 중점을 두었습니다. 그 결과 지금까지 3천 명 이상의 내담자를 치료했습니다. 물론 모두 성공한 것은 아닙니다.

환경치료가 되지 않아 실패도 많이 했습니다. 자녀에게 나타나는 증상이 누가 봐도 부모로 인한 것인데, 부모는 끝까지 잘못한 게 없다고 주장합니다. 내 아들과 딸의 문제이니 고쳐달라고만 합니다. 그럴 때면 저는 어쩔 수 없이 상담을 중단하곤 했습니다. 그러면 내담자는 제발 상담만 해달라고 하는데, 저는 그럴 때마다 무척 괴롭습니다. 어쩔 수 없이 내담자의 부탁을 들어주면 나중에는 저를 비난하기 때문입니다. 시간과 돈만 버렸다는 것입니다.

그럴 때면 좌절감을 느낍니다. 안 될 줄 알면서 왜 내담자를 끌고 왔냐며 자책도 합니다. 그래서 지금도 저는 환경치료가 되지 않을 때마다 혼란을 느낍니다. 중단해야 하는데, 저만 바라보고 있는 내담자를 보면 입이 쉽게 떨어지지 않습니다.

그러니 이 책을 보는 모든 부모님에게 간곡히 부탁드립니다. 과거에 자녀에게 잘못한 행동(폭언, 폭행, 학대, 강압, 부부싸움, 이혼, 방치 등)을 한 적이 있다면, 반드시 사과했으면 합니다. 오랜 시간이 지났으니 괜찮을 거라는 생각은 하지 말아주세요. 시간이 해결한다면 미투 운동이나 학교폭력도 발생하지 않았을 겁니다. 자녀에게 진심 어린 모습으로 사과하는 것이 그 어떠한 심리치료보다 탁월한 효과임을 명심해 주세요.

마지막으로 『벼랑 끝, 상담』을 읽고 심리치료에 대해 좀 더 이해하고 공감할 수 있기를 바랍니다. 또 심리증상으로 고통당하는 분들에게도 한 줄기 빛과 같은 경험이길 간절히 소망합니다. 감사합니다.

심리상담을 부담스러워하는
이들에게 도움이 되기를

송아론

온라인 상담을 할 때, 느꼈던 것 중 하나는 많은 사람이 심리상담 비용을 부담스러워한다는 것이었습니다. 그런 분들에게 조금이라도 도움을 줄 방법이 무엇이 있을까 고민하다 사례집을 발간하게 되었습니다. 적어도 내가 무엇 때문에 힘들고, 어떤 치료를 받으면 나아질 수 있는지 알려주고 싶었습니다.

사례집을 쓰면서 아쉬웠던 건 더 많은 사례를 보여주고 싶었다는 겁니다. 하지만 분량이 많아 부득이하게 여기까지 쓰게 되었습니다. 나중에 기회가 된다면 더 다양한 사례와 심리치료프로그램을 보여주고 싶습니다.

최근에는 셀프 심리치료 원고를 쓰고 있습니다. 『어린왕자와 함께하는 심리치료 여행』 독자가 어린왕자와 함께 우주에 있는 별들을 여행하며 셀프 심리치료를 하는 이야기입니다.

실제 상담소에서 하는 심리치료 프로그램을 책에 녹여냈습니다. 『벼랑, 끝 상담』과 『어린왕자와 함께하는 심리치료 여행』이 상처를 받은 모든 분에게 도움이 되었으면 좋겠습니다.

고맙습니다.

벼랑 끝, 상담

초판1쇄 2021년 10월 19일 **초판3쇄** 2024년 3월 15일 **지은이** 최고야, 송아론 **펴낸이** 한효정 **편집교정** 김정민 **기획** 박화목, 강문희 **일러스트** AdobeStock **디자인** purple **마케팅** 안수경 **펴낸곳** 도서출판 푸른향기 **출판등록** 2004년 9월 16일 제 320-2004-54호 **주소** 서울 영등포구 선유로 43가길 24 104-1002 (07210) **이메일** prunbook@naver.com **전화번호** 02-2671-5663 **팩스** 02-2671-5662 **홈페이지** prunbook.com ┃ facebook.com/prunbook ┃ instagram.com/prunbook

ISBN 978-89-6782-150-0 03180

값 19,800원

이 도서의 국립중앙도서관 출판예정도서목록(CIP)은 서지정보유통지원시스템 홈페이지(http://seoji.nl.go.kr)와 국가자료공동목록시스템(http://www.nl.go.kr/kolisnet)에서 이용하실 수 있습니다.